本书得到山东省社会科学规划青年研究项目、山东大学考古学与历史学学科高峰计划及自主创新基金项目资助

山东省社会科学规划研究项目文丛·青年项目

晚近的历史记忆
两宋的五代十国史研究

陈晓莹 ◎ 著

中国社会科学出版社

图书在版编目（CIP）数据

晚近的历史记忆：两宋的五代十国史研究 / 陈晓莹著．—北京：中国社会科学出版社，2018.1（2019.3 重印）
ISBN 978-7-5203-1645-3

Ⅰ.①晚…　Ⅱ.①陈…　Ⅲ.①中国历史—研究—五代十国时期　Ⅳ.① K243.07

中国版本图书馆 CIP 数据核字（2017）第 299599 号

出 版 人	赵剑英
责任编辑	史慕鸿
责任校对	韩海超
责任印制	戴　宽

出　　版	中国社会科学出版社
社　　址	北京鼓楼西大街甲 158 号
邮　　编	100720
网　　址	http://www.csspw.cn
发 行 部	010-84083685
门 市 部	010-84029450
经　　销	新华书店及其他书店
印　　刷	北京明恒达印务有限公司
装　　订	廊坊市广阳区广增装订厂
版　　次	2018 年 1 月第 1 版
印　　次	2019 年 3 月第 2 次印刷
开　　本	710×1000　1/16
印　　张	19
插　　页	2
字　　数	305 千字
定　　价	86.00 元

凡购买中国社会科学出版社图书，如有质量问题请与本社营销中心联系调换
电话：010-84083683
版权所有　侵权必究

目 录

前言 ……………………………………………………………… (1)

第一章 两宋时期关于五代十国史的著述及特点 ………………… (1)
    第一节 两宋时期关于五代十国史的著述 ………………… (1)
    第二节 两宋时期关于五代十国史著述的特点 …………… (12)

第二章 宋初三朝的五代十国史研究 …………………………… (16)
    第一节 宋初三朝关于五代十国史的研究特点 …………… (16)
    第二节 宋初三朝对五代十国历史地位的认识 …………… (17)
    第三节 宋初三朝政治高层对五代十国经验教训的汲取 …… (22)
    第四节 宋初三朝史学领域对五代十国史的研究 ………… (41)

第三章 北宋中后期的五代十国史研究 ………………………… (124)
    第一节 北宋中后期对五代十国历史地位的认识与
           研究特点 ……………………………………………… (124)
    第二节 欧阳修对五代十国史的研究 ……………………… (155)
    第三节 司马光对五代十国史的研究 ……………………… (192)

第四章 南宋的五代十国史研究 ………………………………… (210)
    第一节 南宋对五代十国历史地位的认识 ………………… (210)
    第二节 李焘对五代十国史的研究 ………………………… (213)
    第三节 陆游对南唐史的研究 ……………………………… (223)

第五章　个案研究 …………………………………………（235）
　　第一节　两宋时期关于"黄袍加身"的研究 ………（235）
　　第二节　两宋时期关于冯道的研究 …………………（246）

结语 …………………………………………………………（256）

参考文献 ……………………………………………………（260）

后记 …………………………………………………………（281）

前　言

一　研究缘起

五代十国是唐末藩镇割据的进一步发展，也是一个"大震荡、大变革"①、"大破坏与大重建之交替时代"②。它"乱而后治，治中有乱"③，"表面上乱，实质是变"④，于一片大混乱、大混沌当中，开启了赵宋王朝数百年的太平基业，也奠定了封建社会后期新格局的基础，具有重要的研究价值。然而，五代十国自古却是中国古代史研究中的薄弱环节，在相当长的时间内一直被认为黑暗混乱，礼义殄灭，文物荡尽，人才乏力。加之祚运短促，史料匮乏，素来不为史家所重视，视为"最不像样"⑤的时代。这一印象，正是源自两宋时朝。

五代十国的历史于宋人——尤其是北宋——是近代史，这段混乱跌宕的历史给他们留下了极为深刻的印象，对于这段时期的议论与反思也比较多，是政治高层、知识群体乃至一般民众关注的重大话题之一。由于现存五代十国史料大多出自宋人之手，他们对于史料的取舍、编排与评价有着自身的标准，因此也大大影响了后世对五代十国的记忆与研究。正因为此，史学界通常认为，人们对五代十国一无是处、混乱黑暗的认识，是受到宋人"陈腐观念"⑥的影响。然而，宋人的观念却似不可以"陈腐"一言而概之。他们对五代十国史的关注与思考也不是一成不变

---

① 陶懋炳：《五代史略·序》，人民出版社1985年版，第8页。
② 郭武雄：《五代史料探源·前言》，台北：台湾商务印书馆1987年版，第1页。
③ 郑学檬：《五代十国史研究》，上海人民出版社1991年版，第13页。
④ 陶懋炳：《五代史略·序》引熊德基语，第7页。
⑤ 钱穆：《国史大纲》下册，商务印书馆1994年版，第502页。
⑥ 陶懋炳：《五代史略·序》第7页。

的。随着两宋社会的发展与价值评判的变异,宋人对五代十国的认识也始终体现着活跃的文化特征。在不同的研究群体中,也存在着不同的关注重点与判断尺度。他们的追念、伤痛、愤懑、鄙夷、期待、幻化,种种复杂而又难以厘清的思想情感,皆在数百年间关于五代十国史的著述与议论中隐隐再现,至今读起来,仍令人唏嘘感叹。同时,他们关于五代十国的反思、考量、鉴知、比照,诸多理性提升与焦虑,又在两宋的体制架构、政治实施与意识形态取向等方面留下了深刻烙印。

遗憾的是,如此复杂而活跃的变化并没有被后人所留意,人们注意到的只是宋人对五代十国的鄙夷与抨击,以及五代十国不值一提的刻板印象。实际上,后世所承袭的,只是北宋中后期乃至南宋时期有关五代十国的历史记忆,并且做了发挥。以对后晋名臣桑维翰的评价为例。桑维翰是高祖石敬瑭的主要谋士。他力助石敬瑭以割地称臣、父事契丹的代价,借契丹之力篡夺后唐江山,因此被后世斥为"卖国贼"[1]、"民族败类"[2]。不过,在北宋,上至宋太祖,下至王禹偁,均对桑维翰十分推崇,就连欧阳修与司马光对他的态度都极为温和。即使是在民族意识高涨、理学兴盛的南宋,对桑维翰的批判日渐加重,但也仍然存在一定争议。相对于张浚、朱熹、陈傅良等人的批判,胡寅认为桑维翰虽有谋国误国之罪,但"其意特欲兴晋而已,固无挟虏以自重,劫主以盗权之意,犹足为贤"[3]。陈亮将其与唐高祖李渊、郭子仪并列,批评他们行"天下之末策","借夷狄以平中国",令后世大受其患,痛斥"原情定罪,维翰可胜诛哉!"但也仍然将他们视为"明君贤臣",认为三人"特欲速一时之功,亦不知祸患之至于此极"[4]。陈诚之、吴曾、刘克庄等人也对桑维翰予以了肯定。直到南宋灭亡以后,桑维翰才被牢牢地钉到历史的耻辱柱上,成为"万世之罪人"[5]。非止桑维翰,人们对五代十国诸多现象与人物的认识与评价,都存在着值得关注的变化。

两宋对五代十国史的研究,存在着不同阶段、不同群体、不同指导

---

[1] 陶懋炳:《五代史略》,第234页。
[2] 卞孝萱、郑学檬:《五代史话》,人民出版社1985年版,第29页。
[3] (宋)周密:《齐东野语》卷六《胡明仲本末》,中华书局1983年版,第103—104页。
[4] (宋)陈亮:《陈亮集》卷八《酌古论·桑维翰》,中华书局1987年版,第91—93页。
[5] (清)王夫之:《读通鉴论》卷二九《五代中》,中华书局1975年版,第1063页。

思想、不同领域之分。就阶段而言，可分为宋初三朝、北宋中后期与南宋三个时期；就群体而言，可以分为最高统治阶层（以太祖、太宗与赵普为代表）、学者（主要指中原地区学者以及北宋统一多年之后的学者）、十国遗民之分[①]；就指导思想而言，北宋中后期的《春秋》学与南宋时期的理学思潮，对于不同时期的五代十国史研究都有着重要影响。从研究领域来看，宋人较为注重对五代十国政治、军事的研究，而于制度、经济、文化领域较为漠视。在不同的研究阶段、研究群体及理论指导下，宋人笔下的五代十国史呈现出不同的历史面貌。两宋对五代十国史的记忆构建与研究，因应了宋人的时代课题，跃动着丰富的变化与特定的时代气息，为后人对五代十国史的研究奠定了基础，也大大影响了他们对五代十国史的历史记忆。

二 研究综述

有鉴于此，两宋时期关于五代十国史的基本研究脉络有待被厘清。在这条脉络中，不同时期的研究特点，不同著述对史料的取舍、评价，不同指导思想所呈现的不同历史面貌，各国地位的浮沉，等等，都是值得挖掘之处。长期以来，史家大多局限于对《旧五代史》《新五代史》《资治通鉴》这几部主要著作的研究，而未从宏观角度对宋人的五代十国史研究进行总体把握，遑论对民间私著，尤其是十国遗民著述的分析与比较。即使是对《旧五代史》《新五代史》《资治通鉴》，也大多聚焦于对其文本的研究，集中于史学史意义上的讨论，而于其中所呈现的五代十国的历史面貌、对五代十国的不同认识与理解等状况研究不足。本书不揣浅陋，拟从两宋总体切入，讨论宋人如何看待这段晚近的历史记忆，这些看法对他们的政治现实与施政思想起到了何种作用，时代的不同与研究群体的不同又是如何改变了他们看待这段历史的方式，并澄清学界

---

① 最高统治阶层主要以太祖、太宗与赵普为代表，在北宋前三朝表现得极为活跃。虽然两宋很多学者也是官员，位居统治阶层，但太祖、太宗、赵普等人掌握着国策的制定权，占据着政策措置的最高点，其针对五代十国史的反思与举措较他人具有更为鲜明的特点。十国遗民虽然也可以归入学者之列，但因其作品与中原地区学者以及统一多年之后的学者作品相比，思想感情与关注重点均有所不同，因此特将十国遗民另列。

存在的一些认识误区，以期以更为宽广的视野来看待宋人关于五代十国史的研究。

(一) 关于《旧五代史》的研究成果

《旧五代史》成书以后，评价不高，相继有《五代史阙文》《五代史补》等出现，以补其内容之阙。此后，由于《新五代史》的传世，《旧五代史》逐渐佚失，直至清代修《四库全书》时，方为邵晋涵于《永乐大典》《册府元龟》等史料中辑出。该辑本曾得到梁启超的高度评价，但也存在着漏辑文献、因政治忌讳而篡改原文等问题。关于《旧五代史》，《四库全书》史臣评论："其时秉笔之臣，尚多逮事五代，见闻较近，纪传皆首尾完具，可以征信，故异同所在，较核事迹，往往以此书为证。虽其文体平弱，不免叙次烦冗之病，而遗闻琐事，反借以获传，实足为考古者参稽之助。"[①] 钱大昕、赵翼、王鸣盛等人也从体例、取材等方面对《旧五代史》进行了评述。

对《旧五代史》的研究主要集中在对清辑本的整理研究方面。1933年，温廷敬发表《〈旧五代史〉校补序》，但未见著作。陈垣最早对清辑本作了较为深入和全面的研究。他相继发表《以〈册府〉校〈薛史〉计划》《〈旧五代史〉辑本发覆》《〈旧五代史〉辑本引书卷数多误例》[②] 等文，指出清辑本存在着窜改文字、引书卷数有误等问题，并提出以《册府元龟》校《旧五代史》的思路，为《旧五代史》的重新整理提供了重要的启发意义。1976年，中华书局出版《旧五代史》整理本。此后，学者们围绕着清辑本和中华本的文字校勘、点校和考订做了进一步研究[③]，并进行了

---

① (清)永瑢等：《四库全书总目》卷四六"旧五代史"条，中华书局1965年版，第411页。

② 陈垣：《陈垣学术论文集》(第二集)，中华书局1982年版。

③ 如梁太济《薛史"辑本因避讳而改动的文字"为什么"一般不再改回"——对〈旧五代史〉点校本的一点意见》，《内蒙古大学学报》1977年第5期；程弘《读〈旧五代史〉札记》，《文史》第16辑，1982年；周征松《〈通历〉续篇和〈旧五代史〉的校补》，《山西师大学报》1982年第1期；樊一《点校本〈旧五代史〉"王衍传"断句质疑一则》，《文史》第19辑，1983年；董恩林《〈旧五代史·食货志〉校考》，《华中师范学院研究生学报》1984年第1期；苏乾英《〈旧五代史·党项传〉族性蕃名考》，《复旦学报》1985年第1期；汤开建《〈旧五代史·党项传〉族性考》质疑》，《宁夏社会科学》1985年第2期；张其凡《校点本〈旧五代史〉献疑(九则)》，《安徽史学》1985年第3期；张其凡《三史(〈通鉴〉、〈旧五代史〉、〈宋史〉)点校本(转下页注)

内容的辑补工作①。除了对《旧五代史》零散史料的校补，重新整理辑补《旧五代史》的工作也一直在酝酿中。陈智超相继撰文，认为现行《旧五代史》是辑本，与原本有较大差距，因此致力于确定《旧五代史》纪传与诸志的"标准本"，最大限度地还原《旧五代史》的原貌，准备做出一个可以取代辑本的新文本——《辑补旧五代史》。②1999年，陈尚君在《学术月刊》第9期发表《清辑〈旧五代史〉评议》，提出了重新整理《旧五代史》的构想。2005年，陈尚君辑纂《旧五代史新辑会证》出版，对《旧五代史》清辑本做了很大的增补、删除、改动和修正工作，同时附录了据以编修的五代实录遗文100多万字。2007年，他发表《〈旧五代

（接上页注③）献疑——读史札记（三十六则）》，《古籍整理与研究》1987年第1期；朱玉龙《中华版〈旧五代史〉考证》，《安徽史学》1989年第2、4期，1990年第2、3期；齐勇锋《标点本新、旧〈五代史〉校勘拾零》（一），《标点本新、旧〈五代史〉校勘拾零》（二），《文史》第33辑，1990年；于学义《〈旧五代史〉、〈资治通鉴〉证误各一则》，《史学月刊》1991年第2期；余和祥《〈旧五代史·外国列传〉考实》，《中南民族大学学报》1991年第5期；宋玉昆《〈册府元龟·旧五代史〉补校掇琐》，《新世纪图书馆》1992年第5期；潘学忠《〈旧五代史〉质疑一则》，《中国史研究》1993年第4期；陈尚君《〈永乐大典〉残卷校〈旧五代史〉札记》，《书品》1994年第1期；郑杰文《〈旧五代史〉、〈新五代史〉点校献疑》，《历史教学》1994年第3期；宋玉昆《〈册府元龟〉中的〈旧五代史〉补校议》，《江苏图书馆学报》1995年第5期；陈尚君《贞石订五代史》，《海上论丛》第3辑，复旦大学出版社2000年版；徐时仪《读〈旧五代史〉札记一则》，《古籍整理研究学刊》2001年第1期；董恩林《〈旧五代史〉校读札记》，《古籍整理研究学刊》2001年第6期；董恩林《〈旧五代史〉考证》，《文史》2002年第1辑；李全德《点校本〈旧五代史〉校误》，《中国史研究》2003年第1期；张明华《新旧〈五代史〉地名勘误一则》，《中国历史地理论丛》2008年第1期；周阿根《〈旧五代史·薛贻矩传〉校补》，《江海学刊》2013年第1期；孙先文《〈旧五代史·唐书〉勘误一则》，《兰台世界》2016年第7期；郑庆寰《辑本〈旧五代史·地理志〉所收"十道"内容辨析》，《唐史论丛》2016年第2期；等等。

① 如胡文楷《〈薛史·王仁裕传〉辑补》，《中华文史论丛》1980年；张凡《〈旧五代史〉辑补——辑自〈永乐大典〉》，《历史研究》1983年第4期；陈尚君《〈旧五代史·王审知传〉辑校》，《漳州师院学报》1995年第1期；陈尚君《〈旧五代史〉补传十六篇》，《文献》1995年第3期；等等。

② 参见陈智超《〈旧五代史〉辑本之检讨与重新整理之构想》，《史学史研究》1999年第4期；《论重新整理〈旧五代史〉辑本的必要与可能——〈旧五代史〉辑本及其点校本》，《陈智超自选集》，安徽大学出版社2003年版；陈智超《辑补〈旧五代史·梁太祖本纪〉导言》，《隋唐辽宋金元史论丛》第一辑，紫禁城出版社2011年版；陈智超《辑补〈旧五代史〉列传导言》（上、中、下），分见《隋唐辽宋金元史论丛》第二辑、第三辑、第三辑，上海古籍出版社2012年、2013年、2014年版；陈智超、郑庆寰《〈旧五代史〉诸志标准本的论证》，《江西社会科学》2012年第8期；陈智超、张龙《辑补〈旧五代史·梁太祖本纪〉导言（续）》，《史学集刊》2013年第5期；等等。

史〉重辑的回顾与思考》，记述了编纂《旧五代史新辑会证》的过程及反思，认为在《梁太祖纪》的文本处理、对清辑本的增删调整和讳改文字的回改，以及五代实录的处理方式等方面，皆可再予斟酌，并从士族社会的解体、五代政治运作中的文武分治和经济复苏等方面，发表了对五代社会变化的看法。① 2016 年，由陈尚君主持修订的《旧五代史》修订本出版。

此外，陈登原从史学史的角度探讨了《旧五代史》湮没的原因及过程，认为《旧五代史》具有"真价值"，"以撰史之时机言，以取资之材料言，以书中之内容言，《薛史》均有不可掩没之理"。② 刘仁亮《薛居正与〈旧五代史〉述论》对《旧五代史》的编纂体例与资料价值作了简要分析，并就薛居正的史学思想进行了分析，指出瘅恶彰善、善恶并书是其史学思想的一大特点。虽然不能摆脱天命论、运数论的束缚，但也在一定程度上否定了天命观的支配作用。③ 单远慕《薛居正和他的〈旧五代史〉》也对《旧五代史》的作者、体例、内容、观点作了简要分析。④ 在近年的博士、硕士学位论文中，也出现了对《旧五代史》整体或对其史论的研究。⑤

（二）关于《新五代史》的研究成果

《新五代史》问世后，得到了宋人的高度评价。梅尧臣、刘敞、欧阳发、苏辙、陈师锡、吴充、王辟之、宋神宗等皆盛赞其春秋笔法，认为法严辞约，褒贬得法，远胜《旧五代史》。也有一部分人对其提出了批评。吴缜撰《五代史纂误》，从史实的角度对其提出了批评；苏轼、刘敞因该书未为韩通作传，而认为只能算是第二等文字；王安石批评其文辞多不合义理。司马光于《资治通鉴》的五代部分，取事多取《旧五代史》，人物评价则近于《新五代史》。由于顺应封建社会后期统治阶层和社会学术思潮的要求，《新五代史》逐渐取代《旧五代史》，成为官方史书。清代四库馆臣对二史加以比较，认为《新五代史》"大致褒贬祖《春秋》，故义例谨严；叙

---

① 陈尚君：《〈旧五代史〉重辑的回顾与思考》，《中国文化》2007 年第 2 期。
② 陈登原：《薛氏〈旧五代史〉之冥求》，《东方杂志》1930 年第 27 卷第 14 期，见《新旧唐书与新旧五代史研究》，中国大百科全书出版社 2009 年版。
③ 刘仁亮：《薛居正与〈旧五代史〉述论》，《河北师院学报》1991 年第 2 期。
④ 单远慕：《薛居正和他的〈旧五代史〉》，《河南师范大学学报》1990 年第 2 期。
⑤ 孙先文：《〈旧五代史〉研究》，安徽大学博士学位论文，2014 年；于小曼：《〈旧五代史〉史论研究》，山东大学硕士学位论文，2015 年。

述祖《史记》，故文章高简；而事实则不甚经意……然则薛史如《左氏》之纪事，本末赅具，而断制多疏。欧史如《公》《穀》之发例，褒贬分明，而传闻多谬。两家之并立，当如三传之俱存，尊此一书，谓可兼赅五季，是以名之轻重为史之优劣矣"①。章学诚批评《新五代史》"只是一部吊祭哀挽文集"②，梁启超对《新五代史》的史料价值颇有微词。金毓黻则认为《新五代史》卷帙虽不及薛史之半，但"颇能多所订补，于五代末季及十国事并四夷附录，尤能增入新史实"③。陈寅恪对《新五代史》所贯注的思想颇为赞赏，"欧阳永叔少学韩昌黎之文，晚撰五代史记，作义儿冯道诸传，贬斥势利，尊崇气节，遂一匡五代之浇漓，返之淳正"④。

对《新五代史》文本的校勘、史实的考订及各种补、注之作也纷纷出现。钱大昕在《廿二史考异》中注重订正分析其史料；赵翼一方面对五代的一些社会现象做了研究，另一方面对新、旧《五代史》的取材、体例、失检处等加以比较与评析，认为"欧史专重书法，薛史专重叙事"⑤；王鸣盛认为欧史将梁、唐、晋、汉、周合在一起记事的体例甚为不妥，并对其刻意模仿《春秋》笔法深为不满，"若非《旧史》复出，几叹无征"⑥。他如吴兰庭《五代史记纂误补》，吴光耀《五代史记纂误续补》，周寿昌《五代史记纂误补续》，刘光贲《五代史校勘记》，徐炯《五代史补考》，顾櫰三《补五代史艺文志》，宋祖骏《补五代史艺文志》，徐炯《五代史记注补》，彭元瑞、刘凤诰《五代史记补注》等皆对五代史事的补充、纠谬与考订做出了贡献。2016年，由陈尚君主持修订的《新五代史》修订本出版。

在各种中国通史，及中国史学史著作⑦中，对《新五代史》皆有评

---

① 《四库全书总目》卷四六"新五代史"条，第411页。
② （清）章学诚：《章学诚遗书》卷三〇《信摭》，文物出版社1985年版，第370页。
③ 金毓黻：《中国史学史》，商务印书馆1999年版，第186页。
④ 陈寅恪：《寒柳堂集·赠蒋秉南序》，生活·读书·新知三联书店2001年版，第182页。
⑤ （清）赵翼著，王树民校证：《廿二史札记校证》卷二一《薛居正五代史》，中华书局1984年版，第451页。
⑥ （清）王鸣盛：《十七史商榷》卷九三《欧法春秋》，上海古籍出版社2013年版，第1404页。
⑦ 如白寿彝《中国史学史》，王树民《中国史学史纲要》，仓修良《中国古代史简编》，高国抗《中国古代史学史概要》，李宗侗《中国史学史》，刘节《中国史学史稿》，金毓黻《中国史学史》，瞿林东《中国史学史纲》等。

介,但介绍相对简略,褒贬大致同上。在关于欧阳修的传记与研究著作[①]中,作为欧阳修学术成就的一部分,《新五代史》也被加以评介,但大多沿袭前人之说。学者们还对欧阳修在《新唐书》《新五代史》和《集古录》等著作方面的史学成就做了研究,大多持肯定态度,但也有学者对其提出了批评。[②]

对《新五代史》的专门研究比较活跃。主要有:

石田肇对《新五代史》的编纂内容及其方法进行了总结和归纳。[③] 林瑞翰从书法、记事、考史和史源四个方面对《新五代史》进行了考察,认为《新五代史》书法谨实、无讳并寓褒贬;在记事上有详于《旧五代史》者,但由于《新五代史》文省,删略的材料也不少,因此不可忽略《旧五代史》的史料价值;《新五代史》对《旧五代史》内容也有诸多考订;《新五代史》史源广博,很多文字采自《旧五代史》以外的文献。[④] 宋馥香、王海燕总结了《新五代史》的编纂特点:以"不没其实"的原则确定史书编纂义例,以《春秋》褒贬书法和类传形式风励臣节,以拾遗、纠谬和"著其灾异而削其事应"的原则改造旧史"志"。[⑤]

---

① 如刘子健《欧阳修的治学与从政》,台北:新文丰出版社1984年版;蔡世明《欧阳修的生平与学术》,台北:文史哲出版社1986年版;刘若愚《欧阳修研究》,台北:台湾商务印书馆1989年版;洪本健《醉翁的世界》,中州古籍出版社1990年版;黄进德、郭璇珠《欧阳修》,江苏古籍出版社1991年版;刘德清《欧阳修论稿》,北京师范大学出版社1991年版;刘德清《欧阳修传》,哈尔滨出版社1995年版;黄进德《欧阳修评传》,南京大学出版社1998年版;卢家明《欧阳修传》,吉林文史出版社1998年版;刘德清《欧阳修》,春风文艺出版社1999年版;顾永新《欧阳修学术研究》,人民文学出版社2003年版;等等。

② 如赵吕甫《欧阳修史学初探》,见吴泽《中国史学史论集》(二),上海人民出版社1980年版;姚瀛艇《欧阳修的史论》,《河南师范大学学报》1980年第2期;陶懋炳《评欧阳修的史学》,《湖南学院学报》1982年第1期;陈光崇《欧阳修的史学成就》,《社会科学辑刊》1982年第1期;陈光崇《欧阳修的史学》,见邓广铭、程应镠《宋史研究论文集》,上海古籍出版社1982年版;宋衍申《欧阳修治史的求实精神》,见《中国历史文献研究集刊》(二),岳麓书社1983年版;王继麟《欧阳修思想及史学评价浅议》,见《宋史研究集》,浙江古籍出版社1986年版;刘德清《欧阳修史学观简论》,《信阳师范学院学报》1992年第12期;吴怀祺《易学理学和欧阳修的史学》,《安徽大学学报》1998年第1期;顾永新《欧阳修编纂史书之义例及其史料学意义》,《文史哲》2003年第5期;等等。

③ 石田肇:《〈新五代史〉的体例》,《东方学》1977年第7期。

④ 林瑞翰:《欧阳修〈五代记〉之研究》,宋史座谈会《宋史研究集》第十辑,台北:"国立"编译馆中华丛书编审委员会,1978年。

⑤ 宋馥香、王海燕:《论欧阳修〈新五代史〉的编纂特点》,《吉林师范大学学报》2004年第1期。

杜文玉、罗勇总结了欧阳修在《新五代史》中体现出的史学思想，即"不没其实"、秉笔直书的思想，反对"天人合一"谶纬迷信的朴素唯物主义思想、主张"攘夷"及大一统说思想，以"忠孝"为标准评价历史人物的主导思想，以史为鉴、重视经世致用的思想。① 王天顺认为，《新五代史》是在当时的政治空气和学术空气影响下，把《春秋》之学和史学相结合的一次成功尝试。从义例和书法来看，欧史采取"不没其实"、"别嫌明微"、"责以备，推以恕"的褒贬原则，三者都不离"正名以定分"，"求情以责实"的宗旨；从褒贬内容来看，欧史强调臣节，强调忠孝统一，不忘攘夷。② 姚瀛艇认为正名分是欧阳修编写《新五代史》的出发点和归宿。《新五代史》人物评价所依据的标准是：君臣之义是无论皇帝如何，都必须为之尽忠；以"不妄以予人"的原则来表彰忠臣义士，对乱臣贼子，则区分情况予以分别对待，如弑君为臣子之大恶、区别"反"与"叛"的性质、区别主动谋反与被迫而反、以"伏诛"来表示谋反、叛变的头子的死；对五代乱君，以正其篡弑之罪、著其礼乐之坏、讥其刑政之失、刺其骨肉之变等形式，列举其"乱"，使他们起到"反面教员"的作用。③

柴德赓指出，《新五代史》对后人认识五代历史起到了极大影响，其独享盛名的原因，一方面是文章好，另一方面是其比《旧五代史》更能为封建统治服务，更符合封建政权的需要。④ 吴怀祺认为，欧阳修在史学领域内发展了北宋的春秋学，并在一些重要方面突破了北宋春秋学的观点。同时，欧阳修的理学思想虽然没有成为体系，但是理学对史学的影响已经在他的史学中反映出来。⑤ 蔡崇榜认为义理派史学始自《新五代史》⑥，钱茂伟认为《新五代史》表现出来的是"理学化史学"⑦，罗炳良在论及

---

① 杜文玉、罗勇：《〈新五代史〉与欧阳修的史学思想》，《赣南师范学院学报》1993年第1期。
② 王天顺：《欧阳修的〈五代史记〉和他的"春秋学"》，《南开史学》1984年第1期。
③ 姚瀛艇：《论〈新五代史〉的人物评价》，见《中国古代史论丛》1981年第1辑。
④ 柴德赓：《论欧阳修的〈新五代史〉》，见柴德赓《史学丛考》，中华书局1982年版。
⑤ 吴怀祺：《对欧阳修史学的再认识》，《史学史研究》1991年第4期。
⑥ 蔡崇榜：《〈唐鉴〉与宋代义理史学》，《四川大学学报丛刊》第32辑，四川人民出版社1986年版。
⑦ 钱茂伟：《范型嬗变的宋代史学》，见张其凡等编《宋代历史文化研究续编》，人民出版社2003年版，第228页。

宋代义理化史学时，也是从《新五代史》入手讨论①。盛险峰认为，《新五代史》除受《周易》和《春秋》影响外，还体现了宋学的特征，但与理学尚存一定距离。《新五代史》有道和道统的双重关照，它使欧阳修成为唐宋时期道和道统研究中不可或缺的人物。② 吴业国认为忠节礼义是北宋礼制建设的核心，作为礼制建设的践行者，欧阳修著成《新五代史》，以"春秋精神"表明褒贬，是宋代礼制建设的重要成果。③

仓修良、陈仰光、陈光崇等对尹洙在《新五代史》撰修过程中的角色进行了讨论。④ 张金铣、杨光华、李勃等对新五代史的内容进行了考订。⑤ 顾宏义认为：《新五代史》未为韩通立传，主要与宋代官史对韩通的定性，以及与北宋中期党争趋于激化有关，对学界普遍认为的"为本朝讳"说提出了质疑。⑥

对《新五代史》宏观研究的成果主要有：杨昶、姚伟钧就《新五代史》的撰写时间、《新五代史》与《旧五代史》的优劣、《新五代史》记事似司马迁的问题、《新五代史》的春秋笔法等问题作了探讨。⑦ 曹家齐则从历史背景出发，探讨了《新五代史》的产生、特点以及重大影响。他认为，《新五代史》的目的是以史学正人心，是在儒家伦理纲常受到内忧外患与佛、道二教的冲击之下确立的。因此，"欧阳修修撰私史遂具有了一种与当日儒学复兴声气相通的意义，或者说是北宋儒家复兴在史学领域所取得的重要成果"⑧。张明华对《新五代史》的体例和内容进行了研究，对

---

① 罗炳良：《从宋代义理化史学到清代实证性史学的转变》，《史学月刊》2003 年第 2 期。
② 盛险峰：《〈新五代史〉的理性与价值》，《北方论丛》2011 年第 6 期；《道与道统：〈新五代史〉的双重关照：〈新五代史〉史论与欧阳修的"三论"》，《北方论丛》2013 年第 2 期。
③ 吴业国：《欧阳修〈新五代史〉与北宋忠节礼义的重建》，《河南大学学报》2010 年第 3 期。
④ 仓修良、陈仰光：《〈新五代史〉编修献疑》，《山西大学学报》1985 年第 3 期；陈光崇：《尹洙与〈新五代史〉小议》，《辽宁大学学报》1991 年第 2 期。
⑤ 张金铣：《〈新五代史〉勘误一则》，《中国史研究》1993 年第 4 期；李勃：《〈新五代史·职方考〉补正一则》，《中国历史地理论丛》1995 年第 2 期；杨光华：《〈新五代史〉、〈十国春秋〉正误各一则》，《文献》1995 年第 4 期；刘桥：《〈新五代史〉勘误一则》，《中国史研究》2014 年第 2 期；等等。
⑥ 顾宏义：《〈新五代史〉未为韩通立传原因试探》，《史学史研究》2009 年第 3 期。
⑦ 杨昶、姚伟钧：《欧阳修〈新五代史〉有关问题探讨》，《湖北民族学院学报》1998 年第 2 期。
⑧ 曹家齐：《欧阳修私撰〈新五代史〉新论》，《漳州师范学院学报》1998 年第 4 期。

其产生的历史背景,及其体现的欧阳修的政治、哲学思想进行了评述与分析,并对徐无党的五代史注文与吴缜的《五代史纂误》进行了研究。①

关于《新五代史》注文的研究,有班书阁《五代史记注引书考》《五代史记注引书检目》等。② 张承宗总结评述了徐无党注文的特点③,吴怀祺和康建强、余敏辉等认为徐无党的《新五代史》注文未能表达欧阳修的著史宗旨,甚至有悖于欧阳修史学的基本精神,张明华则持相反观点。④

关于新、旧《五代史》比较研究的成果主要有:陶懋炳强调着眼于史家或史书所处的时代背景和时代思潮去考察二史,比较二史体例、史料舍取及史学思想,认为二史各有优劣。⑤ 何宛英从史料舍取、编纂体例、行文风格等方面比较了两史的异同,并考察了异同之根源,认为私家独撰与官修众著这两种不同的修史程序和不同历史时期史家所面临的政治任务是其相异的主要原因,而相同之处皆反映了史学为政治服务这一传统史学的根本宗旨。⑥ 赵维平认为薛史热衷于论说君臣之道,强调天命,欧史则对朋党利弊和宦官伶官之害予以充分及深刻的评述,重人事。欧史史论基本以儒家学说为根据,薛史则宽泛许多。⑦ 姜海军认为二史分处于两个时代,是汉学与宋学两种经学范式及其所代表的文化体系的具体体现。⑧

总体而言,对《旧五代史》的研究主要集中在对其文本的考订、辑补、校勘工作,而关于这一时期宋人如何看待五代十国的历史则较少涉及。学界对《旧五代史》的史料价值较为认同,但对其讳饰之处颇有微词。不过,对其讳饰之处,还有进一步讨论的空间。《旧五代史》撰成时,尚有北汉等诸国未入宋朝版图。因此,对于十国,《旧五代史》的态度如何,对史料如

---

① 张明华:《新五代史研究》,中国社会科学出版社2007年版。
② 班书阁:《五代史记注引书考》,《燕大月刊》1930年第10期;《五代史记注引书检目》,《女师学院期刊》1934年第7期。
③ 张承宗:《〈新五代史〉徐无党注述评》,《文献》2001年第3期。
④ 吴怀祺:《中国史学思想通史·宋辽金卷》第一章《欧阳修的史学思想》,黄山书社2002年版;康建强、余敏辉:《徐无党生平学术考略》,《淮北煤炭师院学报》2002年第4期;张明华:《徐无党辩诬与〈新五代史〉的重新定位研究初探》,《赣南师范学院学报》2007年第5期。
⑤ 陶懋炳:《新旧〈五代史〉评议》,《史学史研究》1987年第2期。
⑥ 何宛英:《"两五代史"比较研究》,《东北师大学报》1995年第3期。
⑦ 赵维平:《薛居正、欧阳修论史之比较》,《河南教育学院学报》2002年第4期。
⑧ 姜海军:《新旧〈五代史〉编纂异同之比较》,《史学史研究》2013年第3期。

何取舍与评价，都是史学界未曾深究的问题。① 宋初关于五代十国的著述甚多，与后世较为统一的思想相比，这一时期思想驳杂，尤其以十国遗民的著述为多。他们与《旧五代史》有哪些不同的看法，关注的焦点又在哪里，都是值得注意的。对《新五代史》的研究主要集中在编纂体例与内容、史学思想、纠谬补阙等方面，学者的注意力基本上集中于对其文本特点的研究，五代十国的历史只是为了作为例证附属出现。而欧阳修对于五代的认识、对于十国的态度，都是值得进一步深究的课题。

（三）关于《资治通鉴》五代部分的研究成果

《资治通鉴》甫一问世，就得到宋人的高度重视。此后，很多学者对其进行研究，并形成了一门专门的学问"通鉴学"。宋末元初，胡三省为《资治通鉴》作《资治通鉴音注》，王应麟作《通鉴地理通释》。明代严衍、谈允厚撰《资治通鉴补》，对《资治通鉴》和《资治通鉴音注》的谬误进行了考订。清人张敦仁选择《资治通鉴补》中的改正、存疑、备考、补注等部分，编成《通鉴正略》。清人陈景云《通鉴音注举正》、钱大昕《通鉴注辨正》，都是研究《资治通鉴》的重要参考书。

近代以来，出现了一些带有总结和开拓性的著作。其中崔万秋的《通鉴研究》是最早研究《资治通鉴》的总结性著作。② 张须（即张煦侯）的《通鉴学》几乎把前人研究《资治通鉴》的成果搜罗殆尽，同时又自成体系，是研究《资治通鉴》的重要学术著作。③ 陈垣的《通鉴胡注表微》，则对胡三省的生平、抱负、学术思想、治学精神等各方面做了详尽的全面研究。④ 在中国通史及中国史学史著作，以及司马光的传记⑤中，对《资治通鉴》皆有评介。关于《资治通鉴》的研究论文及著作甚夥，《〈资治通鉴〉丛论》和《司马光与〈资治通鉴〉》是两本重要的论文集。⑥ 学者

---

① 拙文《〈旧五代史〉史臣对十国史的研究》（《淮阴师范学院学报》2015年第1期）就《旧五代史》史臣对十国史的研究作了探讨。
② 崔万秋：《通鉴研究》，商务印书馆1934年版。
③ 张煦侯（即张须）：《通鉴学》（修订本），安徽人民出版社1981年版。
④ 陈垣：《通鉴胡注表微》，商务印书馆2011年版。
⑤ 如宋衍申《司马光传》，北京出版社1990年版；李昌宪《司马光评传》，南京大学出版社1998年版；等等。
⑥ 刘乃和、宋衍申主编：《〈资治通鉴〉论丛》，河南人民出版社1985年版；刘乃和、宋衍申主编：《司马光与〈资治通鉴〉》，吉林文史出版社1986年版。

们对《资治通鉴》的编纂体例、长编分工、史源、史学思想[①]等相关问题都做了大量研究，成果颇丰。

但是，关于《资治通鉴》五代部分的专论很少，主要集中于对五代长编分修问题的讨论[②]，而于司马光对五代十国的认识和研究涉及不多。

（四）关于其他著述的研究成果

在总述宋代史家关于五代十国的史学著述方面，王德毅选择《旧五代史》等主要的十三部著作进行了简要评介，并指出南唐与北汉在宋代后期地位有所提高。[③]郭武雄着重对五代实录进行了分析，认为其在宋朝史书中有着大量存留。[④]刘兆祐、林平、张兴武、Johannes L. Kurz 均有关于宋人对五代十国著述的介绍。[⑤]但这些介绍在某些著述是否为宋人所作方面存有争议，有进一步厘清的必要。

相比《资治通鉴》与《新五代史》，《续资治通鉴长编》的研究成果较少。除了在李焘的研究论文及著作中有所涉及[⑥]，主要集中于其文本的

[①] 宋衍申：《试论司马光的史学思想》，见刘乃和、宋衍申主编《司马光与〈资治通鉴〉》；施丁：《两司马史学异同管窥》，见刘乃和、宋衍申主编《〈资治通鉴〉论丛》；孙方明：《论司马光的史学思想》，《中国人民大学学报》1988年第1期；于瑞桓：《司马光的史学思想及其理学精神》，《山东大学学报》2002年第3期；等等。

[②] 仓修良：《〈通鉴〉编修分工及优良编纂方法》，见刘乃和、宋衍申主编《〈资治通鉴〉论丛》；彭久松：《〈资治通鉴〉五代长编分修人考》，《四川师范大学学报》1983年第1期；王曾瑜：《关于刘恕参加〈通鉴〉编修的补充说明》，《文史哲》1980年第5期；等等。

[③] 王德毅：《宋代史家的五代史学》，见《邓广铭教授百年诞辰纪念论文集》，中华书局2008年版。

[④] 郭武雄：《五代史料探源》，台北：台湾商务印书馆1987年版。

[⑤] 刘兆祐：《宋史艺文志史部佚籍考》，台北："国立"编译馆中华丛书编审委员会，1984年；林平：《宋代史学编年》，四川大学出版社1994年版；张兴武：《五代艺文考》，巴蜀书社2003年版；Johannes L. Kurz, "A Survey of the Historical Sources for the Five Dynasties and Ten States in Song Times", 见 *Journal of Sung-Yuan Studies* 33 (2003)。

[⑥] 如王德毅《李焘父子年谱》，台北：台湾商务印书馆1963年版；王德毅《李焘评传》，《宋史研究集》第三辑，台北："国立"编译馆中华丛书编审委员会，1976年；张镒《李焘及其史学》，《史苑》1970年14期；徐规《李焘年表》《李焘年表补正》及《李焘年表再补正》，分别见《文史》第2、4、16辑；徐规《李焘》，《中国史学家评传》中册，中州古籍出版社1985年版；方壮猷《南宋编年史家二李年谱》，《史学史研究》1981年第1期；王承略、杨锦先《李焘著述考辨》，《文史》50辑，中华书局2000年版；杨家骆《续通鉴长编辑略》，世界书局2009年版；周藤吉之《南宋李焘与〈续资治通鉴长编〉的成立》，见氏著《宋代史研究》，日本东洋文库昭和四十四年。

点校、勘误、考订、辑佚，以及编纂体例及特点（尤其是长编法）[①]、史料来源与取材[②]、版本沿革及史料价值[③]、史学思想[④]等方面。裴汝诚、许沛藻《续资治通鉴长编考略》就该书的版本、撰修始末、取材、注文及史料价值等问题作了系统论述。[⑤]

但这些研究基本上没有触及五代十国的存在。《续资治通鉴长编》所叙述的是建隆元年（960）之后的北宋史事，主要保存的是尚未入宋的南唐、北汉、吴越等国的史料，在《续资治通鉴长编》中只占很小的份额，但所透露出的信息意味深长，可以帮助我们了解南宋时期关于五代十国史研究特点的变化，值得加以挖掘与探讨。

在宋人关于十国的著述中，以南唐、吴越、后蜀为多。但今人对这些著述的研究甚少。如《五代史阙文》未见专文论及，拙文《先天不足的"千古信书"——〈江南录〉》对《江南录》的相关问题进行了探讨。[⑥]关于《蜀梼杌》的研究成果，主要是对其点校成果，以及对其版本源流及史料价值的考述。[⑦]对《吴越备史》的研究，主要集中在对作者、成书过

[①] 刘复生：《李焘和〈续资治通鉴长编〉的编纂》，《史学史研究》1981年第3期；裴汝诚等：《〈续资治通鉴长编〉撰修始末考略》，《华东师范大学学报》1983年第1期；张孟伦：《李焘和〈续资治通鉴长编〉》，《上海师范大学学报》1983年第4期；裴汝诚：《司马光长编法与李焘〈长编〉》，《东北师大学报》1984年第5期；裴汝诚：《〈续资治通鉴长编〉义例考略》，《文史》25辑，中华书局1985年版；曹之：《〈续资治通鉴长编〉编纂考》，《图书馆员》1995年第5期；陈其泰、屈宁：《论李焘的历史编纂学成就——以〈续资治通鉴长编〉为中心》，《中国高校社会科学》2014年第5期。

[②] 如燕永成《今七朝本〈续资治通鉴长编〉探源》，《古籍整理研究学刊》1994年第5期；《〈续资治通鉴长编·神宗朝〉取材考》，《史学史研究》1996年第1期。

[③] 顾吉辰、俞如云：《〈续资治通鉴长编〉版本沿革及其史料价值》，《西北师大学报》1983年第3期。

[④] 如蔡崇榜《南宋编年史家二李史学研究浅见（李焘、李心传传）》，《史学史研究》1986年第2期；裴汝诚《李焘的史学成就与治史精神》，《华东师范大学学报》1981年第6期；周征松《一部详实的北宋史》，《光明日报》2002年1月15日；等等。

[⑤] 裴汝诚、许沛藻：《续资治通鉴长编考略》，中华书局1985年版。

[⑥] 陈晓莹：《先天不足的"千古信书"——〈江南录〉》，《史学集刊》2014年第2期。

[⑦] 如（宋）张唐英著，王文才、王炎校笺《蜀梼杌校笺》，巴蜀书社1999年版；樊一、方法林《张唐英与〈蜀梼杌〉》，《成都大学学报》1992年第1期；樊一《〈蜀梼杌〉的史料价值与版本源流》，《四川文物》2000年第3期；等等。

程、版本源流的考证，以及文献的补正。① 关于《九国志》的研究成果，主要表现在对该书作者、史料价值、版本流传及治史特点的考释。② 对《北梦琐言》的研究主要集中于该书的作者、结集时间、文献来源、史料价值、校勘辑佚，房锐《孙光宪与〈北梦琐言〉研究》对《北梦琐言》作了较为系统的研究。③《十国纪年》的存佚时间、《钓矶立谈》的作者、《江南野史》的作者考订与史料价值、《五代春秋》对《春秋》书法的继承等问题也为学者所论及。④ 这些研究基本上集中于对文本自身特点的挖掘，而于其所反映的五代十国历史面貌未加探究，也少见对同一史事或人物的专门分析比较研究。尤其是十国遗民的著述与北宋官方文本之间存在诸多不同，但学界对这一问题的关注较少，大多零散地分布于专论其他问题的论文或著作中，作为证明某一观点的细微例证而存在。张邦炜《昏君乎？明君乎？——孟昶形象问题的史源学思考》就后蜀后主孟昶"七宝溺器"可信与否以及孟昶所著官箴是否存在进行讨论，并就孟昶在北宋官方与蜀地士人所作文本中的不同形象进行了探讨。⑤

在今人关于十国的著述中，以对《南唐书》的研究最多。关于《新修南唐书》的作者问题，卢苇菁认为不是陆游，陈光崇、朱仲玉、刘永

---

① 如徐映璞《〈新五代史·吴越世家〉补正》，见《两浙史事丛稿》，浙江古籍出版社1988年版；邹劲风《钱俨与〈吴越备史〉》，《史学月刊》2004年11期；李最欣《钱俨和〈吴越备史〉一文补正》，《史学月刊》2006年第11期；李最欣《钱氏吴越国文献和文学考论》，中国社会科学出版社2007年版；何勇强《钱氏吴越国史论稿》，浙江大学出版社2002年版；等等。

② 李绍平：《路振与〈九国志〉》，《史学史研究》1984年第3期；彭小平：《路振史学著作述略》，《湘潭大学学报》1992年第4期；岳毅平：《〈九国志〉丛考》，《文献》1999年第2期；罗威：《〈九国志〉的版本及学术价值》，《长沙大学学报》2007年第4期；张静：《〈九国志〉史学研究》，《安徽文学》（下半月）2009年第3期。

③ 如林艾园《〈北梦琐言〉的史料价值》，《华东师范大学学报》1982年第5期；胡可先《〈北梦琐言〉志疑》，《徐州师范大学学报》1987年第1期；拜根兴《〈北梦琐言〉结集时间辨析》，《文献》1993年第3期；庄学君《〈北梦琐言〉研究》，《西南师范大学学报》1990年第1期；房锐《对〈北梦琐言〉结集时间的再认识》，《乐山师范学院学报》2005年第7期；等等。房锐：《孙光宪与〈北梦琐言〉研究》，中华书局2006年版。

④ 张友臣：《〈十国纪年〉存亡略考》，《齐鲁学刊》1987年第5期；陈尚君：《〈钓矶立谈〉作者考》，《文史》第44辑，1998年；燕永成：《龙衮和他的江南野史》，《赣南师范学院学报》1994年第4期；刘晓明：《龙君章考》，《广州大学学报》2001年第7期；刘晓明：《龙衮与江南野史》，《文史》2002年第2辑；邓锐：《尹洙〈五代春秋〉对〈春秋〉书法的继承》，《淮北煤炭师范学院学报》2009年第6期。

⑤ 张邦炜：《昏君乎？明君乎？——孟昶形象问题的史源学思考》，《四川师范大学学报》2009年第1期。

翔、雷近芳则持相反观点。① 关于该书的史学思想及治史特色，陈光崇认为，陆游《南唐书》简核有法，增补了史料；表彰"尽忠所事"的爱国精神，抨击置国家危亡于不顾之人；排斥宗教迷信；重视南唐兴亡的经验教训；缺点是对南唐的文物制度没有予以足够重视，一些人物如大臣汤悦、名僧应之等缺而不载，一些史实也互相抵牾。② 朱仲玉认为，陆游作该书的目的是希望南宋统治阶级以史为鉴；在历史编纂学上既重视史学传统又有独创；既重视文字材料，也重视调查访问等口头资料。③ 雷近芳认为，该书贯穿爱国主义思想；注意总结统治经验和教训；客观评价历史人物；历史观较为进步；文笔简赅，选材编纂皆有法度，并且增补保存了一些南唐史料。④ 郑滋斌对陆游《南唐书》的本纪部分进行了逐年考订，并将其他存世文献的相关材料罗列于后，详加比对。⑤ 就三家《南唐书》的流传及版本，学者也进行了研究。⑥ 关于胡恢《南唐书》，陈光崇考证了胡恢的生平，并引用宋人苏颂对该书的意见，对其相关问题进行了考释。⑦ 关于马令《南唐书》，张刚、孙万洁认为其取材广泛、体例有所创新、史事及人物评论较为客观公允，具有重要的史学价值。⑧ 在近

---

① 宏海：《〈新修南唐书〉作者不是陆游》，《文汇报》1982 年 7 月 26 日；卢苇菁：《〈新修南唐书〉作者考辨》，《史学月刊》1982 年第 4 期；朱仲玉：《陆游的史学成就》，《浙江学刊》1983 年第 4 期；陈光崇：《论陆游〈南唐书〉——兼评〈新修南唐书〉作者考辨》，《中国史研究》1984 年第 2 期；刘永翔：《〈新修南唐书〉陆游著祛疑》，《华东师范大学学报》1985 年第 6 期；雷近芳：《陆放翁治史考》，《信阳师范学院学报》1991 年第 1 期。

② 陈光崇：《论陆游〈南唐书〉——兼评〈新修南唐书〉作者考辨》，《中国史研究》1984 年第 2 期。

③ 朱仲玉：《陆游的史学成就》，《浙江学刊》1983 年第 4 期。

④ 雷近芳：《论陆游的史识与史才》，《史学月刊》1992 年第 4 期。他如柳诒徵《陆放翁之修史》（《国史馆馆刊》1948 年 1 卷 2 号，见《柳诒徵史学论文集》，上海古籍出版社 1991 年版）；肃霜《陆游〈南唐书〉简论》（《长沙水电师院学报》1991 年第 1 期）；雷近芳《论陆游的史鉴思想》（《信阳师范学院学报》1992 年第 1 期）；雷近芳、郭建淮《今存南唐史著论略》，（《佛山大学学报》1995 年第 1 期）；马冰丽《陆游〈南唐书〉简论》，（见《陆游论集》，杭州大学出版社 1993 年版）；孙淑彦《陆游和〈南唐书〉》（《汕头日报》1985 年 1 月 11 日）等也对该书的史学思想及治史特色进行了讨论。

⑤ 郑滋斌：《陆游〈南唐书本纪〉考释及史事补遗》，台北：文史哲出版社 1997 年版。

⑥ 杨恒平：《三家〈南唐书〉传本考》，《古籍整理研究学刊》2007 第 6 期；郭立暄：《汲古阁刻〈南唐书〉版本考》，《图书馆杂志》2003 年第 4 期。

⑦ 陈光崇：《第一部〈南唐书〉的作者胡恢其人》，《史学史研究》1986 年第 3 期。

⑧ 张刚、孙万洁：《马令〈南唐书〉述评》，《今日南国》（理论创新版）2009 年第 4 期。

年的硕士学位论文中，也有关于南唐史著的研究①，讨论重点大多集中于特定著作的作者、体例、文献价值等方面。

三 研究空间

到目前为止，就两宋关于五代十国史的研究状况而言，尚缺乏全面与系统的梳理。以往关于宋人五代史观的研究，所依据的主要文献为新、旧《五代史》，对大量的其他相关文献如《江南录》《五代史阙文》《长编》等有关五代十国的史料关注不足，对在两宋的不同阶段、不同群体、不同指导思想之下所呈现的五代史观的差异关注亦有不足。有鉴于此，本书拟在全面梳理大量相关文献的基础上，从宏观的角度对宋人的五代十国史研究进行总体把握，通过系统的研究揭示其发展演化的不同阶段、不同层次、不同指导思想之展开与互动，从动态的角度探讨"五代"与"十国"地位在两宋的变化。在研究中，不止于作学术史的探讨，更求揭示这一领域所包含的文化意义。

四 研究框架

本书是对两宋关于五代十国史研究状况与记忆构建的系统梳理和整体研究。主要框架如下：

第一章搜录了两宋专述或主要记述五代十国历史的著述，时间断限以五代十国诸政权各自入宋的实际时间为准，诸政权入宋之前所产生的著述不录在内。同时，简要探讨了它们所呈现出的特点。

两宋专述或主要叙述五代十国史事的著述有七十余种。其中以叙述十国史事者为多，但以主要论述五代中原王朝的著述影响为大。以北宋的著述为多，南宋时期则较少，而北宋时期的著述又呈现出两个不同的阶段。十国著述中以南唐最多，多为南唐遗臣、遗民之作；其次是吴越，

---

① 肖刚：《江南野史研究》，广州大学硕士学位论文，2009年；姚萍：《陈彭年及其〈江南别录〉》，南昌大学硕士学位论文，2009年；张刚：《宋人南唐史研究》，上海师范大学硕士学位论文，2010年；毕琳琳：《郑文宝及所著南唐二史研究》，复旦大学硕士学位论文，2012年；王慧：《陆游〈南唐书〉文学价值研究》，黑龙江大学硕士学位论文，2016年。

作者多系吴越王室子孙；再次是关于前后蜀的著述。

第二章探讨了宋初三朝关于五代十国的研究，分别讨论了这一时期的研究特点、宋人对五代十国历史地位的认识、政治高层及史学领域对五代十国史的研究。其中，以宋初德运之争为重点，讨论了五代的总体历史地位，以及后梁的矛盾地位；以太祖、太宗、赵普为代表，讨论了北宋政治高层对五代十国经验教训的汲取；以《旧五代史》为中心，讨论了宋初三朝官方对五代史的研究；以《五代史阙文》为重点，讨论了民间对五代史的研究；以《旧五代史》的十国部分、《江南录》为代表，讨论了官方对十国史的研究；以南唐、吴越、后蜀的民间著述尤其是十国遗民的作品为重点，讨论了它们的著述特点，以及与官方文本的不同。

在不同的研究群体中，存在着不同的关注重点与价值判断。其中最高统治阶层的深度参与及认真反思，及其立国方针的极具针对性，都是历朝罕见的，也是五代史研究中一个突出的特点。作为官修正史，《旧五代史》透露出诸多值得关注的信息，其讳饰与直笔、所持忠节标准、对天命与人事的态度、关于君臣之际的讨论等，均存在挖掘与探讨的空间。而且，它所描绘的五代十国史与后世的印象较为不同。由于《旧五代史》的主要目的是为宋廷提供治国的经验教训，因此政治架构、经济状况、军事体制、思想文化等均一脉相承的中原五朝便成为关注重点，加之当时尚未统一，遂造就了《旧五代史》对十国史的漠视与贬低，呈现出浓厚的正统意识，并突出显示了北宋的皇恩与天威。与对中原五朝相对宽容的评价标准不同，《旧五代史》对十国政权与人物的评价呈现出强烈的政治意识形态特点，这与民间私著尤其是遗民笔下的十国史有明显不同。两种文本的相互对照，使五代十国的历史呈现出耐人寻味的不同面貌。在十国中，南唐史受到北宋政府的重视，并专门编修了官方南唐史《江南录》。这部史书虽然已经佚失，但在残留的片断与时人的评价里，仍然透露出不少有价值的信息。《五代史阙文》则以倡忠义、重气节的著述主旨，开后世《新五代史》等以尊王忠君为主旨的五代十国史研究的先河。

这一时期有关五代十国史的撰著相当活跃，而有关五代十国史的思考则较为苍白和浅散，但同时也显现出朴素平实的面貌，有助于后人从中得出更为客观的认识。不同于后世对五代十国史的印象，这一时期的著述尚存在着对五代十国的一些正面描述。同时，由于不同阶层与群体的介入，有关五代十国的研究与后世较为统一的指导思想与论述相比，呈现出另一番多元化而活泼的生气。

第三章探讨了北宋中后期关于五代十国史的研究状况及特点。分别就这一时期宋人对五代十国史历史地位的认识与研究特点、《新五代史》对五代十国史的研究、《资治通鉴》对五代十国史的研究及特点进行了探讨。

这一时期是两宋五代十国史研究的重要转折点。随着"防弊之政"的完成，文人社会的稳固确立，武夫当道的五代受到了宋人的普遍鄙夷，五代十国的正统地位遭到强烈质疑。他们注重五代乱象与社会现实的紧密结合，防止五代乱象的重演尤其成为文人集团念兹在兹的集体意识，也有部分人开始关注由五代矫枉过正的一些弊端。新的学术思潮的涌现，又使学者以新的指导思想与研究手法重修五代十国史的热情高涨。例如，在北宋《春秋》学的巨大影响下，将五代纲常紊乱、礼崩乐坏的历史教训提到极为突出的层面，认为这是五代衰乱的重要原因。这与宋初更加注重现实政治制度的措置明显不同。除了关于五代正统地位的争论、对五代历史地位的普遍贬损外，宋人的五代史著述也呈现出从取材到评论"矮化"五代的趋向，甚至出现了否定五代正统地位的著作《唐余录》。以欧阳修的《新五代史》为代表，开启了对五代十国史的全面否定时期。这一时期关于五代十国的代表性著作是《新五代史》与《资治通鉴》的五代部分，二者各从不同角度对五代十国的历史进行了反思，后人对五代十国的认识基本上来源于此。

第四章探讨了南宋的五代十国史研究。分别讨论了宋人对五代十国历史地位的认识、《续资治通鉴长编》对五代十国史的研究，以及陆游《南唐书》对南唐史的研究。

不同于北宋以中原王朝为正统所在，南宋开始为偏居一方的政权争取正统，位于中原地区的五代地位随之彻底沦落，而十国中南唐、北汉的地位则相对上升。这一时期的研究成果以《续资治通鉴长编》的五代十国部分和陆游的《南唐书》为代表。前者的主要特点是忽视与贬低五代十国，人物刻画趋向负面与脸谱化，并突出宋朝的英明神武与仁义道德。后者则进一步提升了南唐的地位，并对南唐的历史作了深刻反思，反映了时局变化对史家的影响。

第五章是个案研究。主要讨论了五代频繁发生的拥立帝王现象，及两宋对冯道的评价及特点。

五代兵骄将悍，拥立新主者众。五代诸君中，李嗣源、郭威皆是黄袍加身，由无预谋地被拥立到有意识地利用，一次比一次精巧。北宋的建立亦袭其故智，经过周密计划之后，夺取了后周的江山。此类题材对宋人而言，既有敏感性，又有一定的诱惑性，因而围绕着五代发生的若干"拥立新君"事件，形成了值得专题研究的个案。

冯道是五代文官的标志性人物。他从五代备享尊崇，到后世饱受诟詈，其间转折正发生在宋代，反映了深刻的思想变迁，并大大影响了后世对冯道的评价。因此，梳理宋人对冯道的研究脉络，澄清学界存在的某些理解误区，并归纳出宋人研究冯道的若干特点，可以通过更广阔的视野来认识"冯道现象"，具体而深刻地把握宋人的五代十国观。

第一章

两宋时期关于五代十国史的著述及特点

第一节 两宋时期关于五代十国史的著述

两宋时期关于五代十国史的论述，主要体现于宋人的史著、奏疏与议论中。其中，史著占据了最重要的位置，根据《宋史·艺文志》《郡斋读书志》《直斋书录解题》《崇文总目》《文献通考·经籍考》《通志·艺文略》《补五代史艺文志》等，本书搜录了宋人专述或主要记述五代十国历史的著述，时间断限以五代十国诸政权入宋的实际时间为准，诸政权入宋之前所产生的著述不录在内。比如，北宋建隆、乾德年间，南唐史官高远著《吴录》二十卷。但至开宝八年（975），北宋方灭南唐，因此本书不将《吴录》列为宋人著述。钱俨《吴越备史遗事》约作于开宝五年（972），太平兴国三年（978）吴越入宋。同理，也不录此书。依照上述标准，这一类的著述主要有：

1. 王溥《周世宗实录》四十卷。周恭帝即位当年冬天始修，建隆二年（961）八月，书成奏上，已佚。经今人辑校后有六七万字，收录于《五代史书汇编》。

2. 王溥《五代会要》三十卷。该书汇编了五代的典章制度及损益沿革，成书于建隆二年（961）。此后诸书关于五代典章制度的记述相当简略，或多所佚失。如《旧五代史》仅存辑本，《新五代史》则只有"司天"、"职方"二考。因此，该书的史料价值十分珍贵。

3. 范质《五代通录》六十五卷。起于后梁开平元年（907），止于后周显德六年（959），成书于建隆年间（960—963），根据五代实录撰成。五代虽然朝代更迭频繁，但维持日常运作的文官体制相对稳定，史书修撰也基本没有中断，除梁末帝、朱友珪、周恭帝朝之外，各朝均有实录。范质在此基础上，兼采当时的制敕碑碣，撰成该书。《旧五代史》即据五代实录及该书为稿本。该书已佚。

4. 范质《晋朝陷蕃记》四卷。又名《石晋陷蕃记》。记后晋为契丹所灭，晋出帝被掳北去之始末。范质于后晋末年在翰林，曾为出帝（即晋少帝）拟降表，知其事较详，"记少主初迁于黄龙府，后居于建州，凡十八年而卒"[1]。《旧五代史考异》据此认为，出帝死于宋太祖乾德二年（964）[2]，而范质亦于该年去世，则此书当成于该年。已佚。

5. 范质《桑维翰传》三卷，记桑维翰事，已佚。范质另有《魏公家传》三卷，当亦是有关桑维翰事，亦佚。

6. 胡峤《梁朝画目》三卷，郭若虚《图画见闻志》称为《广梁朝画目》。所录始自尹继昭，终于刘永，共四十三人。胡峤为后晋同州合阳县令，契丹灭晋后，侍萧翰为掌书记，随其进入契丹境内，七年后，于后周广顺三年（953）逃归。该书为胡峤入宋后所作，已佚。

7. 孙光宪《北梦琐言》三十卷，记晚唐五代事。始作于归宋之前，于仕宋之后完成。[3] 孙光宪在五代时仕荆南高从诲，后随高继冲入朝。现存二十卷，后十卷已佚失。李昉等编《太平广记》，多采其文。

8. 阎自若《唐末泛闻录》一卷。"晁氏曰：皇朝阎自若纂。乾德中，王溥《五代史》成，自若之父观之，谓自若曰：'唐末之事，皆吾耳目所及，与史册异者多矣。'因话见闻故事，命自若志之。陈氏曰：题常山阎自若撰。记五代及诸僭伪事。其序自言乾德中，得于先人及舅氏闻见。且曰：'传者难验，见者易凭。考之史策，不若询之耆旧也。'然所记亦

---

[1]（宋）晁公武撰，孙猛校证：《郡斋读书志校证》卷七"石晋陷蕃记"条，上海古籍出版社1990年版，第293页。

[2]《旧五代史》卷八五《少帝纪第五》，中华书局2016年版，第1311页。另据辽宁省博物馆所藏《石重贵墓志铭》，少帝死于辽景宗保宁六年（974）。则范质所记十八年，或是得之于传闻。

[3] 陈尚君辑纂：《旧五代史新辑会证·前言》，复旦大学出版社2005年版，第62页。

时有不同者,如李涛纳命事,本谓张彦泽,今乃云谒周高祖,未详孰是。"① 已佚。

9. 景焕(或作耿焕)《野人闲话》五卷,记后蜀时事。耿焕,成都人,隐居玉垒山。宋人避宋太宗讳,称之为景焕。乾德三年(965),宋军平蜀。书中有"自大军收复,蜀主知运数有归,寻即纳款,识者闻之嘉叹"②之语,当为归宋后所作。原书已佚,有辑本。

10. 句延庆《锦里耆旧传》四卷。开宝三年(970),"秘书丞刘蔚知荣州得此传。其词芜秽,请延庆修之,改曰《成都理乱记》"③。全书起于唐朝咸通九年(868),迄于北宋乾德四年(966),记前蜀、后蜀时事。《宋史·艺文志》作八卷,今本仅存后四卷,起于唐僖宗中和五年(885)。句延庆字昌裔,籍贯不详,自称前荣州应灵县令,并见于书中。

11. 钱俨《吴越备史》四卷。吴越王室子弟钱俨托名范坰、林禹所撰,载钱镠以下累世之事迹。全书初作十二卷,记事止于北宋开宝三年(970),后来又增三卷,记事至太宗雍熙四年(987)。

12. 钱俨《忠懿王勋业志》三卷,记钱俶事迹,成书年代无考,就其书名取钱俶的谥号来看,当成于钱俶死后。另外,钱俨《戊申英政录》记吴越国王钱俶事迹,据《直斋书录解题》记载,钱俨时任婺州刺史。按钱俨于乾德四年(966)任婺州刺史,开宝三年(970)知湖州,吴越则于太平兴国三年(978)入宋,因此该书当成于入宋之前,不录。

13. 胡宾王《刘氏兴亡录》十二卷。胡宾王"少力学,以博洽知名。南汉时进士甲科,尝读书中宿峡,经史皆有发挥,累官中书舍人、知制诰。刘鋹淫虐,辞官归,乃著《南汉国史》,自刘谦至鋹为《五主传》,杨洞潜至陆光图等三十三人为《纯臣传》,有'具臣'、'乱臣'、'宦官'、'女谒'之目,凡十二卷。鋹亡,上其书于宋,号《刘氏兴亡录》,以明经授著作郎。会诏有官者得与科试,遂登咸平庚子进士第,累迁翰林学士。后致仕卒于家"④。该书初为南汉国史,南汉亡后上书于宋,则

---

① (元)马端临:《文献通考》卷一九六《经籍考二三·唐末泛闻录》,中华书局2011年版,第5674页。此处王普《五代史》当指王溥《五代会要》。
② (宋)王明清:《挥麈录》余话卷之一,中华书局1961年版,第292页。
③ (宋)陈振孙:《直斋书录解题》卷七"锦里耆旧传"条,上海古籍出版社1987年版,第200页。
④ (清)吴兰修:《南汉纪》卷五《后主纪》,广东高等教育出版社1993年版,第66页。

当经过一定的修改。已佚。

14. 董淳《后蜀孟氏记事》三卷，《直斋书录解题》名为《后蜀纪事》，记为北宋直史馆太常博士董淳撰，记孟昶事。董淳与扈蒙、张洎、贾黄中等为同时代人。该书当成于太祖或太宗年间，已佚。

15. 《旧五代史》一百五十卷，是由宋太祖诏令编纂的官修史书。薛居正监修，卢多逊、扈蒙、张澹、李昉、刘兼、李穆、李九龄等同修，开宝七年（974）成书。原书已佚，后由清朝四库馆臣从《永乐大典》中辑出，并以他书所引文字补充重编。

16. 秦再思《洛中记异录》十卷，记五代及宋初谶应杂事。秦再思生平不详，仅见《续资治通鉴长编》卷二二宋太宗太平兴国六年（981）十一月有载："辛亥，合祭天地于圜丘，大赦，御乾元殿受册尊号。先是有秦再思者，上书愿勿再赦，且引诸葛亮佐蜀数十年不赦事。"若此人即为作者，当为太祖、太宗时人。书中称宋太祖为"今上"①，又提及蜀平之事，则该书当撰于太祖年间。原书已佚，现存一卷于《说郛》。

17. 王保衡《晋阳见闻要录》一卷，即《晋阳伪署见闻要录》。王保衡博学有文名，仕于北汉刘旻，为中书舍人，入宋未仕而卒。"河东刘氏有国，全无记录，惟其旧臣中书舍人、直翰林院王保衡归朝后所纂《晋阳伪署见闻要录》"②，记北汉史事。已佚。

18. 徐铉、汤悦《江南录》十卷，是一部官修南唐史专著。该书成书较为仓促，"忘远取近，率皆疏略"③，且于人物评价等方面不能令宋太宗与南唐旧臣满意，多受诟病。因此，南唐遗臣纷纷另作南唐史，以补其不足。已佚。

19. 徐铉《江南画录拾遗》。五代时有人作《江南画录》，徐铉又作《江南画录拾遗》，以资补充，成书年代不详。已佚。

20. 佚名《钓矶立谈》一卷，记述南唐史事。作者自称"叟"、"山东无闻人"，《宋史·艺文志》以其为南唐著名隐士史虚白，四库馆臣以其为

---

① （明）陶宗仪纂：《说郛》卷二〇《洛中记异录·宋州官家》，北京中国书店1986年据涵芬楼1927年版影印，第23页。

② （宋）司马光：《资治通鉴》卷二九二，后周太祖显德元年十一月戊戌条引《通鉴考异》，中华书局1956年版，第9520页。

③ （宋）马令：《南唐书·自序》，南京出版社2010年版，第5页。

史虚白之子。陈尚君先生则疑"叟"为史虚白之弟侄辈，而该书实为史虚白之孙史温据"叟"所述而成。虽然其中一部分可能为"叟"之遗稿，但编次成书，并将"叟"之议论记录成文者，当为史温。[①] 书中提到"叟比闻铉及汤悦奉诏书江南事"[②]，可知成书时间与《江南录》相近。

21. 郑文宝《南唐近事》二卷，记南唐三主四十年间杂事。郑文宝为南唐旧臣徐铉的弟子，国亡不仕，直至李煜去世后才入仕宋朝。书成于太平兴国二年（977）。

22. 陈彭年《江南别录》一卷，记吴徐温，南唐烈祖、元宗、后主时事。陈彭年少时以文学知名，曾被召入南唐宫中，李煜令其子仲宣与之游处，因此所知南唐事较为详细。"时汤悦、徐铉等奉诏撰《江南录》，彭年是编，盖私相纂述，以补所未备，故以《别录》为名。《宋史·艺文志》、晁公武《读书志》俱作四卷，当以一代为一卷。此本一卷，疑后人所合并也。"其书颇好语怪，"体近稗官"[③]，于史实也有出入之处。但可取者亦多，不少材料为《资治通鉴》所采用。

23. 潘若同《郡阁雅言》一卷。又名《郡阁雅谈》《郡阁杂言》，题为赞善大夫潘欲冲撰。宋太宗时作，记录南唐野逸贤哲异事佳言，共五十六条。原书已佚，《说郛》有节编本，共八条。

24. 吴淑《江淮异人录》二卷。记道流、侠客、术士之类共二十五人，其中唐代两人，南唐二十三人。吴淑是徐铉的女婿。《宋史·吴淑传》载该书为三卷，《直斋书录解题》与《宋史·艺文志》则皆作二卷。该书久佚，后从《永乐大典》中辑得二十五人之数，分为上、下两卷。

25. 佚名《五国故事》二卷，作者不详，内容止于宋太宗时期。四库馆臣认为当为北宋初年所作，载吴、南唐、前蜀、后蜀、南汉、闽六国之事。该书为小说之体，近似于传闻逸事，但亦有一定的史料价值。

26. 曹衍《湖湘马氏故事》二十卷。曹衍于周行逢时为湖南布衣，偃蹇不遇。后采摭旧闻，撰就该书，进献宋廷。太宗悯其贫老，授将作监丞。其书早佚。

---

① 陈尚君：《〈钓矶立谈〉作者考》，《文史》44辑，中华书局1998年版。
② （宋）佚名《钓矶立谈》，见朱易安、傅璇琮等主编《全宋笔记》第1编第4册，大象出版社2003年版，第235页。
③ 《四库全书总目》卷六六"江南别录"条，第585页。

27. 周羽翀《三楚新录》三卷，上卷为湖南马殷，中卷为武陵周行逢，下卷为荆南高季兴。周羽翀，籍贯、生平皆不详，自署为儒林郎、试秘书省校书郎、前桂州修仁令，大约为宋初人。

28. 张齐贤《洛阳缙绅旧闻记》五卷。真宗景德二年（1005）张齐贤以兵部尚书知青州时所作，记述后梁、后唐以来洛阳旧事，自称凡与正史有差异者，一并存而录之。对于张全义的治洛之功，记载极为详备。全书共二十一篇，分为五卷。

29. 王禹偁《五代史阙文》一卷，作于真宗初年，录五代史笔避嫌漏略者共十七事。该书颇为史家所称。其论司空图之大节一段，为《新唐书》所取；"庄宗三矢告庙"一段，为《新五代史》所取；他如朱全昱、张承业、王淑妃、许王从益、周世宗符皇后诸条，亦多为《新五代史》所取。王士禛《香祖笔记》赞其辨正精严，足正史官之谬。

30. 郑文宝《江表志》三卷，记南唐事，作于真宗大中祥符三年（1010）前后，分为先主、中主、后主三卷，每卷"于诸王大臣并标其名，亦无事实，记载甚简。又独全录《韩熙载归国状》《张佖谏疏》各一首，去取亦颇不可解"。郑文宝曾亲事李后主，对故主情谊颇深，其记李煜亡国的原因，"亦只以果于自信、越人始谋为言"①。该书佚失大半，四库馆臣称其"虽存而实佚"②。

31. 陶岳《五代史补》五卷，又作《五代补录》，成书于真宗大中祥符五年（1012）。《旧五代史》成书后，陶岳认为尚多阙略，遂书其所闻。该书"虽颇近小说，然叙事首尾详备，率得其实。故欧阳修《新五代史》、司马光《通鉴》多采用之"③。

32. 陶岳《荆湘近事》十卷。《通志》又作《荆湖故事》。其书已佚。

33. 陶岳《货钱录》一卷，又作《货泉录》，"记五代诸侯擅改钱币之由。幽州、岭南、福建、湖南、江南五国"④。已佚。

34. 许载《吴唐拾遗录》十卷。据《容斋续笔·宋齐丘》条记载，此书为太常博士许载于真宗大中祥符年间所作，所载多诸书未有者。如

---

① 《四库全书总目》卷六六"江表志"条，第586页。
② 《四库全书总目》卷六六"江南余载"条，第586页。
③ 《四库全书总目》卷五一"五代史补"条，第464页。
④ （宋）晁公武撰，孙猛校证：《郡斋读书志校证》卷十四"货钱录"条，第667页。

《劝农桑》一篇录有宋齐丘（又作宋齐邱）所行善事，而《九国志·宋齐丘传》《新五代史》与《资治通鉴》中皆不记此事。已佚。

35. 郑向《五代开皇纪》三十卷。"天禧五年五月己丑，太常博士郑向表进《五代开皇纪》三十卷，起梁讫周，约八十万言。表言唐明宗祈天愿早生圣人，是五代闰紫，实开皇朝也，目曰开皇。《崇文》目编年类。五代乱亡，史册多漏失，向撼拾遗事，颇有补焉。"① 郑向为周敦颐的舅舅，官至龙图阁直学士。原书已佚。

36. 路振《九国志》五十一卷。路振于真宗时所撰，记吴、南唐、吴越、前蜀、后蜀、东汉（即北汉）、南汉、闽、楚九国史事。英宗治平元年（1064），由其子路纶献与朝廷。后由张唐英增补南平（荆南）史事，遂成十国史。该书评价颇高，在《十国纪年》问世之前，"世称路氏《九国志》在五代史之中最佳"②。原书久佚，后为清人邵晋涵从《永乐大典》中辑出，仅存一百三十六篇传记。

37. 杨亿似亦曾撰南唐史。《直斋书录解题》言："徐铉始奉诏为《江南录》，其后王举、路振、陈彭年、杨亿皆有书。大概六家皆不足以史称，而龙衮为尤甚。"③ 已佚。

38. 龙衮《江南野史》十卷，记南唐事。龙衮生平不详，一说为吉州人，一说为螺江人，同欧阳修为乡曲，可知为南唐故地。书中提到陈彭年之死，可知此书最早完成于真宗天禧元年（1017）。刘晓明先生根据书中"故参政"陈彭年曾于"大中祥符初与内翰晁公、今相王君同知贡举"的记载，推断该书当成于王曾首次任相期间（1022—1029），即仁宗早期。④ 该书用纪传之体，而不立纪传之名，如陈寿之志吴蜀。《通志》载此书原二十卷，晁公武称此书共八十四传。陈振孙认为撰南唐史之"六家皆不足以史称，而龙衮为尤甚"。四库馆臣则认为其"叙次冗杂，颇乖史体……然其中如孙晟、林文肇诸传与五代史颇有异同，可资考证，马、陆二书亦多采之"⑤。

---

① （宋）王应麟纂：《玉海》卷四七《五代开皇纪》，江苏古籍出版社、上海书店1987年版，第885页。
② （宋）晁公武撰，孙猛校证：《郡斋读书志校证》卷七"十国纪年"条，第278页。
③ （宋）陈振孙：《直斋书录解题》卷五"江南余载"条，第136页。
④ 刘晓明：《龙衮与〈江南野史〉》，《文史》2002年第2辑，中华书局2002年版。
⑤ 《四库全书总目》卷六六"江南野史"条，第585页。

39. 钱易《钱氏家话》一卷。钱易是忠逊王钱弘倧之子（968—1026），而吴越于978年入宋，因此，此书当成于入宋之后。已佚。

40. 钱惟演《秦王贡奉录》二卷，又名《钱王贡奉录》，记其父钱俶向北宋贡献及所受锡赉之物。《通志》与《宋史·艺文志》作一卷，清人叶德辉辑《宋秘书监续编·四库阙书目》作二卷。已佚。

41. 钱惟演《家王故事》一卷，记载钱俶的二十二件事迹。

42. 钱惟演《逢辰录》二卷，又作《玉堂逢辰录》。"太宗既得吴越版籍，继下河东，天下一统，礼乐庶事，粲然大备。钱文僖惟演尝纂书名《逢辰录》，排日尽书其父子承恩荣遇及朝廷盛典，极为详尽。"①

43. 《钱氏庆系谱》，吴越钱氏家族的家谱。钱镠在世时曾修《大宗谱》，主要追述钱氏先世。北宋时期，钱惟演接续《大宗谱》，从钱镠开始，主持了第二次修谱活动。谱成后进呈仁宗，仁宗赐名《庆系谱》。已佚。

44. 《闽王事迹》一卷。"不知何人作。卷末称光启二年至天圣九年，一百三十八年。其所记颇详。"② 或载作者为余公绰。按余公绰为五代末宋初人，闽政权灭亡于公元945年，而天圣九年（1031）则已是仁宗年间，不确知是记载有误还是为后人所续。已佚。

45. 杨及《五代史》。天圣五年（1027）二月，知宁州杨及上所修《五代史》，宋仁宗对辅臣说："五代乱离，事不足法。"宰相王曾答曰："虽然，安危之迹亦可为监也。"③ 该书已佚。

46. 胡旦《五代史略》四十三卷。天圣五年（1027）十二月上于仁宗。《朱子语类》云："《五代史略》假借太原，以刘知远之后非僭窃，辞较直也。"④ 已佚。

47. 苏耆《闲谈录》二卷，苏耆（987—1035）为苏舜卿之父，"记五代以来杂事。下帙多载冯道行义"⑤。

48. 王轸《五朝春秋》二十五卷，成书于仁宗景祐三年（1036）七

---

① （宋）王明清：《挥麈录·后录卷之一》，第53页。
② （宋）陈振孙：《直斋书录解题》卷五"闽王事迹"条，第138页。
③ （宋）李焘：《续资治通鉴长编》（以下简称《长编》）卷一〇五，仁宗天圣五年二月丙申条，中华书局2004年版，第2437页。
④ （宋）黎靖德编：《朱子语类》卷一三四《历代一》，中华书局1986年版，第3204页。
⑤ （元）马端临：《文献通考》卷二一六《经籍考四三·闲谈录》，第6037页。

月。《曲洧旧闻》载："本朝谈经术，始于王轸大卿，著《五朝春秋》行于世。"① 晁说之称："荆南王修撰作《五朝春秋》，托始于吴越，犹之鲁也。忠懿王文武之才，于是乎亦可少窥矣。"② 已佚。

49. 孙冲《五代记》七十七卷。成书于仁宗景祐三年（1036）七月。已佚。

50. 王皞《唐余录》六十卷。王曾之弟王皞奉诏撰就。他"芟五代旧史繁杂之文，采诸家之说，仿裴松之体附注之，以本朝当承汉、唐之盛，五代，则闰也，故名之曰《唐余录》"③，仁宗宝元二年（1039）上呈朝廷。《唐余录》有纪有志有传，"盖五代别史也"，它将韩通录入《忠义传》，且"表出本朝褒赠之典"④，被认为新、旧《五代史》所不及。原书已佚。

51. 王举《天下大定录》一卷。《直斋书录解题》云："殿中丞通判桂州王举撰。景祐间人。始高季兴，终刘继元。其所记疏略，独江南稍详。书本十卷，今但为一卷，恐非全书也。"⑤ 已佚。

52. 周尧卿《五代史》。周尧卿（995—1045），仁宗朝太常博士，为学不惑传注，长于毛郑《诗》《左氏春秋》，"尤爱司马迁善传奇伟，使人喜读，欲学其作，厥后著五代史，辞气遂与迁相上下"⑥。已佚。

53. 尹洙《五代春秋》二卷，记事始于后梁太祖开平元年（907），止于后周显德七年（960）正月。尹洙深于《春秋》之学，笔削不苟，体例谨严。欧阳修曾约其同修《新五代史》，此书或作于这一期间。

54. 欧阳修《新五代史》七十五卷。于景祐三年（1036）前着手撰修，皇祐五年（1053）基本完成，约于治平四年（1067）后属稿。⑦ 弟子徐无党作《新五代史注》，与原文一同刊刻。《新五代史》问世后，逐渐取代《旧五代史》，成为官方五代正史。

55. 吴缜《五代史纂误》三卷，指摘《新五代史》中谬误二百余处。

---

① （宋）朱弁：《曲洧旧闻》卷二，中华书局2002年版，第109页。
② （宋）晁说之：《嵩山文集》卷十八《跋忠懿王草圣》，四部丛刊续编本。
③ （宋）晁公武撰，孙猛校证：《郡斋读书志校证》卷六"唐余录"条，第259页。
④ （宋）陈振孙：《直斋书录解题》卷四"唐余录"条，第109页。
⑤ （宋）陈振孙：《直斋书录解题》卷五"天下大定录"条，第139页。
⑥ （宋）周必大：《文忠集》卷七五《彭孝子墓表》，四库全书本。
⑦ 陈尚君：《欧阳修著述考》，《复旦学报》1985年第3期。

晁公武、陈振孙皆载此书五卷，《宋史·艺文志》则载三卷。该书久佚，由《永乐大典》中辑出，约存原书十之五六。

56. 吴缜《朱梁列传》十五卷，已佚。

57. 卢臧《楚录》。"臧，或作藏，字鲁卿，河南人。嘉祐官潭州湘潭县主簿，权永州推官"，"盖载马殷、周行逢、高季兴诸人事也"①。已佚。

58. 刘道醇《五代名画补遗》一卷，《郡斋读书志》称为刘道成，《直斋书录解题》题为《五代名画记》。刘道醇，大梁（今河南开封）人，生平不详。该书为补充胡峤《广梁朝画目》之作，载有后唐至后周二十四位画家。

59. 胡恢《南唐书》十卷。胡恢，北宋中期金陵（今江苏南京）人，生卒年不详，约与苏轼、苏颂同时，仕宦不显，曾任华州推官，因事被罢免。他擅长书法，曾得枢密使高若讷推荐，书写国子监《石经》。撰有《南唐书》，将南唐国主列为载记，视南唐为僭伪。已佚。

60. 张唐英《蜀梼杌》二卷，又名《外史梼杌》《蜀春秋》。张唐英，蜀州新津（今四川新津）人，宰相张商英之兄。"其书本《前蜀开国记》《后蜀实录》，仿荀悦《汉纪》体，编年排次。于王建、孟知祥据蜀事迹，颇为详备。欧阳修《二蜀世家》删削太略，得此可补其所遗。"② 英宗朝治平中成书。"凡《五代史》及《皇朝日历》所载者皆略而不书。名曰《蜀梼杌》。盖取楚史之名，以为记恶之戒，非徒衍其小说，亦使乱臣贼子观而恐惧云耳。"③

61. 刘恕《十国纪年》四十二卷，记述十国史事。刘恕博学强记，是司马光修《资治通鉴》的得力助手，负责五代长编。元丰元年（1078），刘恕于临终之前，嘱托司马光为《十国纪年》作序。司马光对此书深为赞赏，认为"世称路氏《九国志》在五代史之中最佳，此书又过之。以予考之，长于考异同，而拙于属文。其书国朝事，皆曰宋，而无所隐讳。意者各以其国为主耳"④。南宋学者薛季宣也赞为一世奇作。刘恕还欲作十国百官方镇年表，惜壮志未酬而身先死。

---

① 刘兆祐：《宋史艺文志史部佚籍考》，第864页。
② 《四库全书总目》卷六六"蜀梼杌"条，第587页。
③ （宋）张唐英：《蜀梼杌·序》，见《全宋笔记》第1编第8册，第32页。
④ （宋）晁公武撰，孙猛校证：《郡斋读书志校证》卷七"十国纪年"条，第278页。

62. 刘攽《五代春秋》一部，已佚。

63. 张守约《蜀记》一卷，载孟昶初降至薨事。按北宋神宗年间有武将名为张守约，但并未提及他曾著此书，未知是否是此人。

64. 《江南余载》二卷。作者不详，大约成于神宗熙宁八年（1075）之后。四库馆臣称其书以《江表志》为稿本，"此书虽佚，尚有大半之存也"，可"补《江表志》之阙"①。原书已佚，今本从《永乐大典》中辑出，仍编为二卷。

65. 李清臣《吴书实录》三卷，记吴杨行密事。已佚。

66. 马令《南唐书》三十卷，约于徽宗崇宁四年（1105）前后成书。马令为阳羡（今江苏宜兴）人，"其祖太博元康，世家金陵，多知南唐故事，未及撰次"。马令继承先人遗志而撰就此书。该书为纪传体，"其书首为《先主书》一卷，《嗣主书》三卷，《后主书》一卷，盖用《蜀志》称主之例"②。该书史料来源较为丰富，叙述较为详备。且效仿《新五代史》，在每序赞之首，必以"呜呼"发端，各予褒贬。不过，后人对该书评价不高。

67. 薛季宣《十国纪年通谱》，薛季宣（1134—1173），永嘉学派的代表人物之一，治学精当。原书已佚。

68. 虞允文注《五代史》。据《宋史·虞允文传》载，虞允文（1110—1174）曾注《唐书》、《五代史》。已佚。

69. 洪适《五代登科记》一卷

70. 李焘《五代三衙将帅年表》一卷，已佚。

71. 王伯刍《五代咏史诗》二百篇。据周必大于嘉泰元年（1201）为友人王伯刍所作的墓志铭记载，王伯刍有五代咏史诗二百篇③，已佚。

72. 陆游《南唐书》十八卷。记南唐史事。卷数与人物虽不及马令《南唐书》为多，但"简核有法"，深为后人所推崇。与胡、马二人不同，他"于烈祖、元宗、后主皆称本纪，且于《烈祖论》中引苏颂之言，以《史记》秦庄襄王、项羽本纪为例，深斥胡恢之非"④。对此，四库馆臣

---

① 《四库全书总目》卷六六"江南余载"条，第586页。
② 《四库全书总目》卷六六"马令《南唐书》"条，第587页。
③ （宋）周必大：《文忠集》卷七三《率斋王居士墓志铭》。
④ 《四库全书总目》卷六六"陆游《南唐书》"条，第588页。

认为他是因南宋偏安江南，与南唐事势相近，而有所偏袒。

此外，以下诸书成书时间不详：

73. 佚名《十国载记》，记十国事，当为宋人所作。已佚。

74. 元宏《钱塘平越州录》。元宏，生平不详。此书于《宋史·艺文志》始见，"殆宋时人也"[1]。已佚。

75. 佚名《湖南故事》十卷，记马氏至周行逢事。《直斋书录解题》称其文辞鄙甚。按周行逢卒于建隆三年（962）九月，次年正月，其地入宋。该书或成于入宋之后。已佚。

76. 佚名《高氏世家》十卷，记荆南高氏政权事。已佚。

77. 曾颜《渤海行年记》十卷。曾颜生平不详。《续资治通鉴长编》曾引此书，所载多为五代之事。已佚。

除了已成书的著述之外，还有一些宋人欲撰著而未成的，比如："初，诸僭国皆有纂录，独岭南阙焉。惟胡宾王、胡元兴二家纂述，皆不之备。"胡宾王纂述指《刘氏兴亡录》，胡元兴之纂述史无明文。真宗时，周克明"访耆旧，采碑志，孳孳著撰，裁十数卷"，欲撰成南汉史，但不幸于天禧元年（1017），"书未成而卒"[2]。

除专述五代十国历史的著作之外，诸如《旧唐书》《新唐书》《资治通鉴》《续资治通鉴长编》《东都事略》《宋史》等史著及宋人笔记小说，以及宋人的奏疏、文集、议论中，也或多或少地散见着有关五代十国史的描述与议论。

第二节　两宋时期关于五代十国史著述的特点

从两宋时期关于五代十国史的著述来看，主要有以下几个特点。

一、两宋时期专述或主要叙述五代十国史事的著述有七十余种，其中以叙述十国史事者为多，但以主要论述五代中原王朝的著述影响为大。

唐末五代，战乱不休，中原地区帝王将相如走马灯般频繁更换，百姓流亡死伤者众，社会经济破坏殆尽，教育文化事业几乎停滞。南方则

---

[1] 刘兆祐：《宋史艺文志史部佚籍考》，第443页。
[2] 《宋史》卷四六一《周克明传》，中华书局1985年版，第13505页。

战乱较少，相对安定。为了在激烈的竞争下生存和发展，各国皆重视发展经济，延揽人才。如福建、两广、江西、湖南等落后地区，均得到了较大程度的开发。中原士人的大批南逃，亦促使南方诸国的文化事业得到较大发展。中国社会出现了经济、文化重心的南移。相比之下，北方人才凋零，文风凋敝，正是长枪大剑占据历史舞台的时期。因此，在北宋相继吞灭诸国后，十国遗民出于对故国的怀念与追思，著述较多。而十国遗民的后代，在文化环境的熏陶之下，出于对父辈故国的兴趣，也往往有所著述。同时，中原地区的学者对十国历史也有记述，遂使十国著述呈现较为兴盛的局面。

尽管如此，主论五代中原王朝的著述还是产生了更大影响。原因有二。一是宋朝以五代为正统，十国为僭伪，因此对五代史更加重视。二是宋朝承五代中原王朝而来，在政治结构、经济状况、军事体制、思想文化等方面均与其相似。出于汲取治乱经验教训的需要，宋廷，尤其是在宋初，对五代中原王朝给予了更多关注。因此，尽管十国遗民之作颇多，但影响最大的还是主论五代历史的著述。

二、从著述时间来看，以北宋时期的著述为多。而北宋时期的著述又呈现出两个不同的阶段。宋初三朝，十国遗民的著述较多，中原地区的著述相对较少。北宋中后期，则出现了相当多的重修五代十国史的著作。

五代于北宋而言是近代史，政治制度、军事体制、价值体系等皆与北宋一脉相承。因此，正确认识五代十国的历史，总结治国的经验教训，以免重蹈覆辙，遂成为宋人高度重视的问题。时至南宋，五代的经验教训已融汇至"祖宗家法"之中，北宋以及当代史成为宋人的关注焦点，因此关于五代十国的著述相对较少。

北宋中后期，尤其是仁宗、英宗两朝，《春秋》学大盛，以新的指导思想与研究手法重修五代十国史的热情高涨，体现了崭新的时代气息。而对五代十国史的研究，也以这一时期的著作影响为大。其中《新五代史》《资治通鉴》的史观对后世产生了巨大影响，后人对五代十国史的认识基本上来源于此。

三、在关于十国的著述中，以南唐为多，且多是南唐遗臣、遗民之作。其次为吴越，作者主要集中在吴越王室子孙。再次是关于前后蜀的著述。北汉、南汉的著述极少。这正与十国诸政权的强盛程度及人文氛围成正比。

五代十国时期，中原士人大批南逃，蜀地、江淮之间以及江南地区成为他们的首选之地。于是，在这一时期出现了南唐与蜀两大文化中心。南唐在十国之中最为强盛与繁华。南唐三主承接杨吴时期数十年的积累，重用文人，倾心下士，大力发展文化教育。嗣主李昪与后主李煜皆文采风流，才华横溢。韩熙载、徐铉、徐楷等人亦文名籍甚，闻名南北。"江左三十年文物，有贞元、元和之风。"① 因此，在南唐入宋之后，为南唐作史者极多。不仅有郑文宝、陈彭年等南唐遗臣、遗民，也有杨亿、马令等南唐故地的后人。甚至连北宋官方亦专为其编撰了一部《江南录》，这在十国中是绝无仅有的。

蜀地险峻，安定富庶，历来是唐代皇室贵族的避难之地，唐玄宗、唐僖宗皆曾避难于此，因此聚集了大批的唐朝遗臣。前蜀王建"善待士"，"所用皆唐名臣世族"。他"为神策军将时，宿卫禁中，见天子夜召学士，出入无间，恩礼亲厚如僚友，非将相可比也"，因此待翰林学士"恩礼尤异"②。其继承人王衍，"自童年即能属文，甚有才思，尤能为艳歌，或有所著，蜀人皆传诵焉"③。后蜀主孟昶诵花蕊夫人的词"冰肌玉骨，自清凉无汗"，则传诵至今。前蜀设国子监，修复孔庙，修建新宫以储存书籍。后蜀毋昭裔出私财百万营造学馆，请刻板印《九经》，兴复文教。凭借这些努力，蜀地得以培养出大批饱学之士。至两宋时期，蜀学大盛于天下。因此，关于前后蜀的著述相对较多。

吴越也是十国中相对强盛和安定的政权。创建者钱镠确立"事大"原则，尊奉中原王朝，致力于发展国力。"方浙右富盛登丰之久，上下无事，惟以文艺相尚"④，钱俶尤喜翰墨。由于吴越是主动纳土于宋，因此深得宋朝统治者宠异。十国诸王后代大多凋零不振，唯有钱氏一族颇为兴盛。在家族风尚与宋朝重文风气的双重熏染下，"吴越钱氏子孙文章名世者无代无之"⑤。他们对钱镠父子的功业及对中原王朝的贡奉做了大量

---

① （宋）陈彭年：《江南别录》，见《全宋笔记》第1编第4册，第207页。
② 《新五代史》卷六三《前蜀世家》，中华书局2016年版，第885页。
③ 《册府元龟》卷二二八《僭伪部·好文》，中华书局1960年版，第2717页。
④ （宋）宋徽宗：《题钱氏世谱》，见曾枣庄、刘琳《全宋文》卷三六二九，上海辞书出版社2006年版，第366页。
⑤ （宋）周必大：《文忠集》卷一九《跋钱穆父帖》。

记载，基本上皆是为吴越诸王歌功颂德之作。

相比之下，北汉与南汉国力较为衰弱。南汉位处岭南，经济文化较为落后，加之统治者残暴荒淫，除首任统治者略有可取之外，余皆愚暗暴虐，令人发指，文化事业亦极为凋敝。北汉地瘠人贫，民风尚武，以弹丸之地顽强抵抗后周与北宋的征伐，居然成为十国中最后灭亡的政权，实属不易。但它连年遭受残酷的战争洗劫，致使民生凋敝，国运不昌，文风更是不振。因此，关于这两个政权的著述相当之少。

第二章

宋初三朝的五代十国史研究

第一节 宋初三朝关于五代十国史的研究特点

"前事不忘，后事之师。"北宋承五代而来，对五代十国的乱世景象有着切肤之痛。因此，在这一时期，他们对五代十国史高度重视，并做了深刻反思。《旧五代史》即成书于此时，十国遗民也纷纷追忆故国往事，从而形成了一个较为兴盛的局面。有关五代十国史的专著大多成于此时，并呈现出以下特点。

第一，这一时期，宋人虽然对五代的惨痛往事记忆犹新，但对其评价尚不是一无是处，认为其间仍然有道德的楷模及文采卓然者，也有对故国繁华景象的追述与怀念。这与后世对五代十国的历史记忆有很大不同。可以说，这是宋人心目中五代十国地位最高的时期，也是五代在整个封建社会后期地位最高的时期。

第二，这一时期，宋人对五代十国史的反思，主要在最高统治阶层（以太祖、太宗与赵普为代表）、学者（主要指宋初中原地区学者以及统一多年之后的学者）、十国遗民中进行。在不同的研究群体中，存在着不同的关注重点与价值判断，其中影响最大且最为深远的乃是以太祖、太宗、赵普为代表的最高统治阶层，主要着眼点在如何防止五代弊病、保证政权的稳定性方面。他们的反思主要体现在政治层面，对相关政策、法规及制度的措置等，涵盖了政治、经济、军事、文化等各个方面的制度重建与防弊，并对整个王朝的命运产生了极为深远的影响。

第三，这一时期，宋人对五代十国史的思考显得较为苍白和浅散，很多时候只是就事论事，流于对事件表面的记述，甚至流水账式的书写、史料的简单堆积，远不及有了新的理论指导的北宋中后期深刻和新颖。但同时，它也呈现出朴素平实的面貌，比之后世因服从新的理论指导而有意无意作出的史貌扭曲，保留了很多弥足珍贵的历史材料，有助于后人得出更为客观的认识。《旧五代史》即是有代表性的例子。

第四，在这一时期，北宋官方、民间以及十国遗民，各自从不同的角度与视野去探究五代十国的历史，各自汲取各自的教训。其间或有对宋廷的颂扬，或有对故国的追思与遗恨，或有对五代社会风情的记述。不同阶层与群体的介入，对事件和人物的不同论述与评价，相互争鸣，相互激荡，与后世较为统一的指导思想与论述相比，呈现出另一番活泼而多元化的生气。

第二节　宋初三朝对五代十国历史地位的认识

要探讨宋初三朝对五代十国历史地位的认识，就不能不提到有关五代的正统观。总体而言，五代十国在宋人心目中经历了一个由肯定到否定的变化。其中后梁、后唐、后晋、后汉、后周五个中原王朝被视为正统，十国总体则被视为僭伪。具体到单个政权来说，又有两个政权最值得注意，一是关于后梁的争议，以北宋讨论最为热烈；二是南唐地位的相对上升，主要发生在南宋。此外，宋人对北汉的认识，在十国中又呈现出一定的特殊性。北宋前期，这些讨论主要在官方进行，此后主要表现为学者之间的辩论。

北宋前期对五代历史地位的认定很大程度上承袭于五代，同时也有着明显的利益考虑，表现为对五代正统地位的总体肯定，以及对后梁态度的自相矛盾。

宋以禅代之名篡后周而来，遂利用五德终始学说，承后周木德，自命火德，并向上追溯，将后梁、后唐、后晋、后汉一并承认，将这几个祚运短促的王朝合称为"五代"，表现出了接续五代而立统的自觉意识。清人王夫之曾经专论"五代"之名，指出"称五代者，宋人之辞也。夫何足以称代哉？代者，相承而相易之谓。统相承，道相继，创制显庸相易,故汤、武革命,统一天下,因其礼而损益之,谓之三代"。他认为,梁、唐、晋、汉、周无论是起家还是功业,皆是配不上这个称呼的。而宋人之所以认五代为正统,是出于现实的政治考虑,即"宋之得天下也不正,推柴氏以为所自受,因而溯之,许朱温以代唐,而五代之名立焉"①。"其正五代也,凡亦以正宋也。"② 其实,对这一点,宋人也相当清楚:"虽朱梁、石晋皆可以得统者,将以兴我宋也。"③ 在当时列国林立、各称正统的情况下,承认了五代的正统地位,自然也就承认了宋朝的正统地位,这是一个带有强烈政治动机的选择。

但是,在这里却出现了一个明显的矛盾。若以五代为正统,则应遵循唐(土)—梁(金)—唐(水)—晋(木)—汉(火)—周(土)—宋(金)的德运转移序列,则宋当为金德。而宋却自命火德,即唐(土)—后唐(土)—晋(金)—汉(水)—周(木)—宋(火)的序列。也就是说,后梁的正统性被排除。显然,在这里存在着逻辑上的矛盾。

宋代承袭的正是五代后唐以来所择定的德运转移序列。这一序列从一开始就排除了后梁的正统性。后梁太祖朱温以"盗贼"起家,成为强藩,挟天子以令诸侯,最终强行禅代,建立后梁。因唐为土德,故自称金德,自命正统。然而,朱温弑君篡国的恶行、各藩镇问鼎中原的野心,以及民间对盛唐气象的怀念,都使后梁的合法性遭到强烈挑战。诸多割据政权或仍尊李唐正朝,或自立称帝,与后梁争夺正统地位。其中尤以河东李克用、李存勖集团为烈。他们虽是沙陀族人,却以唐朝的继承者自居,建立后唐,号称承袭土德,斥后梁为伪朝。此后,与后唐同属"代北集团"的后晋、后汉、后周,也均承认后唐为"中兴唐祚"的正统王朝,并因之称金、水、木德,而视后梁为篡唐僭立的伪朝。后晋在议修《旧唐书》时,曾欲将后唐作为唐朝历史的一部分。对后唐灭梁一事,《旧唐书》称为"中兴"。而在五代实录基础上撰修的《旧五代史》,"中兴"一词也不鲜见。直到后周太祖显德元年(954),才下诏"梁室受命,奄有中原,当历数之有归,亦神器之所在……今后不得名梁朝为伪朝"④,

---

① (清)王夫之:《读通鉴论》卷二八《五代上》,第1010页。
② 梁启超:《饮冰室合集》文集之九《新史学·论正统》,中华书局1989年版,第23页。
③ (宋)曹勋:《松隐文集》卷二五《论畏天札子》,四库全书本。
④ 《册府元龟》卷九六《帝王部·赦宥一五》,第1145页。

第二章　宋初三朝的五代十国史研究

周世宗亦敕修"太祖实录并梁均帝、唐清泰二主实录"①，承认后梁的正统地位。但这只是官方认可，并未深入人心。显德二年（955），徐纶撰《龙泉禅院记》，内有"天祐十九年"的记载。天祐为唐哀帝年号，仅存在四年，即被迫禅位于朱温。所谓天祐十九年，实际上是后梁末帝龙德二年（922）。"按此地本属梁，此记乃追削梁号而改称天祐者。"② 可见在时人心目中，后梁仍然是遭到唾弃的。

宋朝自称火德，但又以五代为正统，其间矛盾是一目了然的。北宋政府想必也很清楚这一点，因此曾在建隆元年（960）就本朝德运问题专门进行了讨论，但却并未解决这一问题。在这场讨论里，除了后来被官方接纳的火德说之外，还出现过另外一种意见：

> 是时诸公皆争以为本朝当用土德，改正五代之序，而去其一以承周。至引太祖初生时，胞衣如菡萏，遍体如真金色，以为此真土德之瑞。一时煞争议，后来卒用火德。③

唐为土德，若宋亦为土德，则可推知，后周为火，后汉为木，后晋为水，后唐为金。"去其一以承周"，自然还是要除去后梁。后梁的正统性在这里又一次被否定。显然，后梁在时人心目中的地位是极低的。若宋为土德，则后唐必为金德，如此则后唐成为继唐之后的一个新王朝，而非唐朝的延续。以"诸公皆争以为本朝当用土德"的情形来看，恐怕持这种意见的还不算少，但最终还是"徇群议为火德"④。从这一选择来看，后唐取得了"中兴唐祚"的崇高地位，被视为李唐王朝的延续。从以下这场争论，可以更加清楚地看到北宋政府的立场。

雍熙元年（984），布衣赵垂庆上言，认为无论是越过五代而上承唐统，还是以后梁上继唐统，北宋都应为金德。对这一建议，当时曾下尚书省集议。结果，徐铉等百官奏议认为：

---

① （宋）王溥：《五代会要》卷一八"修国史"，上海古籍出版社1978年版，第300页。
② （清）顾炎武著，（清）黄汝成集释：《日知录集释》卷二〇"李茂贞称秦王用天祐年号"条，上海古籍出版社2006年版，第1155页。
③ （宋）黎靖德编：《朱子语类》卷八七"小戴礼·月令"，第2239页。
④ 《长编》卷七四，真宗大中祥符三年九月戊戌条，第1690页。

> 顷者，唐末丧乱，朱梁篡代，庄宗早编属籍，继立世功，亲雪国雠，天下称庆，即比梁于羿、浞、王莽之徒，不可以为正统也。庄宗中兴唐祚，重新土运。自后数姓相传，晋以金，汉以水，周以木。天造皇宋，运膺火德。①

这是宋廷百官的主流意见：在五代诸朝中，后梁因弑君篡国而不当居正统，后唐则为唐祚中兴。这一认识，与后唐以来五代人的认识是一致的。

就这样，后梁的正统问题在建国伊始就埋下了矛盾的种子，并在此后成为历史遗留问题，这在有关宋朝德运的几次争论中也得到了证明。

真宗大中祥符三年（1010），开封府功曹参军张君房上言，认为宋应用金德：

> 国家当承唐室正统，用金德王。且朱梁虽受唐禅而后唐克复，不可谓承正统。晋称金德，而江南李昪时实称唐。汉承晋称水德，止四年而灭。周承汉为木德，止九年而四方分据。太祖以庚申岁受周禅，开宝乙亥岁平江南。及太宗即位，定并、汾，自是一统。是国家承金德以受命，其验明矣。②

这实际上否定了后梁、后晋、后汉、后周的正统地位，而抬高了南唐的地位。疏奏不报。真宗如是说："言此者多矣。且国初徇群议为火德，今岂当骤改耶？"可见，对宋朝的德运问题，持有异议的人还是大有人在的。天禧四年（1020），光禄寺丞谢绛请立宋以土德：

> 国家膺开光之庆，执敦厚之德，宜以土瑞而王天下。然其推终始传，承周之木德而火当其次。且朱梁不预正统者，谓庄宗复兴于后。自石晋、汉氏以及于周，则李昪建国于江左而唐祚未绝，是三代者亦不得正其统矣。昔者，秦祚促而德暴，不入正统，考诸五代之际，亦是类矣。国家诚能下黜五代，绍唐之土德，以继圣祖，亦

---

① 《长编》卷二五，太宗雍熙元年夏四月甲辰条，第577页。
② 《长编》卷七四，真宗大中祥符三年九月戊戌条，第1690页。

犹汉之黜秦，兴周之火德以继尧者也。①

在谢绛看来，后唐与南唐是唐的延续，使"唐祚未绝"。而五代"祚促而德暴"，宋应黜五代而承唐土德。大理寺丞董行父则认为宋当上继唐祚，以金为德，同样否定了五代的正统地位。这一次，真宗诏下两制详议，但多数朝臣还是同意雍熙元年徐铉等人的意见，对谢、董二人的建议不予采纳。

这几次发生在太宗及真宗时期有关宋朝德运归属的争论，虽然目的都不在五代，但都无可回避地触及了五代的历史地位问题。这其中，除了赵垂庆对五代正统地位模棱两可之外，其他人都对五代的正统地位提出了意见。但这些奏疏要么疏上不报，要么遭集体否决，表明宋初的主流意见还是以五代为正统的。

然而，无论是火德说、土德说抑或金德说，无论是对五代的总体否定抑或对五代中某一王朝的否定，后梁都始终不被视为正统。就连赵垂庆"以梁上继唐"的说法，也不过是为了论证"金德说"而做出的心不在焉的提及，并非真地认为后梁当居正统。在北宋前期，五德终始说仍然是讨论政权合法性的理论基础，是正统观的核心因子。这些争论生动地说明了北宋前期官方与士人对五代正统问题的主流认识。

在书籍的撰著方面，也存在着令人迷惑的矛盾现象。范质的《五代通录》、王溥的《五代会要》，尤其是官修的《旧五代史》皆以后梁为正统。宋太宗时，李昉等奉命编次历代年号一卷，却以后梁为伪。真宗朝编纂的《册府元龟》，作为官方编纂的一部历史学的百科全书，也将五代中的唐、晋、汉、周四朝列入帝王部帝系门，而将梁朝列入闰位部氏号门。

其实，这一矛盾也是可以理解的。宋廷为了证明自身政权的合法性，不得不承认后周乃至五代的正统地位。但后梁的篡弑之举却是臭名昭著，"三尺童子皆知可恶"②。虽然后周太祖曾于显德元年为其"翻案"，但后梁不为正统的观念仍然深入人心。入宋以后，以后梁为伪的观念仍然占据着主流思想界。后梁因篡弑而得天下，对于亟待整顿世事人心的宋廷

---

① 《宋史》卷七〇《律历三》，第1598—1599页。
② 《欧阳修全集》卷一七《魏梁解》，中华书局2001年版，第299页。

来说，大张旗鼓地为其平反与其自身利益并不相符，因此，以五代为正统，莫如讲以四代为正统更为准确。不过，后梁距宋朝隔了几个朝代，也与后唐、后晋、后汉、后周不属一个支脉，关于后梁是否为伪的问题，并不会危及宋朝的正统地位，因此也无需太在意，所以便采取了模糊化的处理。在肯定五代正统的前提下，伪梁与不伪梁这两条路线并行不悖。在意识形态领域，譬如立德运等重大问题，遵循着以后梁为伪的思路。而在史书撰著领域则比较宽松。因而，北宋前期的五代史著作，无论是私人著述还是官修正史，大都以包括后梁在内的五代为正统，而没有特别在意五代中各王朝的正统问题。但这一矛盾的存在，却为北宋中期勃兴的后梁正统之辨埋下了引子。

第三节　宋初三朝政治高层对五代十国经验教训的汲取

宋初三朝，尤其是太祖、太宗两朝，以宋太祖、太宗与赵普为代表，最高统治阶层积极深入地参与对五代十国史的研究与借鉴，是五代十国研究史中一个相当显著的特点。这些研究的心得主要体现在政治、制度、思想、文化等各层面对五代的反动，体现在宋朝的立国方针、祖宗家法的形成与制定。正如宋人意识到的，宋朝的立国方针是以防弊之政作立国之法。而唐末五代，尤其是五代的"弊"，无疑是宋代的防弊蓝图。简单来看，主要体现在以下几个方面。

一　宋朝政治运作的理性化与文明化

宋初开国君臣大多历经数朝，亲身经历过五代干戈不断、生灵涂炭的乱象。在这个近乎无望的历史背景下，武夫出身的赵匡胤竟然创立了一个以仁著称、宽缓文明的王朝，一消五代的暴虐躁戾之气，这不能不令人称奇。究其原因，除了赵匡胤本人的雄才大略之外，也与赵氏君臣对五代经验教训的深刻反思有关。

由唐末诸镇的混战不休，到后周世宗雄心勃勃的大一统计划，五代已经走到了由乱及治、由分裂到统一的历史关头。世宗的英年早逝使历史的使命落到了赵匡胤身上。赵匡胤不但英武果敢，有丰富的实战经验，而且胸有大志，善于思考，在戎马倥偬之中也不忘潜心读书，汲取治乱教训，这为他此后治国方略的制定奠定了良好基础。

赵匡胤夺得天下的手段是从后周太祖郭威那里学来的。从谎称契丹来犯，到北征途中黄袍加身，再到回师京城，逼夺皇位，活脱脱一副郭威兵变的翻版。然而，赵匡胤却有着自己的观察与思考，他汲取了郭威的教训，进行了周密的统筹部署。他派韩令坤、慕容延钊率军北上，控扼对政局至关重要的河北；石守信、王审琦则留守京城，以做内应。二者与赵匡胤在陈桥的部队相互呼应，相互声援，仅用半天时间就发动兵变，兵不血刃拿下京城，有效地控制住了局势。

五代每一次王朝更迭，都导致乱军剽掠，不独百姓罹难，就连官员也难逃其劫。郭威起兵时，许诺军士事成后可剽掠旬日。不料乱军只用了一日，便几乎将京城洗成空城。后汉吏部侍郎张允匿于相国寺佛殿藻井之上，也不幸坠屋而死。剽掠之害可见一斑。有鉴于此，赵匡胤在陈桥兵变时严敕纪律，透露出了崭新的时代气息："先是京城居人闻上至，皆大恐，将谓循五代之弊，纵士卒剽掠。既见上号令，兵士至，即时解甲归营，市井不动，略无骚扰，众皆大喜。又闻上驿前诚约之事，满城父老皆相贺曰：'五代天子皆以兵威强制天下，未有德治黎庶者。今上践祚未终日，而有爱民之心。吾辈老矣，何幸见真天子之御世乎？'"[①] 虽然后周重臣韩通一家为之身死，但在经历了改朝换代时惨烈血腥的场面之后，人们终于看到了一次政权的和平交接，"兵变过程中的缜密决策和细致运作，使'兵不血刃，市不易肆'，创造了'不流血而建立一个大王朝的奇迹'"[②]。

诚然，这种变化不是一蹴而就的。高平之战后，周世宗坚持不懈地整顿与改革军队，使骄兵悍将跋扈之气渐消。加之赵匡胤平时对军纪的强调，与兵变前后的缜密部署，都使这次武力政变以和平收尾。陈桥兵变是一个分水岭。一方面，它是五代思想意识和特有局势下的产物；另一方面，与五代其他兵变不同，"它的背后凝结着更多的理性和人道，含

---

① （宋）邵伯温：《邵氏闻见录》卷七，中华书局1983年版，第65页。
② 王育济：《论"陈桥兵变"》，《文史哲》1997年第1期。

蕴着一种对社会、对百姓负责的政治良知","起家低微的赵氏，正是以这种理性和良知，在'百年嚣陵噬搏之气'中营造出一个宽仁宁谧的立国氛围，从而开启了唐宋之际天下由乱而治，由分而合的根本转机。其意义之大，非'盛矣哉'不足以状之"①。

正因为此，赵匡胤借助阴谋与兵威从孤儿寡妇手中篡得天下的手段，非但没有受到责难，反而被宋人赞为"得天下以仁"、"仁之至"，认为"仁"不但是赵宋王朝得天下及一统天下的原因，也是优于他朝的地方：

> 本朝有自古所无者三：艺祖皇帝受命之日，市不改肆，一也；祖宗以来，世传仁厚，虽甚威怒，未尝妄杀，故论者谓不嗜杀人，惟本朝有之，二也；徽庙、光尧，两行内禅，皆出睿断，三也。②

相较于"不仁之极"③ 的五代，一个"仁"字，体现出宋朝政治运作的理性化和文明化的特点，也成为其治国的基调，而这正是出于对于五代乱象的深刻体认。

这一文明化、理性化的政治运作氛围，也同样体现在对柴氏皇族的处置与开国功臣的安置方面。封建王朝的更迭往往伴随着前朝帝王的非正常死亡，甚至举族覆灭。后汉末年，郭威攻入开封，假意迎立后汉高祖刘知远之侄刘赟，又以后汉太后的名义下诏废黜刘赟，篡汉为周，刘赟被杀。南唐李昇夺位于吴，迫使吴王杨溥禅位，并将其举族迁于泰州永宁宫，严加防守，宫内只能互为婚配。如生男孩，长至五岁，李氏即遣使来宫，封以官爵，授以冠服，然后赐死，葬于宫外，号为小儿冢。后周攻打南唐时，杨氏一族的男丁被嗣主李景派人全数夷灭。即使是同一王朝内部的皇位争夺，也伴随着血腥杀戮，令人齿冷。后唐庄宗死后，明宗即位，庄宗宗室诸王多被明宗部下所杀，庄宗诸幼子下落不明，李克用家族几乎灭绝。后唐闵帝在与末帝的皇位争夺战中失败，被末帝派人杀死。相比之下，柴氏却得到了宋室的优待。恭帝受封郑王，于开宝六年（973）逝世。太祖甚至允许潘美抱养世宗幼子，长大后为国效力。仁宗天

---

① 王育济：《论"陈桥兵变"》，《文史哲》1997年第1期。
② （宋）李心传：《建炎以来系年要录》卷二〇〇，中华书局1956年版，第3388页。
③ （宋）陈师锡：《五代史记序》，《五代史记》卷首，四部丛刊本。

圣七年（1029），"诏自今每遇南郊大礼，录周世宗从孙一人班行"①。徽宗政和八年（1118），诏令周恭帝后以其孙世为宣义郎。据载，宋太祖还曾立誓碑令嗣君遵守，一为"柴氏子孙有罪不得加刑，纵犯谋逆，止于狱中赐尽，不得市曹行戮，亦不得连坐支属"；一为"不得杀士大夫及上书言事人"；一为"子孙有渝此誓者，天必殛之"。② 关于此碑真假，学术界有不同意见，但是，宋廷对前朝王室的确较为宽厚，对士大夫也颇为优容，这与以"仁"治国的基调吻合，也与五代形成鲜明对照。

对开国功臣的安置是另外一个敏感和棘手的问题。五代以兵威强制天下，政权变动剧烈，帝王大多雄猜，尤其不放心功高权重者，如郭崇韬、朱友谦、安重诲、史弘肇、王峻等，都是这种猜忌下的牺牲品。后唐明宗、末帝、后周太祖的篡国，与帝王的猜防也有着不可忽略的关系。《旧五代史》曾就此大发议论，深为感慨。在这一时代背景下，如何保全功臣而又消除后患，成为宋太祖亟待解决的问题。他所采取的方式出人意料的和缓，"以从容杯酒之间，解石守信等兵权，复以后苑之宴，罢王彦超等节镇，于是宿卫、藩镇不可除之痼疾，一朝而解矣"③，较为理性地解决了帝王与开国功臣之间的矛盾，"开启了偃武兴文之机"，"营造了一种较为文明和理性的开国氛围，从而影响和带动着宋代的政治生活向着相对宽松和自由的方向发展，并最终形成了'未尝轻杀臣下'，'不以文字罪人'，'不杀士大夫及上书言事人'等值得肯定的政治传统"④。

五代武人当政，藩镇豪横，赵匡胤却能以如此宽缓的方式轻松解决这一问题，而免于腥风血雨之杀戮，不能不说有着极高的政治智慧。对虎狼般的武人尚且如此，对手无缚鸡之力的文人士大夫，宋太祖就更为优待。五代大多由社会底层成员主导时局，这些人大多是武人或小吏出身，抑或为少数民族（如沙陀），没有受到多少教育，对文人极度轻视，"措大"无用的看法甚至连后汉高祖等帝王也难免持有⑤，这在一定程度

---

① 《长编》卷一〇八，仁宗天圣七年十一月癸未条，第2528页。
② （宋）陆游：《避暑漫钞》，见朱易安、傅璇琮等主编《全宋笔记》第5编第8册，大象出版社2012年版，第140页。
③ （明）陈邦瞻：《宋史纪事本末》卷二《收兵权》，中华书局1977年版，第9页。
④ 王育济：《论"杯酒释兵权"》，《中国史研究》1996年第3期。
⑤ 《旧五代史》卷一〇七《史弘肇传》载，后汉高祖有"朝廷大事，莫共措大商量"之语，第1637页。

上造成了五代政治带有一些野蛮与蒙昧的色彩。赵匡胤充分意识到，相对于武人的豪横难制，文人柔弱，"纵皆贪浊，亦未及武臣一人也"①，易于控制。因此，他大力提倡文治，宣称宰相须用读书人，武人须读书以通治理，完善科举制度，以文臣在中央和地方担任重要职务，优容不同言论，给予文人以尊崇的政治地位与优厚的待遇。这一国策为太宗、真宗及历代嗣君所继承与发扬，形成了与士大夫共治天下的格局，使宋代成为历史上"思想最为自由"②的时期之一，大大促进了两宋学术的活跃与创新，使"华夏民族之文化，历数千载之演进，造极于赵宋之世"③。

二 强干弱枝——对武人的防范

"在960年以前，北方一直被一系列不稳固的、短命的军事政权所统治。正是在这一时期，军事力量决定着政治状态，并继续成为宋初几十年间的一个主要因素。"④亲身经历五代弊政的宋太祖，在建国之初就积极寻找长治久安之道：

> 一日，召赵普问曰："天下自唐季以来，数十年间，帝王凡易八姓，战斗不息，生民涂地，其故何也？吾欲息天下之兵，为国家长久计，其道何如？"普曰："陛下之言及此，天地人神之福也。此非他故，方镇太重，君弱臣强而已。今所以治之，亦无他奇巧，惟稍夺其权，制其钱谷，收其精兵，则天下自安矣。"语未毕，上曰："卿无复言，吾已喻矣。"⑤

"方镇太重，君弱臣强"，是北宋上层统治者对五代乱世所汲取的最重要的教训，解决方法就是"稍夺其权，制其钱谷，收其精兵"，把政权、财权、兵权从方镇收归中央。这一共识奠定了赵宋立国之基，其蕴含的内

---

① 《长编》卷一三，太祖开宝五年十二月乙卯条，第293页。
② 陈寅恪：《寒柳堂集·论再生缘》，第72页。
③ 陈寅恪：《金明馆丛稿二编》，上海古籍出版社1980年版，第245页。
④ [德]傅海波、[英]崔瑞德主编：《剑桥中国辽西夏金元史》导言，中国社会科学出版社1998年版，第7页。
⑤ 《长编》卷二，太祖建隆二年秋七月戊辰条，第49页。

在思想与逻辑为宋朝历代嗣君继承并不断发展。这既给两宋带来了持续数百年的绵长国祚，也间接导致了两宋受制于人，并最终亡国的结局。

为避免成为第六个短命王朝，宋廷采取了"强干弱枝"的措施，加强中央集权，削弱地方势力。

"自五代以来，强臣专国，则天下震动而易乱。"① 他们大多执掌兵权，很大程度上主掌政权的兴灭。"兵权所在，则随以兴，兵权所去，则随以亡。"② 从基层军官摸爬滚打而来的赵匡胤，极为清楚军事权力在五代朝代更迭中所起的决定性作用。因此，他甫一登基，便对禁军和藩镇进行了一系列改革。

"杯酒释兵权"所要解决的是开国宿将掌握禁军的问题。藩镇固然跋扈，但禁军也随着五代各强藩大镇入主中原而壮大，左右时局，以致"各朝兴亡，多视禁兵向背"③。陈桥兵变即是中央禁军所为。执掌中央禁军的石守信等人皆为赵匡胤的心腹骨干。赵匡胤虽然有石守信等"必不吾叛"的自信，但五代的历史教训却血淋淋地摆在眼前，加之赵普不断以五代兵变的教训进言："臣亦不忧其叛也。然熟观数人者，皆非统御才，恐不能制伏其下。苟不能制伏其下，则军伍间万一有作孽者，彼临时亦不得自由耳。"④ 终使宋太祖下定决心，"杯酒释兵权"。对五代的历史教训，赵普具有更为自觉的认识。他坚决反对让符彦卿"典兵"的任命，并对太祖"朕待彦卿至厚，彦卿岂能负朕耶？"的质问，直言不讳地应对："陛下何以能负周世宗？"⑤ 太宗曾责备赵普不举荐将帅，他回答说："昔明宗举石晋，晋选张彦泽，刘高祖拔郭上皇，世宗得太祖，臣岂敢轻举耶？"⑥ 始终保持着对五代教训的警惕。在他的提醒下，太祖兄弟对于五代的教训汲取得十分深刻。本着防患于未然的宗旨，太祖解除了石守信等大将的兵权；废除殿前都点检一职，分两司为三衙，以资历较浅、名位较低的人担任禁军将领；将调兵权与领兵权分离，分别由枢密院与三衙掌握，彼此独立，互相制约；采取内外相维政策，将全国军队

---

① 《苏辙集·栾城集》卷一九《新论中》，中华书局1990年版，第351页。
② （宋）范浚：《香溪集》卷八《五代论》，丛书集成初编本。
③ 聂崇岐：《论宋太祖收兵权》，见氏著《宋史丛考》上册，中华书局1980年版，第268页。
④ 《长编》卷二，太祖建隆二年秋七月戊辰条，第49页。
⑤ 《长编》卷四，太祖乾德元年二月丙戌条，第84页。
⑥ （宋）田况：《儒林公议》卷上，丛书集成初编本。

一半屯驻在京城,一半戍守各地,互相制约;实施兵将分离政策,规定禁军定期调动,轮流驻防,使兵不识将,将不识兵,防止武将拥兵自重。经宋初三朝的努力,宋朝兵制逐步完备并定型。对此,陈傅良有言:"祖宗兵制之善者,盖能深鉴唐末五代之弊也。"①

藩镇是太祖君臣极为重视的问题,御下"极有术"②的太祖,罢藩镇之权的方式与杯酒释兵权颇为相似。开宝初年,赵匡胤设宴于后苑,招待凤翔节度使王彦超、安远节度使武行德等,于杯觞流转间轻松罢除诸藩军权。然后,针对五代武人当政之弊,以文臣知州事,直接对中央负责;经济方面制其钱谷,针对唐末五代藩镇截留租赋、任意征税、掌握地方经济大权的情况,在各路设置转运使,将一路所征收的州县财赋,除诸州度支经费外,全部上交中央政府;军事方面,选取藩镇军队中骁勇善战者入禁军,使禁军集中全国精锐,地方军队只余老弱,组成厢兵,无法与中央禁军相抗衡。总之,"本朝鉴五代藩镇之弊,遂尽夺藩镇之权,兵也收了,财也收了,赏罚刑政一切收了"③,彻底消除了唐末五代以来藩镇横行、擅权自重的情形。

除此之外,太祖还注意整顿军纪,适度打击武人之骄气。主要分为两个方面,一是矫正兵之骄,二是矫正将之骄。

五代兵之骄横给宋人的印象无疑是深刻的。"天宝之后,将之废置出于军,则军之骄可知也。五代之际,国之兴亡出于军,则军之骄又可知也。"④ 后唐庄宗、明宗皆"英武特异"⑤,末帝骁勇无敌,周世宗"尤为伟特",为何却"皆不足以传远,其势如飘风暴雨,倏然而至,截然而止,何其得之甚易而失之亦不难也?"⑥ 这是宋人的共同思考,他们得出的一个重要结论就是"有强臣骄兵以制其命"⑦。"骄兵"的情况直到世宗高平之战后诛杀临阵溃逃的樊爱能、何徽等大将后才有所改善。宋太

---

① (宋)陈傅良:《历代兵制》卷八,丛书集成初编本。
② (宋)程颢、程颐:《二程集·河南程氏遗书》卷二二下,中华书局1981年版,第301页。
③ (宋)黎靖德编:《朱子语类》卷一二八《本朝二·法制》,第3070页。
④ 《曾巩集》卷四九《本朝政要策·军赏罚》,中华书局1984年版,第659页。
⑤ 《苏辙集·栾城应诏集》卷三《五代论》,第1261页。
⑥ (宋)袁燮:《絜斋集》卷六《策问历代国祚》,丛书集成初编本。
⑦ (宋)何去非:《何博士备论》卷下《五代论》,丛书集成初编本。

祖在后周为将时也军纪严明,"每有临阵逗挠不用命者,必斫其皮笠以志之,明日悉斩以徇。自是人皆死战"①。黄袍加身之后,他深感军骄之可怕,着意整肃军纪:

> 时内臣有左飞龙使李承进者,逮事后唐,上问曰:"庄宗以英武定中原,享国不久,何也?"承进曰:"庄宗好田猎,务姑息将士,每出次近郊,禁兵卫卒必控马首告曰:'儿郎辈寒冷,望与救接。'庄宗即随其所欲给之。如此非一,失于禁戢,因而兆乱。盖威令不行,赏赉无节也。"上抚髀叹曰:"二十年夹河战争,取得天下,不能用军法约束此辈,纵其无厌之求,以兹临御,诚为儿戏。朕今抚养士卒,固不吝惜爵赏,若犯吾法,惟有剑耳。"②

这个故事屡为宋人所乐道,认为这是太祖之所以一统天下的驭军之术。"军无骄否,惟所驭之术何如。"宋太祖平蜀后,择蜀亲兵一百余人隶殿前司,称为川班内殿直,"廪赐优给,与御马直等。其后郊祀优赏,太祖特诏赏御马直,更增五十。而川班内殿直以不在此例,击登闻鼓诉之"③,太祖大怒,斩四十余人,其余皆配隶诸州,遂废其班。赏罚分明,恩威并施,方可令行禁止,是为驭军之道。

同时,宋代基层军人的社会地位也大大下降。两宋延续唐末五代之传统,以募兵制作为兵役制度的主体。五代战事频仍,武力当道,当权者对军人大多采取姑息政策。同时,为防止士兵逃亡,刘仁恭、朱温等又不约而同地将士兵黥面,"使之不得与齐民齿"。"然则涅其颡者,乃五刑之正,而黥其面者,乃五虐之法也。颡受墨涅,若肤疾然,虽刑而不害;以字文面,则弃人矣。"④ 时至宋朝,每逢凶年饥岁,即大量招募流民和饥民当兵,以防止农民起义,甚至盗贼、罪犯也成为兵源,使军人的社会地位低下。为防止重蹈五代覆辙,宋代亦制定了严格的等级制度,以惩兵骄。如郭进为将期间,"知人疾苦,所至人为立碑纪德政,惟士卒

---

① 《曾巩集》卷四九《本朝政要策·军赏罚》,第659页。
② 《长编》卷一二,太祖开宝四年十一月壬戌条,第274—275页。
③ 《曾巩集》卷四九《本朝政要策·军赏罚》,第659页。
④ (元)马端临:《文献通考》卷一五二《兵考四·兵制》,第4547—4548页。

小有违令辄杀"①，军人地位逐渐下降。

除了惩兵之骄，惩将之骄亦极为重要。五代帝位大多为手握重兵的大将所得，因此，宋统治者始终保持着对此类事件的警惕。除了前述措施之外，太祖还一改五代滥封爵赏的做法，极为爱惜名器，不轻予人，并使用经济杠杆加以平衡。"宋朝之待武臣也，厚其禄而薄其礼。"②曹彬受命讨伐江南，太祖许诺他"俟克李煜，当以卿为使相"。待曹彬成功拿下江南，太祖却不惜食言，以北汉未灭的理由取消了这一许诺，反赐曹彬钱五十万作为补偿，曹彬只好感叹："人生何必使相，好官亦不过多得钱尔。"③太祖还"欲武臣尽读书以通治道"④，欲以礼义伦常、等级观念消弭武人暴戾跋扈之气，影响之广，以致大字不识的武将党进也要在太祖面前学"措大"们"掉书袋"⑤，以显其能。

这些措施基本消除了五代兵骄将悍、动辄废立君王的隐患，但也隐隐埋下了宋代积弱不振的祸根。太祖本意是要矫正五代重武轻文的弊端，但并不代表他要走向重文轻武的道路。作为一个武将出身的君主，面对列国林立的严峻状况，无论是从客观形势还是主观意愿来看，都必然保持对武力的重视，并力图在文、武之间取得适度平衡。比如，他对李汉超、郭进、冯继业等驻守河北、河东等前线的将领，"其族在京师者，抚之甚厚。郡中榷筦之利，悉以与之。恣其贸易，免其所过征税，许其召募亡命以为爪牙。凡军中事皆得便宜，每来朝必召对命坐，厚为饮食，锡赉以遣之"⑥，给予他们极大的自主权。但是，如果说太祖还可以做到文武并重的话，太宗以后，尤其是真宗以后，则跨越了中线，导致军队战斗力的衰弱。

太宗当政期间，进一步限制武人权力。他选择武臣，"先取其循谨能御下者，武勇次之"⑦。"太祖初有天下，鉴唐末五代方镇武臣、士兵牙校之盛，尽收其权，当时以为万世之利。及太宗所命将帅，率多攀附旧臣

---

① 《长编》卷二二二，神宗熙宁四年四月癸亥条，第5403页。
② （宋）章如愚：《群书考索》后集卷二一《官门》，四库全书本。
③ 《宋史》卷二五八《曹彬传》，第8980页。
④ 《宋史》卷一《太祖本纪一》，第11页。
⑤ （宋）文莹：《玉壶清话》卷八，中华书局1984年版，第76页。
⑥ 《宋史》卷二七三，史臣论赞，第9347页。
⑦ 《宋史》卷一九六《兵志十》，第4878页。

亲姻贵胄，赏重于罚，威不逮恩，而犹仗神灵，禀成算，出师御寇，所向有功。自此以来，兵不复振。"① 为更严格地控制将领，太宗不顾时移事易，机械照搬太祖"将从中御"之法②，设监军牵制主帅，御赐阵法、阵图，遥控指挥战斗。这一做法为后世嗣君所沿袭，"咸平、景德中，赐诸将阵图，人皆死守战法，缓急不相救，以至于屡败"③。监军逼迫武臣致死者也时而有之，杨业因监军王侁逼迫出兵致死，郭进因不堪监军田钦柞多次凌辱自缢而死，就是例子。"由于宋太宗统治集团对军队将领实施了种种防范、压制以及歧视的政策，特别是随着两次北伐的失败，当政者眼光完全向内，对武将进一步实行了前所未有的抑制，甚至打击政策，于是武将的精神面貌再度发生重大转变，由宋太祖时代初步形成的谨慎、谦恭的趋势，进一步变为顺从、庸碌以及怯懦的普遍特点"④，严重程度连王禹偁、张洎、田锡这些文官也忧心不已，"望减儒冠之赐，以均战士之恩"，甚至提出了"抑儒臣而激武臣"⑤ 的主张。

真宗是有宋第一个长于深宫的帝王，其统治时期也是文武力量失衡的重要时期。他嗣位之始，"专用文德"⑥，宋初旧兵宿将也大多沦没，实施抑武政策更无后顾之忧。"抑武"政策作为祖宗之法得到继续贯彻，并变本加厉，甚至战场上的指挥大权也交给了文官，将领完全受到文臣的支配。

在宋统治者的努力下，武将的社会地位迅速下降，精神面貌由五代时期的跋扈、粗豪转为畏慎、驯服。号称宋朝第一良将的曹彬虽位居枢密使高位，但每次在道中碰到士大夫的车马，都必定引车避让。真宗"欲择臣僚中善弓矢、美仪彩，伴虏使射弓，时双备者惟陈康肃公尧咨可焉。陈方以词职进用。时以晏元献为翰林学士、太子左庶子，事无巨细皆咨访之。上谓晏曰：'陈某若肯换武，当授与节钺，卿可谕之。'时康肃母燕国马太夫人尚在，门范严毅。陈曰：'当白老母，不敢自辄。'既白之，燕国命杖挞之，曰：'汝策名第一，父子以文章立朝为名臣，汝欲

---

① 《长编》卷一三八，仁宗庆历二年冬十月戊辰条，第3316页。
② 范学辉：《"将从中御"始于宋太祖考》，《安徽师范大学学报》2006年第1期。
③ 《宋史》卷二七八《王超传附王德用传》，第9468—9469页。
④ 陈峰：《试论宋初武将精神面貌的转变》，《河北大学学报》2000年第5期。
⑤ 《长编》卷三〇，太宗端拱二年正月乙未条，第673页。
⑥ 《长编》卷一五〇，仁宗庆历四年六月戊午条，第3639页。

叨窃厚禄，贻羞于阀阅，忍乎？'因而无报"①。文不换武在真宗时代已是普遍现象。

除了对军事制度的改革，在政治制度上，宋朝统治者也采取了一系列措施，如分行政、军事与财政三权，分别由宰相、枢密院与三司使掌握；设通判以分知州之权等。这些措施都是围绕"强干弱枝"、加强中央集权的原则而来的，体现了宋初君臣对五代教训的深刻洞察与思考。

三 提倡文治，与士大夫共治天下

"宋所忌者，宣力之武臣耳，非偷生邀宠之文士也。"② 惩五代之弊，赵宋"以儒立国，而儒道之振，独优于前代"③。相较于对武臣的百般防范，宋廷对文人可谓关怀备至。五代武人跋扈，"士之生于是时者，縶手绊足，动触罗网，不知何以全生也"④，更不必说一遂平生之志了，文武关系严重失衡。入宋之初，对文人的轻视依然主导着很多人的思想，加之文化事业的荒废、教育的缺失，都阻碍了文人素质的提高。因此，宋太祖修复孔庙，开辟儒馆，增修国子监学舍，力倡读书之风，"用天下之士人，以易武臣之任事者"⑤，致力于扭转重武轻文的社会风气。不过，他对文人的优待未必发自真心。太祖出身军旅，以兵得天下，对其武人身份有着天然的认同，对于五代文人精神萎靡且缺乏能力的总体状况也相当清楚。虽然他喜好读书，但也只是为了汲取治国的经验教训而已。他曾经公开说："之乎者也，助得甚事。"⑥ 也曾蔑称文人为"措大"，指"措大眼孔小，赐与十万贯，则塞破屋子矣"⑦，危害远不及武人。他在赵普家发现钱俶送给赵普的瓜子金时，也曾笑称："彼谓国家事皆由汝书生耳！"⑧ 都透露出他内心对文人的疏离与轻视。不过，文人柔弱，易于控制，缺乏造反的能力及勇气，且特长在于舞文弄墨，为统治者歌功颂德，

---

① （宋）文莹：《湘山野录》卷中，中华书局1984年版，第39页。
② （清）王夫之：《宋论》卷二《太宗》，中华书局1964年版，第37页。
③ 《宋史》卷四三六《陈亮传》，第12940页。
④ （清）赵翼著，王树民校证：《廿二史札记校证》卷二二《五代幕僚之祸》，第476页。
⑤ 《宋史》卷四三六《陈亮传》，第12940页。
⑥ （宋）文莹：《湘山野录》卷中，第35页。
⑦ （宋）魏泰：《东轩笔录》卷一，中华书局1983年版，第3页。
⑧ 《宋史》卷二五六《赵普传》，第8933页。

宣扬伦理纲常，实施教化。因此，太祖对文人的优待与扶持是相当有力的。但这种优待与扶持，不过是他为了纠正文武关系严重失衡、维持政权稳定的策略需要而已。

相比之下，太祖之后的嗣君对于文人有着更深的认同。太宗虽然也是行伍出身，但他"工文业，多艺能"①，嗜读书，认为千古治乱之道皆在其中。太宗猜忌心重，对武人防范尤深，因此大力推进文治。他大兴科举，"宠章殊异，历代所未有也"，执政大臣"薛居正等言取人太多，用人太骤，上意方欲兴文教，抑武事，弗听"②，广开仕进之门，推行文官政治。尤其是在军事方面遭受了几次重大失败以后，太宗失去用兵的信心，遂将视野转向内部，以"因循"、"防弊"作为重点，守内虚外，将太祖重文但不轻武的治国方略，逐渐导向了"重文轻武"。到其统治后期，文人的政治地位已经明显压过武人，以至于在文人集团内部居然出现了"抑儒臣而激武臣"的呼声。

真宗更不待言，他即位以后，"专用文德"，倡导"男儿欲遂平生志，六经勤向窗前读"（《劝学诗》）。"到宋真宗、仁宗两朝，特别是以'澶渊之盟'为重要转折点，'崇文抑武'被作为祖宗之法不仅得到继承和贯彻，并且完全形成治国的思想与方略。"③ 至北宋中期，"满朝朱紫贵，尽是读书人"（汪洙《神童诗》），完全形成了文臣治国的局面，"今世用人，大率以文词进。大臣，文士也；近侍之臣，文士也；钱谷之司，文士也；边防大帅，文士也；天下转运使，文士也；知州郡，文士也。虽有武臣，盖仅有也"④。帝王与士大夫共治天下的格局形成，文武关系的天平再度严重失衡，这与五代的失衡正是一极的两端。

四 传位观念的变化

开宝九年（976），宋太祖猝然离世，继位新君却既非时年二十五岁、沉稳谨重的长子德昭，亦非深受宋皇后青睐的皇子德芳，而是太祖的二

---

① 《宋史》卷四《太宗本纪一》，第53页。
② 《长编》卷十八，太宗太平兴国二年春正月庚午条，第394页。
③ 陈峰：《试论宋朝"崇文抑武"治国思想与方略的形成》，见张希清等主编《10—13世纪中国文化的碰撞与融合》，上海人民出版社2006年版，第362页。
④ 《蔡襄集》卷二二《国论要目·任材》，上海古籍出版社1996年版，第384页。

弟晋王赵光义,史载这是太祖订立之"金匮之盟"所致。然而,以封建王朝"父死子继"之成例,宋初何以会出现成年嫡子在而"兄终弟及"之盟约?另据史载,太祖辞世前曾召光义密议,遂有"烛影斧声"之疑。此后德昭不得其死,德芳英年早逝,遂使北宋嗣君皆为太宗之后。于是,关于"金匮之盟"和"烛影斧声"的种种猜测不胫而走,给北宋第二代皇位的嬗递蒙上了一层诡秘困惑的幻影。

对此,王育济师在《"金匮之盟"真伪考——对一桩学术定案的重新甄别》中曾有详细辨析。他指出,五代宋初的社会习尚尤其是皇位传立的观念已发生了迥异于前朝后世的转变,父死子继、嫡长子继承制并不被严格遵守,兄终弟及、议立长君则成为当时政治生活中较为常见的情景。①

五代十国是门阀政治彻底终结的时期,旧族高门子弟大多懦钝无能,各国君主及王侯将相则多"黥髡盗贩"②之徒,这就使社会思潮产生了新的变化,门第、血缘和出身不再重要,个人的才干与功业得到更多的重视。"而五代十国时期,作为对彻底崩溃了的门阀政治的一种逆反时期,上述情形表现得尤为突出。受这一情形的影响,当时各国最上层统治集团在考虑其政权的交接传承时,常常能在一定的程度上突破血缘亲疏的局限,而更多地着眼于继承人的功业和才干、经验及阅历,表现出某种为后人所称羡的所谓'大公之举'。"③ 同时,五代少数民族的习俗、制度、文化对中原的影响较大。后唐、后晋、后汉、后周都出自沙陀李克用一系,北宋亦与李克用集团有着密切关系,契丹对中原地区的政治生活也有明显影响,遂使这一时期出现了"假子"、"儿皇帝"、"兄终弟及"等一系列特有的现象。另外,当时的历史环境也影响了嗣君的选定标准。乱世之中,君主的才干与威望对国之存亡至关重要,为此打破嫡长子继承制,而立成年之弟、侄甚至养子为君者,比比皆是,"国家多事,议立长君"④ 成为时人共识。试举例如下:

后梁太祖朱温病重时,置数名成年亲子于不顾,而欲将皇位传于年

---

① 王育济:《"金匮之盟"真伪考——对一桩学术定案的重新甄别》,《山东大学学报》1993年第1期。

② 《新五代史》卷六一《十国世家序》,第841页。

③ 王育济:《"金匮之盟"真伪考——对一桩学术定案的重新甄别》,《山东大学学报》1993年第1期。

④ 《新五代史》卷一七《晋家人传·重睿》,第214页。

长且有才干的养子朱友文；后晋高祖石敬瑭本欲立幼子重睿为君，但在他死后，景延广等大臣却出于务实考虑，立石敬瑭已成年的侄子重贵为继位人；楚国王马殷去世时，遗命诸子兄弟相继，因此王位的争夺与继承一直在马希声、马希范、马希广等同辈兄弟间展开；南平高保融因其子高继冲年幼，将王位传予其弟高保勖，高保勖去世后又由高继冲嗣位；吴越国主钱佐死后，因其子钱昱年方五岁，遂将王位传与钱佐之弟钱俶；南汉刘隐死后，传位其弟刘陟（即刘岩、刘龚、刘䶮），至刘晟，为传位于子竟尽杀其弟，刘铱也袭其故智，杀其弟；南唐元宗李景以三弟景遂为齐王，拜诸道兵马大元帅、太尉、中书令，四弟景达为燕王，拜副元帅，"宣告中外，以兄弟相传之意"①，后来还立景遂为皇太弟，只是由于种种原因，方才改立长子李弘冀。若继承人较为年轻，则会受到很大质疑。周世宗幼子恭帝嗣位时年方七岁，中外汹汹，皆以为天下无主。李存勖继晋王位时已经二十四岁，"军中以存勖年少，多窃议者，人情汹汹"②，李克用养子皆不服，对叔父李克宁说："兄终弟及，自古有之。以叔拜侄，于理安乎？"③南唐李昇仕吴为尚书左仆射，"年甫三十。自以居揖让之际，非老旧无以临众，乃服白发药，一夕皓然"④。在这样的历史背景下，宋初不可避免地受到了影响，"祖宗旧法，凡荫补子弟，皆限二十五岁然后出官"⑤，显示了年龄的重要性。而金匮之盟的产生正是这一时代背景与传立观念下的产物。

五代五十三年间，仅中原地区就换了八姓十四君，且多半不寿。卒于五十岁以下的有八人之多。在这种情形下，很容易出现"主少国疑"的情况。周世宗雄才大略，国势日隆，也免不了亡国之运，这不能不引起赵宋家族的警惕。赵匡胤即位之初，最大的儿子德昭不过十岁。一旦"帝祚移人"，则"求为匹夫而不可得"，更无需谈什么钟鸣鼎食、富贵荣华。如何防患于未然，使帝祚永固，他们不能不细加斟酌，早做打算。

---

① （宋）马令：《南唐书》卷二《嗣主书》，见傅璇琮等主编《五代史书汇编》第9册，杭州出版社2004年版，第5268页。
② 《资治通鉴》卷二六六，后梁太祖开平二年正月辛卯条，第8689页。
③ 《资治通鉴》卷二六六，后梁太祖开平二年二月甲辰条，第8690页。
④ （宋）佚名：《江南余载》卷下，《全宋笔记》第1编第2册，第247页。
⑤ 《苏辙集·栾城集》卷四〇《乞复选人选限状》，第713页。

杜太后是一位颇具政治前瞻眼光的女性，她"治家严毅有礼法"①，对赵匡胤兄弟的成长有着不可忽视的影响。赵匡胤称帝前许多政治活动的安排，都得到了她不遗余力的鼓励与支持。就皇位继承人的问题，她在临终之前与太祖有过这样一番对话：

> 后问上曰："汝自知所以得天下乎？"……上曰："此皆祖考及太后余庆也。"后曰："不然。政由柴氏使幼儿主天下，群心不附故耳。若周有长君，汝安得至此？汝与光义皆我所生，汝后当传位汝弟。四海至广，能立长君，社稷之福也。"上顿首泣曰："敢不如太后教。"②

太祖权衡利弊，"承五代易姓之后，知人心未固，以太宗身试艰危，有英睿之断，可以王天下"③，毅然于建隆二年（961）在杜太后病榻前订立金匮之盟。此后十余年间，尽管兄弟二人并非全无嫌隙，但自始至终，这一盟约都不曾改变。事实证明，这一安排保证了宋初政局的稳定和统一大业的顺利完成，也得到了宋人的高度评价。

随着时代的发展，这一五代宋初特有的皇位传承现象逐渐消失，但立"长君"的观念并没有立即消失。如真宗病危时，仁宗尚幼，真宗弟元俨以问疾的名义留于禁中，累日不肯出，"其待位之心，路人皆知"④。嘉祐年间，仁宗突患疾病，无法听政。因三子早亡，储君未立，范镇、司马光、吴奎、欧阳修等不避嫌疑，一再上章，请求在宗室中择贤明者养于宫中，摄居储君之位。熟知五代史的欧阳修焦虑感更深，"后唐明宗储嗣不早定，而秦王从荣后以举兵窥觊，陷于大祸，后唐遂乱"⑤。仁宗后来择宗室子入于宫中，其中一人即后来的英宗。英宗即位，其叔辈允弼不服，质问"何不立尊行"，仁宗曹皇后也曾质疑韩琦"何不立长

---

① 《宋史》卷二四二《杜太后传》，第8606页。
② 《长编》卷二，太祖建隆二年六月甲午条，第46页。
③ （宋）田况：《儒林公议》卷上。
④ 王育济：《"金匮之盟"真伪考——对一桩学术定案的重新甄别》，《山东大学学报》1993年第1期。
⑤ 《长编》卷一八三，仁宗嘉祐元年七月丙戌条，第4426页。

君"①。在王位继承方面,"立长君"也有所体现。"本朝近制,诸王之后皆用本宫最长一人封公继袭"②,"诸侯王与列侯,皆以其嫡子嫡孙世袭……至宋则皇子之为王者,封爵仅止其身,而子孙无问嫡庶,不过承荫入仕为环卫官,廉车节钺以序,而迁如庶姓贵官荫子入仕之例,必须历任年深,齿德稍尊,方特封以王爵……盖仁宗鲜兄弟,享国既久,又无皇子,艺祖、太宗之子为王者皆已物故,是时宗姓几无一王,故择其行尊齿宿者王之。至濮安懿王以英宗之故,安定郡王以艺祖之故,方令世世承袭,然又不以昭穆相承,嫡庶为别,每嗣王殁,则只择本宗直下之行尊者承袭"③,均体现了这一思想的残留。

五 对后妃、宗室、外戚、宦官、伶人的防范

后妃、宗室、外戚、宦官,是历朝统治者都十分头疼的问题。宋廷一经建立,就汲取了包括五代在内的前朝教训,采取措施加以防范。伶人干政则是后唐庄宗时为祸甚烈的现象,对此,宋朝统治者也做了矫正。

后妃干政由来已久,在五代以后唐庄宗时期为烈。"是时,皇太后及皇后交通藩镇,太后称'诰令',皇后称'教命',两宫使者旁午于道。"④ 尤其是皇后刘氏酷好兴利聚财,吝于赏军,干涉朝政,擅杀重臣郭崇韬,一定程度上加速了庄宗的败亡。《北梦琐言》与《旧五代史》将她比于褒姒、妲己之流,深恶痛绝。后梁太祖自张皇后死后,纵意声色,淫乱张全义家妇女殆遍,就连自己的儿媳也不放过。养子朱友文妻王氏貌美,尤得朱温宠爱。朱温病重时,命王氏召朱友文,欲传以帝位。当时朱温亲子朱友珪之妻张氏也朝夕侍奉朱温,知晓此事,秘密告知朱友珪。朱友珪情急之下,弑父杀兄,篡夺帝位。《新五代史》因此感叹朱温横行天下时,"天下豪杰,四面并起,孰不欲戡刃于其胸,然卒不能少挫其锋以得志。梁之无敌于天下,可谓虎狼之强矣。及其败也,因于一二女子之娱,至于洞胸流肠,刲若羊豕,祸生父子之间,乃知女色之能败

---

① (宋) 强至:《韩忠献公遗事》,丛书集成初编本。
② (宋) 王称:《东都事略》卷一五《世家三》,齐鲁书社2000年版,第115—116页。
③ (元) 马端临:《文献通考》卷二七七《封建考一八·宋诸王》,第7589—7590页。
④ 《新五代史》卷一四《唐太祖家人传·皇后刘氏》,第171页。

人矣。自古女祸,大者亡天下,其次亡家,其次亡身,身苟免矣,犹及其子孙,虽迟速不同,未有无祸者也。然原其本末,未始不起于忽微"①。

宦官在唐朝为祸甚烈。从唐朝中期开始,他们把持朝政,收养义子,左右时局,甚至废立帝王。后梁太祖尽诛宦官,但到后唐庄宗时期,又袭唐朝故事,复用宦官,"皆给赡优厚,委之事任,以为腹心",以宦官监军,"陵忽主帅,怙势争权,由是藩镇皆愤怒"②。这些宦官好搬弄是非,蛊惑人主。郭崇韬之死即与宦官有很大关系。前蜀王衍年少荒淫,委政于宦官宋光嗣、光葆、景润澄等人,恣为淫乐,终为后唐所灭。南汉刘铢"以谓群臣皆自有家室,顾子孙,不能尽忠,惟宦者亲近可任,遂委其政于宦者龚澄枢、陈延寿等,至其群臣有欲用者,皆阉然后用"③,国事皆决于陈延寿所引荐的女巫樊胡子,朝政之黑暗令人匪夷所思,最终亡国。

五代十国由宗室引发的皇位争夺战比比皆是。楚国王马殷保境息民,奖励农桑,重视贸易,"由是地大力完,数邀封爵"④,但继任者却不能将马殷的事业发扬光大。马希范兄弟为争夺帝位,连年混战,使楚国力大大下降,最终亡于南唐。闽王审知为人俭约,有德政,但其后代却淫虐不道。其子王延翰建国称王,不久被弟王延钧与王审知养子王延禀所杀,王延钧继立,与王延禀争斗,杀王延禀,后被长子王继鹏所杀。王继鹏立,杀王审知子延武、延望及其子五人,后被王审知子延义所杀。王延义继位,与弟王延政举兵相攻,后被连重遇所弑。为争夺王位,闽国一片混乱,最终亡于南唐。后梁朱友珪、朱友贞兄弟之间的争斗,后唐庄宗与明宗、闵帝与末帝之间的争斗,都对国运造成了巨大影响,甚至导致自身的灭亡。

外戚干政也败坏了五代朝政。后梁末帝置敬翔、李振等开国重臣于不顾,信用外戚张汉鼎、张汉杰等人,致使朝政败坏,上下离心,最终覆国。汉隐帝听从外戚李业等人的挑唆,轻率诛戮重臣史弘肇、杨邠、王章,还欲杀害郭威、王峻,导致郭威起兵,汉隐帝身死国灭。石敬瑭为后唐明宗

---

① 《新五代史》卷一三《梁家人传序》,第151页。
② 《资治通鉴》卷二七三,后唐庄宗同光二年正月庚戌条,第8912页。
③ 《新五代史》卷六五《南汉世家》,第919页。
④ 《新五代史》卷六六《楚世家》,第928页。

的女婿,最终篡夺了后唐江山。宋太宗的妻子是符彦卿之女、后周世宗符皇后的妹妹。"宋代起于外戚姻亲夺位,从此对于外戚加意防范。"①

五代十国之中,以后唐庄宗失国的教训最为深刻,也为太祖、太宗格外重视。后唐庄宗李存勖"雄勇有远略"②,二十四岁继晋王位,励精图治,推翻后梁,被宋人赞为"一世之雄"③。然而,庄宗得国后,却志得意满,骄淫奢纵。他喜好游畋,常常因此毁坏庄稼,荒废政事;沉湎于歌舞表演,重用伶人,"是时,诸伶人出入宫掖,侮弄缙绅,群臣愤嫉,莫敢出气,或反相附托,以希恩幸,四方藩镇,货赂交行"④;重用宦官,祸乱政事;疑忌功臣宿将,骄纵姑息军士;放任刘皇后干预政事;纵容租庸使孔谦横征暴敛。不到几年,便断送了大好河山,自己也死于伶人郭从谦所发动的叛乱。

对这些可能威胁到皇权的因素,宋代都极为在意。对后妃,"宦官女子之防尤严"⑤。对宦官,"国朝惩五季阉宦横肆之弊,不典兵,不预政,子孙守之,永为家法"⑥,并限制宦官养子风气,"旧制,内侍人许养一子,以充继嗣"⑦。虽然在实际政治运作中未能严格执行,但总体来看,除了徽宗时一度势大之外,宦官的权力还是受到了较多限制。对宗室,"赋以重禄,别无职业"⑧。对外戚,"养之以丰禄高爵,而不使之招权擅事"⑨,"待外戚尤严"⑩。对伶人,严格界定他们的升迁权限。开宝中,教坊使魏某年老当补外,引后唐故事,求领小郡。太祖说:"伶人为刺史,岂治朝事,尚可法耶!"⑪只令于本部中迁叙,任命为太常太乐令。荆南高继冲入宋后,籍伶官一百四十三人献于太祖,太祖也全部分赐诸臣。

---

① 刘子健:《宋太宗与宋初两次篡位》,《中国史研究》1990年第1期。
② (宋)晁补之:《济北晁先生鸡肋集》卷五〇《五代杂论》,四部丛刊初编本。
③ (宋)孔武仲:《宗伯集》卷一六《书后唐纪后》,四库全书本。
④ 《新五代史》卷三七《伶官传》,第450页。
⑤ (宋)王应麟辑:《玉海》卷一三〇《官制·宗戚》,第2417页。
⑥ (宋)林駉:《古今源流至论》续集卷八《宦官下》,四库全书本。
⑦ 《宋史》卷四六六《王仁睿传》,第13602页。
⑧ (宋)赵汝愚编:《宋朝诸臣奏议》卷三二《帝系门·宗室》,上海古籍出版社1999年版,第312页。
⑨ (宋)赵汝愚编:《宋朝诸臣奏议》卷三五《帝系门·外戚下》,第352页。
⑩ (宋)王应麟辑:《玉海》卷一三〇《官制·宗戚》,第2417页。
⑪ (宋)王辟之:《渑水燕谈录》卷一《帝德》,中华书局1981年版,第1页。

此外，宋朝统治者对五代十国君主的玩物丧志、骄奢淫逸也提出了批评。南汉主刘鋹入宋后，曾以真珠结鞍勒马为戏龙之状，极为精妙，"诏示尚方诸工官，皆骇伏"，太祖评论说："鋹好工巧，遂习以成性，倘能移于治国，岂至灭亡哉！"① 太祖也曾摔碎后蜀孟昶的七宝溺器，"鉴于粤、蜀，以奢侈为戒"②。北宋平后蜀后，太祖以蜀臣欧阳炯为翰林学士。欧阳炯喜吹长笛，被太祖召至便殿奏曲，御史中丞刘温叟因此进谏："禁署之职，典司诰命，不可作伶人事。"太祖回答说："朕顷闻孟昶君臣溺于声乐，炯至宰相，尚习此伎，故为我擒。所以召炯，欲验言者之不诬耳。"③ 此后不复召欧阳炯。太宗也批评庄宗说："听断天下事，直须耐烦，方尽臣下之情。昔庄宗可谓百战得中原之地，然而守文之道可谓懵然矣。终日沈饮，听郑、卫之声与胡乐合奏，自昏彻旦，谓之眂帐。半酣之后，置畎酒筐，沈醉射弓，至夜不已。招箭者但以物击银器，言其中的。与俳优辈结十弟兄。每略与近臣商议事，必传语伶人，叙相见迟晚之由。纵兵出猎，涉旬不返，于优倡猱杂之中，复自矜写《春秋》，不知当时刑政何如也。"④ "为君勤政，即得感召和气。如后唐庄宗，不恤国事，惟务畋游，动经旬浃月，每出大伤苗稼，及还，蠲其租税，此其不君也"，自称"朕在南衙时，亦尝留意声律，今来非朝会，未尝张乐。每旦下药，多以盐汤代酒。鹰犬之娱，素所不好，且多杀飞走"⑤。仁宗也曾惋惜庄宗"特将帅之才，而无人君之量"⑥。直至南宋绍熙二年（1191），余古还曾上疏劝谏光宗以汉文帝为法，唐庄宗为戒，远俳优、女子、宦官，节制宴游，去佞幸，进忠良。

宋代政治高层对五代十国史研究的深度介入，以及政治架构、政治实施的极具针对性，均为历朝所罕见。这虽然有力地提升了两宋时期五代十国史研究的地位与价值（乃至出现了两部后来被称为正史的五代史），但也有力地规制了五代十国史的学术研究。后世有关新、旧《五代史》的优劣之所以纷纭难定，其深层的原因即在于此。宋代政治高层对

---

① 《长编》卷十二，太祖开宝四年五月壬午条，第267页。
② 《曾巩集》卷一〇《进太祖皇帝总序》，第172页。
③ 《长编》卷六，太祖乾德三年八月辛酉条，第157页。
④ （宋）宋敏求：《春明退朝录》卷下，中华书局1980年版，第49页。
⑤ （宋）李攸：《宋朝事实》卷一六，丛书集成初编本。
⑥ 《长编》卷一七四，仁宗皇祐五年二月丙子条，第4197页。

五代十国史的反思产生了相当积极的政治成果，造就了一个欣欣向荣的太平社会，但其对五代十国史的过度诠释和过度申论，也产生了相当严重的消极影响，甚至影响了两宋的国运："本朝鉴五代藩镇之弊，遂尽夺藩镇之权，兵也收了，财也收了，赏罚刑政一切收了，州郡遂日就困弱。靖康之祸，虏骑所过，莫不溃散"，"国家因唐、五季之极弊，收敛藩镇，权归于上，一兵之籍，一财之源，一地之守，皆人主自为之也。欲专大利而无受其大害，遂废人而用法，废官而用吏，禁防纤悉，特与古异，而威柄最为不分。虽然，岂有是哉！故人才衰乏，外削中弱，以天下之大而畏人。是一代之法度又有以使之矣，宜其不能尽天下之虑也"①。

第四节　宋初三朝史学领域对五代十国史的研究

一　官方对五代史的研究及特点——以《旧五代史》为中心

北宋开国之际，无论是新君或新臣，多是五代旧臣。因此，大致上，这是同一批人物开创的两个朝代，政治环境与价值体系相差不大。在这种情况下，如何汲取五代的经验教训，确保政权的稳定，是一个非常迫切的任务。这一任务不仅在政治高层有所体现，在史著领域也有着鲜明的体现。其典型代表就是《旧五代史》。

《旧五代史》原名《梁唐晋汉周书》，共一百五十卷，是开宝六年（973）四月由宋太祖诏令编修的官修史书。该书由薛居正监修，卢多逊、扈蒙、张澹等同修，于次年闰十月成书，历时十八个月，时人多称为《五代史》。原书已佚，后被清朝四库馆臣邵晋涵从《永乐大典》中辑出，并以他书所引文字补充重编而成。

（一）《旧五代史》撰写的时代背景

北宋开国仅十几年，尚未一统全国，宋太祖即已迫不及待地诏修五代史，历时一年多即已成书。修书之急，成书之速，在二十四史中为少见。是什么样的背景使宋太祖急于修史呢？

首先，《旧五代史》的匆促修撰与宋太祖本人有密切关系。

---

① 《叶适集·水心别集》卷一〇《始议二》，中华书局1961年版，第759页。

宋太祖"性严重寡言。独喜观书，虽在军中，手不释卷。闻人间有奇书，不吝千金购之"①。尚在戎马倥偬时，便很注重从书中寻求治理。后周显德中，他随世宗平淮甸，所载唯书数千卷，无他物。即位不久即下诏求亡书，献书者送学士院面试，有才者授以官职。他还常派人到史馆取书观看，并与臣下讨论史事。卢多逊曾经钻了这个空子，太祖"每遣使取书史馆，多逊预戒吏令遽白所取书目，多逊必通夕阅览以待问。既而上果引问书中事，多逊应答无滞，同列皆服。上益宠异之"②。《旧五代史》修成进献后，宋太祖当天便开始翻阅，第二天对宰相说："昨观新史，见梁太祖暴乱丑秽之迹，乃至如此，宜其旋被贼虐也。"③一个注重从史事中汲取治世经验与教训的人，自然会积极推动《旧五代史》的修撰。

其次，《旧五代史》的匆促撰写与当时的政治形势有关。

开宝六年（973），后蜀、南汉等先后归宋，吴越听命甚谨，陈洪进不足为虑，南唐已去国号，北汉虽与北宋互有攻取，但明显处于弱势地位。三月，周恭帝死。四月，卢多逊出使江南，以朝廷重修天下图经之名，将江南十九州地形、屯戍、户口等情况带回宋廷，具言江南衰弱可取之状，令太祖决心攻灭南唐。政局的基本稳定为修史提供了可能，然而，政权的稳定性依然存在问题。天灾人祸不断，叛乱时有发生。仅以开宝五年与六年为例：开宝五年（972），霖雨不止，黄河、汴水决口，天下大饥；岭南乐范、周思琼等人各聚众负海为乱；崖州牙校陆昌图作乱，烧劫牙署；海门监盐户庞崇等叛；北汉倚仗契丹支持，频频袭扰北宋边境。第二年正月，韶州静江军士一百余人鼓噪城中以应外贼；渠州李仙众万人劫掠军界；殿直傅廷翰为棣州兵马监押，欲谋叛北走契丹。三月，融州修河卒叛，杀长吏。从这些事件中，我们可以一窥当时局势的严峻，谁也没有把握宋朝会不会像五代诸朝一般转瞬即逝。宋廷官吏大多承五代而来，多以吏道见称，读书却少，只能根据自己对所处时代的感受与领悟寻找治理，缺乏对历史大势的了解与体悟。更何况忠义之风淡薄，冯道这样历事多朝而不倒的人才是他们为官的榜样。五代旧习

---

① 《长编》卷七，太祖乾德四年五月甲戌条，第171页。
② 《长编》卷九，太祖开宝元年四月丙子条，第201—202页。
③ 《长编》卷一五，太祖开宝七年十月甲子条，第326页。

与隐患尚存的北宋，要如何避免五代的短命命运，是压在赵匡胤心上的大石。因此，对于五代史的总体把握，对其经验教训的了解与总结就显得极为重要。

在《旧五代史》中，以五代为重，十国的材料极少。这其中除了史臣所见的十国材料本身就少，且以十国为伪的原因之外，与上述的指导思想也是相符的。纵观五代十国的历史，十国几乎从没能对五代造成太大威胁，开宝年间更是只余苟延残喘之力。况且，十国与中原诸朝的国情还是有所不同。因此，修撰《旧五代史》的目的当着重于五代诸朝，是为了给北宋提供经验教训，使其走得更远而服务的。之所以将后梁这一"乱臣贼子"予以正统，编著梁书，也是不可排除这一原因的。

这应该是《旧五代史》于战事纷繁之时匆促修撰的主要原因。

最后，《旧五代史》的匆促修撰与确立宋的正统地位有关。

后世王朝一般以为前代修书来确立自己的正统地位。开宝年间，全国尚未统一，南唐还自称唐朝后嗣，北汉是后汉血胤。南唐已经臣服，尚另当别论，北汉却是后汉之后。当年郭威篡夺后汉天下，杀害后汉嗣君刘赟，于君臣伦理方面无论如何也说不过去。刘赟之父刘崇（即刘旻）悲愤之下，称帝太原，与后周世代为敌。北宋篡夺的是后周的江山，面对北汉，虽然已没有伦理上的亏欠感，但它却以后汉为正统。相较之下，北汉的正统地位似乎比北宋更立得住脚一些。因此，在王朝的正统性上，北宋难免有些底气不足。先行修史可抢得先机，在思想上为统一全国制造声势。

（二）对《旧五代史》撰写人的考察

《旧五代史》为薛居正监修，卢多逊、扈蒙、李昉、张澹、刘兼、李穆、李九龄同修，其中"蒙、九龄实专笔削"[1]。

薛居正，后唐进士，历仕后晋、后汉、后周、北宋，"以材干闻于朝"，"性孝行纯，居家俭约。为相任宽简，不好苛察，士君子以此多之。自参政至为相，凡十八年，恩遇始终不替"，"好读书，为文落笔不能自休"[2]。他时为参知政事，行监修之职。

---

[1] （宋）王辟之：《渑水燕谈录》卷六《文儒》，第70页。
[2] 《宋史》卷二六四《薛居正传》，第9111页。

卢多逊，后周显德年间进士，曾任集贤校理、集贤殿修撰，入宋后知制诰，数次知贡举，加史馆修撰、判馆事。开宝四年（971）为翰林学士，六年迁中书舍人、参知政事，太平兴国初年任宰相。他博涉经史，聪明强记，狡黠有谋略。卢多逊于四月奉诏修五代史，九月迁中书舍人、参知政事，因此修史时间应不长。但是，善伺帝意的卢多逊，当在修史中体现出太祖的意见。

扈蒙，后晋天福中进士，入后汉为鄠县主簿，后周广顺中为归德军掌书记。世宗闻其名，召为右拾遗、直史馆，迁屯田员外郎、知制诰。入宋后，拜中书舍人，迁翰林学士。乾德六年（968）复知制诰，充史馆修撰。开宝中，他奉命参修《旧五代史》，是主要撰稿人之一。扈蒙曾参修《周世宗实录》，与李昉同修《太祖实录》，同编《文苑英华》。他"性沉厚，不言人是非，好释典，不喜杀，缙绅称善人"，多著述，"自张昭、窦仪卒，典章仪注，多蒙所刊定"①，但所修《太祖实录》曾遭到苏易简的批评："近代委学士扈蒙修史。蒙性迁怯，逼于权势，多所回避，甚非直笔。"②

李昉，后汉乾祐进士，为文慕白居易，浅近易晓。后周世宗爱其辞理明白，擢为主客员外郎、知制诰、集贤殿直学士，后加史馆修撰、判馆事，又为屯田郎中、翰林学士。宋初，历任中书舍人、给事中等职。开宝二年（969），复拜中书舍人。此后直学士院。开宝五年（972）秋，拜翰林学士。后左迁太常少卿，不久判国子监。第二年五月，复拜中书舍人、翰林学士。太宗年间，李昉与扈蒙、李穆等同修《太祖实录》。他"和厚多恕，不念旧恶"，"素与卢多逊善，待之不疑，多逊屡潜昉于上，或以告昉，不之信"③。

张澹，后晋开运初登进士第，宰相桑维翰的女婿。历任校书郎、直昭文馆、秘书郎、左拾遗、礼部员外郎、史馆修撰、右司员外郎、知制诰等职。建隆二年（961），秘书郎张去华上书自荐有文艺，愿与张澹、卢多逊、师颂并试。"太祖令并试于讲武殿，澹所对不应策问，责授左司员外郎。"太宗曾论此事曰："澹典书命而试以策，非其所长，此盖陶穀、

---

① 《宋史》卷二六九《扈蒙传》，第9240页。
② 《长编》卷三五，太宗淳化五年四月癸未条，第777页。
③ 《宋史》卷二六五《李昉传》，第9138—9139页。

高锡党张去华以沮滒尔。"晚年"附会卢多逊,方再获进用"①。开宝四年（971）冬,复知制诰。六年（973）,权直学士院。

李穆,后周进士,迁右拾遗。开宝五年（972）,召为太子中允,第二年拜左拾遗、知制诰,"五代以还,词令尚华靡,至穆而独用雅正,悉矫其弊"。李穆曾出使江南,后为史馆修撰、判馆事、中书舍人、参知政事等职,预修《太祖实录》。李穆性情"质厚忠恪,谨言慎行","深信释典"②,与卢多逊善。

刘兼,长安人,履历不详,曾官荣州刺史。开宝七年（974）修《旧五代史》时任盐铁判官。明代学者胡震亨认为,宋刻《唐百家诗》中《刘兼集》,中有《长春节诗》："圣朝佳节遇长春,跪奉金炉祝又焚。宝藏发来天地秀,兵戈销后帝皇尊。太平基址千年永,混一车书万古存。更有馨香满芳槛,和风迟日在兰荪。"③而长春节为宋太祖诞节,因此其人当为五代入宋者。

李九龄,履历不详。《直斋书录解题》称其为洛阳人,乾德二年（964）进士第三人及第。洪迈曾将其诗误收入《万首唐人绝句诗》。《御定全唐诗》则称其为唐末进士,入宋又登乾德年间进士第三人。

以上这些人均为当时之才俊。他们大多为多朝史官,对五代史事较为清楚,因此对史料较为熟悉,记事可靠性与真实度较高。同时,所据思想亦与五代时人基本无异。与其说这是一部宋人眼中的五代史,毋宁说,这是五代人眼中的五代史。当然,在新朝新君不同的指导思想下,也注入了新的时代气息,蕴含着新的时代变化。

（三）旧五代史的特点及关注焦点

《旧五代史》原名《梁唐晋汉周书》,各代独立成编,吴越、楚、荆南等地方割据政权及党项李仁福等少数民族列入《承袭列传》,吴、南唐、闽、前蜀、后蜀、南汉、北汉列入《僭伪列传》。全书记五代十四帝,即梁二帝、唐五帝、晋二帝、汉二帝、周三帝,不包括后梁弑父篡位的朱友珪,而将未称帝的李克用列入帝纪。

---

① 《宋史》卷二六九《张澹传》,第9249页。
② 《宋史》卷二六三《李穆传》,第9107页。
③ （清）厉鹗编：《宋诗纪事》卷二,上海古籍出版社1983年版,第48页。

1. 《旧五代史》的讳饰与直笔

《旧五代史》主要在《五代通录》及五代实录的基础上删削而成，历时仅一年有余，成书较为仓促。一般而言，实录保存有大量原始资料，对各朝治国措施有详细描述，尤其是天文、地理及典章制度的记载，可靠性较高。但由于是当朝人修当朝事，不免多所讳饰。修五代史时，朝中五代旧臣犹在，且史臣多为五代旧臣之僚佐或姻亲，这使他们不得不有所顾忌。因此，简单地删削实录似乎较为妥当，这也导致了文中讳饰不实、前后抵牾处颇多。如在梁本纪中，对朱温窃国篡弑之举讳饰较多，但在唐纪中则多所揭露。其他如李国昌恃功横恣、李克用慢侮朝廷、后唐闵帝之死、石敬瑭篡国、郭威篡汉等，均多加曲饰，不若《新五代史》与《资治通鉴》直书事实。观《旧五代史》的回护之处以帝王为多，这也正说明了《旧五代史》只是简单删削五代实录，而没有认真核对事之真伪。

就五代的具体情况而言，《梁太祖实录》《大梁编遗录》《梁功臣传》《唐懿祖纪年录》《唐献祖纪年录》《唐太祖纪年录》《唐庄宗实录》《庄宗功臣列传》《唐明宗实录》《汉高祖实录》《周太祖实录》都是本朝人修本朝实录，溢美与讳饰之词较多。而如后梁、后唐这样的敌对政权，对某些史事的记载则颇多异同。其中《唐庄宗实录》因是明宗朝所修，直笔处稍多。《唐闵帝实录》《唐废帝实录》《晋高祖实录》《晋少帝实录》《汉隐帝实录》《周世宗实录》，都是易代所修，其中《周世宗实录》为宋初所修，其余五部皆是后周所修，相对本朝人修本朝史而言，稍为客观。

除了讳饰，有些敏感人物也没有立传，代表人物就是韩通。韩通是在宋太祖篡周过程中唯一试图抵抗并为之殉难的后周重臣，可谓后周忠臣，本应是大书特书的人物，何况宋太祖也曾下诏褒奖韩通，似乎不应有太多顾忌。然而，宋太祖对韩通的褒奖却并非真心。他与韩通存在尖锐矛盾，且韩通之子有智略，"见太祖有人望，常劝通早为之所，通不听。后太祖幸开宝寺，见通及其子画像于壁，遽命去之"①，可见太祖对韩通积怨之深。所谓褒奖，不过是为了激励忠义之气做个样子而已。因

---

① 《宋史》卷四八四《韩通传》，第13970页。

此，《旧五代史》不为韩通立传的原因是可以想见的。此后的《新五代史》也同样没有为韩通立传。对此,《宋史》史臣很不满意："韩通与宋太祖比肩事周，而死于宋未受禅之顷，然不传于宋，则忠义之志何所托而存乎？李筠、李重进旧史书叛，叛与否未易言也，洛邑所谓顽民，非殷之忠臣乎？"① 特将其列入《周三臣传》。

不过，《旧五代史》也有直笔之处。如张永德是后周的皇亲国戚、殿前都点检，因倾心结附赵匡胤，在赵匡胤篡周之后，仍然深受礼遇，每呼驸马而不称其名，还曾访以军事。《旧五代史》却直书其父张颖"性卞急峻刻，不容人之小过，虽左右亲信，亦皆怨之。部曲曹澄有处女，颖逼而娶之"②。赵延寿之子赵廷赞仕宋为卢延等州节度使，而《赵延寿传》不讳其背晋附辽，求为辽太子之事。符彦卿为北宋重臣兼皇亲国戚，其父符存审本传记其微时曾因犯罪而被判处死刑，因为善歌而得妓者救免。崔协之子崔颂仕宋初，官至左谏议大夫，《崔协传》不讳崔协父崔彦融"行止鄙杂"，崔协"高谈虚论，多不近理，时人以为虚有其表"，称为"没字碑"③。史弘肇弟史福在宋初历诸卫将军，李崇矩为史弘肇之亲吏，与史弘肇关系密切，《史弘肇传》并不因此而对史弘肇之暴虐凶横有所隐讳。王继弘子永昌仕宋为内诸司使，《王继弘传》亦据实载其曾为相州节度使高唐英部将，高唐英待之亲厚，略无猜忌，他却杀害高唐英自求富贵，称"吾侪小人也，若不因利乘便，以求富贵，毕世以来，未可得志也"④，且行为不法，诬杀张易等龌龊行径。尹晖子尹勋仕宋为防御使，而《尹晖传》不讳其反戈推戴唐末帝之事，传赞还论其非义士所为。如此等等，"此足见其直笔，不以同官而稍有瞻徇也"，"薛史虽多回护处，然是非亦有不废公道者"⑤。不但是对臣僚，对帝王也有直笔处，后唐庄宗的治国乱政即是例子。《旧五代史》之直笔不仅反映了历史的真实情况，亦为帝王治国提供了弥足珍贵的经验和教训，其价值是不可磨灭的。

---

① 《宋史》卷四八四《周三臣传序》，第13967页。
② 《旧五代史》卷一二九《张颖传》，第1986—1987页。
③ 《旧五代史》卷五八《崔协传》，第900页。
④ 《旧五代史》卷一二五《王继弘传》，第1910页。
⑤ （清）赵翼著，王树民校证：《廿二史札记校证》卷二一《薛史亦有直笔》，第458页。

对《旧五代史》之直笔,陶懋炳先生认为,"这不是作者们不畏权势,也不是他们蓄意贬抑,而是有其更重要的原因。细考《薛史》,所揭露者多是方镇,盖五代文士多受凌辱于武夫,不但施以种种虐待,甚至任情杀戮,残酷无伦"①。北宋开国后,文人地位大大提高,对方镇的一腔怨愤便自然迸发,也正适应了宋初翦除方镇的需要。而对于前朝有声望的宰辅公卿,如冯道、桑维翰,史臣多为其门生故吏甚至亲属,对其怀有深厚感情,描写自然有所不同。这一论断十分精辟,但也有可以进一步挖掘之处。

固然,五代文武关系相当紧张。文人谓武人为"卒",武人视文人为"措大"。而武人依仗长枪大剑,完全占据了上风,士人则"动触罗网,不知何以全生也",文人的怨愤可想而知,异代修史,一吐为快,也是很有可能的。但是,通观《旧五代史》,在对文臣的描写中,直笔处也并不鲜见。

五代由于战事所需,加之统治阶层普遍文化素养较低,导致文吏盛行,而儒士备受冷落。在文臣中普遍存在文吏看不起儒士的现象。后汉三司使王章曾经反唇相讥看不起文臣的史弘肇:"虽有长枪大剑,若无毛锥子,赡军财赋,自何而集?"②但他所维护者却只是文吏而已。他"常轻视文臣曰:'此等若与一把算子,未知颠倒,何益于事!'"此处所指文臣当指儒士。他与杨邠"不喜儒士,群官所请月俸,皆取不堪资军者给之,谓之'闲杂物',命所司高估其价,估定更添,谓之'抬估',章亦不满其意,随事更令添估"。王、史、杨三人都是"尽心王室,知无不为"③者,对儒士的看法却很是相同。

文吏虽精于吏事,但也存在着"不识大体"④的问题。例如,王章"急于财赋,峻于刑法,民有犯盐、矾、酒曲之令,虽丝毫滴沥,尽处极刑。吏缘为奸,民不堪命"⑤。后唐租庸使孔谦"比以吏进,故无保邦济民之要务,唯以急刻赋敛为事","两河大水,户口流亡者十四五,都下

---

① 陶懋炳:《新旧〈五代史〉评议》,《史学史研究》1987 年第 2 期。
② 《旧五代史》卷一〇七《史弘肇传》,第 1636 页。
③ 《旧五代史》卷一〇七《王章传》,第 1640—1641 页。
④ 《旧五代史》卷一〇七《杨邠传》,第 1639 页。
⑤ 《旧五代史》卷一〇七《王章传》,第 1641 页。

供馈不充,军士乏食,乃有鬻子去妻,老弱采拾于野,殍踣于行路者。州郡飞挽,旋给京师,租庸使孔谦日于上东门外伫望其来,算而给之。加以所在泥潦,辇运艰难,愁叹之声,盈于道路"①。

而称文士者,也的确存在着"鲜有艺能,多无士行,问策谋则杜口,作文字则倩人。所谓虚设具员,枉耗国力"② 的问题。张承业曾怒斥卢程:"公称文士,即合飞文染翰,以济霸图,尝命草辞,自陈短拙,及留职务,又以为辞,公所能者何也?"③ 实是指出了五代文士存在的普遍问题。他如苏循、苏楷无士风臣节;豆卢革请韦说之子韦涛为弘文馆学士,韦说请豆卢革之子豆卢昇为集贤学士,"交易市恩,有同市井,识者丑之。革自作相之后,不以进贤劾能为务,唯事修炼,求长生之术,尝服丹砂,呕血数日,垂死而愈"④;封翘"以星辰合度,风雨应时,请御前香一合,帝亲爇一炷,余令于塔庙中焚之,贵表精至。议者以翘时推名族,出翰苑,登琐闼,甚有岩廊之望,而忽有此请,乃近诸妖佞耳"⑤;郑受益"阿法射利,冀为生生之资;又素恃门望,陵轹同幕,内奸外直,群情无相洽者"⑥;苏逢吉"秉蛇虺之心,窃夔、龙之位,杀人不忌,与国俱亡"⑦;卢文纪"处经纶之地,无辅弼之谋,所论者爱憎朋党之小瑕,所纠者铨选拟抡之微颣"⑧,家中积财巨万;马裔孙为相,时人目之为"三不开",即"口不开、印不开、门不开"⑨;等等。为害虽不如武臣之酷,却也庸懦者有之,倾险者有之,史臣并未因同为文臣而有所粉饰。

对于前朝富有声望的宰辅公卿,《旧五代史》多溢美之词,却也不可一概解释为讳饰。桑维翰是后晋开国元勋。他贪财、恋栈、睚眦必报,但忠心为国,才能超群,力主与契丹交好,待时机成熟再图进取,深为高祖所倚重。但出帝即位后,遽舍桑维翰之谋,盲从景延广之大言,率

---

① 《旧五代史》卷三三《后唐庄宗本纪七》,第527页。
② 《旧五代史》卷四七《后唐末帝本纪中》,第741页。
③ 《旧五代史》卷六七《卢程传》,第1034页。
④ 《旧五代史》卷六七《豆卢革传》,第1030页。
⑤ 《旧五代史》卷六八《封舜卿附翘传》,第1054页。
⑥ 《旧五代史》卷九六《郑受益传》,第1494页。
⑦ 《旧五代史》卷一〇八,史臣论赞,第1665页。
⑧ 《旧五代史》卷一二七《卢文纪传》,第1939—1940页。
⑨ 《旧五代史》卷一二七《马裔孙传》,第1942页。

然与契丹交恶，终致契丹灭晋，出帝被俘北上，酿成开运之祸，桑维翰也被后晋叛将张彦泽所杀。《旧五代史》史臣张澹为桑维翰的女婿，不免对桑维翰贪恋权势、睚眦必报之举有所讳饰，但《旧五代史》也含蓄地承认了他贪财的事实，"权位既重，而四方赂遗，咸凑其门，故仍岁之间，积货巨万"①。甚至对桑维翰心胸狭窄的缺点也有所涉及。桑维翰登第当年，因相貌"短陋"，被陈保极戏称为半个人："近知今岁有三个半人及第。"桑维翰任宰相之后，陈保极"心不自安，乃乞假南游，将谋退迹"，却被桑维翰奏于高祖："保极闽人，多狡，恐逃入淮海。"幸有李崧极言解之，陈保极才被"贬为卫尉寺丞，仍夺金紫，寻复为仓部员外郎，竟以衔愤而卒"②。可见史臣并非一味讳饰。至于史臣关于桑维翰的论赞"馨弼谐之志，参缔构之功，观其效忠，亦可谓社稷臣矣。况和戎之策，固非误计，及国之亡也，彼以灭口为谋，此掇殁身之祸，则画策之难也，岂期如是哉！是以韩非慨慷而著《说难》者，当为此也，悲夫！"以现在的眼光来看，未免溢美之嫌。但若以时人的观点来看却并不过分。桑维翰在宋初声望很高，即使是宋太祖也不顾其贪财之举，叹息"安得宰相如桑维翰者与之谋乎！"③ 王禹偁专门作诗盛赞"魏公王佐才，独力造晋室……惜乎英伟才，济世功未毕"④。即使是后世的欧阳修、司马光，对桑维翰都少有贬词。司马光曾将桑维翰不与契丹交恶的进言称为"深谋"，认为晋出帝"舍桑维翰之深谋，信景延广之狂策，内政不修，而外挑强邻，使黎民涂野草，胡骑污宫阙，生为降虏，死为羁魄，非不幸也"⑤。孔武仲也指出"使少帝用桑维翰之说，劳谦屈己以安中国，则晋之社稷可以无患"⑥。

　　至于冯道，虽然历事多朝，但却因其近乎圆满的个人品德及惠民善举，在五代备受尊崇。后唐明宗曾赞其"真士大夫也"⑦，"当世之士无贤愚皆仰道为元老，而喜为之称誉"，声名远播于契丹。死时"时人皆共

---

① 《旧五代史》卷八九《桑维翰传》，第1357页。
② 《旧五代史》卷九六《陈保极传》，第1486页。
③ （宋）魏泰：《东轩笔录》卷一，第3页。
④ （宋）王禹偁：《小畜集》卷四《桑魏公维翰》，四部丛刊初编本。
⑤ （宋）司马光：《稽古录》卷一五，北京师范大学出版社1988年版，第164页。
⑥ （宋）孔武仲：《宗伯集》卷一六《书石晋纪后》。
⑦ 《旧五代史》卷一二六《冯道传》，第1926页。

第二章 宋初三朝的五代十国史研究

称叹，以谓与孔子同寿"①，声望居于巅峰。宋初承五代而来，冯道仍然得到了人们极大的崇敬与思慕，是重臣范质、王溥的榜样，盛赞其"厚德稽古，宏才伟量，虽朝代迁贸，人无间言，屹若巨山，不可转也"②，与《旧五代史》史臣"道之履行，郁有古人之风；道之宇量，深得大臣之体"的赞誉不相伯仲。可见这实是宋初人的一致意见。事实上，《旧五代史》史臣却是在一片赞扬声中第一个对冯道发出批评之声的："然而事四朝，相六帝，可得谓忠乎？"③

五代历史舞台的主角本来就是武人。在《旧五代史》诸臣列传中，文臣的比例不超过30%，直笔者以武人为多也是正常状况。武人跋扈，文人俯首，本来也是五代的普遍世态。何况，除了揭露武人的粗横跋扈，《旧五代史》也大力赞扬了不少武人，如王彦章骁勇刚直，周德威号为名将，李嗣昭尽忠竭力，郭崇韬劳苦功高，淳于晏有高义，姚洪忠于国，等等。因此，《旧五代史》所讳饰者不全为文人，直笔者也不皆为武人。或者，除了少数人物之外，《旧五代史》基本上是简单地按照五代实录记述列传事迹，而非故意有所讳饰的。

如前所述，五代宋初，人们对于后梁的恶感很深。但是，《旧五代史》并未因此而对后梁有所歧视，不但一丝不苟地以正统王朝视之，还保留了不少珍贵的后梁治国资料。比如，光启三年（887），朱温率军击败蔡兵，"帝乃慎选将佐，俾完葺壁垒，为战守之备，于是远近流亡复归者众矣"④。后梁建国后，朱温重农重兵，减轻租赋，招抚流亡，致力于恢复凋敝的农业生产。他治军极严，士兵皆黥面，军士有逃逸者，抓住即被处死，因此逃兵皆聚山泽为盗，大为州县之患。朱温便下诏赦免逃兵之罪，虽文面亦听还乡里。开平元年（907），"尽赦逃亡背役凫黥之人，各许归乡里"⑤，盗贼因之减至十之二三。三年（909）八月，敕"所在长吏放杂差役，两税外不得妄有科配"⑥。十一月"刺史、县令不

---

① 《新五代史》卷五四《冯道传》，第694—695页。
② 《资治通鉴》卷二九一，后周太祖显德元年四月庚申条"臣光曰"引，第9511页。
③ 《旧五代史》卷一二六《冯道传》，第1935页。
④ 《旧五代史》卷一《后梁太祖本纪一》，第9页。
⑤ 《旧五代史》卷三《后梁太祖本纪三》，第60页。
⑥ 《旧五代史》卷四《后梁太祖本纪四》，第81页。

得因缘赋敛,分外扰人。凡关庶狱,每望轻刑"①。他还时常阅稼,旱涝时节皆派宰臣等高级别官员祷神祭祀,"故事,皆以两省无功职事为之,帝忧民重农,尤以足食足兵为念,爰自御极,每愍阳积阴,多命丞相躬其事"②。朱温重农自然是为其军事行动开路,但这些措施对于民生无疑是有利无害的。"梁祖之开国也,属黄巢大乱之后,以夷门一镇,外严烽候,内辟污莱,历以耕桑,薄其租赋,士虽苦战,民则乐输,二纪之间,俄成霸业。及末帝与庄宗对垒于河上,河南之民,虽困于辇运,亦未至流亡,其义无他,盖赋敛轻而丘园可恋故也。及庄宗平定梁室,任吏人孔谦为租庸使,峻法以剥下,厚敛以奉上,民产虽竭,军食尚亏。加之以兵革,因之以饥馑,不三四年,以致颠陨,其义无他,盖赋役重而寰区失望故也。"③ 后唐素来被认为是唐祚中兴,是承载着正义的王朝,但史臣并不因此对庄宗的乱政有所宽宥。这一对比正显示出《旧五代史》的相对客观性。除了重视农业生产,朱温还整顿纪纲,抑制藩镇权力,在一定程度上提高州县地位。他敕天下镇使,官秩无尊卑,位在邑令之下;授刺史得以专达的权限;采用分割、移镇等办法,加强对藩镇的控制。此外,他多次诏求贤良,也能在一定程度上采纳臣下的意见。左金吾大将军寇彦卿入朝,至天津桥,有民不避道,被寇彦卿令人投诸栏外而死。朱温念及寇彦卿有功,命他以私财送与死者家以赎罪。御史司宪崔沂坚请依法论罪,朱温只得将其贬职。张皇后在世时,朱温也能够克制逸乐。开平元年(907),放出两宫内人及前朝宫人,任其所适。固然,这些记载大多据《梁太祖实录》而来,有所讳饰,但宋初距后梁不远,史臣的记载当与事实大致相去不远。

《旧五代史》的这些记载引起了清人李慈铭的不满:

> 阅《旧五代史》,朱梁之恶极矣,而篡代以后,凶暴颇戢,爱礼文士,容纳谏臣,亦有一二可纪。……友贞尤好儒士。当日士夫沿唐季浮薄之习,止知诗赋,不识伦常,社稷为轻,科名为重,但保门第,遑恤国家。故虽剧盗之朝,俨然奉为正朔所在,中原礼乐,自诩

---

① 《旧五代史》卷五《后梁太祖本纪五》,第92页。
② 《旧五代史》卷六《后梁太祖本纪六》,第114页。
③ 《旧五代史》卷一四六《食货志》,第2265页。

承平。……迨庄宗灭梁，诸人久据华要，相率归顺。庄宗既以为中朝旧族，练习掌故，欲资其用，于是党护气类，阴右朱氏。……宋初修史者薛居正、李昉、李穆之徒，皆历事二朝，受唐六臣之衣钵，耳目相习，不辨邪正，公然以梁为正统，于《太祖纪》务求详赡，推崇备至，《末帝纪论》系以美辞，而于《唐武皇纪论》多致不满，令人读之张目。昔人谓唐修《晋书》出许敬宗等人奴之手，宜其芜杂，薛文惠等亦奴才也。……然当日人心之不伪梁者，实藉文士之力。①

李慈铭此言不免有失偏颇。唐武皇指晋王李克用。他出身沙陀，因祖上有战功，入籍李唐皇室。他一直打着为唐复仇的旗号，与朱温是死敌。其子李存勖建立后唐，最终灭梁，此后直到宋初，一直被视为唐室中兴。但与同时期的强藩一样，李克用暴烈跋扈，也有"窥伺神器"②之意，一度进逼京师，胁迫天子。《新五代史》《资治通鉴》皆有详细揭露。《旧五代史》将他列入本纪，多所讳饰，但也隐隐勾勒出李克用跋扈不臣的大致脉络。在论赞里，史臣充分肯定李克用"茂勤王之绩"，但也指责其"非无震主之威"，批评李克用进逼京师之举，比起春秋时期尊奉王室的典范齐桓公、晋文公来，"无乃有所愧乎！"③ 所谓对朱温"推崇备至"也过于偏颇，不然宋太祖在阅《旧五代史》后也不会说出"梁太祖暴乱丑秽"这样的话来。何况，《旧五代史》对后梁的篡弑之举也进行了抨击。梁太祖本纪部分乃简单删减《梁太祖实录》而成，对其篡弑之举讳饰较多，但在《氏叔琮传》里却直书"天祐元年八月，与朱友恭同受太祖密旨，弑昭宗于大内。既而责以军政不理，贬白州司户。寻赐自尽。叔琮将死，呼曰：'卖我性命，欲塞天下之谤，其如神理何！'"史臣论为："语曰：'弑父与君，亦不从也。'而叔琮、友恭从之，何也？既为盗跖所嗾，岂免成济之诛，临终之言，益彰其丑也。"④ 以"盗跖"比拟朱温，足见史臣对朱温的厌恶。尽管如此，他们却能较为客观地记录后梁的治国之策，相比《新五代史》与《资治通鉴》对后梁的成见，《旧五代史》的记录

---

① （清）李慈铭：《越缦堂读书记·旧五代史》，上海书店 2000 年版，第 349—350 页。
② （宋）刘道醇：《五代名画补遗·人物门第一·神品四人》，四库全书本。
③ 《旧五代史》卷二六《后唐武皇本纪下》，第 416 页。
④ 《旧五代史》卷一九《氏叔琮传》，第 294—295、306 页。

尤为可贵。

《旧五代史》对后晋高祖石敬瑭的态度也与后世不同。在后世，石敬瑭"历来被谴责，几乎没有什么分歧"[①]，认为他父事契丹，割地卖国。朝政也是主弱臣强，一塌糊涂。但在《旧五代史》这里，石敬瑭即位之后，"旰食宵衣，礼贤从谏，慕黄老之教，乐清净之风，以纻为衣，以麻为履，故能保其社稷，高朗令终。……倪使非由外援之力，自副皇天之命，以兹睿德，惠彼蒸民，虽未足以方驾前王，亦可谓仁慈恭俭之主也"[②]，认为他为政是有值得称道之处的。

2. 《旧五代史》笔下的五代历史

《旧五代史》勾画了一个干戈扰攘、动荡艰困的乱世，但与后人对五代史的印象相比，它并非暗无天日，无士亦无文，而是龙蛇混杂，乱世英雄风云际会之时。然而，这些英雄人物并不能改变生灵涂炭的现实。

就帝王而言，即位之前的《后唐庄宗纪》俨然一部英雄史。庄宗"以雄图而起河汾，以力战而平汴洛，家仇既雪，国祚中兴，虽少康之嗣夏配天，光武之膺图受命，亦无以加也"[③]，明宗也是南征北战，功绩卓著，即位之后纠正庄宗乱政，"能力行乎王化，政皆中道"[④]，惠及百姓，粗成小康。末帝征战之时也十分神勇。就连在后世声名狼藉的后晋高祖，《旧五代史》虽然批评了他由契丹援立、引狼入室的行径，却也肯定了他仁慈恭俭、勤于政事的一面。周太祖"西平蒲阪，北镇邺台，有统御之劳，显英伟之量"，即位之后，"期月而弊政皆除，逾岁而群情大服……虽享国之非长，亦开基之有裕矣"[⑤]。周世宗更是"神武雄略，乃一代之英主也……仙去之日，远近号慕"[⑥]，居五代诸帝之冠。

五代武将大多出自草莽，个性粗豪，豪横跋扈者多，但也不乏智勇忠义的将领。例如，后梁王彦章骁勇刚直，常持铁枪冲坚陷阵，被俘后拒绝投降，称："岂有为臣为将，朝事梁而暮事晋乎！得死幸矣。"[⑦] 牛存

---

① 郑学檬：《关于石敬瑭评价的几个问题》，《厦门大学学报》1983年第1期。
② 《旧五代史》卷八〇《后晋高祖本纪六》，第1235页。
③ 《旧五代史》卷三四《后唐庄宗本纪八》，第547页。
④ 《旧五代史》卷四四《后唐明宗本纪十》，第701页。
⑤ 《旧五代史》卷一一三《后周太祖本纪四》，第1752页。
⑥ 《旧五代史》卷一一九《后周世宗本纪六》，第1842页。
⑦ 《旧五代史》卷二一《王彦章传》，第335页。

节慷慨有大节,擅长野战壁守,威名远扬,而木强忠厚,有贾复之风。周德威行军布阵,凛凛然有肃杀之风,号为名将。符存审识机知变,法令严明,策无失算,功名与周德威相匹。郭崇韬尽心竭力,辅佐后唐,草创艰难,功无与比。张全义"朴厚大度,敦本务实,起战士而忘功名,尊儒业而乐善道,家非士族而奖爱衣冠。开幕府辟士,必求望实;属邑补奏,不任吏人;位极王公,不衣罗绮;心奉释老而不溺左道,如是数者,人以为难"①,有恢复洛阳经济之功,洛阳居民赖以为济。李建及慷慨不群,"雄勇冠绝",善于抚御军队,累立战功,虽然为人所谗,为君所忌,但他性情"忠荩"②,不改操守。张敬达"尝事数帝,亟立军功,及领藩郡,不闻其滥,继屯守塞垣,复能抚下,而临难固执,不求苟免,乃近代之忠臣也"③。张廷蕴骁勇善战,"苦战出于诸将之右"④,在任先锋平定潞州叛将杨立婴时,率百余名劲兵,在大军全至前斩关而入,平定叛乱;不畏权势,敢斩侵扰百姓的刘皇后手下;识字不多,却颇重文士;历七郡而家无余资。高汉筠累朝宿德,口不言非法之言,多慕士大夫所为,为官清白,为"近代之良二千石"⑤。张希崇朴厚仁恕,疾恶如仇,事母至孝,"蔚有雄干"⑥,陷于契丹后,迁至平州节度使,伺机率管内二万余人南归,效命中原。夏鲁奇骁勇忠义,尤通吏道,抚民有术。史匡翰端谨宽厚,刚毅有谋略,御军严整,接下以礼,颇有政声。王周个性宽恕,不忤物情,革除弊政,民甚便之。南唐刘仁赡轻财重士,令行禁止,在后周伐南唐时,坚守寿州,其子刘崇谏违犯军禁,他立即将其斩首。他如刘鄩、贺瓌、康怀英、王景仁、霍彦威、王晏球、戴思远、朱汉宾、孔勍、刘玘、周知裕等人,皆为名噪一时的良将。霍彦威的小校淳于晏亦有高义,他在霍彦威兵败时,独自杖剑而从,徒步草莽,深为霍彦威所重,"军府之事,至于私门,事无巨细,皆取决于晏,虽为幕宾,有若家宰。尔后公侯门客,往往效之,时谓之'效淳'。故彦威所至

---

① 《旧五代史》卷六三《张全义传》,第 979 页。
② 《旧五代史》卷六五《李建及传》,第 1005 页。
③ 《旧五代史》卷七十《张敬达传》,第 1089 页。
④ 《旧五代史》卷九四《张廷蕴传》,第 1452 页。
⑤ 《旧五代史》卷九四《高汉筠传》,第 1459 页。
⑥ 《旧五代史》卷八八《张希崇传》,第 1346 页。

称治，由晏之力也"①。

相较于武将而言，文臣在五代的历史地位要逊色得多。武夫当道，干戈扰攘，文人多窜迹江湖，遂至五代文风凋敝，儒风淡薄，但在《旧五代史》史臣心目中也不乏出众者，这其中尤以唐朝勋旧所获赞誉为多。如由唐入后梁的张文蔚"沉邃重厚，有大臣之风，居家孝且悌……士君子称之"。天祐年间，柳璨擅权纵暴，陷害宰相裴枢等五家及三省以下三十余人致死，并蔓引朝士，辄加诛杀。缙绅之士道路以目，皆不自保，张文蔚"殚其力解之，乃止，士人赖焉"②。"杜晓著文雅之称，张策有冲淡之量，咸登台席，无忝士林。"③赵光逢及其弟赵光裔均以文学德行知名。赵光逢还被称为"玉界尺"，"两登廊庙，四退丘园，百行五常，不欺暗室，缙绅咸仰以为名教主"④。郑珏"性畏慎而长者，美词翰，好人物"，李琪博学多才，名闻海内，文章秀丽，观者忘倦，其兄李珽亦才藻富赡。"夫相辅之才，从古难得，盖文学政事，履行谋猷，不可缺一故也。如数君子者，皆互有所长，亦近代之良相也。如齐公之明节，李琪之文章，足以圭表缙绅，笙簧典诰，陟之廊庙，宜无愧焉。"⑤郑韬光"神爽气澈，不妄喜怒，秉执名节，为甲族所称。……所仕无官谤，无私过，三持使节，不辱君命，士无贤不肖，皆恭己接纳。……平生交友之中无怨隙，亲族之间无爱憎，恬和自如，性尚闲简，及致政归洛，甚惬终焉之志"⑥。对这些唐朝勋旧的评价，史臣主要从品性、文学、政事的角度切入，其间或有政事不足，但在文章或品性方面尚有可称道之处。如赵光逢之弟赵光胤，仕后梁为相，"才力无余，未能恢远"，但以词艺知名，"以方雅自高，北人闻其名者，皆望风钦重"⑦。裴皞世居河东为望族，容貌举止端秀，刚直而无隐，醉心文艺，手不释卷。他累知贡举，人称得士，宰相马裔孙、桑维翰皆其所取进士。总的来看，虽然也有崔协这样的"没字碑"存在，但对唐朝勋旧，《旧五代史》还是不吝赞扬的。

---

① 《旧五代史》卷七一《淳于晏传》，第1100页。
② 《旧五代史》卷一八《张文蔚传》，第278页。
③ 《旧五代史》卷一八，史臣论赞，第290页。
④ 《旧五代史》卷五八《赵光逢传》，第897页。
⑤ 《旧五代史》卷五八，史臣论赞，第908页。
⑥ 《旧五代史》卷九二《郑韬光传》，第1422页。
⑦ 《旧五代史》卷五八《赵光胤传》，第897页。

第二章　宋初三朝的五代十国史研究　　　　　　　　　　　　　57

除了唐朝勋旧，在各地藩镇的幕宾人物及朝廷科举拣选之士中也不乏出众者，这其中尤以藩镇幕宾为优。藩镇幕宾包括藩镇自辟之僚佐，也包括一批及第举人。"自广明大乱之后，诸侯割据方面，竞延名士，以掌书檄"①，文人入幕的现象相当普遍。他们大多门第不高，但却久经历练，长于吏事。梁敬翔、燕马郁、华州李巨川、荆南郑准、凤翔王超、钱塘罗隐、魏博李山甫、太原李袭吉，皆以文齐名于时。敬翔擅长刀笔，应用敏捷，"怀抱深沉，有经济之略"，三十余年间，"扈从征伐，出入帷幄，庶务丛委，恒达旦不寝，惟在马上稍得晏息。每有所裨赞，亦未尝显谏上，俯仰顾步间，微示持疑尔，而太祖意已察，必改行之，故裨佐之迹，人莫得知"，梁亡后"殒命以明节"②，是朱温极为看重的谋臣。李袭吉"博学多通，尤谙悉国朝近事，为文精意练实，动据典故，无所放纵，羽檄军书，辞理宏健"，"在武皇幕府垂十五年，视事之暇，唯读书业文，手不释卷。性恬于荣利，奖诱后进，不以己能格物。参决府事，务在公平，不交赂遗，绰绰有士大夫之风概焉"③。赵凤以文学知名，他上书极谏庄宗皇后拜张全义为义父之事；在安重诲前为任圜辨明逆谋造反之诬；毁佛牙以止宫中滥施；在明宗前为失势的安重诲申辩；在闵帝失国，被石敬瑭囚禁于卫州时欲前往奔问；为人轻财重义，为人称道。李愚"为文尚气格，有韩、柳体。厉志端庄，风神峻整，非礼不言，行不苟且"，不畏强御。唐代光化年间，刘季述、王奉先废唐昭宗而立裕王，诸侯无人奔问。李愚当时在华阴，他以布衣身份致书于华帅韩建，责其"坐视凶逆，而忘勤王之举"④。后梁末帝时，衡王入朝，崇政使李振等重臣皆致拜，唯独李愚拒绝谄事衡王，只是长揖而已。晋州节度使华温琪在任违法，梁末帝因其为先朝功臣，不忍加法，李愚坚请按其罪。长兴末年，秦王李从荣恣横，人人避祸不暇，唯独李愚形于言色，深具刚介之气。桑维翰之于后晋，"馨弼谐之志，参缔构之功"，深得晋高祖倚重。后周王朴善属文，"神气劲峻，性刚决有断，凡所谋画，动惬世宗

---

① 《旧五代史》卷六〇《李袭吉传》，第933页。
② 《旧五代史》卷一八《敬翔传》，第284—285、290页。
③ 《旧五代史》卷六〇《李袭吉传》，第929页。
④ 《旧五代史》卷六七《李愚传》，第1037页。

之意","其笔述之外,多所该综,至如星纬声律,莫不毕殚其妙"①,其《平边策》对周世宗的统一大业有着巨大影响,是周世宗的重要谋臣。冯道在相位二十余年,"道之履行,郁有古人之风;道之宇量,深得大臣之体"②。和凝"姿状秀拔,神采射人",才思敏赡,为贺瓌幕僚时,胡柳陂一战,贺瓌败北,身边唯有和凝跟随,并射倒追兵,贺瓌因之获免;后唐天成中,和凝知贡举,所收多才名之士,议者以为得人,深得明宗器重;后晋时,高祖将幸邺都,而襄州安从进的叛乱迹象已经相当明显,和凝奏请高祖预先拟出十数道宣敕,密付开封尹郑王,如安从进果真叛乱,则立即填上平叛将校的姓名,令其领兵出击,结局果如和凝所料,安从进之败,"由凝之力也";和凝好奖掖后进,士无贤不肖,皆虚怀以待,或致其仕进,故甚有时誉,与苏禹珪、景范一同被史臣称为"君子儒"③。刘赞有文辞,性情雍和,与物无忤,居官畏慎,权豪亦不能移其操守。张宪学识优深,尤精吏道,人不敢欺,为士友所重。任圜有纵横济物之才,孙岳强干有才用,张延朗善理繁剧,马郁"有俊才智数,言辩纵横,下笔成文"④,罗贯为人强直,正身奉法,不避权豪。赵莹仁信之行,闻名遐迩。刘昫"神彩秀拔,文学优赡","有真相之才,克全嘉誉"⑤。吕琦美风仪,有器概,虽以刚直闻名于时,而实则为人仁恕。李崧"仕唐、晋之两朝,耸伊、皋之重望,考其器业,无忝台衡"⑥。史圭保廉守节,大有公平之誉。薛仁谦谨厚廉恪,深通世务。张砺富有文藻,抱义怜才,急于奖拔,去世之时,人皆叹惜。王仁裕资性绝高,才华出众,有诗万余首。扈载好学善属文,尤其长于赋颂碑赞。刘审交享有廉平慈善之民誉。曹国珍谠直,张仁愿友悌,李遇没于王事,均"无忝于士林"⑦。

五代乱世虽然涌现出一批倾险浮薄之人,却也造就了不少绝意仕进、隐居避世之士。如尹玉羽有文名,后唐清泰中任光禄少卿,他无仕宦之意,退归秦中,以林泉诗酒自娱,自号自然先生,宰臣张延朗手书召之,

---

① 《旧五代史》卷一二八《王朴传》,第1955—1956页。
② 《旧五代史》卷一二六,《冯道传》,第1935页。
③ 《旧五代史》卷一二七《和凝传》,第1944、1945、1948页。
④ 《旧五代史》卷七一《马郁传》,第1093页。
⑤ 《旧五代史》卷八九《刘昫传》,第1362、1366页。
⑥ 《旧五代史》卷一○八,史臣论赞,第1665页。
⑦ 《旧五代史》卷九三,史臣论赞,第1441页。

尹玉羽高卧不从。郑云叟于昭宗朝应进士举不第,因欲偕妻子隐于林壑,其妻不肯行,郑云叟便独隐少室山,与李道殷、罗隐之友善,时人目为"三高士",为时望所重,"足可以枳奔竞之风,激高尚之节也"①。

此外,周元豹有知人之鉴。赵延义明术数。陈元家世为医,侍李克用左右,每逢李克用暴怒欲杀人之时,他都伺机进谏,因此免祸者颇多。明宗长兴年间,陈玄"集平生所验方七十五首,并修合药法百件,号曰《要术》,刊石置于太原府衙门之左,以示于众"②,患者赖以为济。

唐代宦官为祸甚烈。朱温尽诛宦官,至唐庄宗李存勖时期,重新信用宦官,恣意专横,为将领所恶。然而,五代宦官也有能力出众或宅心仁厚者。张承业识大体,有谋略,尽忠职守,"自庄宗在魏州垂十年,太原军国政事,一委承业,而积聚庚帑,收兵市马,招怀流散,劝课农桑,成是霸基者,承业之忠力也"。后来,李存勖受诸道劝进,欲称帝登基。张承业力疾劝谏李存勖,以为"晋王三代有功于国,先人怒朱氏弑逆,将复旧邦,雠既未平,不宜轻受推戴",庄宗不从,张承业在忧虑中去世。史臣评价他"既义且忠,何以阶也"③,给予高度评价。宦官张居翰则"有仁者之心"。他于后唐同光年间任枢密使,与郭崇韬对掌机务,"自以羁旅乘时,擢居重地,每于宣授,不敢有所是非,承颜免过而已"。后唐平定前蜀后,蜀主王衍举族被俘往洛阳。行至秦川,庄宗降诏"王衍一行,并宜杀戮"。张居翰将"行"改为"家",王衍从者千余人得以免于滥杀,史臣由衷称其为"仁人"④。

从《旧五代史》的记载来看,宋初人眼中的五代史,尽管干戈扰攘,民生困苦,但仍不乏杰出者,这与后世对五代史的认识有很大不同。之所以如此,是因其所观察的视角、秉承的信念和评价的标准有所不同。

从风云际会、龙蛇争陆的角度来讲,《旧五代史》所记录的五代乱世也称得上英才济济。但是,从民生的角度来看,五代却是一个非常残酷的时代,藩镇横行自恣,武夫悍将桀骜难制,连年战乱动荡不休,连帝王将相都难免荼毒,人民的苦难可想而知。诸侯混战,屠城者比比皆是,

---

① 《旧五代史》卷九三,史臣论赞,第1441页。
② 《旧五代史》卷九六《陈玄传》,第1497页。
③ 《旧五代史》卷七二《张承业传》,第1109、1110、1115页。
④ 《旧五代史》卷七二《张居翰传》,第1113、1112、1115页。

就连周世宗这样的明君都不能避免。以人为食者也不鲜见。李罕之纵容部下"以俘馘为资,啖人作食",将怀、孟、晋、绛诸州之民,"屠啖殆尽,荆棘蔽野,烟火断绝,凡十余年"①。赵思绾曾当众取人胆,和酒吞服。他叛乱被围,城中粮尽,遂杀人充食。五代赋税繁重,法令严酷,民生凋敝。每到改朝换代之时,乱兵剽掠、朝廷搜括成为常事。庄宗失政,"征搜舆赋,竭万姓之脂膏"②,致使"四方饥馑,军士匮乏,有卖儿贴妇者,道路怨咨"③。唐末帝与闵帝争夺天下时,为犒军罄尽钱财,只好"率居民家财以赏军士"。夺下江山后,"丙子,诏河南府率京城居民之财以助赏军。丁丑,又诏预借居民五个月房课,不问士庶,一概施行。帝素轻财好施,自岐下为诸军推戴,告军士曰:'候入洛,人赏百千。'至是以府藏空匮,于是有配率之令,京城庶士自绝者相继"④。契丹灭晋时,烧杀抢掠,无所不为。后周太祖夺国时,亦曾向兵士许诺可剽掠旬日。真可谓民不聊生。

五代武人当政,不仅由武将担任诸镇节度使,骄恣横虐;且不隶藩镇之州郡,也多以武人为刺史,"不明治道,例为左右群小惑乱,卖官鬻狱,割剥蒸民"⑤。他们中很多人是贩夫、贼盗或亡命之徒,文化素质与思想境界普遍不高,恃功凌恣,加之朝廷一味姑息,导致粗暴跋扈者多,奉公守法者少。例如,苌从简世以屠羊为业,可力敌数人,极为勇猛,但所为多不法,"其烦苛暴虐,为武臣之最"⑥。史弘肇"恣行惨酷,杀戮日众,都人士庶,相目于路"⑦,"不问罪之轻重,理之所在,但云有犯,便处极刑,枉滥之家,莫敢上诉。巡司军吏,因缘为奸,嫁祸胁人,不可胜纪。时太白昼见,民有仰观者,为坊正所拘,立断其腰领",其亲吏杨乙"贪戾凶横,负势生事,吏民畏之。副戎已下,望风展敬,聚敛刻剥,无所不至,月率万缗,以输弘肇,一境之内,嫉之如仇"⑧。董昌"恣为

---

① 《旧五代史》卷一五《李罕之传》,第236—237页。
② 《旧五代史》卷三四《后唐庄宗本纪八》,第547页。
③ 《旧五代史》卷三五《后唐明宗本纪一》,第558页。
④ 《旧五代史》卷四六《后唐末帝本纪上》,第727页。
⑤ 《旧五代史》卷九八《安重荣传》,第1522页。
⑥ 《旧五代史》卷九四《苌从简传》,第1446页。
⑦ 《旧五代史》卷一〇七《杨邠传》,第1639页。
⑧ 《旧五代史》卷一〇七《史弘肇传》,第1634、1635页。

淫虐，凡按罪人，无轻重枉直，必命骰子，使之对掷，胜者宥之，否则杀之，而案牍不复参决，但一概诛戮"①。丁从实十分暴虐，人称"丁灭门"②。王守恩"性贪鄙，委任群小，以掊敛为务，虽病坊残癃者，亦不免其税率"③，民甚苦之。此种例子不胜枚举。五代诸州刺史多用武人，常以部曲主场务，渔蠹公私，从中渔利。相里金为沂州刺史时，独禁部曲不与民事，"此亦非有循绩可纪，而当时已以金为治行之最。则民之罹于涂炭可知也"④。因此，北宋建立后，宋太祖一改五代做法，派文臣"分治大藩"，理由就是"纵皆贪浊，亦未及武臣一人也"⑤。这其中固然有防范武臣的考虑，但显然也有五代武人贪浊危害极大的原因。对五代藩镇、武人的种种作为，包括其对中央政府的威胁、对时局的操纵与影响，以及对民生的涂炭，《旧五代史》皆不惜笔墨，一一记录，这是对历史的真实反映。同时，也是为了宋初翦除藩镇服务的。

除武人之外，文臣中也存在着害民蠹政的问题，这其中尤以文吏为最。后唐孔谦与后汉王章即是典型例子。

针对五代愈演愈烈的贪墨之风，各代帝王也做了一些努力，尤其是后唐明宗在位期间，留心吏治，处置贪官，褒奖廉吏，但收效不大。《旧五代史》史臣曾感叹："晋、汉之际，有以懋军功、勤王事取旌旄符竹者多矣，其间有及民之惠者无几焉。如王周之阆政，审交之民誉，盖其优者也，汉球、张瓘抑又次焉。是宜纪之篇以示来者，其余皆不足观也已。"⑥王周是武人，他秉性宽惠，曾于后晋年间授泾州节度使，其前任张彦泽在任苛虐，百姓流亡者有五千余户。王周至任后，革除前弊二十余事，流亡的百姓纷纷回到家园。在信都时，他又出私财修复倒塌的桥梁，得到百姓的衷心爱戴。刘审交任汝州防御使期间，"尽去烦弊，无扰于民，百姓歌之"，死后吏民聚哭，诣阙上书，乞求留葬汝州，为他立碑起祠，岁时致祭。对这件事，冯道曾经有这样一番评论：

---

① （宋）钱俨：《吴越备史》卷一，见《五代史书汇编》第10册，第6186页。
② 同上书，第6177页。
③ 《旧五代史》卷一二五《王守恩传》，第1907页。
④ （清）赵翼著，王树民校证：《廿二史札记校证》卷二二《五代藩郡皆用武人》，第474页。
⑤ 《长编》卷一三，太祖开宝五年十二月乙卯条，第293页。
⑥ 《旧五代史》卷一〇六，史臣论赞，第1630页。

予尝为刘汝州僚佐，知其为人廉平慈善，无害之良吏也。刺辽、磁，治陈、襄、青，皆称平允，不显殊尤，其理汝也，又安有异哉？民之租赋不能减也，徭役不能息也，寒者不能衣也，馁者不能食也，百姓自汲汲然，而使君何有于我哉！然身死之日，致吏民怀感如此者，诚以不行鞭朴，不行刻剥，不因公而徇私，不害物以利己，确然行良吏之事，薄罚宥过，谨身节用，安俸禄、守礼分而已。凡从事于斯者，孰不能乎？但前之守土者，不能如是，是以汝民咨嗟爱慕。今天下戎马之后，四方凶盗之余，杼轴空而赋敛繁，人民稀而仓廪匮，谓之康泰，未易轻言。侯伯牧宰，若能哀矜之，不至聚敛，不杀无辜，知民为邦本，政为民本，和平宽易，即刘君之政安足称耶，复何患不至于令名哉！①

这种情况实在是整个五代时期的缩影。在这个令人绝望的乱世里，人们对于好官的期待值实在低得可怜，衡量标准自然不会太高。以冯道与张全义为例，清人赵翼分析说，"当时万口同声，皆以二人为名臣，为元老。……以朝秦暮楚之人，而皆得此美誉，至身后尚系追思，外番亦知敬信，其故何哉？盖五代之乱，民命倒悬，而二人独能以救时拯物为念"②，一语道破了二人受民爱戴的原因。因此，五代时期的人物评价标准是有其鲜明的时代特点的。

  3.《旧五代史》的忠节观

  从秦汉至五代，士大夫对君臣关系的认识基本上持原始儒家的观点——"臣择君而事之，有道顺命，无道衡命"③，死事一朝的观念并不强。尤其是五代干戈不断，兴亡相继，于忠孝节义的观念更为淡薄，忠于一朝者绝少。"其臣子视事君犹佣者焉，主易则他役，习以为常"④，"若乃世道方泰，则席宠恃禄者实繁；世运既屯，则效死输忠者无几"⑤。据载，庄宗朝内乱，李嗣源为兵士拥立，与庄宗争位时，张昭劝张宪奉表李嗣源

---

① 《旧五代史》卷一〇六《刘审交传》，第 1622 页。
② （清）赵翼著，王树民校证：《廿二史札记校证》卷二二《张全义冯道》，第 486 页。
③ 魏良弢：《忠节的历史考察：秦汉至五代时期》，《南京大学学报》1995 年第 2 期。
④ 《宋史》卷二六二，史臣论赞，第 9083 页。
⑤ 《旧五代史》卷九五，史臣论赞，第 1479 页。

以劝进，张宪不从，打算以身徇义，张昭说："此古之大节，公能行之，忠臣也。"① 以身徇义被视为"古之大节"，在五代成为罕见之事。

不过，"忠"在五代仍然是很受尊敬的品格，只是其含义更多地是指恪尽职守，而非死事一朝。成书于五代的《旧唐书》在提到"屈突通尽忠于隋而功立于唐，事两国而名愈彰者"的原因时，认为"若立纯诚，遇明主，一心可事百君，宁限于两国尔！"赞其"守节"②。这可谓五代人的普遍认识。冯道历事后唐、后晋、后汉、后周四朝，事唐庄宗、唐明宗、唐闵帝、唐末帝、晋高祖、晋出帝、汉高祖、汉隐帝、周太祖、周世宗十君，并曾于契丹灭晋时朝见耶律德光，拜为太傅，但却毫无自耻之心，晚年作《长乐老自叙》，深以其历事数朝及契丹所赐勋阶官爵为荣，认为自己"在孝于家，在忠于国"，不足者乃"不能为大君致一统、定八方"③，实乃当时的正常言论。

宋初承袭五代，思想并没有太大变化。尽忠职守，忠于故主，忠于朝廷，皆可谓之"忠"。国灭再降者，只要仍然尽忠职守，忠于新朝，就不予苛责，不妨碍其忠。"夫才之良者，在秦亦良也，在虞亦良也。"如霍彦威、王晏球等人，皆是在梁时尽忠职守，梁亡后方降唐，"昔为梁臣，不亏亮节，洎归唐祚，亦无丑声，盖松贞不变于四时，玉粹宁虞其烈焰故也"④，并不妨碍其贤。这一认识与"若立纯诚，遇明主，一心可事百君"实属异曲同工。

依照这一标准，《旧五代史》对忠义之举不遗余力的记载。

王彦章、李嗣昭、张承业之忠自不待言。天复元年（901），唐昭宗被宦官韩全诲伙同李茂贞胁持至凤翔，朱温率兵包围凤翔，李茂贞与韩全诲矫诏加罪于朱温，令诸藩镇出师讨伐。诏书至青州，王师范慷慨泣下，说："吾辈为天子藩篱，君父有难，略无奋力者，皆强兵自卫，纵贼如此，使上失守宗祧，危而不持，是谁之过，吾今日成败以之！"秘密联系淮南杨行密，发兵袭击朱温后方，后力屈乞降。后梁建立后，王师范被朱温族诛。对王师范的乞降，史臣并未苛责，反赞其"属衰季之运，

---

① （宋）王称：《东都事略》卷三〇《张昭传》，第239页。
② 《旧唐书》卷五九《屈突通传》，中华书局1975年版，第2337—2338页。
③ 《旧五代史》卷一二六《冯道传》，第1933页。
④ 《旧五代史》卷六四，史臣论赞，第999页。

以兴复为谋,事虽不成,忠则可尚,虽贻族灭之祸,亦可以与臧洪游于地下矣"①。对"虽威福在己,而恒竭力以奉于王室"的节度使冯行袭,史臣则赞其"励纳忠之节"②。李嗣昭死后,其子李继韬以泽潞降于朱温,潞州旧将裴约斥李继韬背叛君亲,据泽州不从,城陷被杀,史臣赞其"以偏裨而效忠烈,尤可贵也"③。姚洪本梁之小校,曾事董璋,明宗长兴初率兵戍守阆州。董璋叛乱,攻打阆州,欲诱降姚洪。姚洪严词拒绝,城陷被擒,大骂董璋"辜恩背主",言"吾可为天子死,不能与人奴苟生"④,死状惨烈。宋令询本为唐闵帝在藩邸时的客将,后任磁州刺史。闵帝末年,潞王李从珂反,闵帝失国,被囚卫州,宋令询每日派人前去慰问。闵帝遇害之后,他大恸半日,自缢身亡。后唐末年,石敬瑭称帝,张敬达率兵攻打太原,被契丹军队围困,副招讨使杨光远等人劝张敬达出降,张敬达拒绝,后来被杀,史臣称为近代之忠臣。张宪、石君立、王思同均是拒绝投降而死。明宗长子李从璟,当明宗与庄宗争夺天下时,跟随庄宗前往汴州。途中,明宗亲旧大多逃离,李从璟坚持不离开庄宗左右,后被元行钦所杀,史臣许以为忠。后晋年间,范延光叛,卢顺密随军前往讨伐,骑将白奉进屯于滑州,为滑帅符彦饶所杀,军队大乱。步军都校马万无所作为,卢顺密挺身而出,说服马万,"遏滑台之肇乱,救晋室之临危,亦可谓之忠矣"⑤。这些人有不少皆历经多朝,都均忠于朝廷,得到了史臣的赞扬。

而对国未灭即屈身投靠敌方者,则视为不忠,是被鄙视的对象。

魏博节度使罗绍威"有英杰气,攻笔札,晓音律。性复精悍明敏,服膺儒术,明达吏理。好招延文士,聚书万卷,开学馆,置书楼,每歌酒宴会,与宾佐赋诗,颇有情致"。五代武人看不起文士甚至肆意凌虐的情况非常普遍,罗绍威的做法可说比较少见。但他攀附朱温,主动提议朱温代唐,因此并未得到《旧五代史》史臣的赞赏,认为其"在梁则为佐命也,在唐则岂得为忠臣乎!"⑥ 韩建任潼关防御使兼华州刺史期间,

---

① 《旧五代史》卷一三《王师范传》,第201、209页。
② 《旧五代史》卷一五《冯行袭传》,第240、244页。
③ 《旧五代史》卷五二,史臣论赞,第820页。
④ 《旧五代史》卷七〇《姚洪传》,第1083页。
⑤ 《旧五代史》卷九五,史臣论赞,第1479页。
⑥ 《旧五代史》卷一四《罗绍威传》,第217、227页。

劝课农事，招抚流亡，军民充实，与荆南节度使郭禹并称北韩南郭，在五代藩镇"割剥蒸民"的大环境下，实属难得。但是，他胁迫唐昭宗，杀害唐朝宗室通王以下十一王，被史臣斥为"据潼关之要地，不能藩屏王室，翻务斫丧宗枝，虽有阜俗之能，何补不臣之咎"①。朱友谦为朱温养子。朱友珪弑其父朱温，登基为帝。朱友谦不平，投靠后梁死敌晋王李存勖。后来，朱友贞杀死朱友珪，登基为梁末帝，朱友谦又臣服于梁，但也继续与晋保持密切关系。此后，朱友谦袭取同州，以其子令德为帅，请节钺于梁。末帝一开始没有同意，朱友谦立刻倒向晋。晋予其节钺，朱友谦从此绝梁附晋，在后唐灭梁的战争中贡献颇多。庄宗末年，朱友谦遭宦官、伶人所谗，无罪被族诛，天下冤之。但史臣考其行事，还是责其"向背为谋，二三其德，考其行事，亦匪纯臣"②。后唐末年，石敬瑭起兵夺国。苌从简奉末帝之命戍守河阳，军情离散，苌从简遂背叛末帝，渡河迎谒石敬瑭。史臣责为："昔从简从庄宗战于河上，可谓勇矣，及其为末帝守于孟津，岂得为忠乎？忠既无闻，勇何足贵！"③ 闵帝年间，杨思权与尹晖奉诏随张虔钊讨伐时为潞王的末帝李从珂，却首先倒戈，投靠潞王，并公然要官："臣既赤心奉殿下，俟京城平定，与臣一镇，勿置在防御团练使内。"从怀中拿出纸张，对李从珂说："愿殿下亲书臣姓名以志之。"潞王当场亲笔授杨思权"可邠宁节度使"，并授尹晖邺都节度使。史臣大为不满："杨、尹二将，因倒戈而仗钺，岂义士之所为。"④

相对于五代之间的政权轮替，对于抵抗契丹者，史臣褒奖尤力。后晋末年，契丹军队大举而至，主帅杜重威心生贰志，坐视不援，部将王清明知大势已去，仍然率军血战，壮烈身亡。另一部将皇甫遇所至苛暴，政事骚紊，民不敢诉。但在杜重威投降契丹后，他心中愤激，"绝吭而殒"⑤，因此得到史臣的高度评价："观前代人臣之事迹多矣，若乃世道方泰，则席宠恃禄者实繁；世运既屯，则效死输忠者无几。如皇甫遇愤激而殁，王清以血战而亡，近世以来，几人而已。"⑥ 梁汉璋好聚敛，无善政可纪，

---

① 《旧五代史》卷一五，史臣论赞，第243—244页。
② 《旧五代史》卷六三，史臣论赞，第985页。
③ 《旧五代史》卷九四，史臣论赞，第1462页。
④ 《旧五代史》卷八八《杨思权传》，第1340、1346页。
⑤ 《旧五代史》卷九五《皇甫遇传》，第1469页。
⑥ 《旧五代史》卷九五，史臣论赞，第1479页。

但他有平契丹之志，以所领偏师与五千契丹骑兵苦战，以众寡不敌殁于阵，史臣赞为临难捐躯。沈赟、吴峦、史彦超皆是在抗击契丹时而亡，均被许之为忠。

对乱世之中任人宰割的文臣，史臣给予了深切的同情。张文蔚、薛贻矩、杨涉、赵光逢等人本为唐朝大臣，于朱温淫威之下，不得不在唐帝"禅位"于朱温一事上担任重要角色。史臣评论"文蔚、贻矩，皆唐朝之旧臣，遇梁室之强禅，奉君命以来使，狎神器以授之，逢时若斯，亦为臣者之不幸也。抑不为其相，不亦善乎！"① 在这里，我们看到的，不是声色俱厉的谴责，而是深切的同情。这是宋初士人真实的情感流露，也是他们在历经乱世劫难之后的唏嘘。《旧五代史》史臣与五代各朝有着千丝万缕的联系。他们不但对五代人物富有感情，而且对当时的历史环境也有深刻体认，价值观多所承续。因此，在评论五代历史人物时，比之后世的严苛标准，多了些脉脉的温情和剪不断的私人感情，也多了些暧昧的灰色地带。他们对冯道历事四朝十君，"累朝不离将、相、三公、三师之位"②、一生富贵自如的境遇相当羡慕。在他们看来，只要在每一届帝王在任时尽忠职守就可以了，而那些政权更迭、帝王轮替，既不是他们能够掌握的，也就只能归之天命了，那么，又何不顺天命而为呢？但是，对于阴险狡诈、见风使舵的文臣，史臣是严厉谴责的。苏循、苏楷父子就是典型代表。苏循"性阿谀，善承顺苟容，以希进取"。唐昭宗时期，朱温"凶势日滋"，唐朝旧臣大多心怀愤懑，唯有苏循"希旨附会"，赞成朱温"禅代"。苏楷于唐昭宗年间登进士第，但他文才卑陋，在重试时被刷下，苏楷因此"长幸国家之灾"。昭宗死后，苏楷挟私恨上疏，联合张廷范，认为有司所谥过于溢美，请改谥为恭灵庄闵皇帝，庙号襄宗。后梁代唐后，苏循父子"自以奉册之劳，旦夕望居宰辅"。敬翔深鄙其行，称其"无士行，实唐家之鸱枭，当今之狐魅，彼专卖国以取利"，诏勒归田里。苏循父子后投靠晋王李存勖。李存勖当时正打算登基为帝，但尚未得到张承业等部下的明确赞同。苏循"入衙城见府廨即拜，谓之拜殿。时将吏未行蹈舞礼，及循朝谒，即呼万岁舞抃，泣而称臣"，

---

① 《旧五代史》卷一八，史臣论赞，第290页。
② 《资治通鉴》卷二九一，后周太祖显德元年四月庚申条，第9510页。

第二日又进献"画日笔",赢得李存勖的欢心。对苏循父子的言行,史臣严厉斥责"士风臣节,岂若是乎!斯盖文苑之豺狼,儒林之荆棘也"①。

不过,《旧五代史》对"忠"的观念也有矛盾之处。比如,后梁开国功臣敬翔与李振,在后梁灭亡后,一个"殒命以明节",一个"视息以偷生"②。固然李振可以指责,然而,敬翔虽然是朱温的僚佐,但终究也是唐臣。唐昭宗并无失德,他却辅佐朱温夺国,未免有对国不忠之嫌。关于这一点,《旧五代史》并未加以指责。在对桑维翰的评价上,也同样存在这个问题。桑维翰对后晋可谓忠心不二,但对后唐却是不忠之至。而且,国灭则朝拜新君者比比皆是,照《旧五代史》的逻辑推断,李振当亦不必受到指责。或许,这与宋人对后梁的恶感有关,抑或是因为敬翔、桑维翰皆能忠于故主(朱温、石敬瑭),而李振却未能做到的缘故。

作为一部正褒贬的官修史书,《旧五代史》必然要体现出新朝的倡导思想。因此,在它这里,也并不都是五代的旧气象。新的君臣关系的重建,使"忠"的观念开始向忠事一君靠拢。

宋之初兴,事新朝者基本为后周的旧班底,所持忠节观念自然一脉相承,这对政权的巩固无疑十分不利。因此,北宋建国伊始,就在振作忠义之气方面做了不懈的努力。宋太祖褒奖忠于后周的韩通和忠于北汉的卫融;赞扬忠于南唐的徐铉、张洎为忠臣;对预成禅代之诏的陶毂终身不予大用;对叛南唐投宋的杜著、薛良,或处斩,或配隶庐州牙校。如此种种,均意在提倡忠节。诚然,太祖对节操的提倡亦有矛盾之处③,但君臣关系的重整毕竟已经开始。这在《旧五代史》中也有所展现,隐约透露出新的时代气息。以冯道为例,史臣在用了大量篇幅描述冯道的

---

① 《旧五代史》卷六〇《苏循传》,第939—942页。
② 《旧五代史》卷一八,史臣论赞,第290页。
③ 如太祖在开宝寺见到韩通与其子的画像,马上命令撤掉。他曾下令取"功业始终无瑕"者配享武成王庙,退廉颇、周亚夫、关羽、张飞等22人,将先奉事公子纠、又跟从公子小白的管仲塑像奉祀,仕于多国的吴起画像置于庑下。太祖斩薛良与杜著,也是因为二人所献平江南策不合太祖之意。据文莹《玉壶清话》卷九载,"初,彭泽令薛良者,以赃贬池州文学,因不逞之臣杜著者,伪为吴商,绝建德渡,奔献策,请决秦污陂,岁溉美田数千顷亩,江南深仰焉。使阴决之以枯,岁谷廪实无仰,可俯而拾。太祖怒曰:'天产五稼,以养生民。决陂杀谷,吾其肯乎?'立命斩良并著于蜀市。"而樊若水由南唐投奔北宋,所献平江南策深得太祖的认可,因此给予了与前述二人截然相反的待遇。这些均显示出在太祖这里,功业的重要性超过了死事一君的重要性。

美德，充满敬意地予以其高度评价之后，第一次从忠事一朝的角度对他提出了批评，一句"可得谓忠乎"，昭示出政治风向的转变。

4.《旧五代史》对天命与人事的态度

《旧五代史》强调天命，所载祥瑞、谶语与灾异极多。各朝帝王及诸多列传人物，都有若干天降征兆，其中尤以后梁为多。朱温以"盗贼"起家，弑君篡国，受到其他割据势力的反对，因此对王朝的合法性尤其在意，所制造之谶语、征兆、祥瑞颇多，于郊祀一事也颇为上心。太祖、末帝二人，不顾战事频繁，耗费巨资于郊祀之上。贞明三年（917），梁末帝不顾敬翔"府藏殚竭，箕敛百姓，供军不暇。郊祀之礼，颁行赏赉，所谓取虚名而受实弊也。况晋人压境，车驾未可轻动"①的劝谏，执意行南郊之事，原因就在于"古之王者必郊祀天地，陛下即位犹未郊天，议者以为朝廷无异藩镇，如此何以威重天下？"②深刻体现出后梁贯穿始终的对其统治合法性的焦虑感。而后梁之后的其他王朝，包括十国割据政权，也毫无例外地存在各种证明其政权合法性的祥瑞、谶语与征兆。在其灭亡前夕，也存在大量的灾异、征兆等。

不仅如此，在史臣的评论中也大量充斥着天命思想。比如，后唐明宗在率军平叛期间被军士拥立，遂与庄宗争夺天下。后来，庄宗在郭从谦发动的叛乱中身亡，明宗得位。史臣认为明宗之得天下，实为天命所至，而非人谋可及。庄宗死后，其子李继岌正率大军远在蜀地。明宗即位，李继岌提兵东归，被西都留守张篯断浮桥拒之，此后麾下将士溃逃殆尽，李继岌走投无路，只得令部下缢杀自己。对李继岌之死，史臣亦认为是运尽天亡所致，而非人事之咎。《旧五代史》曾用很多篇幅记载后唐末帝登基前种种异事，如何叟入冥事、术士预言等，称"其后皆验。夫如是，则大宝之位，必有冥数，可轻道哉！"③然而，末帝虽然"负神武之才，有人君之量"，夺国后"政经未失"，但却很快被石敬瑭赶下台去，以悲剧落幕。"属天命不祐，人谋匪臧，坐俟焚如，良可悲矣！稽夫衽金甲于河壖之际，斧眺楼于梁垒之时，出没如神，何其勇也！及乎驻革辂于覃怀之日，绝羽书于汾晋之辰，涕泪沾襟，何其怯也！是知时之来也，

---

① 《旧五代史》卷九《后梁末帝本纪中》，第152页。
② 《新五代史》卷四二《赵犨传》，第527页。
③ 《旧五代史》卷四六《后唐末帝本纪上》，第726页。

雕虎可以生风；运之去也，应龙不免为醢。则项籍悲歌于帐下，信不虚矣。"① 当年之勇，末路之怯，前后反差之强烈，也只好用"时运"来解释了。契丹灭晋后，中原无主，刘知远起兵称帝，建立后汉，也被认为是于"皇天降祸，诸夏无君"之际，"乘虚而取神器，因乱而有帝图，虽曰人谋，谅由天启"②。而郭威以诛君侧的名义起兵，致使汉隐帝身死国灭，之后又导演了黄袍加身的戏剧，建立后周，也被史臣认为是天命所归。后周在五代是一个生气勃勃的朝代，太祖郭威与世宗柴荣都是英睿之主，恭帝亦无失德，赵匡胤身为柴荣信重之大将，却于其英年早逝之后夺人之国，无论如何也难逃欺负孤儿寡母之嫌。对此，史臣只能用天命来加以解释："夫四序之气，寒往则暑来；五行之数，金销则火盛。故尧舜之揖让，汉魏之传禅，皆知其数而顺乎人也。况恭帝当纨绮之冲年，会笙镛之变响，听讴歌之所属，知命历之有在，能逊其位，不亦善乎。终谥为恭，固其宜矣。"③

强调天命，尤其是帝王践祚必由天命，是《旧五代史》的一大特点。这不仅是中国古代一以贯之的宿命论、天命论使然，五代的社会政治环境也巩固了人们的这种意识。五代五十余年间换了十余位帝王，"君如弈棋，国如传舍"的状况很容易使人们产生无力感与幻灭感。同时，盗贼、走卒、弑父、弑君者，竟皆可为帝，这似乎也只有神秘莫测之"天命"能够解释了。对天命的信任与崇拜，使五代士人眼中的"忠君"，是向一切成功夺取天子之位的人效忠，不管他是走卒还是盗贼，是弑君还是篡位。改朝换代之时，他们又会改换门庭，朝拜上天所指定的新君，而将旧君置之脑后。

另外，对天命的强调又是为了震慑图谋篡位者。

汉魏以来，"君权神授"是普遍观念，因此曹操不敢猝然称帝。至唐末五代，门阀政治彻底瓦解，"黥髡盗贩，衮冕峨巍"，左右历史进程，这使五代的社会心理和价值观念产生了巨大变化。天子的神圣性被大大消解，上至权臣骄将，下至盗贼走卒，皆可梦想篡国为君，"天子，兵强马壮者当为之，宁有种耶！"④ 并不是孤立的言论。"称帝称王者，如春雨

---

① 《旧五代史》卷四八《后唐末帝本纪下》，第767页。
② 《旧五代史》卷一〇〇《后汉高祖本纪下》，第1567页。
③ 《旧五代史》卷一二〇《恭帝本纪》，第1854页。
④ 《旧五代史》卷九八《安重荣传》，第1522页。

之蒸菌，不择地而发"，"苟有万人之众，万金之蓄，一旦蹶起，即褎然南面"①，"延及于石（敬瑭）、刘（知远）之代，而无人不思为天子矣"②。他们或拥有自己乃天命所归的自信，或积极制造符谶，为己造势。范延光曾梦见大蛇自脐入腹，术士解梦说："蛇者龙也，入腹为帝王之兆明矣。"③范延光遂萌反意。安重荣"厩中产朱鬣白马，庭鸦生五色雏，以为凤，乃欣然谓天命在己，遂举兵反"④。李守贞欲篡后汉，他"执弧矢，遥指一虎舐掌图曰：'我若有非常之事，当中虎舌。'引弓一发中之，左右拜贺，守贞亦自负焉"⑤，后来谋反被诛。董昌、王建皆利用"兔子上金床"⑥的谶语称帝。唐末五代这种"'无人不思为天子'的心态，是与当时社会关系的深层变化有关，是挣脱了血缘门第观念之后的一种社会性的亢奋"⑦。这种思想的风行导致五代政治环境的极不稳定。"王政不纲，权反在下，下凌上替，祸乱相寻。藩镇既蔑视朝廷，军士亦胁制主帅，古来僭乱之极，未有如五代者。开辟以来一大劫运也。"⑧宋太祖的黄袍加身即是这一背景下的历史产物。然而，这种思想与行为对于王朝的稳定无疑是极具威胁的。因此，作为官方史书，《旧五代史》借由评论安重荣、安重进的败亡原因，强调了"帝王之尊，必由天命"，指出"虽韩信、彭越之勇，吴濞、淮南之势，犹不可以妄冀，而况二安之庸昧，相辅为乱，固宜其自取灭亡也。后之拥强兵莅重镇者，得不以为鉴乎！"⑨这既是史臣的由衷之言，也是巩固帝王统治的需要。

不过，《旧五代史》也并非一味强调天命，它对于人事也是相当重视的。《旧五代史》主要撰笔人之一李九龄曾有一首《读〈三国志〉》："有

---

① （清）王夫之：《读通鉴论》卷二九《五代中》，第1046、1062页。
② （清）王夫之：《读通鉴论》卷三〇《五代下》，第1080页。
③ 《旧五代史》卷九七《范延光传》，第1505页。
④ （宋）陶岳：《五代史补》卷三，见《五代史书汇编》第5册，第2505页。
⑤ 《旧五代史》卷一〇九《李守贞传》，第1677页。
⑥ 见（宋）徐铉《稽神录》卷一，中华书局1996版，第3页；（明）陶宗仪《说郛》卷二〇引《洛中记异录·兔上金床》，第22页。
⑦ 王育济：《论"陈桥兵变"》，《文史哲》1997年第1期。
⑧ （清）赵翼著，王树民校证：《廿二史札记校证》卷二一《五代诸帝多由军士拥立》，第467页。
⑨ 《旧五代史》卷九八，史臣论赞，第1539页。

国由来在得贤,莫言兴废是循环。武侯星落周瑜死,平蜀降吴似等闲。"①可见其对人事的重视。这在《旧五代史》中也得到体现。例如评论王镕之败亡。王镕自恃累世镇成德,得赵人心,遂大治府第园沼,极一时之盛,平日嬉游玩乐,不亲政事,极为信任养子张文礼,晚年好事佛及求仙,最后被张文礼唆使军士杀害。对他的死,史臣论曰:"盖富贵斯久,仁义不修,目眩于妖妍,耳惑于丝竹,故不能防奸于未兆,察祸于未萌,相继败亡,又谁咎也。"②《旧五代史》也注意从人事的角度去解析帝王的得失。一般而言,对夺得天下的君主,史臣多将天命予之。而对后嗣之君的治国及失国,则注重从人事的层面进行分析。这在一定程度上起到了对帝王的借鉴与警示作用。

因应了宋廷对治国经验的需求,《旧五代史》对五代兴起与败亡的经验教训非常重视。大致说来,可以分为以下几种情况:

第一,人君缺乏身为帝王的能力,辅臣或弄权自恣,或有能臣而不能用,以至于亡。

这种情况以梁末帝、晋少帝、汉隐帝为代表。

梁末帝"仁而无武,明不照奸,上无积德之基可乘,下有弄权之臣为辅",有敬翔、李振这样的能臣不用,偏偏信用赵岩、张汉鼎、张汉杰等小人,何况其死敌李存勖英武特异,连朱温都深为忌惮,"卒使劲敌奄至,大运俄终"③,后梁灭亡。

晋少帝的情况则有所不同,他只有中人之才,却于天灾之祸之际,骄淫自恣,摒弃桑维翰这样的能臣,信用狂妄无谋的景延广等人,不自量力,最终亡于契丹,酿成开运之祸,自贻"亡国之丑"④。

后汉是《旧五代史》史臣最无好感的朝代之一。即使是对开国之君高祖刘知远,史臣也无好评。汉隐帝时,越发是人君无德,辅臣无才,最终被郭威所灭,"盖人谋之弗臧,非天命之遽夺也"⑤,"臣观汉之亡也,岂系于天命哉!盖委用不得其人,听断不符于理故也。且如弘肇之淫刑,杨

---

① (宋)李九龄:《读〈三国〉志》,见《全唐诗》卷七三〇,中华书局1980年版,第8363页。
② 《旧五代史》卷五四,史臣论赞,第849页。
③ 《旧五代史》卷一〇,史臣论赞,第174页。
④ 《旧五代史》卷八五,史臣论赞,第1311页。
⑤ 《旧五代史》卷一〇三,史臣论赞,第1606页。

邠之粃政，李业、晋卿之设计，文进、允明之狂且，虽使成王为君，周公作相，亦不能保宗社之安，延岁月之命，况隐帝、逢吉之徒，其能免乎！《易》曰：'大君有命，开国承家，小人勿用，必乱邦也。'当乾祐之末也，何斯言之验欤！"① 明确指出后汉之亡国完全是人事的原因。

对后汉的严厉态度，除了史臣多历后汉，对其"不道"具有比较深刻的认识之外，可能还与北汉有关。综观《旧五代史》，即使是苛虐无道之南汉，也有刘陟之父刘谦"素有才识"、"甚有称誉"，兄刘隐"用法清肃，威望颇振"②之褒词，但于后汉与北汉的君主与朝政，却皆为恶评，恐怕不是偶然现象。《汉高祖实录》修于后汉，溢美与讳饰之词多，这在《旧五代史·后汉高祖本纪》中也确有体现。但在最能反映史臣观点的"史臣曰"中却无一言褒扬，反而责其"虽有应运之名，而未睹为君之德"③。如果一个朝代完全无道，天怨人怒，那么对它的血胤北汉政权的合法性无疑是个很大的撼动。

第二，人君有能力，却因为自身的原因，或是辅臣没有能力，而导致灭亡的。

这主要以后唐诸君与后晋高祖为代表。

后唐庄宗得国之前，智勇兼备，励精图治，可谓英武之主。但在得国之后，却完全被胜利冲昏了头脑。他信用伶人、宦官，宠信刘皇后，骄纵将士，猜忌宿将，不恤民情，荒淫无度，所有亡国之君可能做的事他基本上都做了，最终丧身亡国。

明宗充分汲取庄宗失国的教训，裁汰宫人、伶人，"不迩声色，不乐游畋"④，自奉俭约；罢诸道监军使，诛杀宦官；废除孔谦所立苛法；废内藏库；虚心纳谏；澄清吏治；整顿制度；整饬法令，慎于刑罚；关心民瘼，减免赋役；虚心好学，信用文臣；厚待士卒，但对叛军处置严厉。他尽反庄宗之政，令国家"粗为小康"⑤，在五代十余君中是比较出色的帝王。但辅臣安重诲等人无"房杜之术"，从荣无"启诵之贤"⑥，遂使

---

① 《旧五代史》卷一〇七，史臣论赞，第1648页。
② 《旧五代史》卷一三五《僭伪列传二·刘陟》，第2105页。
③ 《旧五代史》卷一〇〇，史臣论赞，第1567页。
④ 《新五代史》卷六《后唐明宗本纪》，第75页。
⑤ 《资治通鉴》卷二七八，后唐明宗长兴四年十一月戊戌条，第9095页。
⑥ 《旧五代史》卷四四，史臣论赞，第701页。

后唐后继乏力，终至灭亡。闵帝与末帝之败亡，则是君王可辅，但辅臣却无安邦定国之谋，人谋匪臧造成的。

晋高祖石敬瑭，虽为"强人"①，有"旰食宵衣，礼贤从谏"之"睿德"，辅臣桑维翰、刘知远也较有能力，但谋之不臧，借契丹之援而立国，无异于引狼入室、饮鸩止渴，自然也逃脱不了败亡的命运。

第三，人君英武，辅臣也卓有能力，但却失去天下的。

这主要指的是后周世宗。他有雄才大略，却不幸英年早逝。稚子恭帝继位，不久陈桥兵变，被迫"禅位"于赵匡胤，后周灭亡。对于赵匡胤一手策划的陈桥兵变，史臣无可如何，只有用"天命"来解释了。

5.《旧五代史》关于君臣之际的传赞

在《旧五代史》的传赞中，我们可以看到为数不少的关于君臣关系的论断。五代国祚短促，君主或雄猜或庸懦。因此，位高权重之臣子，如郭崇韬、安重诲等，多被猜忌甚至诛戮，国势也常因此而衰亡，酿出诸多悲剧。因此，史臣对这个问题相当重视。

一方面，史臣指出了帝王在这其中的责任。

朱温为人雄猜残忍，即使是开国勋臣，也常不得其死，动辄被诛杀。史臣叹曰："得非鸟尽弓藏，理当如是耶？将梁祖之雄猜，无汉高之大度欤？乃知自古帝王，能保全功臣者，唯光武一人而已矣。"② 帝王若无宽阔胸襟，则臣下或有性命之虞。庄宗末年宠信伶人、宦官，并放纵刘皇后干预朝政。在他们的交相谗构下，庄宗颇猜忌重臣。郭崇韬、朱友谦皆无罪族诛，李嗣源也深受疑忌。即使以明宗之贤，也未免疑忌重臣安重诲，最终将其族诛。后周太祖虽然"显英伟之量"，但"不能驾驭权豪，伤于猜忍"③，诛杀具震主之势的王峻、王殷，使君臣之义不保其终。世宗有鉴于此，"驾驭豪杰，失则明言之，功则厚赏之，文武参用，莫不服其明而怀其恩也。所以仙去之日，远近号慕"④。保全君臣之义，帝王负有不可推卸的责任。作为五代最为杰出的君主，世宗得到了史臣的肯定与赞扬。而宋太祖"杯酒释兵权"，保全开国功臣，则更凸显出他的英明。

---

① （宋）孔武仲：《宗伯集》卷一六《书石晋纪后》。
② 《旧五代史》卷一九，史臣论赞，第306页。
③ 《旧五代史》卷一一三，史臣论赞，第1752页。
④ 《旧五代史》卷一一九，史臣论赞，第1842页。

另一方面,臣子要避祸全身,懂得避嫌之术。

对为臣之难,史臣深表同情,"夫出身事主,得位遭时,功不可以不图,名不可以不立。洎功成而名遂,则望重而身危,贝锦于是成文,良玉以之先折,故崇韬之诛,盖为此也。是知强吴灭而范蠡去,全齐下而乐生奔,苟非其贤,孰免于祸。明哲之士,当鉴于斯"①。

郭崇韬是继张承业之后对庄宗影响最大的辅佐重臣。他"以天下为己任,遇事无所回避"②,"服勤尽节,佐佑王家,草昧艰难,功无与比",却在平蜀期间被刘皇后以教令杀害。郭崇韬之死固然与庄宗昏庸、小人陷害有关,但他自身的缺点也是重要原因。

首先,郭崇韬嫉恶太甚,树敌过多。他曾对皇子李继岌说:"蜀平之后,王为太子,待千秋万岁,神器在手,宜尽去宦官,优礼士族,不唯疏斥阉寺,骟马亦不可复乘。"使宦官们切齿痛恨。其次,他气量狭窄,不欲人在己上。宦官李绍宏曾位居郭崇韬之上,庄宗即位后,二人当为枢密使,郭崇韬却以资历较浅的宦官张居翰任枢密使,李绍宏为宣徽使,使李绍宏成为其危险的敌人。再次,他还受门阀流品的思想影响,"旌别流品,援引薄徒,委之心腹,佐命勋旧,一切鄙弃",以致"内则伶官巷伯,怒目切齿;外则旧僚宿将,戟手痛心"③。此外,郭崇韬虽对庄宗的不少荒唐行事进行了劝谏,然而,"他的固执和张承业也许有几分相像,但却明显缺乏张承业具备的灵活和圆润"④,引起庄宗不满,怒斥:"朕为卿所制,都不自由!"⑤加之宦官、伶人的日夜诋毁,使二人嫌隙日深。

为求保身固宠,郭崇韬做了两件事。一是奏请越次立刘氏为皇后,二是讨伐前蜀以立大功。但这两个举措反而加速了他的败亡。刘氏虽然最受宠爱,但位次处于庄宗元妃韩氏、伊氏之下,且出身贫贱,立其为后,本不合封建礼法。郭崇韬的支持使刘氏顺利成为皇后,但她却不是知恩图报之人,最终下令杀害郭崇韬的正是刘皇后。而伐蜀一役,皇子李继岌为西南面行营都统,郭崇韬为招讨使,"其招怀制置,官吏补署,

---

① 《旧五代史》卷五七,史臣论赞,第893页。
② 《新五代史》卷二四《郭崇韬传》,第281页。
③ 《旧五代史》卷五七《郭崇韬传》,第892—893页。
④ [美]戴仁柱、马佳:《伶人·武士·猎手:后唐庄宗李存勖传》,中华书局2009年版,第26页。
⑤ 《新五代史》卷四五《段凝传》,第566页。

师行筹画,军书告谕,皆出于崇韬,继岌承命而已。庄宗令内官李廷安、李从袭、吕知柔为都统府纪纲,见崇韬幕府繁重,将吏辐辏,降人争先赂遗,都统府唯大将省谒,牙门索然,由是大为诟耻。及六军使王宗弼归款,行赂先招讨府。王衍以成都降,崇韬居王宗弼之第,宗弼选王衍之妓妾珍玩以奉崇韬,求为蜀帅","诸子骄纵不法,既定蜀川,辇运珍货,实于洛阳之第,籍没之日,泥封尚湿"①,不知避嫌,最终为谗言所构陷。

对郭崇韬固身的这两个方法,宋人很不以为然。苏辙认为"国无衅,而后可以伐人"。庄宗失政,国势已有土崩瓦解之势,郭崇韬冒险出击前蜀,不仅因谗言死于异地,也使良将劲卒皆在蜀地,不及返还。赵在礼叛乱,与李嗣源克汴入洛,"遂无一人能御之者",认为郭崇韬是"有智而未始学也"②。何去非也认为郭崇韬伐蜀无异于"抱薪救火"③。张耒和陆游则对郭崇韬请立刘皇后的做法提出了批评。张耒认为"好谋之士败于谋,好辩之士穷于辩,惟道德之士为无所穷"④,以不"正"的方法来固宠,反而会害了自己。陆游则严厉批判"然唐之亡,实由刘氏,是亡唐者崇韬也",郭崇韬最后"以尽忠赤其族"⑤,乃是天理报应。

《旧五代史》史臣则着重从人臣保身的角度对郭崇韬的败亡进行了分析,认为,"议者以崇韬功烈虽多,事权太重,不能处身量力,而听小人误计,欲取太山之安,如急行避迹,其祸愈速。性复刚戾,遇事便发,既不知前代之成败,又未体当时之物情,以天下为己任,孟浪之甚也……虽庄宗季年为群小所惑,致功臣不保其终,亦崇韬自贻其灾祸也"。告诫"明哲之士,当鉴于斯"⑥。

后唐重臣安重诲亦然。他少事明宗,颇见亲信。明宗即位,他"以佐命功臣,处机密之任,事无大小,皆以参决,其势倾动天下"⑦,本人也忠心耿耿,勤于政事。但他刚愎专断,威福自出,不能容人。曾诬杀宰相任圜;又与潞王李从珂不和,矫诏令杨彦温拒从珂于外;独揽大权,

---

① 《旧五代史》卷五七《郭崇韬传》,第890、893页。
② 《苏辙集·栾城后集》卷一一《历代论·郭崇韬》,第1009页。
③ (宋)何去非:《何博士备论》卷下《郭崇韬论》。
④ 《张耒集》卷五三《书五代郭崇韬卷后》,中华书局1990年版,第806页。
⑤ 《陆游集·渭南文集》卷二五《书郭崇韬传后》,中华书局1976年版,第2216页。
⑥ 《旧五代史》卷五七《郭崇韬传》,第892—893页。
⑦ 《新五代史》卷二四《安重诲传》,第286页。

他人无敢干政者，亲戚子弟皆授予要职，不知收敛，终遭疑忌，遭遇杀身之祸。"议者以重海有经纶社稷之大功，然志大才短，不能回避权宠，亲礼士大夫，求周身辅国之远图，而悉自恣胸襟，果贻颠覆。"因此，史臣对臣子提出了忠告："夫代大匠斫者，犹伤其手，况代天子执赏罚之柄者乎！是以古之贤人，当大任、秉大政者，莫不卑以自牧，推之不有，廓自公之道，绝利己之欲，然后能保其身而脱其祸也。"① 同样，后周重臣王殷也是因为"昧明哲之规"，加之周太祖雄猜而死。总之，"自古为人臣者，望重则必危，功崇则难保"②，小心避嫌，不侵君权，明哲保身，对于为臣者是十分重要的。

正因为五代能保终吉者少，所以《旧五代史》才格外注意臣子的保身之术。五代名将高行周就是一个典型例子。他初隶李嗣源帐下，智勇兼备，为人谨厚，历事后唐、后晋、后汉、后周四朝，以畏慎自晦得以保全始终，得到史臣的赞扬。"近代领戎藩，列王爵，禄厚而君子不议，望重而人主不疑，能自晦于饮酎之间，保功名于始终之际，如行周之比者，几何人哉！奕世藩翰，固亦宜然。"③

张全义在五代称为名臣，对洛阳有再造之功。他历事后梁、后唐两朝，还被庄宗刘皇后认为义父。几十年间，位极人臣而能善保终吉者，"盖一人而已"。因此，史臣特别注意他的保身之术。张全义家资丰裕，他对朝廷除了谦抑恭顺之外，还不惜财物。梁太祖末年，几次欲害张全义。张全义卑身曲事，悉以家财贡奉朝廷，得保其身。后唐灭梁后，他又不惜财物，悉数进献庄宗。刘皇后贪其财物，拜为义父，张全义得保平安。史臣称"全义一逢乱世，十领名藩，而能免梁祖之雄猜，受庄宗之厚遇，虽由恭顺，亦系货财。《传》所谓'货以藩身'者，全义得之矣"④。

（四）关于《旧五代史》的批评

《旧五代史》问世之后，受到帝王的重视，也遭到很多批评，王禹偁、陶岳、阎自若均有私著问世，以补其阙。北宋中后期后，批评的声

---

① 《旧五代史》卷六六《安重海传》，第1020、1026页。
② 《旧五代史》卷一二四，史臣论赞，第1900页。
③ 《旧五代史》卷一二三，史臣论赞，第1883页。
④ 《旧五代史》卷六三《张全义传》，第979、985页。

音更多，认为其"史笔无法，拙于叙事，五代十四帝，止五十三年，而为纪六十卷，其繁如此。传事尽于纪，而传止次履历，先后无序，美恶失实，殊无足取"①。今人也批评"和持续了近三百年却只有240章的唐朝历史（618—907）相比，仅有60年的五代史却有150章之多，如此，显得十分地不对称。令人生厌的对文件的引用，不加评判地对官方资料的依赖，对待北方五代和同时存在的南方十国的不平衡，《旧五代史》看上去就象是一本没有选择和目的的资料汇编。最后，即便是作为一本参考资料，《旧五代史》也很难使用"②。

的确，这些问题都是存在的。但平心而论，《旧五代史》还不到"殊无足取"的地步。比如，关于本纪太繁的问题。虽然宋初史臣识见、文笔皆弱，但编撰者基本上都有做史官的经历。尤其是主笔人扈蒙，久在史馆，编撰过数部实录及大书，当不会不知修史规范。从另一个方面讲，本纪太繁固然令读书人生厌，但若换一个角度，对急于汲取治国经验的帝王而言，却未必不是一件好事。正因为本纪太繁，让我们看到了五代各王朝较为完整的帝王兴起、发展与衰败史。比如，唐庄宗在灭梁前种种情态，何等威武，俨然一部英雄史。而灭梁之后，误国至死，何等令人扼腕，栩栩如生地勾画出了"得之孔劳，失之何速"的景象，给人以深刻的启迪。这对宋太祖来说无疑是相当方便的。《旧五代史》进献后，太祖就马上阅读，并对史事发表了自己的看法，可见他是非常热切地渴望从史书中汲取经验教训的。我们不好说本纪之繁是出于太祖的意愿，但"传事尽于纪，而传止次履历"的弊端，对他来说大约并不是一个太大的缺点。一百五十卷的《旧五代史》，有六十卷为本纪，可知其重点乃为本纪。在某种程度上，这部史书更像是专门呈阅帝王的史书。由此可见，宋初统治者对五代史的关注焦点，是如何汲取其得国与失国的经验与教训，而非传记诸人的英雄事迹。所谓礼乐、伦理，都不是这一时期宋人关注的焦点。不论史臣是否真的是拙于纪事，文笔识见较弱，他们都有意无意地应和着宋初迫在眉睫的头等大事。特别是在五代实录失落殆尽的今天，保留了较多史事的《旧五代史》，自有其不可忽略的价值。

---

① （宋）王辟之：《渑水燕谈录》卷六《文儒》，第70页。
② ［美］戴仁柱：《〈新五代史〉英文版序言》，马佳译，《安徽师范大学学报》2006年第3期。

关于文笔与识见的问题，宋初承五代而来，文风凋敝，撰笔者虽为当时之俊，但显然不如英才济济之北宋中后期，尤其是社会价值观与五代相差不大，"美恶"的观念（比如忠节观）与后世确有不同，但它却代表了时人对五代史的看法，给予了帝王以宝贵的治国经验与启示，在当时已经算是一部不错的史书。在这一时期，人们对于五代史的看法，更多在停留在治国措施与实际政治的层面，而非北宋中后期乃至南宋人们所强调的礼义纲常、道德伦理。也正因为此，在新的时代思潮到来后，《旧五代史》逐渐不再适应时代的需要，最终被《新五代史》所取代，湮灭数百年之久，直至清朝修四库全书时方被辑出，重现人间。

二　关于五代史的私著——以《五代史阙文》为中心

宋初前三朝，除了官修史书《旧五代史》和十国遗民追述故国事迹的作品之外，关于五代史的著作，主要有王溥《五代会要》，范质《五代通录》《晋朝陷蕃记》《桑维翰传》，胡峤《梁朝画目》，阎自若《唐末泛闻录》，秦再思《洛中记异录》，王禹偁《五代史阙文》，张齐贤《洛阳缙绅旧闻记》，陶岳《五代史补》，郑向《五代开皇纪》等。这些著作大多散佚，仅《五代会要》《五代史阙文》《洛阳缙绅旧闻记》《五代史补》等少数几部得以流传，其中后三部著述多是对五代事迹的增补，所依据的思想准则与评价标准也与五代相差不大，例如，《洛阳缙绅旧闻记》记述梁太祖优待文士杜荀鹤、徐夤，以及扑杀附和"柳树好作车头"者，求直言骨鲠之士等事，论其"虽起于群盗，安忍雄猜，甚于古昔。至于刚猛英断，以权数御物，遂成兴王之业，岂偶然哉"[1]。并对张全义、向拱、安彦威等人颇加赞赏，尤其是对张全义，大书特书其缮治洛阳之绩，赞其感恩不忘本，教民耕织，刑宽事简，得简易之道，真朴诚信，忠直无贰，有勋名于天下，识略德望动人主，"大勋重德"，"王之功，虽千载之后，其不朽矣！"[2] 这样的评价标准，显然是与五代很是相似。

---

[1] （宋）张齐贤：《洛阳缙绅旧闻记》卷一《梁太祖优待文士》，见《全宋笔记》第1编第2册，大象出版社2003年版，第150页。

[2] （宋）张齐贤：《洛阳缙绅旧闻记》卷二《齐王张令公外传》，《全宋笔记》第1编第2册，第163页。

尽管如此，宋初三帝对于忠义气节不遗余力的提倡，已经使重气节、倡忠义这一新的时代思想开始萌芽。王禹偁即是开先河者，这在《五代史阙文》中有着明显表现。

王禹偁字符之，济州巨野人（今山东省巨野县）人，政治上以直躬行道为己任，励志改革；文学上力摒晚唐五代颓靡艳冶的文风，是北宋诗文革新运动的先驱。他所著《五代史阙文》一卷，录《旧五代史》避嫌漏略者共十七件事，篇幅很少，但却贯彻着鲜明的思想，那就是忠君尊王，维护君权。

据王禹偁记载，唐昭宗在凤翔时，曾让朱温为己系鞋，欲借机令左右擒拿朱温，而左右无敢动者，以明"唐昭宗有英睿之气，而衰运不振，又明左右无忠义奋发之臣，致梁祖得行其志"。臣下若无忠义之气，则君王即便英明，也是欲振乏力，无可奈何。对这件事，王禹偁"有所警诫，不可不书"[①]，其意图非常明显。朱温之兄朱全昱曾于宫中博戏时，怒斥朱温篡唐，得到王禹偁的大加赞赏，"夫梁祖弑二君，弑一皇后，名臣被害者不可胜纪。及庄宗即位，尽诛朱氏，惟全昱先令终。至道初，知单州有称广王之后与尼讼田宅者，岂以一言之善，独存其嗣耶！"[②] 王禹偁还辨明司空图有大节，并以之与梁朝大臣敬翔、李振、杜晓、杨涉等相比，"皆唐朝旧族，本当忠义立身，重侯累将，三百余年，一旦委质朱梁，其甚者赞成弑逆，惟图以清直避世，终身不事梁祖。故《梁史》揭图小瑕，以泯大节者，良有以也"[③]。对杜晓、杨涉这些唐朝勋旧，《旧五代史》同情有加，王禹偁却站在忠君的角度上，斥其不忠，实开欧阳修斥"唐六臣"之先河。张全义在宋初称为名臣，与王禹偁同时代的张齐贤对他大加赞扬，但王禹偁却痛斥张全义为乱世贼臣。原因是：没有廉耻，甘心让朱温淫乱其家妇女；为人翻覆，与李罕之合谋，逐诸葛爽之子，又逐李罕之，自据河阳；托迹朱梁，斫丧唐室，惟勤劝课，其实是敛民附贼，以固恩宠；剥下奉上，朱友珪弑父篡位，他首进钱百万，以助山陵，庄宗平中原后，又贿赂刘皇后，请庄宗驾幸洛阳，言已有郊天费用；御家无法；附势作威，害死罗贯。总之，几乎一无是处。王禹偁

---

① （宋）王禹偁：《五代史阙文·梁太祖》，见《五代史书汇编》第4册，第2449页。
② （宋）王禹偁：《五代史阙文·广王全昱》，《五代史书汇编》第4册，第2450页。
③ （宋）王禹偁：《五代史阙文·司空图》，《五代史书汇编》第4册，第2451页。

还记安重诲被杀之前曾说:"某死无恨,但恨不与官家诛得潞王,他日必为朝廷之患。"① 潞王即唐末帝李从珂,为明宗养子,后来篡夺了闵帝的江山。明宗在世时,安重诲与李从珂不和,曾矫诏令河中指挥使杨彦温逐其节度使从珂,欲除从珂,为明宗所沮。关于安重诲此言的真假,史家有争论。但王禹偁记述此言,是为了激赏安重诲之志节,归根结底,还是为了忠君来服务的,此条为欧阳修《新五代史》所取。同样,汉隐帝末年,郭威起兵夺国,开封尹刘铢奉命尽诛当时留在京城的郭家老小。郭威得国后,将刘铢下狱,使人斥责他的所作所为。刘铢回答说:"某为汉家戮叛族耳,不知其他。"② 刘铢为人刚戾难制,在任擅行赋敛,但因一言之忠而为王禹偁所推许。王禹偁不但强调忠君,对于为官的气节也极为重视。王朴与魏仁浦于后周显德年间俱任枢密使,赵匡胤掌禁兵。一日,有殿直乘马,误冲赵匡胤之导从,赵匡胤诉于枢密院。魏仁浦命宣徽院勘诘,王朴却对赵匡胤说:"太尉名位虽高,未加使相。殿直,廷臣也,与太尉比肩事主,太尉况带军职,不宜如此。"③ 此条重点是称赞名臣王朴,但也不可避免地带出了宋太祖的瑕疵,表现了王禹偁耿直诚实的史家作风。

对《旧五代史》中的讳饰,尤其是为帝王做的讳饰,王禹偁也进行了揭露。李存勖欲称帝时,张承业哭谏,李存勖不听,"承业知不可谏止,乃恸哭曰:'诸侯血战者,本为李家,今吾王自取之,误老奴矣!'既归太原,不食而死"④。因《庄宗实录》讳言"吾王自取之"一句,王禹偁特记之。刘知远得国后,杀后唐王淑妃与许王李从益,王淑妃控诉:"吾家子母何罪?吾儿为契丹所立,非敢与人争国,何不且留我儿,每年寒食使持一盂饭,洒明宗陵寝!"⑤ 后汉末年,郭威起兵攻入京师,汉隐帝死。郭威见到宰相冯道,佯为下拜,以为冯道会行推戴劝进之事,不想冯道却安然受拜。郭威以为群情不附己,只得选刘赟为嗣君,并派冯道赴徐州迎接刘赟。临行前,冯道问郭威:"侍中由衷乎?"郭威不得已

---

① (宋)王禹偁:《五代史阙文·安重诲》,《五代史书汇编》第 4 册,第 2455 页。
② (宋)王禹偁:《五代史阙文·刘铢》,《五代史书汇编》第 4 册,第 2457 页。
③ (宋)王禹偁:《五代史阙文·王朴》,《五代史书汇编》第 4 册,第 2460 页。
④ (宋)王禹偁:《五代史阙文·张承业》,《五代史书汇编》第 4 册,第 2453 页。
⑤ (宋)王禹偁:《五代史阙文·王淑妃》,《五代史书汇编》第 4 册,第 2457 页。

发誓。冯道对郭威说："莫教老夫为缪语，令为缪语人。"① 他如安重诲、刘洙临死之言，在实录中都讳而不书，也不见于《旧五代史》。王禹偁的记载，撕开了庄宗等人道貌岸然的面具，揭露了这些人的篡国心机。值得注意的是，王禹偁对冯道并无异辞，反而勾勒出了一个冷静清醒、不为权势折腰的形象。就此来看，王禹偁的"忠君"标准并不及欧阳修与司马光的时代严格。

对于五代较为出色的君主后唐明宗，王禹偁赞其纯厚仁慈，本乎天性，在位期间，"粗为小康"。但他所重点突出的，乃是明宗出自沙陀，每夕于宫中焚香，仰天祷祝："某蕃人也，遇世乱为众推戴，事不获已，愿上天早生圣人，与百姓为主。"② 反映了王禹偁的民族意识，同时，也是为了北宋开国的正统性服务的。范仲淹等人即认为，赵匡胤正是应明宗的祷祝应运而生的。天禧年间，郑向作五代史，特取此事，"表言唐明宗祈天愿早生圣人，是五代闰紫，实开皇朝也，目曰开皇"，特取名《五代开皇纪》。

此外，对藩镇之祸，王禹偁也十分重视。后唐末年，石敬瑭借契丹之援起兵反唐，末帝走投无路，京师父老奏言："臣等伏闻前唐时，中国有难，帝王多幸蜀，以图进取，陛下何不且入西川？"末帝回答："本朝两川节度使皆用文臣，所以玄宗僖宗避寇幸蜀。今孟氏已称尊矣，吾何归乎！"③ 恸哭入内，举族自焚。武人专政、藩镇之祸给宋人的印象是非常深的。因此，王禹偁特录此条，以示重用文臣的必要。

不过，王禹偁也不能摆脱时代的局限。与《旧五代史》史臣一样，他记载了一些谶语与预言。比如庄宗"尝因博戏，睹骰子采有暗相轮者，心悦之，乃自置暗箭格"，结果在郭从谦叛乱的时候，中流箭而死，"识者以为暗箭之应"④。他还不同意时人对晋高祖登基为帝的谶语"天十四载石进"⑤ 的解释体系，特地依自己的理解进行了解释。这与后世《新五代史》与《资治通鉴》对符谶的态度与处理有着明显不同。不过，与《旧

---

① （宋）王禹偁：《五代史阙文·周太祖冯道》，《五代史书汇编》第4册，第2458页。
② （宋）王禹偁：《五代史阙文·明宗》，《五代史书汇编》第4册，第2454页。
③ （宋）王禹偁：《五代史阙文·清泰帝》，《五代史书汇编》第4册，第2455页。
④ （宋）王禹偁：《五代史阙文·庄宗》，《五代史书汇编》第4册，第2452页。
⑤ （宋）王禹偁：《五代史阙文·晋高祖》，《五代史书汇编》第4册，第2456页。

五代史》史臣相同，王禹偁对天命的强调也是为了震慑图谋篡位者。周世宗符皇后原为李守贞的儿媳。有术者预言其为天下之母。李守贞十分高兴，认为儿媳犹为天下之母，则自己一定可取天下，于是起兵谋反。在论及此事时，王禹偁指出"臣以为术士之言，盖亦有时而中，人君之位，安可无望而求，公侯其诫之"①。究其目的，还是为了忠君思想服务的。

王禹偁的《五代史阙文》作于真宗初年，虽然只有一卷，但却颇受后世赞誉，王士禛《香祖笔记》曰："王元之《五代史阙文》仅一卷，而辨正精严，足正史官之谬。如辨'司空图清真大节'一段，尤万古公论，所系非渺小也。……惟以张全义为乱世贼臣，深合《春秋》之义。……则虽篇帙寥寥，当时固以信史视之矣。"② 被《新五代史》《资治通鉴》采用多条。自太祖至真宗都大力提倡忠义之风，但因离五代不远，五代旧臣尚在，时代思潮并没有大的变化。王禹偁对历史的评述，无疑处于时代的前端，向我们预示了一个崭新时代的来临。

三　北宋初期对十国史的研究及特点

北宋初期的十国史研究较为活跃，其表现就是十国遗民著述的大量涌现。随着北宋统一大业的进行，十国割据政权相继归宋。入宋的遗民出于对故国的追念，往往会著书行文，追述故国往事，反思失国教训，抒发缅怀之情。在中原地区也出现了对十国史事的记述，但大多零落地散布于《旧五代史》《唐末泛闻录》《五代史补》等书中。在这一时期还出现了一部北宋官修南唐史，那就是《江南录》。

（一）官方对十国史的记载

1. 《旧五代史》关于十国史的记述

《旧五代史》共一百五十卷，其中十国史有五卷。李茂贞、高万兴、韩逊、李仁福、高季兴、马殷、钱镠入《世袭列传》，杨行密、李昪、王审知、刘守光、刘陟、刘崇、王建、孟知祥入《僭伪列传》。划分的标准主要是其是否臣服于五代中原王朝。就目前可见《旧五代史》的史料，

---

① （宋）王禹偁：《五代史阙文·世宗符皇后》，《五代史书汇编》第4册，第2459页。
② 《四库全书总目》卷五一"五代史阙文"条，第464页。

关于十国史的记述特点有以下几点。

（1）对十国史的极度漠视

《旧五代史》共一百五十卷的篇幅，关于十国部分却只有短短五卷，内容多是对十国君主生平的简单记述，群臣则只对宋齐丘、梁震、王保义等极少数人作了简略介绍，分量显然是相当不足的，对十国历史的了解也有不少欠缺与讹误之处。《旧五代史》撰修时，十国多已入宋，未入宋者除北汉外，基本上也已臣服。如吴、蜀、南唐等国设有史馆，重视修史，也不乏私家修史者。因此，编修《旧五代史》时，史臣可以搜集到的十国史料当不致太过零落。但《旧五代史》却最终给了十国以极少的卷帙。这其中，除了十国材料较少，且以十国为伪的原因之外，恐怕还是与宋朝君臣对十国史的极度忽视有关。

纵观五代十国的历史，十国几乎从没能对五代造成太大威胁，《旧五代史》撰修时，十国更是已入穷途末路，只余苟延残喘之力。除北汉还在苦苦支撑外，其余或已入宋，或已臣服于宋。对宋朝而言，来自外部政权的威胁已经基本上解除，但来自政权内部的不稳定因素仍然严峻。这就决定了《旧五代史》的修撰目的是给宋廷提供治国的经验教训，防止宋朝成为继五代之后的第六个短命王朝。因此，与宋朝政治制度、军事架构、价值体系、文化背景皆十分相似的梁、唐、晋、汉、周便成为《旧五代史》的关注重点。《旧五代史》定名《梁唐晋汉周书》，大约就是这个道理。

在五代十国史的研究中，两宋向来注重五代史而忽视十国史。雍熙四年（987），右补阙直史馆胡旦曾欲修国史，上言："诸伪国并无文字可修，今许州行军司马李晖尝为河东伪宰相，其人年高不任步履，望遣直馆一人，就本州与晖同共修纂，太常博士分司西京萧催旧事伪广为左仆射，亦请留在馆，与直馆同修本国事迹。又伪蜀实录及《江南录》皆纪述非实，荆南、湖南、夏州各无文字，莫知事实，今请于朝臣中各选知彼处事迹者，与直馆同编录。"[①] 太宗敕旨依奏。但不久胡旦即罢史职，修史一事也不了了之。其时距北宋完全平定十国已有八年，如《晋阳见

---

① （宋）程俱撰，张富祥校证：《麟台故事校证》卷三下《国史》，中华书局2000年版，第314页。

闻录》《刘氏兴亡录》等当已问世。但收录于史馆中的十国文字居然还是如此之少,可见北宋政府对十国史的漠视。

(2) 对十国贬多褒少

《旧五代史》非但给了十国史以极少的卷帙,而且对十国的历史贬多褒少。比之后世的《新五代史》与《资治通鉴》,它流于人物传记式的简单描述,对列国的治国方略、政治架构、军事体制等所谈不多,对其治绩也很少涉及。这基本奠定了十国史研究的基调。

以南平(荆南)为例。据他书记载,南平高季兴于唐末五代荆州兵火之余,招抚流亡,"赖公休息士民,始有生意"①;延揽人才,重用梁震、孙光宪,"南平起家仆隶,而能折节下贤。震以谋略进,光宪以文章显,卒之保有荆土,善始善终。区区一隅,历事五主,夫亦得士力哉!"②甚至"游士缁流至者无不倾怀结纳,诗僧贯休、齐己,皆在所延揽"③。其子高从诲"性明达,亲礼贤士,委任梁震,以兄事之",从善如流,采取"事大"原则,修复与中原王朝的朝贡关系。南平君臣还曾得到司马光的赞扬:"孙光宪见微而能谏,高从诲闻善而能徙,梁震成功而能退,自古有国家者能如是,夫何亡国败家丧身之有。"④ 因此,南平虽然有诸多不足道之处,但能在荆南盘踞数十年,也是有其原因的。但《旧五代史》却突出了高季兴的跋扈不臣,对其善政则所记甚少。高季兴的起家,只有"招葺离散,流民归复"一条记载较为可观,其余则是"厚敛于民,招聚亡命,自后僭臣于吴、蜀,梁氏稍不能制焉,因就封渤海王"。后唐庄宗灭梁后,高季兴前往朝见,认为庄宗骄矜过甚,迟早必败,便增加防御,引诱后梁旧将佐,由此兵众渐多,跋扈之志遂坚。庄宗死后,其子李继岌平蜀时所选的宝货皆为高季兴所邀取。明宗即位,高季兴又提出诸多过分请求,"不臣之状既形",引起明宗的讨伐。其子高从诲虽然于高季兴反叛后唐时"常泣谏之",并于高季兴死后累表谢罪,复修职贡,在襄州安从进叛乱时,也曾馈赠军食助朝廷征讨,但史臣也揭露了

---

① 《资治通鉴》卷二七五,后唐明宗天成元年四月乙未条,第8980页。
② (清)吴任臣:《十国春秋》卷一〇二《荆南三》史臣论赞,中华书局2010年版,第1464页。
③ (清)吴任臣:《十国春秋》卷一〇〇《荆南一·武信王世家》,第1438页。
④ 《资治通鉴》卷二七九,后唐潞王清泰二年十月辛巳条,第9135—9136页。

他在晋、汉之际欲趁中原大乱捞取政治好处，向后汉高祖求取郢州为属郡，遭拒后与后汉反目，攻打郢州，不修朝贡的不臣之举。高从诲还向诸国称臣，"从海东通于吴，西通于蜀，皆利其供军财货而已"①。南平所倚任的将领王保义（即刘去非），也是粗暴无行。颇具才识的谋臣梁震则耻于做高氏政权的僚属，不受辟署，终身止称前进士。因此，在目前可见的《旧五代史》里，我们看到的是一个跋扈不臣、无善政可纪的南平政权。

南唐政权也是一个明显的例子。南唐在十国中号为强盛富庶，"比同时割据诸国，地大力强，人材众多，且据长江之险，隐然大邦也"②。先主李昪励精图治，倾心下士，深受后世史家所赞誉。嗣主李景虽不能将李昪之业发扬光大，却也为政宽厚，礼遇士人。但《旧五代史》对二人政绩却只字未提，只在李景一条提及"属中原多事，北土乱离，雄据一方，行余一纪。其地东暨衢、婺，南及五岭，西至湖湘，北据长淮，凡三十余州，广袤数千里，尽为其所有，近代僭窃之地，最为强盛。又尝遣使私赂北戎，俾为中国之患，自固偷安之计"③，将南唐的强盛归因于拣了中原乱离的便宜，加之疆土广袤，才导致强盛的现状。这显然是有失偏颇的。《旧五代史》还指责南唐与契丹交通，为中原之患，鄙夷之情溢于言表。不止是对荆南与南唐，《旧五代史》对楚、北汉等其他政权也存在着贬多褒少的问题。

（3）具有浓厚的正统意识，政治意识形态强烈

《旧五代史》修撰时，北宋尚未统一，政治、军事环境皆不安定。因此，对堪称近现代史的十国史，官方记载的意识形态色彩较为强烈。对后梁、后唐、后晋、后汉、后周的历史及人物，《旧五代史》较为温和，所持评价体系较为宽容，这与后世的《新五代史》呈现出强烈的反差。但是，对于十国，它的总体态度却相当严厉，并依据各国对中央政权的恭顺程度，给予了不同的评价，呈现出浓厚的正统意识。

在《旧五代史》中，世袭诸国的地位要高于僭伪诸国。但在实际政治生活中，僭伪诸国与世袭诸国实在没有太大区别。各国都在自己的割

---

① 《旧五代史》卷一三三《世袭列传二·高季兴》，第 2039—2041 页。
② （宋）陆游：《南唐书》卷二《元宗本纪》，见《五代史书汇编》第 9 册，第 5484 页。
③ 《旧五代史》卷一三四《僭伪列传一·李昪》，第 2082 页。

据范围内自成一个独立王国，实在找不出一个自始至终恪尽臣节者。《旧五代史》在世袭诸国中，按照对中央王朝的恭谨程度，将吴越、马楚、南平排了一个等次：对南平与马楚的历任统治者及其朝政皆多贬辞，对他们表面称藩、私下僭越不臣之举多所揭露，比如南平的不臣之状、马楚的"穷极奢侈，贡奉朝廷不过茶数万斤而已"①。而对吴越的"事大勤王之节"较为赞赏，认为"与荆楚、湖湘不侔"，对其历任统治者及政治、经济状况也多赞许之词。据《旧五代史》记载，吴越受封吴越国王之后，"命所居曰宫殿，府署曰朝廷，其参佐称臣，僭大朝百僚之号，但不改年号而已。伪行制册，加封爵于新罗、渤海，海中夷落亦皆遣使行封册焉"②。实际上，据林仁志《王氏启运图》、余公绰《闽王事迹》、阎自若《唐末泛闻录》等书记载，吴越曾经私自改元。但《旧五代史》史臣或许是未见到这些材料，或许是未予采信。吴越地位在马楚、南平之上，固然与吴越国运盛于马楚与南平有关，但也与《旧五代史》史臣的态度有关。

在《僭伪列传》中，《旧五代史》史臣并不完全抹黑诸国。史臣称赞王审知在治理闽地期间，"每以节俭自处，选任良吏，省刑惜费，轻徭薄敛，与民休息，三十年间，一境晏然"。因为杨吴政权占据淮南，他不得不每年从海路向中原王朝朝贡，使者因之"漂没者十四五"③。史臣因此将其比作秦末汉初的名臣吴芮。其余如吴政权的杨行密高材捷足，南唐于"近代僭窃之地，最为强盛"，后蜀孟知祥"虽无英武之略，然行己恭俭，待士勤至，自赵季良、李仁罕、张业而下，皆优以官爵贵之，厚以财货富之，由是人人各尽其死力"④，各有其优点。但对他们的僭窃之举，《旧五代史》并不宽容。闽王审知死后，长子王延翰嗣位，不久为其弟王延钧所杀。王延钧袭位后，自称皇帝，国号大闽。其后，王氏子弟为争夺皇位自相残杀，最终亡于后唐。《旧五代史》史臣评论闽"始则可方于吴芮，终则窃效于尉佗，与夫穴蜂井蛙，亦何相远哉！五纪之亡，盖其幸也"。江南积吴杨行密与南唐李昪的多年苦心经营，境内繁华富庶，人

---

① 《旧五代史》卷一三三《世袭列传一·马殷》，第2046页。
② 《旧五代史》卷一三三《世袭列传一·钱镠》，第2066、2058页。
③ 《旧五代史》卷一三四《僭伪列传一·王审知》，第2087页。
④ 陈尚君辑纂：《旧五代史新辑会证》卷一三五《僭伪列传二·孟知祥》，第4229页。

民生活安定，统治者也很有治绩，但史臣所述甚少，且斥二者是"以伪易伪"①。对"孜孜求治，与民休息。虽刑罚稍峻，而不至酷虐，人颇安之"②、"治蜀有恩"③、"区区爱民之心，在五季诸僭伪之君为可称也"④的后蜀主孟昶，《旧五代史》也未录其政绩，反而有周世宗显德二年（955）五月，"秦、凤人户怨蜀之苛政，相次诣阙，乞举兵收复旧地"⑤的记载。

对于北宋的死敌北汉，《旧五代史》最不留情。一般而言，对十国的首任统治者或其治绩，史臣会有较为正面的描写，唯独对于北汉没有一句褒辞，处处凸显北汉主刘崇的愚愎昏庸。在十国史中惜墨如金的史臣，却不惜笔墨细致描绘了高平之战后刘崇狼狈逃窜的丑态，这在《旧五代史》的十国史中是绝无仅有的。《旧五代史》将北汉与"恶之极"且"愚之甚"的刘守光，及苛虐残暴的南汉列在一起，痛斥"刘崇以亡国之余，窃伪王之号，多见其不知量也。今元恶虽毙，遗孽尚存，势蹙民残，不亡何待！"⑥ 如果对比后世欧阳修对北汉"其立虽未必是，而义当不屈于周，此其可以异乎九国矣"⑦ 的同情，朱熹"如本朝至太宗并了太原，方是得正统"⑧ 的言论，则可以看到《旧五代史》极为鲜明的正统意识色彩。

出于政治偏见，《旧五代史》对十国政权及其人物未免持论严厉甚至有失偏颇，对南唐孙晟的描绘就是一个典型的例子。孙晟，又名孙凤、孙忌，山东人，南唐烈祖与元宗时期的重要谋臣，南唐党争中孙党的代表人物。他本为朱守殷的幕僚，后投奔南唐，显德三年（956）出使后周时，因不肯吐露南唐虚实，为世宗所杀，深为南唐人所敬重。孙晟因此被《新五代史》列入《死事传》，在南唐遗民的著述中也以忠臣面目出现。但在《旧五代史》里，孙晟却是一个奸诈阴贼之人，几乎通篇为贬

---

① 《旧五代史》卷一三四，史臣论赞，第 2090 页。
② （宋）张唐英：《蜀梼杌》卷下，《全宋笔记》第 1 编第 8 册，第 62 页。
③ （宋）邵伯温：《邵氏闻见录》卷一，第 7 页。
④ （宋）洪迈：《容斋随笔·续笔》卷一《戒石铭》，中华书局 2005 年版，第 220 页。
⑤ 《旧五代史》卷一一五《后周世宗本纪二》，第 1777 页。
⑥ 《旧五代史》卷一三五，史臣论赞，第 2111 页。
⑦ 《新五代史》卷七一《十国世家年谱》，第 996 页。
⑧ （宋）黎靖德辑：《朱子语类》卷一〇五《论自注书·通鉴纲目》，中华书局 1986 年版，第 2636 页。

词。孙晟本为江南而死，但《旧五代史》却以"议者以晟昔构祸于梁民，今伏法于梁狱，报应之道，岂徒然哉！"①作结论，只在最后以寥寥数语，言其以死报江南之恩，足见其对敌国之臣的态度。

对投奔敌国者，史臣的态度颇为严厉。卢文进曾背叛后唐投靠契丹。明宗继位后，他又率众归附。后晋高祖称帝后，与契丹约为父子，卢文进惧不自安，于天福元年（936）冬投奔南唐烈祖李昪。李金全任安远军节度使期间，政事皆委于亲吏胡汉筠，胡汉筠贪诈残忍，所为多不法，晋高祖因此命贾仁绍代其职，准备召回胡汉筠。胡汉筠却鸩杀贾仁绍，并教李金全将自己留下。天福五年（940）夏，高祖命马全节代替李金全为安州节度使，胡汉筠惶惶不安，遂骗李金全说朝廷将治其罪。李金全大惧之下，投奔南唐。对此，史臣斥责"文进惧强敌之威，金全为舆台所卖，事虽弗类，叛则攸同，咸附岛夷，皆可丑也"②。

即使是对自始至终忠于敌国之人，《旧五代史》也有所保留。刘仁赡是五代十国威震南北的名将，对南唐可谓忠贞不二。后周讨伐南唐期间，他死守寿州，甚至不惜杀掉劝自己投降的亲生儿子，后周军队屡攻而不能克。后来，刘仁赡病重不能视事，副使孙羽等开城降周，而非刘仁赡之意。对此，南唐遗民作品《钓矶立谈》等皆有明论，《新五代史》《资治通鉴》也都有考证。《旧五代史》却独持降周乃刘仁赡之意。这样的偏见无疑会影响《旧五代史》的客观公正性。

（4）突出显示北宋王朝的皇恩与天威

如前所述，《旧五代史》对僭伪诸国有一些正面的描写，如杨行密的"高材捷足"，闽的"一境晏然"，南唐的"近代僭窃之地，最为强盛"，后蜀孟知祥的"人人各尽其死力"，但这些描写却是为了突出北宋的皇恩与天威。比如，江南虽然积吴杨行密、南唐李昪等数十年苦心经营，是近代最为强盛的"僭窃"之地，但在后周与北宋的讨伐之下，简直不堪一击，"洎有周兴薄伐之师，皇上示怀柔之德，而乃走梯航而入贡，奉正朔以来庭，如是则长江之险，又何足以恃哉！"闽更是"与夫穴蜂井蛙，亦何相远哉！"③南汉政权地处偏远，趁中原大乱时据有岭南，长达五十

---

① 《旧五代史》卷一三一《孙晟传》，第2015页。
② 《旧五代史》卷九七，史臣论赞，第1517页。
③ 《旧五代史》卷一三四，史臣论赞，第2090页。

余年，"刘晟据南极以称雄，属中原之多事，泊乎奕世，遇我昌朝，力惫而亡，不泯其嗣，亦其幸也"①。蜀地险峻，易守难攻，相继存在前、后蜀两个政权。前蜀为王建所建，传至其子王衍，亡于后唐。后蜀为孟知祥所建，传至其子孟昶，亡于北宋。《旧五代史》史臣特引《剑阁铭》中"惟蜀之门，作固作镇，世浊则逆，道清斯顺"之句，加以对比：前蜀亡国后，后唐庄宗昏庸无道，不久被弑，奉命在蜀地主持军政事务的孟知祥逐渐割据此地，并趁潞王李从珂与闵帝争夺皇位的混乱之机在成都称帝，史称后蜀。因此，史臣称前蜀亡国后，"兵力虽胜，帝道犹昏，故数年间得之复失"②。后蜀后主孟昶在位三十余年，亡于北宋。尽管平蜀的过程中，宋将王全斌等人纵容士兵"专杀降兵，擅开官库，豪夺妇女，广纳货财，敛万民之怨嗟，致群盗之充斥"③，史臣仍然盛赞"及皇上之平蜀也，煦之以尧日，和之以舜风，故比户之民，悦而从化"④；并以前蜀王衍被族诛，后蜀孟昶则受封检校太师兼中书令、秦国公的例子，来凸显北宋的真主圣君、皇恩浩荡。

综而观之，《旧五代史》对于十国历史不但不加经意，且于字里行间流露出强烈的意识形态色彩，具有浓厚的正统意识。这虽然背离了史书当求客观的准则，但亦显示出在战事纷繁的年代，《旧五代史》这部官方史书强烈的意识形态特点，以及鲜明的为现实政治服务的倾向。

2. 官方南唐史——《江南录》

两宋时期，十国一直得不到人们的重视。但有一个政权却是例外，这就是南唐。太平兴国三年（978）正月，宋太宗"欲知前事"⑤，令南唐旧臣徐铉、汤悦（即殷崇义）撰修《江南录》十卷，这是历史上唯一的官修南唐史专著，也是十国中唯一的宋朝官修史书。

五代之外，十国林立，北宋却偏偏选中南唐，为之作史，大约是出于以下几个原因：南唐自称唐室之后，国力在"近代僭窃之地，最为强盛"，一度有问鼎中原的野心，是北宋统一大业中的重要障碍。这样一个

---

① 《旧五代史》卷一三五，史臣论赞，第2111页。
② 《旧五代史》卷一三六，史臣论赞，第2125页。
③ 《宋大诏令集》卷二〇三《贬责一·议王全斌等罪诏》，中华书局1962年版，第754页。
④ 《旧五代史》卷一三六，史臣论赞，第2125页。
⑤ （宋）郑文宝：《江表志·叙》，《全宋笔记》第1编第2册，第259页。

政权缘何国灭，应该是宋太宗很感兴趣的事。从宋初谢绛、张君房关于宋朝德运的争议上，我们可以看到，南唐在宋初三朝的地位还是远远高于其余九国的。为这样一个重要的政权作史，象征着对十国历史的总结。同时，以降臣修史，历来是宋朝统治者的惯用策略。"太平兴国中，诸降王死，其旧臣或宣怨言，太宗尽收用之，置之馆阁，使修群书，如《册府元龟》、《文苑英华》、《太平广记》之类，广其卷帙，厚其廪禄赡给，以役其心。"① 降臣中又以南唐为多，影响为大。南唐重文，"江左三十年文物，有贞元、元和之风"，入宋者如徐铉、汤悦、刁衎、陈彭年、吴淑等皆文名籍甚，也较多地参与了群书的修纂工作，"诸臣多卒老于中，崇义（指汤悦）其一也"。为南唐官修史书，为故国作一个总结，有助于收服其心。

由于《江南录》已经失传，我们无缘得知它的具体内容，只能从后人的评价及史书的引用上略见一斑。徐铉在南唐官至吏部尚书，博学多才，名噪南北。汤悦仕至南唐宰相，博洽能文，所作书檄教诰，"特为典赡，切于事情"。二人皆历南唐数主，对南唐的政治状况有很深了解。据载，汤悦撰《江南录》，"自言有陈寿史体，当世颇称之"②，则此书当仿陈寿《三国志》体例与书法而成。徐铉也自诩该书为"千古信书"③。然而，书成后，《江南录》却得到诸多批评，"事多遗落，无年可编，笔削之际，不无高下，当时好事者往往少之"④，"纪述非实"，"差缪"⑤，"忘远取近，率皆疏略"⑥。因此，很快就有郑文宝等江南旧臣私作南唐史，以补其不足。以徐铉、汤悦之高才，却得到这样的评价，不免令人吃惊。不过，细推起来，《江南录》的撰修确是有一定难度的。

首先，《江南录》所需的史料存留不多。南唐以战败亡国，很多原始资料毁于兵灾，"君臣用舍，朝廷典章，兵火之余，史籍荡尽，惜乎前事十不存一"⑦。南唐史官高远曾撰《先主实录》《中主实录》，却在临终前

---

① （宋）王明清：《挥麈录》后录卷之一，第53页。
② （清）吴任臣：《十国春秋》卷二八《殷崇义传》，第407页。
③ （宋）魏泰：《东轩笔录》卷一，第4页。
④ （宋）郑文宝：《江表志·叙》，《全宋笔记》第1编第2册，第259页。
⑤ 《新五代史》卷六二《南唐世家》，第876页。
⑥ （宋）马令：《南唐书·自序》，南京出版社2010年版，第5页。
⑦ （宋）郑文宝：《南唐近事·序》，《全宋笔记》第1编第2册，第208页。

焚其手稿。入宋时仅余《南唐烈祖实录》,另有南唐王颜的《烈祖开基志》。在这种情况下修撰的《江南录》,自然不免"忘远取近"、"事多遗落"了。

其次,徐铉、汤悦虽然为太祖、太宗所重,但毕竟是降臣,新主难免猜忌,自身难免气短,而丧国之痛犹在。特别是南唐优礼士人,后主李煜待徐铉、汤悦尤厚。南唐归宋后,李煜饱受冷遇与羞辱,徐铉、汤悦等人却备受重视。一边是旧恩,一边是新主,如何两全,是极为困难的事。史载,徐铉未敢私自往见李煜,得太宗之命后才敢前往,但这次相见却间接导致了李煜的死亡:

> 铉遂径往其居,望门下马,但一老卒守门。徐言:"愿见太尉。"卒言:"有旨不得与人接,岂可见也!"铉云:"我乃奉旨来见。"老卒往报,徐入立庭下久之。老卒遂入取旧椅子相对。铉遥望见,谓卒曰:"但正衙一椅足矣。"顷间,李主纱帽道服而出。铉方拜,而李主遽下阶引其手以上。铉告辞宾主之礼,主曰:"今日岂有此礼?"徐引椅少偏乃敢坐。后主相持大哭,乃坐默不言。忽长吁叹曰:"当时悔杀了潘佑、李平。"铉既去,乃有旨再对,询后主何言。铉不敢隐,遂有秦王赐牵机药之事。①

徐铉心中的痛悔与愧疚可想而知。李煜死后,有欲中伤徐铉者,推荐太宗为李煜撰神道碑。徐铉"遽请对而泣曰:'臣旧侍李煜,陛下容臣存故主之义,乃敢奉诏。'"② 在神道碑中,他大力颂扬李煜,并将亡国原因归于其"果于自信,急于周防,西邻起衅,南箕构祸。投杼致慈亲之惑,乞火无里妇之辞。始劳因垒之师,终后涂山之会……法不胜奸,威不克爱。以厌兵之俗,当用武之世。孔明罕应变之略,不成近功;偃王躬仁义之行,终于亡国"③。李煜庸懦,佞佛,不辨忠奸,对南唐的亡国负有不可推卸的责任,徐铉却将其全归之天命,这正是徐铉在旧恩难忘与愧

---

① (宋)王铚:《默记》卷上,中华书局1981年版,第4页。
② (宋)魏泰:《东轩笔录》卷一,第4页。
③ (宋)徐铉:《徐骑省集》卷二九《大宋左千牛卫上将军追封吴王陇西公墓志铭》,四部丛刊初编本。

疚难安之双重心理作用下的结果。据说太宗在看过神道碑文后，深嘉徐铉之忠义。在这样的政治环境与心理因素下，要想真实客观地再现南唐史事，无疑是相当困难的。

《江南录》正是本着既不触怒宋廷，又不攻击旧主的原则来撰写的。该书在太平兴国三年（978）正月奉敕编修，七月李煜死亡。因史料所限，我们无法得知该书在此时是否已经完成。但李煜死后，徐铉曾作吴王挽词，有"一朝人事变，千古信书存"①之语，千古信书即指《江南录》，则其时该书或已修成。在南唐丧国原因的总结上，《江南录》与李煜的神道碑如出一辙。在马令的《南唐书》里，我们可以看到《江南录》对南唐三主的评论，皆赞誉有加，仅举小过。如烈祖李昪宽仁节俭，孝敬，励精图治，深得人心，晚年因服金石药，性多躁怒，但能容谏言，颇有气度。嗣主李景"工笔札，善骑射。宾礼大臣，敦睦九族"，仁爱节俭，"怀高世之量"，死时有群鹤飞翔、双龙盘踞等异象，只是"邪臣阿谄，职为厉阶"②，把南唐衰败的原因全部推到"邪臣"身上。至于后主，"嗣主诸子皆孝，而后主特甚，敦睦亲族，亦无不至，唯以好生富民为务。常欲群臣和于朝，不欲闻人过。章疏有纠谪稍评者，皆寝不报。酷好古道，而国削势弱，群臣多守常充位，不克如意，叹曰：'天下无周公、仲尼，吾道不可行也已。'刑法大宽，亦无过此。及大兵之际，上下感恩，故人无异志。威令不素著，故莫尽死力。盖亦天授大宋，非人谋所及也"③，俨然一位有心治国、无力回天的悲剧性人物，将南唐灭亡的原因全部归之于天命。

这种"不言其君之过，但以历数存亡论之"的写法，"其于《春秋》之义，箕子之说，徐氏录为得焉"，为当时君子所取。然而，一国之亡，必定有更为深刻的原因，绝非简单的"天命"即可概括。比如，不辨忠奸，滥杀忠臣。"国君无道，不杀忠臣，虽不至于治，亦不至于亡"，"李氏亡国之君，必有滥诛"④。《江南录》虽然为故主"隐恶"⑤，保存了故

---

① （宋）魏泰：《东轩笔录》卷一，第4页。
② （宋）马令：《南唐书》卷四《嗣主书》，《五代史书汇编》第9册，第5286—5287页。
③ （宋）马令：《南唐书》卷五《后主书》，《五代史书汇编》第9册，第5296—5297页。
④ （宋）王安石：《临川先生文集》卷七一《读江南录》，中华书局1959年版，第756—757页。
⑤ （宋）田况：《儒林公议》卷下。

主之义，但既不能反映出历史的真实，"有愧于实录"①，也不能令宋朝统治者满意。宋太宗即对南唐之亡是"天命归于有宋，非人谋之所及"的写法"颇不悦"②。史官胡旦也曾称其"纪述非实"。《江南录》在宋廷遭受冷遇也就可想而知了。

同时，作为南唐末年党争的重要人物，徐铉与汤悦难免有其政治倾向甚至私心。当事人著当时事，固然可靠性较高，然而，政治避忌、为尊者讳、政治倾向、偏见与私心，却又是不容回避的问题，并因此招致了宋人的普遍不满。

例如，关于潘佑之死，《江南录》的记载受到了颇多质疑。潘佑为南唐著名直臣，他文才出众，时誉蔼然，初与张洎情好甚笃，后来交恶，常叹息"堂堂乎张也，难与并为仁矣"。值南唐日渐衰败，用事者无所作为之际，他愤切上疏，极论时政，历诋大臣将相，言辞激烈，竟至七疏不止，甚至直指"古有桀、纣、孙皓者，破国亡家，自己而作，尚为千古所笑。今陛下取则奸回，败乱国家，不及桀、纣、孙皓远矣。臣终不能与奸臣杂处，事亡国之主"③，触怒后主，加之张洎排挤，致其身死。其所亲厚者李平亦受其累，下狱而死。据说，对潘佑之死，《江南录》的记载"颇以妖妄"④，"深毁短之"⑤，不言其忠。

所谓"妖妄"，当指"淫祀鬼神事"⑥。据马令《南唐书》载，李平"好神仙修养之事，而动多怪妄，自言仙人神鬼常与通接。潘佑亦好仙，平因与亲善之，言佑父处常今已为仙官，而己与佑亦仙官也。家置静室，人莫能窥"⑦。在宋朝国史基础上撰成的《宋史》，亦言"平好神仙修养之事，动作妖妄，自言常与神接。佑亦好神仙，遂相善。二家皆置净室，图神像，常被发裸袒处室中，家人亦不得至"⑧。关于此事，现存史料以《续资治通鉴长编》最详：二人"各于其家置净室，图像神怪，披发裸袒

---

① （宋）王安石：《临川先生文集》卷七一《读江南录》，第756页。
② （宋）田况：《儒林公议》卷下。
③ （宋）陆游：《南唐书》卷一三《潘佑传》，《五代史书汇编》第9册，第5565—5566页。
④ （宋）王安石：《临川先生文集》卷七一《读江南录》，第757页。
⑤ （宋）田况：《儒林公议》卷下。
⑥ （宋）陆游：《南唐书》卷一三《李平传》，《五代史书汇编》第9册，第5567页。
⑦ （宋）马令：《南唐书》卷一九《李平传》，《五代史书汇编》第9册，第5386页。
⑧ 《宋史》卷四七八《南唐李氏世家》，第13868页。

而祭，人莫得窥。平语佑曰：'六朝大臣冢中，多宝剑及宝鉴，得而佩之，可以辟鬼，去人仙矣。'佑求之甚切，不能得。会张洎亦好方士之说，乃共买鸡笼山前古冢地数十顷，以为别墅，遇休沐，则相与联骑，率仆夫，具畚锸而往。破一冢，得古器，必传玩良久，吟啸自若，曰：'未知此生发得几冢？'其怪诞类此"[①]。这些记载很可能就有《江南录》的影子。史载，刘恕曾得到潘佑之子潘华"所上其父事迹，略与《江南录》所书同，乃知铉等非欺诬也"[②]。因此可知，潘佑确实与李平崇信神仙鬼怪之说，并有一些怪诞行为。不过并不能表明这就是潘佑之死的主要原因。但《江南录》显然正是沿着这一思路进行的，这在当时就引起了南唐遗民的不满。

在南唐遗民看来，潘佑"实疏隽，为人少法度，譬如长松古栝，而自礧砢多节目，乃若趣操必不肯忍为非义也。平居一言之不酬，虽即刎决而不顾。及其当大事、立危议，挺然不回，去古人亦何远之有"。潘佑死后，处士刘洞赋诗凭吊，南唐国人传诵，为之泣下。李煜也"察其无他肠，意甚悔之。是以厚抚其家，语及佑事，则往往投馈，至为作感伤之文。此南州士大夫所共知也"[③]。北宋征伐南唐时，曾下诏指责李煜杀害忠臣，"盖谓佑也"[④]。李煜归宋后，亦曾自悔"当时悔杀了潘佑、李平！"都说明了潘佑之死的真正原因。在听闻徐、汤二人奉诏作《江南录》后，《钓矶立谈》的作者"深疑徐尚有忮心，或将幸潘之殁，而厚诬潘于泉下"，特追述此事，"以遗后之人，使正史或出，不能传其谬悠，是亦仁人之用心也"[⑤]。

《江南录》的记载同样也未能得到除南唐遗民之外的宋人的普遍认可。王安石就是其中代表。王安石有多位长辈在江南为官，对南唐故事言之颇详。他为儿童时，已听闻潘佑是以直言见杀，及观潘佑所上谏表，更以为忠臣之言，认为潘佑是无罪被诛，而徐铉匿之不言。潘、徐二人在南唐同殿称臣，俱以文学见称，十余年间争名于朝廷。王安石推测是

[①] 《长编》卷一四，太祖开宝六年九月丁丑条，第308页。
[②] （元）马端临：《文献通考》卷二〇〇《经籍考二七·江南录》，第5734页。
[③] （宋）佚名：《钓矶立谈》，《全宋笔记》第1编第4册，第235页。
[④] （宋）陆游：《南唐书》卷一三《潘佑传》，《五代史书汇编》第9册，第5566页。
[⑤] （宋）佚名：《钓矶立谈》，《全宋笔记》第1编第4册，第235页。

徐铉因争名不胜而心生嫉妒，以致潘佑之冤不得昭雪。"当李氏之危也，佑能切谏，铉独无一说。佑见诛，铉又不能力净，卒使其君有杀忠臣之名，践亡国之祸，皆铉之由也。铉惧此过，而又耻其善不及于佑，故匿其忠而污以它罪"，并斥"铉不惟厚诬忠臣，其欺吾君不亦甚乎！"[①] 对此，"世多以介甫之言为然"[②]，"自古婴鳞或似狂，按诛潘佑事堪伤。凭谁寄语徐常侍，不杀忠臣国未亡"[③]，"知者谓其隐恶太过，非直笔也"[④]。马令《南唐书》认为潘佑是因直谏不已，被"诬以他事"[⑤] 而下狱。陆游也认为潘佑是"以直谏得罪，因坐以与平淫祀鬼神事"致死的。他在批评潘佑太过狂直，不"学圣人之道，知事君之义"，陷后主"杀谏臣"之罪的同时，也感叹说："同时诸臣已默默为降虏矣，犹丑正嫉言，视之如仇，诬之以狂愚惑溺淫祀左道之罪，至斥为人妖。虽后之良史，有不能尽察其说者，於戏悲夫！"[⑥] 指斥的应该就是《江南录》。

　　徐铉在南唐国势危急时能挺身而出，一再出使北宋，为国分忧，深为北宋士大夫所重。李穆有清识，曾经说："吾观江表冠盖，若中立有道之士，惟徐公近之耳。"[⑦] 若单以人之常情来揣度其嫉贤妒能，似乎也不具太大说服力。不过，对潘佑之死及徐、潘二人的过节，南唐旧臣也有记载。徐铉、徐锴兄弟才学过人，颇富时誉，"唯张洎、潘佑每每讪讥，盖二人负其才藻，不肯少自低下故也"。文人相轻，当是有的。徐铉当国后，二人嫌隙日深，张洎"因诡与之合，遂出力共挤佑，佑以故多不调，世指徐为少容，而恨潘以不让，交以为失焉。及潘以直谏死，士大夫仰高其德，名流争作诗诔以哀之。是时，铉方从容持禄，与国俱亡，故主公论者，少贬其所为"[⑧]。《钓矶立谈》的作者未及见《江南录》成书便深恐徐铉"厚诬"潘佑，特录潘佑之为人，足见徐、潘矛盾之深。因此，《江南录》对潘佑之死的记载，除了为后主"隐恶太过"之外，与双方过

---

① （宋）王安石：《临川先生文集》卷七一《读江南录》，第757页。
② （元）马端临：《文献通考》卷二〇〇《经籍考二七·江南录》，第5734页。
③ （宋）曾极：《金陵百咏·江南录》，四库全书本。
④ （宋）田况：《儒林公议》卷下。
⑤ （宋）马令：《南唐书》卷一九《潘佑传》，《五代史书汇编》第9册，第5386页。
⑥ （宋）陆游：《南唐书》卷一三《潘佑传》，《五代史书汇编》第9册，第5566页。
⑦ （宋）田况：《儒林公议》卷下。
⑧ （宋）佚名：《钓矶立谈》，《全宋笔记》第1编第4册，第234页。

节应当也脱不了干系。而潘佑历诋大臣将相，更抗疏请诛宰相汤悦等数十名官员，不难想象，他与汤悦的关系也好不到哪里去。因此，潘佑之死在《江南录》里无法正名也是可以理解的。

关于潘佑之死，还有另外一种说法，即《江南别录》所载"欲尽去旧人，独当国政"，"非诋公卿"，"亲狎"李平，而李平则"深厚难测"，后主为免二人"同构大奸"①，不得已治罪于二人。对这一说法，不仅时人不能认同，也没有得到后世多数宋人的认同。潘佑虽好神仙鬼怪之事，人事的推荐也未必正确，但其忧国之心却是相当真诚的。虽然也有"潘佑事江南，既获用，恃恩乱政，潜不附己者，颇为时患"② 的说法，但总体而言，潘佑乃一腔热血，为国而死，这是宋代的主流意见。

《江南录》对宋齐丘的态度也引起了诸多南唐旧臣的不满。郑文宝曾言："徐公撰《江南录》，议者谓之不直，盖不罪宋国老故也。"③ 宋齐丘是李昪的重要谋臣，被时人比作刘穆之辅佐宋高祖。"世言江南精兵十万，而长江天堑，可当十万，国老宋齐丘机变如神，可当十万"，但他"好权利，尚诡谲，造虚誉，植朋党，矜功忌能，饰诈护前，富贵满溢，犹不知惧。狃于要军，暗于知人"④，"凡文武百司，皆布朋党，每国家有善政，其党辄但言宋公之为也；事有不合群望者，则曰'不用宋公之言也'。每举一事，必知物议不可，则群党竞以巧词先为之地，及有论议者，皆以堕其计中"⑤。其党陈觉、冯延巳（又作冯延嗣、冯延己）、冯延鲁、魏岑、查文徽并称"五鬼"，为害尤烈。孙晟、常梦锡、萧俨、韩熙载、江文蔚、钟谟、李德明等则另结一党，与之尖锐对立。徐铉与汤悦也不可避免地卷入了两党之间的争斗。徐铉曾与韩熙载上表纠弹宋、冯二人与陈觉、魏岑等结为朋党，祸乱国事，请求诛陈觉、冯延鲁等人；亦曾被宋齐丘与汤悦诬陷贬官，"时有得军中书檄者，铉及弟锴评其援引不当。檄乃汤悦所作，悦与齐丘诬铉、锴泄机事，铉坐贬泰州司户掾，锴贬为乌江尉"⑥。但宋齐丘失势得罪时，也是汤悦奉命草诏暴其罪，"恶莫大

---

① （宋）陈彭年：《江南别录》，《全宋笔记》第1编第4册，第207页。
② （宋）文莹：《湘山野录》卷中，第29页。
③ （宋）郑文宝：《江表志》卷中，《全宋笔记》第1编第2册，第268页。
④ （宋）陆游：《南唐书》卷四《宋齐丘传》，《五代史书汇编》第9册，第5497页。
⑤ （宋）马令：《南唐书》卷二〇《宋齐丘传》，《五代史书汇编》第9册，第5390页。
⑥ 《宋史》卷四四一《徐铉传》，第13044页。

于无君，罪莫重于卖国"①。究竟汤悦是宋齐丘一党，抑或只是在某些事上二人有共同利益，史料所限，尚不得而知。

若说《江南录》不罪宋齐丘，恐怕不是实情。据《资治通鉴考异》引《江南录》：

> 时先主权位日隆，中外皆知有代谢之势，而以吴主恭谨守道，欲待嗣君，先主次子景迁，吴主之婿也，先主钟爱特甚。齐丘使陈觉为景迁教授，为之声价。齐丘参决时政，多为不法，辄归过于嗣主而盛称景迁之美，几有夺嫡之计。所以然者，以吴主少而先主老，必不能待，他日得国，授于景迁，易制，己为元老，威权无上矣。此其日夕为谋也。先主觉之，乃召齐丘如金陵以为己之副，遥兼申蔡节度使，无所关预，从容而已。②

景迁自幼警敏，读书过目不忘，节俭，纯谨，尤为李昪所钟爱。吴太和三年（931），李昪出镇金陵，留长子李景于扬州辅政，官拜司徒、同平章事，以王令谋、宋齐丘为左、右仆射，同平章事，辅助左右。六年（934）十一月，召李景至金陵，授镇海、宁国节度副大使，诸道副都统，判中外诸军事，而以景迁为左右军都军使、左仆射、参政事，留扬州辅政，次年三月加同平章事、知左右军事。吴天祚二年（936）六月，景迁病重，以其弟景遂代秉国政。次年六月，年仅十九岁的景迁去世。《江南录》此条内容基本上为马令《南唐书·宋齐丘传》所全取，仅少数词句有所不同，但不被《新五代史》《资治通鉴》、陆游《南唐书》所收。对宋齐丘见疏的原因，《资治通鉴》、陆游《南唐书》均认为是其阻止禅代之议：

> 初，烈祖权位日隆，举国皆知代谢之势。吴主谦恭，无失德，烈祖惧群情未协，欲待嗣君，与齐丘议合。已而都押衙周宗揣微指，请急至都，以禅代事告齐丘。齐丘默计大议本自己出，今若遽行，

---

① （宋）郑文宝：《江表志》卷中，《全宋笔记》第1编第2册，第266页。
② 《资治通鉴》卷二七九，后唐潞王清泰二年二月壬戌条引《通鉴考异》，第9129页。

则功归周宗,欲因以钓名,乃留与夜饮,亟遣使手书切谏,以为时事未可。后数日驰至金陵,请斩宗以谢国人。烈祖亦悔,将从之,徐玠固争,财黜宗为池州副使。玠乃与李建勋等遂极言宜从天人之望,复召宗还旧职,齐丘由是颇见疏忌,留为诸道都统判官,加司空,无所关预,从容而已。①

清人吴任臣的《十国春秋》则综合了这两种说法。在现今可见的《江表志》《南唐近事》《江南野史》等现存南唐史之作,我们看不到《江南录》的这一记载。因南唐史料佚失较多,已不确知是否真有此事。但据《资治通鉴》卷二七九与《十国春秋》卷三《吴睿帝本纪》所载,宋齐丘任诸道都统判官的时间是吴太和六年(934)秋七月,之前他是左仆射兼中书侍郎、同平章事,应是辅佐李景之时。而据马令《南唐书》的景迁本传,在宋齐丘的诋毁下,李昇弃李景而以景迁代秉国政。后来李昇发现了宋齐丘的居心,"遂罢齐丘,以为己副"。按太和六年十一月景迁代秉国政,七月宋齐丘即已被李昇召还金陵,在时间上出现矛盾。再者,考马令《南唐书》的景迁本传,宋齐丘舍李景而趋景迁的原因是"景迁幼懦,他日得国授之,己为元老,易于窥窃"②。按李景不过大景迁两三岁,性格也较为谦退宽厚,不是精明强干之人。李昇虽然动摇过以李景为嗣君的念头,但在太和三年至六年十一月间,李景一直在扬州辅政,显然还是李昇择定的嗣君,并未失宠。而宋齐丘又是受命辅佐李景的重臣,当不致贸然舍李景而取景迁。因此,《江南录》这一记载的可信度值得怀疑。另据《资治通鉴》载,景达刚毅开爽,深得李昇喜爱,屡次欲立为嗣君。宋齐丘亟称景达之才,但李昇终因李景年长而止,李景因此怨恨宋齐丘。此事发生于南唐升元七年(943),显然与景迁一事无关。《江南录》的这一记载遂成孤证。

另据哲宗时监察御史龚夬回忆:"徐铉于《江南录》云宋齐丘将图不轨,太宗皇帝览书,谓左右曰:'齐丘尽节于李氏,铉以私憾加谤,岂得为直笔乎?'"③可见,《江南录》并不是不罪宋齐丘,而是对其进行了猛

---

① (宋)陆游:《南唐书》卷四《宋齐丘传》,《五代史书汇编》第9册,第5495页。
② (宋)马令:《南唐书》卷七《楚王景迁传》,《五代史书汇编》第9册,第5309页。
③ (明)黄淮、杨士奇编:《历代名臣奏议》卷一八〇《去邪》,台北:台湾学生书局1985年版,第2382页。

烈抨击。显德五年（958），南唐败于后周，被迫割地称臣。适逢司天进言天文有变，认为人主宜避位禳灾，宋齐丘之党陈觉、李征古遂请李景退居禁中高谈释老，而将国事皆委于宋齐丘。李景大怒，加之钟谟屡次进言"齐丘乘国之危，遽谋篡窃，陈觉、李征古为之羽翼，理不可容"①，终于导致宋齐丘一党的覆灭。查《资治通鉴》《江南野史》《江南别录》《南唐近事》《钓矶立谈》等，基本上只言陈觉等如此建议，却未明言宋齐丘行篡窃之计。《湘山野录》对宋齐丘相当不满，但也只是指其为人不正，跋扈，唆使李昇杀和州降者千余人，而未涉及此事。唯《江表志》明言此事为宋齐丘"授其意"，责其"为臣之道"②。但最明确和严厉的指责却来自马令："及国家多难，因欲遂其窥窃之计，卒以此败"③，与《江南录》的"将图不轨"之说很是相似。显然，这是将钟谟对宋齐丘的抨击直接当作了事实，或许这也正是孙党一派的普遍看法，而被《江南录》所采用。如前文所述，关于宋齐丘盛称景迁的记载，马令《南唐书·宋齐丘传》几乎全取自《江南录》。考其景迁本传，宋齐丘舍李景而取景迁的原因是"景迁幼懦，他日得国授之，己为元老，易于窥窃"，当亦取自《江南录》的说法。通观马令《南唐书》的宋齐丘本传，贬词颇多，抨击猛烈。再联系到宋太宗对《江南录》的不满，有理由推断，马令所取很可能是《江南录》的说法，"将图不轨"指的应该就是"窥伺谋篡窃"。陆游的《南唐书·宋齐丘传》"尽黜当时爱憎之论"，并且分析"方齐丘败时，年七十三，且无子，若谓窥伺谋篡窃，则过也"④，针对的就是马令《南唐书》，或许也包括《江南录》。

就这些材料来看，"不罪宋国老"的说法是不能成立的。徐铉显然对宋齐丘相当不满，以致宋太宗都对徐铉产生了不满，而郑文宝的不满未知从何而起。或许是郑文宝对宋齐丘嫉恶过甚；抑或《江南录》对宋齐丘言之过恶，以至于达到不实的地步；再或者，"议者谓之不直"是指的其他方面。因史料所限，已经不得而知。《江南录》撰修时，南唐君臣尚在，作者又是曾深陷当时政争的人物，难免会有某些政治偏见、难言的

---

① 《资治通鉴》卷二九四，后周世宗显德五年十二月丙戌条，第9590页。
② （宋）郑文宝：《江表志》卷中，《全宋笔记》第1编第2册，第268页。
③ （宋）马令：《南唐书》卷二〇《宋齐丘传》，《五代史书汇编》第9册，第5390页。
④ （宋）陆游：《南唐书》卷四《宋齐丘传》，《五代史书汇编》第9册，第5497—5498页。

隐衷和不得已的讳饰。无论如何，很多南唐旧臣对这样的写法是不满意的，这也导致了郑文宝等人南唐史的出炉。宋廷统治者的不满与宋人尤其是南唐遗民的不忿、史实的"差缪"，终于使这部先天不足的"千古信书"渐渐寥落无闻，湮灭于历史的深海之中。

（二）民间私著

北宋统一后，中原地区得以看到来自十国的资料，记载十国历史的著述相继出现。同时，在十国遗民中也出现了很多追述故国历史的作品。遗民后代如杨亿等人，对于父辈的故国也有着较强的兴趣，遂使这一时期的十国著述呈现欣欣向荣之势，并形成与官方著述有所不同的五代十国文本。

就目前可见，这些著述主要为十国遗臣、遗民所作，并以南唐、吴越最为丰富。南唐人文荟萃，著书立说者上至大臣，下至隐士，涵盖面广；而吴越史事多为吴越王室成员所作，成分比较单纯，并使吴越史事成为吴越王族的功劳簿。由于该时期关于十国的著述多已散佚，我们仅能从现存资料中一窥管豹。

1. 南唐

南唐由杨吴而来。宋代关于吴的著作不多，大多是作为南唐得国的时代背景出现。相比之下，关于南唐史的著作为十国史书中最多，其中又以南唐遗臣、遗民所作为多。而中原地区的学者与南唐故地的后人，也对南唐史有较为浓厚的兴趣。这多半是由于南唐国力较强、文物繁盛所致。南唐优礼士人，国主也较为温厚仁爱，因此，他们对故国的怀念之情也相当深厚。李煜身死的消息传到江南，人"皆巷哭为斋"[1]。因此，缅怀故国往事、反思亡国教训遂成为南唐士人撰著史事的动力。除了官修《江南录》之外，如《钓矶立谈》《南唐近事》《江表志》《江南别录》等均在这一时期撰就，并被此后的《十国纪年》《新五代史》《资治通鉴》、马令《南唐书》、陆游《南唐书》等多所引用。

这些作品大多失传，或佚失大半，但存留下来的片段仍然向我们再现了南唐的社会风情。它们对政治措置、典章制度、经济状况、文艺创

---

[1] （宋）郑文宝：《江表志》卷下，《全宋笔记》第1编第2册，第274页。

作、释道之教、奇闻轶事及人文风貌等各个领域均有所涉及，让后人看到了一幅生动的南唐画卷。与吴多为武人当政的局面不同，南唐重文，我们看到的南唐史也就充斥着文采风流、春花秋月的细腻与精致，这比起文风凋敝、粗豪少文的中原五朝，是极为难得的。除了记述南唐往事，追忆往昔繁华，这些作品也记录了上层统治者对人民的剥削，朝堂之上的争斗，还对李氏亡国的原因进行了总结和反思。由于复杂的原因，民间私著所著十国史与官方所著十国史在具体史实陈述和史事论断方面，都有所不同，其中尤以遗臣遗民的作品最有特色。他们的反思更为自觉，并带有深厚的感情倾向。

出于对故国故主的感情，南唐遗民难免有所讳饰。比如，对李氏的出身，他们普遍认为是唐朝宗室之后，或以为是唐宪宗第八子建王李恪之后（如《江南录》），或以为是永王李璘之后，或以为是郑王之后（《江表志》），总之，是唐之宗室（《江南别录》）。这一点与北宋官方史书有很大不同。据《旧五代史》载，李昪自称是唐玄宗第六子永王李璘的后代，指其为远祖。在宋朝国史基础上修撰的《宋史》载其自称建王李恪之后。《新五代史》则直接指出其世本微贱，自称唐宪宗之子建王李恪生李超，李超生李志，为徐州判司，李志生李荣。南唐李氏遂自称建王四世孙，改国号曰唐。司马光认为"李昪起于厮役，莫知其姓。或云湖州潘氏子，李神福俘之，以为僮仆，徐温丐之以为子。及称帝，慕唐之盛，始自言姓李。初欲祖吴王恪，嫌其诛死，又欲祖郑王元懿，命有司检讨二王苗裔。有司请为恪十世孙，昪曰：'历十九帝，十世何以尽之？'有司请以三十年为一世，议后始定"[①]。所谓"湖州潘氏子"的说法出自《吴越备史》。吴越为南唐敌国，《吴越备史》又是出自吴越王室子弟之手，因此这一说法也不被宋人如刘恕等所采信。虽然李氏出身已不可考，但李氏并非唐室之后却已基本上被除南唐遗民之外的宋人所认定。只是到了徽宗时马令《南唐书》与南宋陆游《南唐书》，又重新拣起了南唐遗民的说法，以其为唐室之后，表明了南唐地位的微妙上升。

在南唐遗民的著述中也有着可贵的纪实精神，其中尤以《江表志》为代表。对于南唐第一代君主李昪，南唐史书均不惜笔墨，盛赞其能，

---

① （宋）司马光：《温国文正司马公文集》卷六一《答郭纯长官书》，四部丛刊初编本。

区别只在于对其赞美的程度。《钓矶立谈》甚至将其比作汉高祖与光武帝，"有大造于斯土"，充满了钦佩之情。但对其得国方式，《江南别录》等却或是讳饰，或是一笔带过。唯独《江表志》不为尊者讳，明白指出李昪是心怀异志，"怀逼主禅位之心"。吴主杨溥并无失德之处，"执政者欲尽杨氏一朝，然后受禅。烈祖不可，遂以国称唐"。杨溥被尊为让皇，举族迁至泰州，族中每有男孩长至五岁，"即有中使赐袍笏加冠，即日而终"。此后宋齐丘丧子，哀恸不止，被人写诗讽刺"安排唐祚挫强吴，尽是先生设庙谟。今日丧雏犹自哭，让皇宫眷合如何？"① 《江表志》还指出李昪性多猜忌，亦曾欲毒杀徐温之子徐知训。虽然《江表志》对李昪充满了钦佩与敬意，但却并不因此有所讳饰，表现出极为可贵的史家风骨。

对李氏的得国与失国，天命观还是占据着极为重要的地位，这也是当时的时代特点。对李氏的得国，南唐遗民普遍归结为"东海鲤鱼飞上天"②的天命，认为非人谋之所及，君子不以为病。至于最后灭国归宋，也是因为天命，这只要看南唐末年那不断出现的谶语和妖异就可知了。《钓矶立谈》曾这样评价李氏国运："鲤之与李，声相通也，鱼而肉角则龙矣，虽以金刻鳞，犹为鱼也；江南虽为强国，而以偏霸终焉，鱼之象也"，"崎岖偏左之国，地势不便，加以天之付畀，自有限量，只是远图之所就，仅足以称霸而已"③。说来说去，也只是"天命"二字。

不过，人事也非常重要。南唐遗民的著述，既是为了追怀故国往事，也是为了反思亡国教训，《钓矶立谈》即是其中的杰出代表。他们除了认同天命之外，对南唐的治国政策也进行了反思。

对于烈祖李昪，诸书基本上没有什么争议，对其励精图治、延揽人才、守境保民的国策，均持大力赞扬的态度。随着南唐国势日盛，开疆拓土之说也随之而起。然而，李昪却采取了"善和邻好"的做法，使南唐边境较为安宁，获得了一个良好的发展环境，"中外寝兵，耕织岁滋，文物彬焕，渐有中朝之风采"。非但如此，李昪还为继任国主李景留下了"善和邻好，以安宗祏为意，不宜袭隋炀帝之迹，恃食阻兵，以自取亡覆

---

① （宋）郑文宝：《江表志》卷上，《全宋笔记》第1编第2册，第260—262页。
② 见于《钓矶立谈》《江南野史》《江表志》《五代史补》等。
③ （宋）佚名：《钓矶立谈》，《全宋笔记》第1编第4册，第218—219页。

也"的遗命。这一政策是一个较为务实的考虑。在地势上看,"今江南壤毛瘠薄,土泉不深,其人轻佼剽悍,不能耐久,非中国之敌也。自有宇宙以来,未有偏据而可以成大功者"①,三国孙吴、南朝陈即是例子。更重要的是,南唐北靠中原王朝,东邻吴越、闽,西邻南平、楚。吴越、闽及楚深感南唐的威胁,因此尊奉中原王朝,结为盟友,与南唐抗衡,尤其是吴越比较富庶强盛,是南唐的重要敌手。若战事一起,处于中原王朝、吴越、闽和楚包围之中的南唐,以当时的实力未必能够消化得了。莫如息兵养民,静待时机,待国力强盛、中原有变时,再投袂而起,一统天下。可见,息兵保境、与邻通好,是李昇经过深思熟虑才做出的决策,也起到了相当显著的效果。在这样的指导方针下,南唐百姓安乐,国势日盛,隐然成为大邦。

对于南唐国势的衰落,诸书普遍的认识是嗣主李景时期抛弃了李昇"善和邻好"的政策,率然对外用兵所致。对于李景,南唐遗民的感情比较复杂。他们大多赞其"谦和明睿,奢俭得中,搜访贤良,训齐师旅,政无大小,咸必躬亲。又善晓音律,不至耽溺。深知理体,洞明物情,盛德闻于邻国矣","友爱之分,备极天伦"②,"天性谦谨,每接臣下,恭慎威仪,动循礼法,虽布素僚友无以加也"③,"神彩精粹,辞旨清畅。湖南使至,归与亲友言曰:'尔不识东朝官家,南岳真君不如也。'"④ 嗣位之初,李景谨守李昇遗命,嘉纳谏言,留心庶事,"三四年间,皆以为守文之良主"。然而,未及十年,南唐却国势日蹙,"遂如削肌"。南唐遗民痛定思痛,认为"倾国之渐,良由废烈祖之圣训而致然也"⑤。不过,在认定摒弃这一政策的主要责任人时,大多数南唐遗民并没有对李景多加责难,而主要归之于以宋齐丘为首的宋党,对他们进行了严厉谴责。

以宋齐丘为首,冯延巳、冯延鲁、陈觉、查文徽等"五鬼"结党营

---

① (宋)佚名:《钓矶立谈》,《全宋笔记》第1编第4册,第221页。
② (宋)郑文宝:《江表志》卷中,《全宋笔记》第1编第2册,第263、265页。
③ (宋)郑文宝:《南唐近事》卷一,《全宋笔记》第1编第2册,第212页。
④ (宋)陈彭年:《江南别录》,《全宋笔记》第1编第4册,第206页。《钓矶立谈》也有"神彩精粹,词旨清畅,临朝之际,曲尽姿制。湖南尝遣廖法正将聘,既还,语人曰:'汝未识东朝官家,其为人粹若琢玉,南岳真君恐未如也。'是以荆渚孙光宪叙《续通历》云:'圣表闻于四邻。'盖谓此也"之语,《全宋笔记》第1编第4册,第228页。
⑤ (宋)佚名:《钓矶立谈》,《全宋笔记》第1编第4册,第221、226页。

私、误国误民，为南唐衰落的罪魁祸首的看法，在南唐遗民内部最具代表性。他们大都承认宋齐丘早年为南唐所做的贡献，但却指斥其晚年为固其位，首开拓境之说。而党与冯延巳、冯延鲁、陈觉等"憸人小夫"积极附和，言"先帝龊龊无大略，每日戢兵自喜。边垒偶杀一二百人，则必赉咨动色，竟日不怡。此殆田舍翁所为，不足以集大事也"。而李景个性优柔，"昧于几先，营惑利口"，急于开疆拓土，大举出兵，伐闽与楚，"啮指顾命，忽如风之过耳"，致使兵连祸结十余年，国势日削。"及见后主归命，国家湮覆，求其倾圮之渐，乃兆于讨闽之役。然则虽断二子（指冯延鲁、陈觉）之首，盖不足以赎责。"而孙晟、韩熙载、常梦锡、萧俨等人，则被大多数南唐遗民视为忠臣，对他们的风采予以了大力展现。

　　嗣主李景给后主李煜留下的是一个"国谋颠错，民困财匮，百度隳紊"①的烂摊子。在这种情况下的后主君臣，又处于北宋咄咄逼人的攻势之下，其境况可想而知。尽管南唐遗民肯定后主李煜"天性纯孝，孜孜儒学，虚怀接下，宾对大臣，倾奉中邦，惟恐不及，加以留心著述，勤于政事，至于书画，尽皆精妙"②，"广颡隆准，风神洒落，居然自有尘外意……其论国事，每以富民为务，好生戒杀，本其天性"③，"故江左三十年文物，有贞元、元和之风"，但也不能全然掩饰他仁而无断、滥施恩惠、行事奢靡、政出多门、耽于佛教的缺点。不过，他们深怀故主之恩，对其态度相当温和。例如，郑文宝评其"颇耽竺乾之教，果于自信，所以奸邪得计，排斥忠谠。土地日削，贡举不充。越人肆谍，遂为敌国。又求援于北朝，行人泄谋，兵遂不解矣"④。《钓矶立谈》则将李煜塑造成一个有心治国、无力回天的末路君王形象："承蹙国之后，群臣又皆寻常充位之人，议论率不如旨。尝一日叹曰：'周公仲尼，忽去人远。吾道芜塞，其谁与明？'乃著《杂说》数千万言，曰：'特垂此空文，庶几百世之下，有以知吾心耳。'""会大明在天，爝火不约而销灭；兴王抚运，四海居然而面内。加之保大以来，国谋颠错，民困财匮，百度隳紊，后

---

① （宋）佚名：《钓矶立谈》，《全宋笔记》第1编第4册，第226—228、234页。
② （宋）郑文宝：《江表志》，《全宋笔记》第1编第2册，卷下，第271页。
③ （宋）佚名：《钓矶立谈》，《全宋笔记》第1编第4册，第234页。
④ （宋）郑文宝：《江表志》，《全宋笔记》第1编第2册，卷下，第271页。

主适当颓年,势不能支久。盖亦天时人事,互备于斯焉",而对臣子的指责相当严厉:"大臣皆婥妁取容,帏幄筹议,自相蹰驳。其间轻佼者日幸兵戈之兴,以为功名可图",只有陈乔、陈大雅、刘仁赡、孙晟等临危效命,于满朝文武之龌龊沉沦中卓然而立,慷慨赴死。即便是"可以与古烈士比"的孙晟,《钓矶立谈》也对他"介独自守,不接见宾客。生平所不喜者,恶之不能忘","铁心石肠,落落以忠赤自许,至其论人材,则门下盖如扫焉"的状况十分不满,责其身为宰相,却不能做到"不务小察,不规小智",认为宰相"不任责则必有大谴",而孙晟"非止不任责也,操一国之势而顾与士为仇,然则卒罹于非命者,非不幸也"。此外,对于"国亡之际,举朝持禄,相为沉沦,往往争言其君之短长,以自媒衒"的丑态,南唐遗民也深为愤懑。就南唐的最终灭亡,《钓矶立谈》以一句话作了总结:"盖亦天时人事,互备于斯焉。"①

对国主宽容,对大臣严厉,是南唐遗民在总结国亡原因时的基本思路。这一点与《江南录》实出一脉。不过,同为南唐故地的作品,年代稍后的龙衮《江南野史》则呈现出不同的思考方向与感情倾向。

龙衮生平不详,从现存资料无法确知他是南唐遗民抑或南唐故地的后人。将该书与宋初非南唐人所作的《五代史补》《吴越备史》《五国故事》② 等民间私著相比,可知作者对南唐具有较为深厚的感情,且以南唐为唐宪宗第八子建王恪之后。但同时,他对北宋王朝极为尊敬,对南唐嗣主与后主抨击甚力,并有后主"在伪位十五年"③ 的说法,对南唐国史的看法与郑文宝等南唐遗民常常有所不同。加之《江南野史》大约成于仁宗早期,则龙衮很可能是南唐故地的后人,抑或南唐灭时年岁尚幼,因而对北宋的认同感较强,而对南唐国主勇于抨击。

龙衮对南唐感情较深。他以南唐为唐朝宗室之后,对李昪赞扬有加,对其得国,也以"东海鲤鱼飞上天"的谶语,来证明"天时人事冥符有

---

① (宋)佚名:《钓矶立谈》,《全宋笔记》第 1 编第 4 册,第 223—235、238—239 页。
② 《五国故事》不著撰人,四库馆臣认为作者为宋初人。清人厉鹗等曾因书中改留从效为娄从效、伪汉刘氏为伪汉彭城氏,而认为作者本为吴越国人,因而避吴越王钱镠讳。四库馆臣则质疑"然闽王延翰条下称其妻为博陵氏,则又何为而讳崔乎",认为"年代绵邈,盖不可考"。不过,观文中内容,于南唐三主无所讳饰,亦无敬意,并称李昪为徐知诰,则该书当非南唐人所作。
③ (宋)龙衮:《江南野史》卷三《后主》,《全宋笔记》第 1 编第 3 册,第 174 页。

如此也"①。但他并不因此而对让皇杨溥一族的悲惨遭遇有所隐讳。他不但记载了杨溥一族男孩长至五岁即被李氏赐死的悲惨境况,而且对杨氏的最终灭族也如实记录:后周征伐南唐时,嗣主李景派尹延范徙居杨氏一族,尹延范尽杀杨氏男丁,绝其族。李景因此腰斩尹延范,却又对左右承认:"延范之死,乃成济之徒欤。孤非不知之,不得已矣。"

　　关于南唐衰亡的主要责任人,《江南野史》与《钓矶立谈》《江表志》等有着明显不同的认定。龙衮虽然肯定嗣主李景"音容闲雅,眉目若画,趣尚清洁,好学而能诗"②,后主李煜"自少俊迈,喜肆儒学,工诗,能属文,晓悟音律。姿仪风雅,举止儒措,宛若士人"③,但对他们的治国措施却予以了猛烈的抨击。他将李景认定为抛弃李昪遗训、导致南唐衰败的主要责任人,责其"天性儒懦,素昧威武……而聪悟迷惑,阔于听断,故多为左右所阻。东征西讨,出不由衷,刑辜戮奸,逞志于怒,是致号令无法,长恶稔愆,丧师虚国,自己而作……先主顾命之词徒虚语尔。孝子贤君不亦远乎?于是衄于割地,愧作藩臣"④,使国势日下。而后主李煜则是南唐灭亡的主要责任人。他仁懦无断,滥施恩惠,耽于佛教,罔恤政务,垂死不悟,终致国势不可收拾。《江南野史》还详细描述了李煜痴迷佛教、被北宋间谍"小长老"所骗、被北宋俘兵所骗等种种可笑之举,严厉指责"其为人茫昧如此,不亡何竢?"帝王如此,汤悦、徐铉等群臣也"但顺非文过,尸禄希旨,曾不一言谏诤,坐待王师,阴伺败亡,随作系虏。韩熙载谀佞苟容,常上疏云:'诸佛慈悲,尚容悔过。'言多此类,任成祸胎,见危是幸"⑤,遂至败亡。显然,主要成长于北宋的龙衮,对南唐国主的感情比旧恩难忘的郑文宝等人要疏离得多,因而能够以更加客观的角度,对南唐国主所负的亡国责任予以毫不留情的揭露与指责。

　　对于被《江表志》《钓矶立谈》等一致指斥的国老宋齐丘,《江南野史》则持相反意见,指其为识"商君长短机变权霸之术"⑥的忠臣良相,

---

① (宋)龙衮:《江南野史》卷一《先主》,《全宋笔记》第1编第3册,第158页。
② (宋)龙衮:《江南野史》卷二《嗣主》,《全宋笔记》第1编第3册,第166、169页。
③ (宋)龙衮:《江南野史》卷三《后主》,《全宋笔记》第1编第3册,第174页。
④ (宋)龙衮:《江南野史》卷二《嗣主》,《全宋笔记》第1编第3册,第169页。
⑤ (宋)龙衮:《江南野史》卷三《后主》,《全宋笔记》第1编第3册,第175—176页。
⑥ (宋)龙衮:《江南野史》卷四《宋齐邱》,《全宋笔记》第1编第3册,第179页。

是国之栋梁，可比管子，器量虽小，功勋实大。龙衮还将陈觉等人与宋齐丘区分开，认为宋齐丘广树朋党的说法是包括韩熙载、钟谟等人在内的"朝廷有位者咸窃排毁"[①]的诬陷之言。"且当嗣主懦躁，轻肆失言，陈觉之徒谄谀，率尔诡对，不能慎其枢机，祸及正人，亦非夙心素志，同诚协谋。复会钟谟篷篠谗慝，交乱庸君，九华之坟未草，谟亦继诛。萧俨以蒙瞀无文，戆而愎讦；江文蔚辞赋常品，学非博通；常梦锡以帏簿之内，猥杂不修；韩熙载淫而无行，纵诞不持，岂能知变识机、立功定业？当齐邱秉政莅任，皆斥腐儒鲰生，身夸行秽，故不大用，及位已崇峻，由是哆于颊朵，背憎面谮，群诬党议，千舌百辟"，加之宋齐丘胸襟狭小，终致身死。他认为"齐邱所荐进者，惟能先萌未兆、智策宏远、才堪致化、理能易俗、与己合志同方者，乃授拔擢，凡数十人，名皆显达，贵历朝廷，岂以寻章摘句、戕贼经史、残剥古人之词为文士者哉！"[②]甚至李景之死乃是由于杀害宋齐丘，见宋齐丘之为厉所致，"识者谓信谗而害于贤良之故矣"[③]。在《江南野史》这里，除了宋齐丘外，几乎举朝皆为无用之腐儒。后主朝更是如此，终至败亡，其观点显然与他书不同，但却都触及了一个遗民们普遍关心的问题，那就是辅佐之臣，尤其是文臣的问题。

南唐崇文抑武，是五代十国文物最盛处，主政者多为文人，而文人中又以文词敏赡、诗文俱佳者为多，冯延巳、冯延鲁兄弟就是其中代表。但这些"文儒"往往轻锐，急于功名，"以干戈为戏"[④]，非重厚识体之臣，武将则"上将权轻，下皆专命"，唐之国运，焉能不败。孙晟曾经当面数落冯延巳说："君常轻我，我知之矣。文章不如君也，技艺不如君也，谈谐不如君也。然上置君于亲贤门下，期以道义相辅，不可以误国朝大计也"[⑤]，实是指出了这些人的致命弱点。时人曾经评价李景说："今主上宽大之度，比于先帝远矣，但性习未定，左右献替，须得方正之士。若目前所睹，终恐不守旧业。"[⑥]正是指此。《钓矶立谈》叹息说："非真

---

① （宋）龙衮：《江南野史》卷二《嗣主》，《全宋笔记》第1编第3册，第160页。
② （宋）龙衮：《江南野史》卷四《宋齐邱》，《全宋笔记》第1编第3册，第182—183页。
③ （宋）龙衮：《江南野史》卷二《嗣主》，《全宋笔记》第1编第3册，第169页。
④ （宋）龙衮：《江南野史》卷四《宋齐邱》，《全宋笔记》第1编第3册，第182页。
⑤ （宋）佚名：《钓矶立谈》，《全宋笔记》第1编第4册，第229、227页。
⑥ （宋）郑文宝：《江表志》卷中，《全宋笔记》第1编第2册，第266页。

儒不足以救国之危削,非明礼不足以权国之安荣,元宗君臣,殆有遗恨于此。"《钓矶立谈》的作者与史虚白关系非同一般。史虚白为中原人士,与韩熙载一起南渡江南。当时宋齐丘方得烈祖信用,史虚白却放言自己可以取代宋齐丘。他屡劝李昇长驱中原以定大业,李昇不能从,史虚白遂告病隐居,以诗酒自娱。史、宋二人所学不同。史虚白"多引汤、武、伊、吕之说,齐邱之志乃伯术,以虚白为迂略机务"①。《钓矶立谈》师承史虚白,重王道,从重厚识体切入;龙衮则从识机知变的角度切入,赞赏霸术。二人角度不同,所依据的思想不同,但都对南唐臣子表达了不满。

除了追述南唐往事,总结南唐由兴盛到衰亡的经验教训之外,这些作品还揭露了后周与北宋军队占领南唐国土时的暴虐,如"纸甲军"的由来,和宋将曹翰屠城的残酷;讴歌了与后周、北宋军队抗争的将士与民众,如孙晟、林仁肇、刘仁赡、张彦卿、胡则等人的壮烈,"建康受围二岁,斗米数千,死者相籍,人无叛心"②的决绝,"时城中有僧数千,表乞披坚执锐出城斗战"③的坚定,李煜身死后南唐父老"巷哭设斋"的痛苦,都给我们描述了在官方文献里难以看到的场景,对后世全面地了解江南历史是非常有帮助的。另据《默记》记载,"龙衮《江南录》有一本删润稍有伦贯者云:李国主小周后随后主归朝,封郑国夫人,例随命妇入宫。每一入辄数日而出,必大泣骂后主,声闻于外,多宛转避之。又韩玉汝家有李国主归朝后与金陵旧宫人书云:此中日夕,只以眼泪洗面"④,龙衮《江南录》即《江南野史》,含蓄地揭露了宋太宗强行占有小周后的行为,隐晦地表达了对李煜半囚徒生活的同情。

不过,上述诸书的作者虽然对故国怀有深沉的感情,但对北宋朝廷却是比较尊敬的。如《钓矶立谈》即赞扬宋太祖"圣德宏达,笼络宇宙",是"真人"⑤。这样的话,究竟是出于现实的考虑,还是衷心的感佩,就不得而知了。对李煜的死因,他们也普遍缄口不言,只以"殂"字一笔带过。只有《江南野史》记载最为详细,言其因"疾"而亡,但

---

① （宋）龙衮:《江南野史》卷八《史虚白传》,《全宋笔记》第1编第3册,第209页。
② （宋）郑文宝:《江表志》卷下,《全宋笔记》第1编第2册,第274页。
③ （宋）龙衮:《江南野史》卷三《后主》,《全宋笔记》第1编第3册,第175页。
④ （宋）王铚:《默记》卷下,第44页。
⑤ （宋）佚名:《钓矶立谈》,《全宋笔记》第1编第4册,第233、222页。

也只有几句话："太平兴国三年秋，后主因疾作，上宣翰林医视药，中使慰谕者数四，翼日而卒。"①

2. 吴越

吴越史事多由钱氏王族来记载。吴越在十国中也是较为富庶与强大的政权之一，自钱镠创建以来，一直奉行"善事中国"②和保境安民的国策，并在钱俶时主动纳土，因此深得宋廷看重。宋太宗在征伐北汉时伤亡惨重，深有感触，对当时已经归宋的钱俶说："卿能保全一方以归于我，不致血刃，深可嘉也。"③真宗亦对钱惟演言"卿一门忠孝，与常人异，先帝待以殊礼，朕安敢忘"④。直至南宋，高宗仍亲书"忠孝之家"赐予钱家。除了最高统治者的褒奖，宋朝士大夫对吴越勤于贡奉、主动纳土一事也激赏不已，因而对吴越统治者赞誉有加："而吴越地方千里，带甲十万，铸山煮海，象犀珠玉之富，甲于天下，然终不失臣节，贡献相望于道。是以其民至于老死不识兵革，四时嬉游歌鼓之声相闻，至于今不废。其有德于斯民甚厚。皇宋受命，四方僭乱以次削平。而蜀、江南负其险远，兵至城下，力屈势穷，然后束手。而河东刘氏，百战守死以抗王师，积骸为城，酾血为池，竭天下之力，仅乃克之。独吴越不待告命，封府库，籍郡县，请吏于朝。视去其国，如去传舍，其有功于朝廷甚大。"⑤"而吴越之民，几二百年不识兵革。其阴德之茂，在人膏肺间，至于今未忘也。"⑥"吴越在五代及宋兴，最为安乐少事。"⑦"国家承五季之乱，海内分裂，擅强兵负固而不服者，地相属也。独钱氏据有全吴，首效臣顺，为国屏翰，垂二百年无东顾之忧。"⑧"钱俶所以子孙贵盛蕃衍者，不特纳土之功，使一方无兵火之厄，盖有社稷大勋。"⑨"五季历五十余年，四方云扰，惟两浙境内不知兵革，但知钱武肃王三世奉佛，崇饰塔庙，不知

---

① （宋）龙衮：《江南野史》卷三《后主》，《全宋笔记》第1编第3册，第174页。
② （宋）钱俨：《吴越备史》卷二《文穆王》，《五代史书汇编》第10册，第6231页。
③ 《宋史》卷四八〇《吴越世家》，第13904页。
④ 《长编》卷九六，宋真宗天禧四年闰十二月乙卯条，第2231页。
⑤ 《苏轼文集》卷一七《表忠观碑》，中华书局1986年版，第499—500页。
⑥ （宋）刘一止：《苕溪集》卷二四《钱氏箕裘集序》，四库全书本。
⑦ 《陆游集·渭南文集》卷三〇《跋〈吴越备史〉》，第2276页。
⑧ （宋）杨时：《龟山集》卷二四《婺州新城记》，四库全书本。
⑨ （宋）王铚：《默记》卷上，第5页。

一方生灵，佛力所不及者，钱王实为之。阴功至普，于今庆裔绵远，为本朝勋阀之冠。"①《五朝春秋》甚至"托始于吴越，犹之鲁也。忠懿王文武之才，于是乎亦可少窥矣"②。神宗、徽宗、理宗、苏轼、蔡襄、米芾、司马光、胡安国、王十朋、文天祥等皆对吴越表达过类似的赞赏。

在这样的宠异之下，钱氏家族在宋朝得保世代富贵，名人辈出，相较于十国后代凋敝不振的现实，这一点显得更为突出。然而，即便如此，降王毕竟是个敏感的词汇。钱俶虽然不像李煜那样饱受屈辱，但在精神上始终战战兢兢，如履薄冰。"俶小心畏慎，每晨趋阙，必先至宫门假寝以待"，不敢有所差池。钱俶卧病，内臣赵海赠药，"诸子孙及左右惶惧忧骇，计无所出。海既去，家人皆泣，盖有所疑也"③。钱俶六十岁生日当天，太宗遣使祝贺，当夜钱俶"暴卒"④，联想到李煜于生辰当日被太宗鸩死的传闻，令人不免怀疑钱氏之死。从一方霸主到阶下之臣，钱氏宗族的心态不免甚为失落且小心畏慎。而记载吴越国史，追述祖上功业，多少可以有所寄托与安慰。况且，吴越"方浙右富盛登丰之久，上下无事，惟以文艺相尚"⑤，钱俶尤喜翰墨，在家族风尚与宋朝重文风气的双重熏染下，"吴越钱氏子孙文章名世者无代无之"⑥，因此，也有条件对吴越国尤其是王族历史进行著述。他们均不惜笔墨，铺陈钱镠父子之功业及对中原王朝之贡奉，基本上就是为吴越诸王歌功颂德之作，这就造成了"吴越五王行事失实犹多，虚美隐恶，甚于他国"⑦的问题。

《吴越备史》是记述吴越历史的代表性著作。该书托名为吴越武胜军节度使掌书记范坰、武胜军节度巡官林禹所撰，实为钱俨之作。钱俨字诚允，钱俶异母弟，博涉多闻，文辞敏达，著述颇丰。对他托名作《吴越备史》的原因，一种说法是"不得不托名他人以求自保"⑧，另一种是

---

① （宋）楼钥：《攻媿集》卷七五《跋余姚县陈山寺碑》，丛书集成初编本。
② （宋）晁说之：《嵩山文集》卷一八《跋忠懿王草圣》。
③ （宋）钱俨：《吴越备史·补遗》，《五代史书汇编》第10册，第6271、6273页。
④ 《宋史》卷四八〇《吴越世家》，第40册，第13906页。
⑤ （宋）宋徽宗：《题钱氏世谱》，曾枣庄等《全宋文》卷三六二九，上海辞书出版社2006年版，第366页。
⑥ （宋）周必大：《文忠集》卷一九《跋钱穆父帖》，四库全书本。
⑦ 《资治通鉴》卷二七二，后唐庄宗同光元年二月丁卯条引《通鉴考异》，第8880页。
⑧ 邹劲风：《钱俨和〈吴越备史〉》，《史学月刊》2004年第11期。

"由他人歌颂远比子孙自己歌颂要惬意和光彩得多"①。联系到该书主要写作于吴越国存在的时间,全书皆对中原王朝恭谨以待,无任何不敬之言,且在《吴越备史遗事》的自序中说明了托名一事,则由他人代为歌功颂德一说应更加符合事实。

《吴越备史》记述吴越国自创建至归宋的过程,主要记述诸王功业,中间穿插国中重要人物的生平行事,内容涉及吴越政治、经济、社会、文化等社会风貌,内部的权力斗争,与吴、南唐等割据政权的战与和,与中原王朝的交往与朝贡,等等,是研究吴越国史的重要资料。吴越史料较为匮乏,《旧五代史》《九国志》《五代史补》等关于吴越的史料也相当简略,因此《吴越备史》等书的存在,为后人了解吴越国的历史提供了宝贵资料,也为《新五代史》《资治通鉴》《十国春秋》等多所采用。

在《吴越备史》笔下,吴越王室一再被神化。如,钱镠乃唐朝巢国公钱九陇的八代孙,为茅山前池中之龙投生,诞生前家中有甲马之声甚众,出生时红光满室;在后山休息时,有石头为之自动站立;有望气者言钱塘有王者气;"待钱来"的谶语等。钱元瓘在军营中时,营中有气如龙虎之状,为霸者之气;日者预言他当大贵;僧自新称他在万众中骨法独异,与唐懿宗容貌相类;被敌方追击时,他祝祷上天,策马登岸,成功逃脱等,以此来制造钱氏乃"君权神授"的假象。此类神异现象在《吴越备史》中非常多,尤其是吴越王祷神得上天感应的事例较他国史书为多。对吴越王室的治理功绩,如保境安民、兴修水利、捍海筑塘等,也都有详细记录;在与其他政权的战争中,对吴越胜利的战役大力宣扬,失败的战役则轻描淡写;在对中央王朝的关系上,它多所回护,始终称其行事正义,恭谨事上,对朝廷所赐恩典、褒奖皆大书特书。

然而,从同时期的他国史书,我们可以看到,钱氏对中原王朝绝非如此恭敬。唐末五代,中央权威低落,割据政权丛生。钱镠凭借军功崛起,成为一方之雄。他虽然奉中央政府正朔,表面上贡奉甚谨,实则自有打算。五代混战,列国林立,日寻干戈,"当是时,货财干戈,一日不自整齐,则四邻争得窥伺其国"②。尊奉中央正朔,既可割据一方,又可

---

① 李最欣:《钱俨和〈吴越备史〉一文补正》,《史学月刊》2006年第11期。
② 《陈亮集》卷二五《重建紫霄观记》,第281页。

牵制来自吴—南唐的威胁，保境息民，成为相对独立的王国统治者。这种野心在非钱氏子孙著述及言论中揭露甚多。"钱尚父始杀董昌，奄有两浙，得行其志，士人耻之"，"钱尚父自据一方，每要姑息。梁主以河北、关西，悉为劲敌，又频失利于淮海，甚藉两浙牵掎之，其次又资贡赋，凡命使臣远泛沧溟，一则希其丰遗，二则惧不周旋，悉皆拜之。钱公亦自尊大"①，"两浙钱氏虽名称藩，实非纯臣"②。钱镠虽然并没有公开称帝，但他"自称吴越国王，命所居曰宫殿，府署曰朝廷，其参佐称臣，僭大朝百僚之号。……伪行制册，加封爵于新罗、渤海，海中夷落亦皆遣使行封册焉"③。其"僭越"行为与称帝并无二致。而对吴越野心揭露得最为明白和彻底的乃是北宋中期的欧阳修。

不过，总体而言，宋人对吴越的批评较为少见，多见的是对钱镠、钱俶等历任统治者尊奉中原王朝、主动纳土的赞扬。虽然对吴越的僭越之状及赋敛问题有所诟病，但由于吴越在十国中较为恭谨，且治理有政绩，尤其是其纳土之举，使宋兵不血刃便得到富庶的两浙地区。因此，这些问题都被宋人忽略了过去。加之吴越后人在北宋朝堂的影响力，遂使吴越成为十国中最受赞扬的一个政权。

（三）宋初官方记载与民间私著的不同

宋朝初期，割据诸国或尚未入宋，或入宋之后，遗民尚怀故国之情。因此，在宋初官方记载与民间私史，尤其是遗民著述之间，存在着诸多不同。除前述诸书外，试举例如下：

1. 后蜀

蜀地势险峻，易守难攻，历来是奸雄所青睐的偏霸割据之地。前蜀王建以枭雄之资割据蜀地，至其子王衍被后唐灭国。孟知祥受命接管蜀地，趁中原多故之际重据蜀地，称帝不到一年，便因病去世。其子孟昶继位，三十余年后亡国于北宋。在从北宋前期官方与蜀人留下的两种历史文本中，我们看到了后蜀的不同形象。

在蜀人的记述中，我们看到一个人民安居乐业、繁荣富庶的政权。

---

① （宋）孙光宪：《北梦琐言》卷五，中华书局2002年版，第102、105页。
② （宋）周必大：《文忠集》卷一六一，某月某日。
③ 《旧五代史》卷一三三《世袭列传二·钱镠》，第2058页。

关于"蜀中百姓富庶"、"蜀中久安,赋役俱省"①、"时平俗阜"、"边陲无扰,百姓丰肥"② 的描写并不鲜见。这与孟昶的治理自然是分不开的。《挥麈录》曾经引《野人闲话》,叙述了孟昶的治绩:

> 蜀后主孟氏,讳昶,字保元,尊号睿文英武仁圣明孝皇帝,道号玉霄子。承高祖纂业,性多明敏,以孝慈仁义,在位三纪已来,尊儒尚学,贵农贱商。初用赵季良、毋昭裔知政事,李仁学、赵廷隐等分主兵权,李昊、徐光浦掌笺檄,王处回为枢要。无何,政教壅滞,恩泽杂沓,一旦赫怒,诛权臣张业,出王处回,自命二相,开献纳院,创贡举场。不十余年,山西潭隐者俱起,肃肃多士,赳赳武夫,亦一方之盛事。城内人生三十岁有不识米麦之苗者。每春三月、夏四月,有游浣花香锦浦者,歌乐掀天,珠翠阗咽,贵门公子,乘彩舫游百花潭,穷奢极丽。诸王功臣已下,皆置林亭异果名花,小类神仙之境。兵部王尚书珪题亭子诗,其一联曰:"十字水中分岛屿,数重花外见楼台。"皆此类也。自大军收复,蜀主知运数有归,寻即纳款,识者闻之嘉叹。蜀主能文章,好博览,知兴亡,有诗才。尝为箴诫颁诸字人,各令刊刻于坐隅,谓之《颁令箴》曰:"朕念赤子,旰食宵衣。托之令长,抚养惠绥。政在三异,道在七丝。驱鸡为理,留犊为规。宽猛得所,风俗可移。无令侵削,无使疮痍。下民易虐,上天难欺。赋与是切,军国是资。朕之赏爵,固不逾时。尔俸尔禄,民膏民脂。为民父母,莫不仁慈。勉尔为诫,体朕深私。"治平中,张次功著《蜀梼杌》,亦书是箴,与此一同。③

俨然一位治国有方、爱民如子的国君形象。《野人闲话》大约成书于乾德三年(965)后蜀灭亡不久,反映了蜀地遗民对后蜀的深厚感情。《蜀梼杌》为张唐英于英宗治平年间所修。虽然成书较晚,但其书本自后蜀幸寅逊《前蜀开国记》及李昊《后蜀实录》,同时"于蜀中官书私史外,

---

① (宋)张唐英:《蜀梼杌》卷下,《全宋笔记》第 1 编第 8 册,第 56 页。
② (宋)句延庆:《锦里耆旧传》卷七,见《五代史书汇编》第 10 册,第 6049 页。
③ (宋)王明清:《挥麈录·余话卷之一》,第 291—292 页。

更博采前代杂史，小说诗文"①，在一定程度上可以反映出宋初蜀人的感情倾向。成书于北宋初期的《锦里耆旧传》也被四库馆臣认为"书中于后蜀主多所称美，疑出蜀人之词。孟昶时有校书郎华阳句中正者，后入宋为屯田郎中。延庆疑即其族"②。在他们笔下，孟昶"幼聪悟才辨，自袭位，颇勤于政，边境不耸，国内阜安"，"昶好学，凡为文皆本于理。常谓李昊、徐光溥曰：'王衍浮薄而好轻艳之辞，朕不为也。'""昶戒王衍荒淫骄佚之失，孜孜求治，与民休息。虽刑罚稍峻，而不至酷虐，人颇安之。"③ 特颁《官箴》，对贪官张业、申贵则严惩不贷，吏治"比前蜀修明"④。孟昶败亡后，被俘虏北上，"昶之行，万民拥道，哭声动地。昶以袂掩面而哭。自二江至眉州，沿路百姓恸绝者数百人。盖与王衍不同耳"⑤，足见后蜀民心所向。固然，他们也记录了孟昶广择宫人、奢侈游玩、误用庸人的弊政，但对其政事却还是予以了总体肯定。孟昶所颁《官箴》，被太宗截取"尔俸尔禄，民膏民脂。下民易虐，上天难欺"四句，以"戒石铭"的形式，颁行天下，以戒官吏。《官箴》曾被南宋洪迈赞为孟昶"区区爱民之心，在五季诸僭伪之君为可称也"⑥。

在宋代前期的官方史书里，我们看到的是不一样的后蜀和孟昶。《旧五代史》关于孟昶的治国事迹记录很少，但也录有周世宗显德年间，"秦、凤人户怨蜀之苛政，相次诣阙，乞举兵收复旧地"这一记载。《宋史》在宋朝国史的基础上编修而成，从中可以看到宋初官方所塑造的后蜀形象：君臣"自大"，"奢纵"⑦，溺于声乐，"赋敛无度"⑧，孟昶"专务奢靡，为七宝溺器，他物称是"。孟昶太子玄喆出征，却携数十名姬妾、乐器及伶人，日夜嬉戏，不恤军政。重臣王昭远自比诸葛亮，但"闻剑门已破，昭远股栗，发言失次。崇韬布阵将战，昭远据胡床，皇恐不能起。俄崇韬败，乃免胄弃甲走投东川，匿仓舍下，悲嗟流涕，目尽

---

① （宋）张唐英著，王文才、王炎校笺：《蜀梼杌校笺·序》，第6页。
② 《四库总目提要》卷六六，"锦里耆旧传"条，第587页。
③ （宋）张唐英：《蜀梼杌》卷下，《全宋笔记》第1编第8册，第61—62、55页。
④ 杨伟立：《前蜀后蜀史》，四川省社会科学院出版社1986年版，第147页。
⑤ （宋）张唐英：《蜀梼杌》卷下，《全宋笔记》第1编第8册，第62页。
⑥ （宋）洪迈：《容斋随笔·续笔》卷一《戒石铭》，中华书局2005年版，第220页。
⑦ 《宋史》卷四七九《西蜀孟氏世家》，第13874页。
⑧ 《宋史》卷六六《五行志四》，第1446页。

肿，惟诵罗隐诗云：'运去英雄不自由。'"① 韩保正为世禄之子，素不知兵。伊审征自称以康济经略为己任，但宋军入境之后，首献降表的就是他。只有高彦俦、赵崇韬能为国尽忠。总之，一派乌压压的末世景象。在这一派末世景象里，孟昶自然有着不可推卸的责任，所作所为可称得上是个昏君，这与蜀人文本有着相当大的不同。显然，这是两个相互矛盾的不同形象。

在上述官方记载里的孟昶给人以治国无能、赋敛无度的印象。就这一点我们可以比较北宋中后期的《新五代史》。在《新五代史》中，也有孟昶"君臣务为奢侈以自娱，至于溺器，皆以七宝装之"，且任用非人的记载，但对孟昶的锐意图治也择其要而录之。孟昶"好打球走马，又为方士房中之术，多采良家子以充后宫"，韩保贞切谏，孟昶大悟，即日出之，并赏赐韩保贞。有上书认为当择清流任台省官者，孟昶叹曰："何不言择其人而任之？"左右请以此言诘责上书者，孟昶说："吾见唐太宗初即位，狱吏孙伏伽上书言事，皆见嘉纳，奈何劝我拒谏耶！"表现出了相当清醒的执政头脑。他锐意图治，对于骄蹇不法的孟知祥故将也不姑息，即位仅数月即族诛胡作非为的李仁罕，有力地震慑了诸位骄将。当时李肇"自镇来朝，杖而入见，称疾不拜，及闻仁罕死，遽释杖而拜"。后来，又诛杀"置狱于家，务以酷法厚敛蜀人"②的权臣张业，全面控制了朝政，并置匦函以通下情。这比宋初的官方记载显然要客观全面得多。关于赋敛问题，据《资治通鉴》载，孟知祥据蜀后，"择廉吏使治州县，蠲除横赋，安集流散，下宽大之令，与民更始"③。宋人王腾曾说："孟氏抚妪矜怜，惠爱其人，捐租五年。"④《邵氏闻见录》也有"昶治蜀有恩，国人哭送之"的记载，以致太祖不得不对奉命治蜀的吕余庆说："蜀人思孟昶不忘，卿官成都，凡昶所榷税食饮之物，皆宜罢"⑤，以收买蜀地人心。加之蜀人"赋役俱省"的记载，可知所谓"赋敛无度"还是言过其实了。

---

① 《宋史》卷四七九《西蜀孟氏世家》，第13886页。
② 《新五代史》卷六四《后蜀世家》，第906、904页。
③ 《资治通鉴》卷二七四，后唐明宗天成元年三月乙丑条，第8966页。
④ （宋）王腾：《辩蜀都赋》，见《全蜀艺文志》卷一，四库全书本。
⑤ （宋）邵伯温：《邵氏闻见录》卷一，第7页。

"专务奢靡"也是北宋官方将孟昶视为昏君的证据,其典型例证是"七宝溺器"。张邦炜先生以此为伪,因为此事"仅见于体现宋朝朝廷立场的官方或半官方著述",比如《两朝国史》《三朝圣政录》《新五代史》,而"并不见于反映蜀地民众意志的地方史乘",比如《蜀梼杌》与《锦里耆旧传》,甚至连《旧五代史》也没有孟昶七宝溺器一事,因此怀疑"七宝溺器"是北宋为了突出平蜀的正义性而"层累地造成"[①]的。不过,张唐英《蜀梼杌·序》中已言明"凡《五代史》及《皇朝日历》所载者皆略而不取",而《野人闲话》《锦里耆旧传》《旧五代史》卷帙也多有亡佚,则没有充分的理由可证明其一定不存在"七宝溺器"之说。而且,在蜀人著述里也存有孟昶奢侈的材料。比如,《野人闲话》"诸王功臣已下,皆置林亭异果名花,小类神仙之境",《蜀梼杌》"令城上植芙蓉,尽以幄幕遮护","望之皆如锦绣","以赵廷隐别墅为崇勋园,幅员十余里,台榭亭沼穷极奢侈"[②]。据综合多家著述的《十国春秋》记载,"后主初袭位,颇勤政事,寝处惟紫罗帐、碧绫帷,褥无锦绣诸饰,至于盥漱之具,但用白金,杂以黑漆木器。性复仁慈柔懦,每决死刑,多所矜减。……初喜走马,后渐以体重不耐乘马,内厩惟饲打球马一匹。出则乘步辇,蔽以重帘,环结珠香囊,垂于四角,香闻数里,人罕睹其面。居恒巡行宫内,惟铜装朱漆小辇而已。且数年间一南郊,不放灯火。中岁稍稍以侈靡为乐,常命一梭织成锦被,凡三幅帛,上镂二穴,名曰鸳衾。又以芙蓉花遍染缯为帐幔,名曰芙蓉帐。至溺器皆以七宝装之。每腊日,内官各献罗体圈金花树,所费不赀。"蜀地富庶,喜好宴游、竞为奢靡应是当时风气,孟昶少年即位,朝政巩固之后,由俭入奢也是完全有可能的。

清人吴任臣曾经评论说:"史言后主朝宋时,自二江至眉州,万民拥道,痛哭恸绝者凡数百人,后主亦掩面而泣。藉非慈惠素著,亦何以深入人心如此哉?迹其生平行事,劝农恤刑,肇兴文教,孜孜求治,与民休息,要未必如王衍荒淫之甚也。独是用匪其人,坐致沦丧,所由与前蜀之灭亡有异矣。"[③] 这个评价还是比较客观的。

---

① 张邦炜:《昏君乎?明君乎?——孟昶形象问题的史源学思考》,《四川师范大学学报》2009年第1期。
② (宋)张唐英:《蜀梼杌》卷下,《全宋笔记》第1编第8册,第56—57页。
③ (清)吴任臣:《十国春秋》卷四九《后蜀后主本纪》,第741—743页。

第二章　宋初三朝的五代十国史研究

而在宋初官方记载与蜀地文献中所呈现的矛盾，正是站在各自立场的解读。官方要体现出灭蜀的正义性与合法性，自然会夸大其词，贬损后蜀时政。而孟昶"治国有恩"，蜀地繁华富庶，人民生活安乐，自然可以原谅故主的奢华生活。而北宋平蜀时，王全斌纵容将士烧杀抢掠，给蜀地人民带来了深重灾难。宋廷又大肆掠夺蜀之财货，"王师下蜀时，护送孟昶血属辎重之众，百里不绝，至京师犹然"①，"蜀土富饶，孟氏割据，府库益充溢。及王师平蜀，孟氏所储，悉归内府。后言事者竞起功利，成都除常赋外，更置博买务。诸郡课民织作，禁商旅不得私市布帛，日进上供又倍其常数，司计之吏，析及秋毫。蜀地狭民稠，耕稼不足以给，由是小民贫困，兼并者复籴贱贩贵以夺其利"②。蜀地偏远，因此宋初任"负罪之人"为蜀地"长吏"，"负罪之人，多非良善，贪残凶暴，无所不至"，非唯抚绥不得法，反而贪赃枉法者众，民怨很大，以致宋臣王化基曾上书太宗，认为"若自今以往，西川、广南长吏不任负罪之人，则远人受赐矣"③。同时，宋廷颇以蜀人为疑，防范甚严，蜀人在蜀地做官，不得通判州事，限制科举考试的举人名额，"待之以待盗贼之意，而绳之以绳盗贼之法"④。这些都使宋初蜀人与宋廷的关系相当紧张，各地起义、兵变、民变迭发，动乱不止，"向使无加赋之苦，得循良抚绥之，安有此乱！"⑤ 这不能不使蜀人对后蜀的繁华安乐倍加怀念。而孟昶在到达汴京后，虽然受封秦国公，但在仅仅七日后便死去，年仅四十七岁，这更使蜀人对孟昶的悲剧命运同情不已。种种因素的叠加，使蜀人对故国故主的怀恋情结很深，纵使涉及孟昶的奢侈生活，他们也并不持谴责的口吻，而是着力描绘出一幅江山如画、君民同乐的"神仙"之境，无形之中表达了对宋初治蜀措施失当的不满与对立情绪。

面对蜀人的对立与不满，北宋政府不断调整治蜀政策，允许蜀人官蜀，增加科举考试的举人名额，派遣张咏、赵抃等能臣治蜀，他们关心

---

① （宋）吴曾：《能改斋漫录》卷一三，上海古籍出版社1979年版，第394页。
② （清）毕沅：《续资治通鉴》卷一六，宋太宗淳化四年二月丙戌条，中华书局1957年版，第385页。
③ 《宋史》二六六《王化基传》，第9186页。
④ （宋）苏洵撰，曾枣庄、金成礼笺注：《嘉祐集笺注》卷一五《张益州画像记》，上海古籍出版社1993年版，第395页。
⑤ （宋）王辟之：《渑水燕谈录》卷八《事志》，第105页。

民瘼，廉洁奉公，深受蜀人爱戴。张咏去世后，蜀人罢市，为之号恸。经过多年的经营，蜀地始大治。仁宗年间更是富庶繁华，"蜀之四隅，绵亘数千里，土衍物阜，赀货以蕃。财利贡赋，率四海三之一，县官指为外府"①。蜀人对宋廷已经完全认同。加之时间的流逝，孟昶的魅力已经消散殆尽。时至南宋，即使是蜀人著述中的后蜀与孟昶形象也已经黯淡无光，如李攸《宋朝事实》、王称《东都事略》关于孟昶的取材与《宋史·西蜀孟氏世家》较为相似，李焘《续资治通鉴长编》也不见关于孟昶的正面描写，孟昶就这样坠入了昏君形象的深渊。

2. 孙晟的形象演变

关于被后周杀害的南唐重臣孙晟，在官方史书与民间私著中也存在着不同的形象变化。

《旧五代史》笔下的孙晟，"性阴贼，好奸谋。少为道士，工诗"。曾在庐山简寂观，因为喜欢唐朝诗人贾岛的诗，便将贾岛像挂在屋里，以礼事之，被简寂观观主视为妖妄，拿着棍子打了出来，"大为时辈所嗤"。孙晟于是改易儒服，谒后唐庄宗于镇州，得授官职。天成年间，朱守殷谋叛，孙晟为其幕宾，"实赞成其事。是时，晟常擐甲露刃，以十数骑自随，巡行于市，多所屠害，汴人为之切齿"。朱守殷被诛后，孙晟弃其妻子，亡命江南，因"微有词翰"，曾起草过尊吴王杨溥为让皇的册文，颇受重用。孙晟生活奢侈，"财货邸第，颇适其意。晟以家妓甚众，每食不设几，令众妓各执一食器，周侍于其侧，谓之肉台盘，其自养称惬也如是"。显德三年（956），后周征伐南唐，孙晟奉命出使后周。世宗对其"礼遇殊优"，屡次问以江南虚实，孙晟却只言"吴畏陛下之神武，唯以北面为求，保无二也"，守口如瓶。当时，后周将领张永德与李重进不合，南唐李景知之，秘密令人送蜡书与李重进，密谋拉拢。李重进将蜡书进呈世宗。世宗"怒晟前言失实"，遂将孙晟下狱，与其侍从一百余人一并诛杀。及将下狱，世宗令近臣再问孙晟"江南可取之状"，他仍然默然不对。临刑之际，孙晟整理衣冠，南望金陵，再拜而言道："臣惟以死谢。"

虽然《旧五代史》史臣承认孙晟"性慷慨，常感李景之厚遇，誓死

---

① （宋）吕陶：《净德集》卷一四《成都新建备武堂记》，四库全书本。

以报之"①，对其从容就死与忠心为主，字里行间也表现出了一定的肯定。但是，《旧五代史》是将孙晟列在《周书》传里的，也就是说，把孙晟定位成一个从中原王朝出逃的叛徒。孙晟违反世宗的命令，在被周军围困的寿州城下，力挺南唐守将刘仁赡死守城池，以尽臣节一事，是他下狱被杀的导火索，但此事在现存《旧五代史》中却没有记载。众所周知，原《旧五代史》已经佚失，现存版本是辑本，那么，这一事迹有可能在原书中是存在的。但是，观《新五代史》也未取此事，仅在《刘仁赡传》中有一句"世宗使景所遣使者孙晟等至城下示之"②的含糊记载。《新五代史》材料多本《旧五代史》，加以删削，兼采笔记、小说而成，且《新五代史》极重臣节，本应对此事大书特书。由此推断，《旧五代史》很可能也没有这一记录。《旧五代史》主要在《五代通录》及五代实录的基础上删削而成，而现存《周世宗实录》对此事并无记载，但其史料缺失较多，因而不排除有两种可能，一是实录中并未记载此事，史臣在实录基础上加以简单删减，未及注意这一事实；二是实录中原有此事，却被史臣遗漏。因史料所限，已无法确知原因何在。但有一点是肯定的，那就是史臣给孙晟树立的形象并不高大。原因大约是吴—南唐是中原王朝的重要对手，至《旧五代史》撰修时，南唐已奉中原正朔，但仍是貌合神离，心怀异志。因此，对孙晟的死，《旧五代史》史臣以"议者以晟昔构祸于梁民，今伏法于梁狱，报应之道，岂徒然哉！"作为结论，只在最后以寥寥数语，言其以死报江南之恩，足见其对敌国之臣的态度。

与宋初官方对孙晟的描写不同。在民间私史尤其是南唐遗民的记载中，我们看到的却是另外一个孙晟：一个忠诚耿直、有文辞、有才干的南唐忠臣。

具有较强遗民色彩的《钓矶立谈》对孙晟的评价相当之高："宋子嵩初佐烈祖，招徕俊杰，布在班行，如孙晟、韩熙载等，皆有特操，议论可听。"他曾当面数落深受宠信的冯延巳不可误国，作者赞其可谓有先知之明。宋齐丘晚年惑于小人，孙晟与韩熙载力劝宋齐丘，宋齐丘皆不听，后来果然贻误国政，退居九华山。一天，宋齐丘看着镜子中的自己，感

---

① 《旧五代史》卷一三一《孙晟传》，第2014—2016页。
② 《新五代史》卷三二《刘仁赡传》，第400页。

叹说:"吾貌有惭色,应愧孙无忌、韩叔言。"后周伐南唐,孙晟不顾个人安危,毅然北上面见世宗,他自知不免,私下对副使王崇质说:"吾思之熟矣。终不忍负永陵一抔土,余非所知也。"最终因不愿吐露南唐虚实,被世宗诛杀。作者高度赞扬孙晟与刘仁赡,"为人臣有如此二人者,可以与古烈士比",指责周世宗"曾不标异以奖薄俗,而俱从显戮,文武之师,固如是乎!"①其爱憎一望可知。《江南别录》也突出记载了孙晟呼劝刘仁赡死守城池,从容被诛之事。《江南余载》虽成书较晚,但却是以南唐遗民郑文宝的《江表志》为稿本撰成。据其记载,孙晟于明宗年间跟随秦王李从荣,李从荣败死后,孙晟亡命江南。渡江之前,"追骑奄至,晟不顾,坐淮岸,扪敝衣啮虱,追者舍去。乃渡淮",表现了他的机智与沉着,并称"江南文臣,烈祖时唯称杨彦伯、高弼、孙晟、李匡明、龚凛、萧俨、成幼文、贾泽"②,对孙晟也多褒辞。

在《江南野史》笔下,孙晟家贫好学,中后梁进士,后来说服朱守殷谋叛。叛乱失败后,孙晟落发为僧,逃往江南,"才宏口辨,词说泛滥",常为宋齐丘所忌惮,也为嗣主李景所畏重。为相期间,"颇有志于重熙富庶,孌育疲民",并辛辣讽刺冯延巳"玉卮象瓯,盛内狗秽;鸡树凤池,栖集枭翟"。《江南野史》还突出记载了孙晟临死的事迹。"仁赡坚守不下。世宗怒江南失约,遂引忌责之。及话江南事实,忌对以兵甲尚强,宋齐邱良相也。乃致忌于楼车,令呼仁赡趣降,忌知终无生还之理,不忍负国家恩顾,至城下,乃反辞大呼曰:'刘仁赡,汝好固守城池,江南救援即至。我遇强暴,死在旦夕,汝可效死立忠,无为降虏,使我羞于泉下。'左右交击其口,忌颜色自若"③,世宗大怒,加之左右中伤,世宗遂杀孙晟。临刑前,孙晟望南而拜,从容就刑。

如此可见,孙晟在南唐遗民的著述中是以忠臣面目出现的,"可以与古烈士比"。这与《旧五代史》的描写全然不同。对孙晟的死,《旧五代史》冠之以"报应",只在最后以寥寥数语,言其以死报江南之恩。这与民间私著尤其是遗民笔下的十国史明显不同。两种文本的相互对照,使五代十国的历史呈现出耐人寻味的不同面貌。

---

① (宋)佚名:《钓矶立谈》,《全宋笔记》第1编第4册,第241、243、238、223页。
② (宋)佚名:《江南余载》卷上,《全宋笔记》第1编第2册,第238、245页。
③ (宋)龙衮:《江南野史》卷五《孙忌传》,《全宋笔记》第1编第3册,第185—186页。

随着时间的推移，南唐归宋已久，敌国意识与遗民情结均已淡去，人们得以用相对客观的态度去重新看待当年的敌国旧臣。孙晟由于他的忠心为"国"——即使是为了南唐这个"伪朝廷"——而得到了宋人的一致肯定。这在成为官方正史的《新五代史》中可见一斑。

在欧阳修笔下，孙晟好学有文辞，少为道士，因晨夕事贾岛像而被观中道士赶出，后被朱守殷辟为判官。欧阳修并没有说明朱守殷谋反与孙晟有什么关系，只是说朱守殷伏诛后，晟弃家逃亡，而安重诲"恶晟，以谓教守殷反者晟也，画其像购之，不可得，遂族其家"①。在这里，孙晟似乎是个被冤枉的角色，以往扣在他头上的教唆朱守殷谋反的帽子似乎并未坐实。孙晟以其才干深得江南李氏父子重视，也深鄙冯延巳为人。及其出使，因效忠于南唐而被世宗所杀。因此，欧阳修特将其列入《死事传》。《新五代史》列传者数百人，褒奖最烈者为《死节传》三人，其次则为《死事传》，也不过区区十五人而已，给予"其初无卓然之节，而终以死人之事者"②，孙晟即在其中。欧阳修并未取孙晟在寿州城下呼劝刘仁赡守节这件本应大书特书之事，只在《刘仁赡传》里简单记了一句"世宗使景所遣使者孙晟等至城下示之"，余再无相关记录。观欧阳修记孙晟事，主要以《旧五代史》为主，如事贾岛像、"肉台盘"、死前情状等，但删去了"性阴贼，好奸谋"、屠害汴人的说法。同时也吸收了南唐遗民的部分记载，比如，虽然口吃但"谈辩锋生，听者忘倦"、"引与计议，多合意"的才干，视位居高位但倾巧狠愎的冯延巳为"金椀玉杯而盛狗屎"的耿直，"不负永陵一抔土"③的忠心，但却明显忽略了这件在遗民著述中多有记录的事，令人费解。

徽宗年间，马令作《南唐书》，在《孙晟传》里几乎照搬了《新五代史》本传的记载，只在《刘仁赡传》里增加了孙晟于寿州城下向刘仁赡喊话，让其莫隳臣节的内容。马令将孙晟列入《义死传》，即"虽非蹈道，有足称者"④。因此，在有关孙晟的问题上，马令与欧阳修的见解是相当一致的。

---

① 《新五代史》卷三三《孙晟传》，第413页。
② 《新五代史》卷三三《死事传序》，第403页。
③ 《新五代史》卷三三《孙晟传》，第413—414页。
④ （宋）马令：《南唐书》卷一六《义死传上》，《五代史书汇编》第9册，第5365页。

不过，对欧阳修将孙晟列入《死事传》，孔武仲并不满意。他认为，后周以强兵劲卒征伐江南，南唐节节败退，计无所出，只得派孙晟等人前往后周，以求缓兵，"夫以垂破之国抗甚锐之敌，又以一介之使当万乘之威，其势与夫委肉于狼虎何异！"而孙晟却毅然前往。世宗问以江南虚实，此时"不顺义则生，顺义则死"，孙晟毅然选择了后者。"晟之所立，堂堂如此，何愧于死节哉！而新史抑之，列于《死事传》，吾未敢以为然也"，认为应该将孙晟置于《死节传》。同时，孔武仲对周世宗提出了批评。"以世宗之聪明雄武，在近世为鲜矣，而于晟之节，不能奖厉，又杀其身焉，亦与夫汉祖旌赏雍齿异矣。卒不能一天下，岂其度不优而致然哉？"①

《资治通鉴》则充分选取了南唐遗民的记载。比起《新五代史》，《资治通鉴》少了孙晟事朱守殷之前的事迹，多了以下事例：孙晟劝朱守殷谋叛；孙晟义正词严面斥冯延巳；恐冯延巳等用事，欲称遗诏令太后临朝称制；与冯延巳有关湖南战事之争；特别是在寿州城下呼劝刘仁赡不可开门纳寇一事，《资治通鉴》予以了充分体现。《资治通鉴》精简了有关孙晟的生平，只挑选了几件较为重要的事，但并不妨碍人们对孙晟得出一个较为全面的认识。《资治通鉴》虽未予以评论，但人们不难看出司马光对孙晟忠心的赞许。

成书于熙、丰年间的《玉壶清话》也对孙晟有所记载，言其被宋齐丘排挤，任舒州观察使。因对归化军的军卒抚视不均，有两名士卒欲白昼刺杀孙晟，孙晟很有胆识和智慧地处理了此事。此事在陆游的《南唐书》中也有记录，不过他笔下的孙晟却只是骑上百姓家的马，一逃了之。对此，《旧五代史考异》认为，孙晟舒州之事不见于五代正史，因此传闻大多失实。由于诸多五代十国史料的佚实，我们已无法得知事实真相。不过，可以肯定的是，在北宋中后期，孙晟的形象明显高大丰满了起来。如《旧五代史》中"性阴贼，好奸谋"这句对孙晟人格的贬低之语，再也没有出现过。

南宋陆游的《南唐书》对孙晟也有相当高的评价。据其笔下，孙晟少为进士，而未触及其曾为道士之事，从现存史料来看，大概是取自《江南野史》。"始济阳为进士者，例修边幅，尚名检。忌豪举跌宕，不能蹈绳

---

① （宋）孔武仲：《宗伯集》卷一六《书孙晟传后》。

墨,遂亡去。"后来庄宗建国,孙晟便投奔后唐。言及孙晟投奔南唐的原因时,只称后唐"明宗天成中,与高辇同事秦王从荣,从荣败,忌亡命至正阳",而未提及朱守殷,这则材料当是取自《江南余载》。做进士比做道士自然要光彩得多,逃亡江南的理由也比劝朱守殷谋反要堂皇得多。此外,对孙晟的机智、才干与忠心,陆游都作了细致描写,并予以了高度评价:"南唐之衰,刘仁赡死于封疆,孙忌死于奉使,皆天下伟丈夫事,虽敌雠不敢议也。区区江淮之地,有国仅四十年,覆亡不暇,而后世追考,犹为国有人焉。"[1]

---

[1] (宋)陆游:《南唐书》卷一一《孙忌传》,《五代史书汇编》第9册,第5554页。

第 三 章

北宋中后期的五代十国史研究

北宋中后期是两宋五代十国史研究的重要转折点。这一时期,随着社会现实的演变,新的学术思潮的产生,知识群体以新的指导思想与研究手法重修五代十国史的热情高涨。以欧阳修的《新五代史》为代表,开启了对五代十国史的全面否定时期。

第一节 北宋中后期对五代十国历史地位的认识与研究特点

一 北宋中后期对五代十国历史地位的认识

时间永是流逝。几十年过去,五代十国的遗臣遗民均已逝去,几代君主的辛苦经营也使北宋社会在仁宗朝步入了文质彬彬、"海内大治"[1]的盛世时期。富庶安定的生活与五代残酷凋敝的乱世形成强烈对比。文官政治的稳固确立,帝王与士大夫共治天下格局的形成,又与五代士人"动触罗网,不知何以全生"的凄凉状况形成鲜明对照。北宋政府真正得到了人们尤其是士人的衷心认同。加上北宋政府不遗余力地借助于教育、科举、修史等手段对自己统治的合法性进行宣传,贬低五代十国(就连五代第一英主周世宗,也被宋太祖在不同场合一再进行贬低,如"威胜

---

[1] (宋)李攸:《宋朝事实》卷一,丛书集成初编本。

于德，故享国不永"①、"周世宗见诸将方面大耳者皆杀之"② 等语），导致这一时期五代十国在世人心目中的地位急速下降。此外，宋初开国时的种种举措，所谓祖宗家法，都是在对五代十国史的缜密思考基础上，充分汲取其经验教训而确立的，表现为对五代乱离情状的拨乱反正，因此，五代十国予人的负面观感无疑愈来愈深。随着太祖、太宗将五代的经验教训汲取融汇到政治生活、制度架构等各个层面，人们对五代十国的鄙夷态度加深，终于发展为全盘否定。

在政治领域，五代十国仍然保留着它们的地位。仁宗天圣八年（1030）诏令"五代时官三品以上告身存者，子孙听用荫，仍须得保官三人"③。景祐二年（1035）十一月，仁宗下诏大赦，录唐、后梁、后唐、后晋、后汉、后周及十国后代。被辟为御史台主簿而尚未就职的石介为之上疏，论赦书不当求五代及诸伪国之后，此论不合上意，石介被罢而不召。"传者皆云介之所论，谓朱梁、刘汉不当求其后裔尔"④，大约石介论说的重点在于这两个政权。二十三日，仁宗"诏翰林学士承旨章得象、御史中丞杜衍、知制诰李淑，编次赦书所访唐、五代诸国及本朝臣僚子孙以名闻"。这时，太子中允、知淮阳军梁适"亦上疏论朱全忠乃唐之贼臣，今录其后，不可以为劝。上是其言，记适姓名于禁中，寻召为审刑院详议官"⑤。录五代十国后是为了拉拢五代十国的旧君臣，减少政治阻碍，而这一策略也等于承认了五代十国的历史地位。上述这两件事相距不远，可知仁宗君臣对后梁是有着较为一致的认识的。但石介的进言显然否定了整个五代十国的地位，打击面过宽，因此被黜。

但是，统治阶层对五代十国的蔑视是极为明显的。早在天圣五年（1027），杨及上所修《五代史》，宋仁宗就对辅臣说："五代乱离，事不足法。"⑥ 欧阳修作《新五代史》时，王安石说："五代之事，无足采者。此何足烦公？三国可喜事甚多，悉为陈寿所坏。可更为之。"欧阳修"然

---

① （宋）邵博：《邵氏闻见后录》卷二〇，中华书局1983年版，第154页。
② 《长编》卷一，太祖建隆元年十二月壬辰条，第30页。
③ 《长编》卷一〇九，仁宗天圣八年二月戊子条，第2536页。
④ 《欧阳修全集》卷四七《上杜中丞论举官书》，第658页。
⑤ 《长编》卷一一七，仁宗景祐二年十二月癸酉条，第2767—2768页。
⑥ 《长编》卷一〇五，仁宗天圣五年二月丙申条，第2437页。

其言，更不暇作也。"① 对统治阶层而言，史书最大的作用，乃是为统治提供借鉴，而"事不足法"的五代自然不会受到特别的重视。大约从仁宗朝开始，"五季"一词开始被使用，庆历以后流行开来②，并与"五代"一词混杂使用。甚至宋神宗亦曾在其自制四言诗中发出"五季失图，猃狁孔炽"③之语。如前所述，"五代"表示五个独立的王朝，而"五季"却只是唐末藩镇割据之余绪而已。"五季"的广泛使用，体现了五代在人们心目中地位的低落程度。

这一时期，相继出现了论五代十国史的专文，主要有宋祁《诋五代篇》、吕陶《五代论》、李清臣《五代论》、苏辙《五代论》、何去非《五代论》、张耒《五代论》。在他们眼中，五代是历史上一个最为无道的短促乱世，"臣主不肖"，礼义丧尽，"桀诈桀，乱济乱"④，一无是处。相比起春秋战国、三国、南北朝等分裂时期，"自古乱亡莫甚于五代。周、秦、汉、晋之间以兵攘，间有天下之豪杰，或借仁义，本谋术。五代之际，率皆凶卒小盗，公行而无愧，脍截生民而尽之，礼义廉耻，无发遗矣"⑤，"五代不仁之极也"⑥。这种乱世景象正凸显出宋朝的伟大与难能可贵。"《诗》云：'商监不远，在夏后之世。'五代有焉。又曰：'上帝临汝，无贰尔心。'我朝有焉。虽区区唐汉，不得并日而语矣"⑦，"不大乱不大治。五代之大乱，天所以开圣宋也"⑧。这几篇五代论可以代表时人对五代的认识。五代成为社会政治极端负面黑暗的代表，受到全方位的严厉批评。政治方面臣主不肖，一切姑息，悖逆祸败；经济方面赋税深重，民不聊生；制度方面丛杂苟且，为乱世之象；文化方面除了肯定五代在书法方面取得的成绩之外，儒学衰微，文风不振，几于坠地；军事方面骄兵悍卒，兵力不振；外交方面，除了寥寥数人肯定五代治理西戎、刘仁恭对付契丹的微弱声音之外，石晋甘辞厚赂割地等举措仍不免

---

① （宋）唐庚：《眉山唐先生文集》卷七《三国杂事序》，四部丛刊三编本。
② 刘浦江：《正统论下的五代史观》，《唐研究》第十一卷，北京大学出版社2005年版。
③ （宋）洪迈：《容斋随笔·三笔》卷一三《元丰库》，第586页。
④ （宋）宋祁：《景文集》卷二五《诋五代篇》，丛书集成初编本。
⑤ （宋）李清臣：《五代论》，见《宋文选》卷一九，四库全书本。
⑥ （宋）陈师锡：《五代史记序》。
⑦ （宋）宋祁：《景文集》卷二五《诋五代篇》。
⑧ （宋）李清臣：《五代论》，《宋文选》卷一九。

于开运之祸,令宋人印象深刻;社会风俗方面礼义廉耻丧尽。总之一无可取。这与宋初三朝,尤其是太祖、太宗时期的认识有很大不同。那时诸如《旧五代史》《五代史补》、十国遗民的作品等,对五代都还有些正面描述。实际上,五代是一个非常关键的时期。它"表面上乱,实质是变",在表面的动荡分裂之中,隐含着统一的走向。对此,宋人也有模糊的认识。"不大乱不大治","物慎乎其极,则必至于变"①,"夫乱极而判,已离而合,天下之常势,古今之所同然者"②,大致说的就是这个意思。不过,这也更加深了他们对五代乱极的印象。

这一时期,关于五代十国正统地位的争论也变得热烈起来。北宋中期是一个非常重要的时期。学者们从不同角度对社会问题、天人关系等进行了深入思考和激烈辩论,其中也涉及对五代总体以及五代诸政权的评价。一方面,人们对后梁的厌恶与轻蔑并未有任何减轻,反而随着时间的推移越来越严厉。另一方面,人们对于五代的蔑视越来越明显,以五代为正统的观念受到了极大质疑,对五代历史地位的评价也开始全盘滑落。

北宋前期的正闰之争基本上是围绕着"五德终始说"进行的,这也是秦汉以来历代王朝证明其政权合法性的理论依据。这一理论依据到了北宋中期,开始受到强烈冲击,并最终被摒弃。发其端者为欧阳修。他相继撰写《原正统论》《明正统论》《秦论》《魏论》《东晋论》《后魏论》《梁论》七论(后将七论删订为《正统论上》《正统论下》及《或问》三篇),对历代正统问题发表了独到见解,由此掀起了宋人对正统问题的大讨论,在激烈的辩论中做出了一次推陈出新的思想重构,奠定了后世正统论的基调。关于正统观最为热烈的讨论,当属三国时期曹魏与蜀汉孰为正统的问题。而五代政权纷繁复杂的状况,也大大吸引了宋人的注意力。

欧阳修对正统问题的讨论"盖为宋初对五代之统绪如何继承之问题而发"③,他也是第一个对五代的正统问题做出明确的理论认证及细致阐释的人。大致而言,欧阳修对五代正统地位的认识有一个前后演变的过程:前期对五代的正统地位没有疑问,并着重为后梁正名;后期却否定了五代(包括后梁)的正统地位,出现了大的转变。

---

① (宋)李清臣:《五代论》,《宋文选》卷一九。
② (宋)薛季宣:《浪语集》卷三〇《叙十国纪年》,四部丛刊初编本。
③ 饶宗颐:《中国史学上之正统论》,上海远东出版社1996年版,第39页。

欧阳修重新设立了认定正统的标准："正者，所以正天下之不正也；统者，所以合天下之不一也"①，"夫居天下之正，合天下于一，斯正统矣"②。在论断王朝地位时，要衡量"德"与"迹"。但在他看来，三代之兴皆以功德，而"自秦以来，兴者以力，故直较其迹之逆顺、功之成败而已"③，体现出以政权的本末之迹而非道德评价判定正统与否的趋向。

在这种思想的指导下，欧阳修对五代的正统地位做出了这样的解释："天下虽不一，而居得其正，犹曰天下当正于吾而一，斯谓之正统可矣。（东周、魏、五代）。"④ 以魏为例，"夫得正统者，汉也；得汉者，魏也；得魏者，晋也。晋尝统天下矣。推其本末而言之，则魏进而正之"⑤。在此，"居得其正"并非指道德方面、得天下手段之"正"，而是指政权的合法性来源，重在政权的承继关系，即承前代之血胤，且为后代之所承者。

而对后梁而言，针对"梁为伪，则史不宜为帝纪，亦无曰五代者"⑥，但在实际操作中又常常视梁为伪的矛盾现象，欧阳修提出了质疑，并分析了以后梁为伪的原因：

> 黜梁为伪者，其说有三：一曰后唐之为唐，犹后汉之为汉，梁盖新比也。一曰梁虽改元即位，而唐之正朔在李氏而不绝，是梁于唐未能绝，而李氏复兴。一曰因后唐而不改。

这三个原因最终都归结于后唐上，对此，欧阳修一一予以驳斥。对第一个理由，他指出，"夫后唐之自为唐也，缘其赐姓而已"，并非唐室的真正后裔，也并非真正忠于唐室。对第二个理由，"当唐之亡，天祐虚名与唐俱绝，尚安所寓于天下哉？"而后唐绝非忠于唐室，不过是与王建、杨行密等割据政权一样，为与后梁争夺天下，"自托于虚名"⑦ 而已。对第三个理由，则不过是因人之论而已。

---

① 《欧阳修全集》卷一六《原正统论》，第 275 页。
② 《欧阳修全集》卷一六《明正统论》，第 278 页。
③ 《欧阳修全集》卷一六《魏论》，第 282 页。
④ 《欧阳修全集》卷一六《明正统论》，第 278 页。
⑤ 《欧阳修全集》卷一六《魏论》，第 282 页。
⑥ 《欧阳修全集》卷一六《正统论序》，第 265 页。
⑦ 《欧阳修全集》卷一六《梁论》，第 285 页。

欧阳修并未正面为后梁的正统地位辩护，而是着重将其与"非李氏，未尝一天下，而正统得之"的后唐进行了分析比较，指出二者在"德"与"迹"方面并无本质差别，那么，为什么后唐可以为正统，而后梁却不能呢？后梁固然是篡弑而来，但"梁之取唐，无异魏、晋之取也"①，既然它们皆可为正统，后梁又为何不能呢？

基于此，欧阳修将后梁与后唐、后晋、后汉、后周一起归入正统之列，并在《新五代史》中将后梁列入本纪。不过，这在宋初前三朝不是问题的问题，却在当时引起了很大争议，以致欧阳修不得不一再为自己的观点辩护：

> 呜呼，天下之恶梁久矣！自后唐以来，皆以为伪也。至予论次五代，独不伪梁，而议者或讥予大失《春秋》之旨，以谓："梁负大恶，当加诛绝，而反进之，是奖篡也，非《春秋》之志也。"予应之曰："是《春秋》之志尔。鲁桓公弑隐公而自立者，宣公弑子赤而自立者，郑厉公逐世子忽而自立者，卫公孙剽逐其君衎而自立者，圣人于《春秋》，皆不绝其为君。此予所以不伪梁者，用《春秋》之法也。""然则《春秋》亦奖篡乎？"曰："惟不绝四者之为君，于此见《春秋》之意也。圣人之于《春秋》，用意深，故能劝戒切，为言信，然后善恶明。夫欲著其罪于后世，在乎不没其实。其实尝为君矣，书其为君。其实篡也，书其篡。各传其实，而使后世信之，则四君之罪，不可得而掩尔。使为君者不得掩其恶，然后人知恶名不可逃，则为恶者庶乎其息矣。是谓用意深而劝戒切，为言信而善恶明也。桀、纣，不待贬其王，而万世所共恶者也。《春秋》于大恶之君不诛绝之者，不害其褒善贬恶之旨也，惟不没其实以著其罪，而信乎后世，与其为君而不得掩其恶，以息人之为恶。能知《春秋》之此意，然后知予不伪梁之旨也。"②

不以梁为伪的观点得到了苏轼的赞同。"夫所谓正统者，犹曰有天下云

---

① 《欧阳修全集》卷一六《原正统论》，第277页。
② 《新五代史》卷二《梁太祖本纪下》，第24—25页。

尔……正统者，恶夫天下之无君而作也……天下无君，篡君出而制天下，汤武既没，吾安所取正哉。故篡君者，亦当时之正而已。"① 这是一种完全以政权的现实存在为依据的正统论，与道德标准无干，因此"正统听其自得者十，曰：尧、舜、夏、商、周、秦、汉、晋、隋、唐。予其可得者六以存教，曰：魏、梁、后唐、晋、汉、周"②。对此，清代钱澄之在《田间文集》中指出，这是由于苏轼厌恶宋之统无所承接，因而不得不以五代为正统相承所致。

司马光对正统也有自己的衡量标准。时人郭纯曾在《会统稽元图》中以后梁、后晋、后汉、后周为闰，司马光不予认同，认为"夫统者，合于一之谓也……又凡不能一天下者，或在中国，或在方隅，所处虽不同，要之不得为真天子"③，"朱氏代唐，四方幅裂，朱邪入汴，比之穷、新，运历年纪，皆弃而不数，此皆私己之偏辞，非大公之通论也。臣愚诚不足以识前代之正闰，窃以为苟不能使九州合为一统，皆有天子之名而无其实者也。虽华夏仁暴，大小强弱，或时不同，要皆与古之列国无异，岂得独尊奖一国谓之正统，而其余皆为僭伪哉！"④ 从这些言论来看，在司马光心中，衡量正统的标准是一统天下之事功。按照这个标准，后梁、后唐、后晋、后汉、后周显然是不得正统的。

综合欧阳修、苏轼、司马光三人的言论，可知他们的正统论皆以现实功业为依归，而非道德标准。这三人都是当时的大儒，思想往往领风气之先。然而，超前的思想并不一定代表社会的主流思想。就欧阳修所遭到的质疑来看，当时社会的主流思想还是以后梁为伪的。欧阳修门生章望之就是其中代表。他著《明统论》，分统为正统、霸统。以功德得天下者为正统，如尧、舜、夏、商、周、汉、唐、宋；得天下而无功德者为霸统，如秦、晋、隋；曹魏不能统一天下，不当与之统；后梁以弑君得天下，虽有统却当入霸统；后唐、后晋、后汉、后周皆以力得天下，因此也为霸统。显然，道德标准在章望之的正统论里占有重要地位。既然五代为霸统，那么宋朝当继唐统。但是，在章望之的正统之辨却不免

---

① 《苏轼文集》卷四《正统论三首·辩论二》，第121—122页。
② 《苏轼文集》卷四《正统论三首·总论一》，第120页。
③ （宋）司马光：《温国文正司马公文集》卷六一《答郭纯长官书》。
④ 《资治通鉴》卷六九，魏文帝黄初二年四月丙午"臣光曰"，第2186—2187页。

有"以霸易闰"①之嫌,并存在着推理上的矛盾。"章子以为,魏不能一天下,不当与之统。夫魏虽不能一天下,而天下亦无有如魏之强者,吴虽存,非两立之势,奈何不与之统。章子之不绝五代也,亦徒以为天下无有与之敌者而已。今也绝魏,魏安得无辞哉!"② "然五代亦不能兼天下,与魏同,乃独不绝而进之,使与秦、晋、隋皆为霸统,亦误矣。"③ 曹魏与后梁皆以篡弑起家,皆不能一天下,却一个"无统",一个为霸统,自然是缺乏说服力的。

苏轼门下士陈师道则直认后梁为无其统而为伪者,"学者拟梁于新,而唐非其族也。且其取之,夺也,非讨也。吾于《春秋》见之也。楚比,盗也,而弃疾杀之。君子书之曰:'公子弃疾杀公子比。'以情不以迹也。梁之存犹魏也。此朱梁之辨"④。与欧阳修同时代的宋庠,在其《纪年通谱》里,亦黜后梁年号,以"朱梁十六年通济阴天祐,续同光"⑤。毕仲游认为,如若不能以仁义守历数,则不能为正统。而得正统与否,应观其兴废善恶长短之效。则他至少是反对后梁为正统的。对欧阳修、苏轼与章望之的这场辩论,王安石也发表了自己的看法。饶宗颐先生曾引《续资治通鉴长编拾补》卷六"王安石论苏轼为邪憸之人臣,欲附丽欧阳修,修作《正统论》,章望之非之,乃作论罢章望之,其论都无理",而推论"盖附和章氏而反对东坡者"⑥。但由于材料的限制,尚不知王安石反对的是三国还是后梁的正统问题。王安石对三国很感兴趣,而对五代相当无视,因此少见其论五代的资料。就其对五代的蔑视来看,当是对后梁的正统地位颇为不屑一顾的。

后梁不被视为正统,主要是因为它背负着弑君夺国的原罪。尤其是朱温身为流氓无产者,投奔黄巢做"贼",叛归朝廷后,又灭清流,弑君王。其后子弑父,兄杀弟,人伦纲常灭尽。况且疆土不广,政局混乱。这样的王朝自然激不起宋人半点同情与敬佩之意。尤其是到北宋中后期,

---

① (宋)司马光:《温国文正司马公文集》卷六一《答郭纯长官书》。
② 《苏轼文集》卷四《正统论三首·辩论二》,第121页。
③ (宋)司马光:《温国文正司马公文集》卷六一《答郭纯长官书》。
④ (宋)陈师道:《后山居士文集》卷七《正统论》,上海古籍出版社1984年版,第446—447页。
⑤ (宋)晁公武撰,孙猛校证:《郡斋读书志校证》卷五"纪年通谱"条,第206页。
⑥ 饶宗颐:《中国史学上的正统论》,第42页。

重视尊王、大一统，而后梁样样都与之相悖。因此，对后梁之恶几乎没有争议。北宋初期以后梁为伪者尚鲜，遑论春秋学大兴的北宋中期了。自仁宗天圣元年（1023）至英宗治平二年（1065）通行的《崇天历》，即黜后梁所建年号，在唐朝灭亡之后沿用唐哀帝的天祐年号，并以后唐继唐之统。纵观两宋，大费周章为后梁的正统地位频频辩护者，也只有欧阳修一人而已。然而，就是这一人，随着时间的推移，思想也发生了变化。

在其晚年删定的《正统论》中，欧阳修索性将整个五代（包括后梁）的正统性全部否定，并得到了后世主流思想界的认同：

> 其或终始不得其正，又不能合天下于一，则可谓之正统乎？魏及五代是也……五代之得国者，皆贼乱之君也。而独伪梁而黜之者，因恶梁者之私论也。唐自僖、昭以来，不能制命于四海，而方镇之兵作。已而小者并于大，弱者服于强。其尤强者，朱氏以梁，李氏以晋，共起而窥唐，而梁先得之。李氏因之借名讨贼，以与梁争中国，而卒得之，其势不得不以梁为伪也。而继其后者，遂因之，使梁独被此名也。夫梁固不得为正统，而唐、晋、汉、周何以得之？今皆黜之。而论者犹以汉为疑，以谓契丹灭晋，天下无君，而汉起太原，徐驱而入汴，与梁、唐、晋、周其迹异矣，而今乃一概，可乎？曰：较其心迹，小异而大同尔。且刘知远，晋之大臣也。方晋有契丹之乱也，竭其力以救难，力所不胜而不能存晋，出于无可奈何，则可以少异乎四国矣。汉独不然，自契丹与晋战者三年矣，汉独高拱而视之，如齐人之视越人也，卒幸其败亡而取之。及契丹之北也，以中国委之许王从益而去。从益之势，虽不能存晋，然使忠于晋者得而奉之，可以冀于有为也。汉乃杀之而后入。以是而较其心迹，其异于四国者几何？矧皆未尝合天下于一也。其于正统，绝之何疑。①

此处的"正"是指德之"正"、名分之正，显示出欧阳修的道德评价趋向。在《正统辨》篇，欧阳修的道德批判更为严厉，直指"舍汉、唐、

---

① 《欧阳修全集》卷一六《正统论下》，第273页。

我宋，非正统也"①。在《正统论》中，欧阳修还重点论证了后汉为何不当居正统。后汉在宋人眼中是一个朝政败坏已极的政权，也是黎明前的黑暗，国祚极短，君臣、朝政、军队等一无所取。"五代衰微之弊，极于晋、汉，而渐革于周氏"②，对后汉高祖刘知远，连最为宽容的《旧五代史》，都认为他是"乘虚而取神器，因乱而有帝图，虽曰人谋，谅由天启。然帝昔莅戎藩，素亏物望，洎登宸极，未厌人心，徒矜拯溺之功，莫契来苏之望。良以急于止杀，不暇崇仁。燕蓟降师，既连营而受戮；邺台叛帅，因闭垒以偷生。盖抚御以乖方，俾征伐之不息。及回銮辂，寻堕乌号，故虽有应运之名，而未睹为君之德也"。司马光则严厉指责他"非仁"，"非信"，"非刑"，无怪乎"其祚运之不延也"③。后汉隐帝更不待言。就朝政来讲，"晋汉之朝，政去公室，臣强主弱，政令不行"④；就地方政事而言，"晋汉之世，侯伯恣横，非法掊敛，百姓田蚕所获，未输公税，已入权豪之手，以至县令将至有年，诛求百端，下无所诉"⑤；就法律制度来说，"自古用重法以止盗者，莫如五代之汉……然盗贼不为衰止，汉室不四年而亡"⑥；就人才而言，"五代梁、唐、晋、汉四世，人才无一可道者。自古乱亡之极，未有乏绝如是"⑦；就军事方面来说，晋、汉之世，"兵虽数十万，而皆不素习。士居闲暇，则自为生业，将乘势重，则取其课直"⑧，"可用者极寡"⑨。总之，一无是处。

不过，对后汉的正统地位，宋人又有一种别样的情怀。契丹灭晋后，中原无主，刘知远才起兵称帝，入主中原，被认为与其他四朝有所不同。真宗景德四年（1007）还曾诏令在河南府建五代汉高祖庙。对此，欧阳修指出，刘知远"于出帝无复君臣之义，而幸祸以为利者，其素志也"。

---

① 《欧阳修全集》卷六〇《正统辨下》，第864—865页。
② （宋）姚铉：《唐文粹序》，四部丛刊本。
③ 《资治通鉴》卷二八七，后汉高祖天福十二年十一月丁丑条"臣光曰"，第9379页。
④ （宋）佚名：《新刊国朝二百家名贤文粹》卷七六，见四川大学古籍整理研究所编《宋集珍本丛刊》第93册，线装书局2004年版，第794页。
⑤ （宋）李攸：《宋朝事实》卷九。
⑥ （宋）范祖禹：《范太史集》卷二二《转对条上四事状》，四库全书本。
⑦ （宋）叶梦得：《避暑录话》卷上，《全宋笔记》第2编第10册，大象出版社2006版，第275页。
⑧ 《曾巩集》卷四九《本朝政要策·训兵》，第654页。
⑨ 《长编》卷三，太祖建隆三年十一月甲子条，第74页。

后晋未亡时,刘知远与朝廷已互有心结。契丹灭晋时,他毫无勤王之意。出帝北迁时,他佯称出兵救援,但才至土门就下令还师。即位改元之后,又出于爱憎之私,黜开运之号,复称天福十二年。究其心迹,实与后梁、后唐、后晋、后周四朝无异。但欧阳修的论证并没有完全说服世人。王士禛曾在《池北偶谈》中谈道:"东坡先生《指掌图》,于五代之君,书法各异。于梁曰梁太祖朱温,于唐曰后唐庄宗讳某,于晋周曰晋高祖姓石氏名某、周太祖姓郭氏名某字仲文,于汉则曰汉高祖睿文圣武昭肃皇帝姓刘氏名某。岂非以五代惟后唐及汉得国差正,而异其书法耶?"① 此处提到的《指掌图》即《历代地理指掌图》,书中有建炎二年(1128)改江宁为建宁府、绍兴三十二年(1162)升洪州为隆兴府之语,当为南宋人托苏轼之名所作。可知直至南宋,仍有人对后汉另眼相看。这大约与因北宋亡于金而激起的民族情结有关。

不过,欧阳修也认识到了史书编纂与意识形态之间的矛盾关系,而坚持《新五代史》中不伪梁的做法:

梁,贼乱之君也。欲干天下之正统,其为不可,虽不论而可知。然谓之伪,则甚矣。彼有梁之土地,臣梁之吏民,立梁之宗庙社稷,而能杀生赏罚以制命于梁人,则是梁之君矣,安得曰伪哉?故于正统则宜绝,于其国则不得为伪者,理当然也。②

对一个客观存在过的政权,应当在史书编纂中采取"不没其实"的原则,据事直书,以暴其恶,这才是遵循《春秋》的精神。这时的欧阳修似乎又认同了宋朝前期对后梁地位的处理方式,但所秉承的指导思想却已有了质的不同。

这一点与司马光的处理也十分相似。尽管他对五代包括后梁的正统性不以为然,但还是采取了"据其功业之实"的标准,取后梁、后唐、后晋、后汉、后周年号纪五代十国之事:

---

① (清)王士禛:《池北偶谈》卷一九《指掌图》,中华书局1982年版,第457页。
② 《欧阳修全集》卷一六《或问》,第274页。

第三章 北宋中后期的五代十国史研究

> 臣今所述，止欲叙国家之兴衰，著生民之休戚，使观者自择其善恶得失，以为劝戒，非若《春秋》立褒贬之法，拨乱世反诸正也。正闰之际，非所敢知，但据其功业之实而言之……然天下离析之际，不可无岁、时、月、日以识事之先后。据汉传于魏而晋受之，晋传于宋以至于陈而隋取之，唐传于梁以至于周而大宋承之，故不得不取魏、宋、齐、梁、陈、后梁、后唐、后晋、后汉、后周年号，以纪诸国之事，非尊此而卑彼，有正闰之辨也。①

这段话"推其要旨，只是据事纪时，放弃正闰，不论道德及自上相授受等问题，此种意见，实有取于欧公'推迹不没其实'之说"②。欧、马二人的处理方式无疑产生了一定影响。此后，后梁的地位完全沦落。虽然偶尔还会有人提及后梁的正统地位，如建炎元年（1127），喻汝砺声称"中原者正统也，割据者霸统也。诸葛亮之奇才而不能轧曹操，李克用之骁勇而不能抗朱温，何哉？曹魏、朱梁先定中原。庸蜀、晋人，特劫然一方之霸者耳，何足以当中原之强大乎"③，但观其意，似乎却只是为了强调汴都为天下之根本，以阻止宋廷迁都金陵。随着道德评价的日趋严厉及五代日益滑落的地位，后梁完全失去了翻身的机会。不过，在史学撰著方面，宋人基本上还是习惯性地沿着"五代"的路线，将其视为一个朝代。

相对于后梁的饱受争议，后唐的地位一直比较稳固。虽然屡有人（如孙光宪④、欧阳修等）指出后唐并非真心为唐复仇，但它基本上还是被视为中兴唐祚，树立了为唐复仇的正面形象。宋人有关后梁、后唐、后晋、后汉、后周的正闰之争，除非是全盘否定五代，否则后唐的正统地位便是最稳固的一个。若五代只能保留一个正统王朝，则一定是后唐。这一点就连北宋中后期也不例外。《春秋》笔法谨严的尹洙，所著《五代春秋》独于后唐庄宗、明宗书谥，称为"后唐庄宗神闵皇帝"、"明宗仁

---

① 《资治通鉴》卷六九，魏文帝黄初二年四月丙午条"臣光曰"，第2187—2188页。
② 饶宗颐：《中国史学上之正统论》，第43页。
③ （宋）佚名：《新刊国朝二百家名贤文粹》卷八三，见《宋集珍本丛刊》第94册，第37页。
④ 见《北梦琐言》卷一八："庄宗皇帝为唐雪耻，号为中兴，而温韬毁发诸帝寝陵，宜加大辟，而赐国姓，付节旄，由是知中兴之说谬矣。"第334页。

德皇帝"，与对其余四代诸帝简单称为"梁太祖"、"末帝"、"晋高祖"、"少帝"、"汉高祖"、"隐帝"、"周高祖"、"世宗"、"恭帝"的写法有所不同，"推崇异于四代，明梁不得以继唐"①，于无声处暗寓褒贬。尽管欧阳修等人曾经揭露过后唐所谓兴复唐室的真正用心，宋人也心知肚明后唐"非唐室之纯臣"，"虽国号为唐，而高祖、太宗之英灵气泽绝矣"②，但除非五代的整体地位被否，否则后唐的地位基本上不会被撼动。

后晋是历史上一个臭名昭著的朝代。石敬瑭以父事契丹、割地称臣的代价换得契丹的支持，篡夺了后唐江山，这令宋人深感羞耻，燕云十六州的割让更令宋人深受其害。因此，在备受契丹等少数民族的侵扰之后，宋人对后晋的抨击呈现日趋猛烈之势。《旧五代史》对后晋高祖石敬瑭尚有"仁慈恭俭之主"的评价，至北宋中后期，后晋之事已为"中原千古之耻"③，"一代君臣，为千古之罪人"④，"晋之事丑矣，而恶亦极也"⑤，"召徕寇戎，腥腥中夏，人主后妃，蒙尘异域，皆高祖之罪也"⑥，"彼斗筲者，何足算也"⑦，"为中国之丑"⑧，"石晋欺天罔民，交结外邦，以篡其主"⑨，"晋高祖欺天叛君，而求助于北，末帝昏乱，神人弃之"⑩，等等，成为时人的普遍意见。时至南宋，与开运之祸相似但更为惨烈的靖康之耻，使宋人深受刺激，对石晋的批判也更加严厉，"至今为天下嗤笑。凡言君臣委靡不振、服役夷狄者，必曰石晋云"⑪。而石晋割让燕云十六州之事，不仅造就了北宋君臣难以释怀的"燕云情结"，亦被南宋视为北宋亡国的一大原因，"方敬瑭割幽、燕遗契丹之日，孰知为本朝造祸之原哉！"⑫ 因此，后晋虽被官方立为正统，却只能与臭名昭著的后梁齐

---

① （清）华湛恩：《五代春秋志疑》自序，见傅璇琮等《五代史书汇编》第5册，第2999页。
② （宋）孔武仲：《宗伯集》卷一六《书后唐纪后》。
③ 《长编》卷一四九，仁宗庆历四年五月壬戌条，第3601页。
④ 《长编》卷一三九，仁宗庆历三年二月乙卯条，第3349页。
⑤ 《新五代史》卷五二《张彦泽传》，第679页。
⑥ （宋）杨杰：《无为集》卷九《五代纪元序》，北京图书馆出版社2003年版。
⑦ （宋）孔武仲：《宗伯集》卷一六《书石晋纪后》。
⑧ （宋）晁说之：《嵩山文集》卷一《靖康元年应诏封事》。
⑨ （宋）徐梦莘：《三朝北盟会编》卷八〇，上海古籍出版社1987年版，第604页。
⑩ （宋）《苏轼文集》卷一八《富郑公神道碑》，第526页。
⑪ （明）黄淮、杨士奇编：《历代名臣奏议》卷八八《经国》，第1231页。
⑫ （宋）陈振孙：《直斋书录解题》卷五"乱华编"条，第157页。

名,"虽朱梁、石晋皆可以得统者,将以兴我宋也",质疑者也不乏其人。人们对后晋的注意焦点也集中于父事契丹与割地之举,而在内政方面集体忽略了《旧五代史》对石敬瑭的正面评价,认为后晋臣强主弱、姑息武夫,"五代衰微之弊,极于晋、汉",与被视为一无是处的后汉齐名。

由于现实政治的原因,十国的正统地位在两宋时期从未被承认过。然而,在十国中,各国的地位又有所不同。南唐建立者李昪虽然"起于厮役,莫知其姓",但因其自命为唐室之后,取唐之制度,国力富强,文物繁盛,地位逐渐上升。从北宋中期胡恢的《南唐书》、北宋后期的马令《南唐书》,至南宋陆游的《南唐书》,可看出南唐地位的节节上升。同时,北汉作为一个特殊的割据政权,地位也有微妙的变化。如《旧五代史》般不共戴天的切齿诅咒,转变为胡旦、欧阳修等人设身处地的同情与一定程度的理解。

二 北宋中后期五代十国研究的特点

北宋中后期,关于五代十国史的研究呈现出如下特点:

(一) 对五代十国的普遍鄙夷与贬损"矮化"

如前所述,在这一时期,武夫当道的五代十国受到了宋人的普遍鄙夷,五代的正统地位遭到强烈质疑,这大大影响了宋人关于五代十国的议论与著述。

除了关于五代正统地位的争论、对五代历史地位的普遍贬损外,宋人的五代史著述也呈现出从取材到评论皆"矮化"五代的趋向,甚至出现了一部否定五代正统地位的史书——《唐余录》。在《新五代史》问世之前,出于对《旧五代史》的不满,王皞芟《旧五代史》繁杂之文,博采诸家之说,仿裴松之《三国志注》附注其下方,著成五代史,于仁宗宝元二年(1039)进呈。该书以"宋朝当承汉唐之盛,五代则闰也,故名曰《唐余录》",完全否定了五代的正统地位。以五代为闰的提议并非绝无仅有,宋初前三朝,张君房、谢绛、董行父等人早就已经提过,然而,以此为指导思想写成的专著,这却是目前所知最早的一部。惜该书不传,无法看到详细内容。

与《唐余录》相反,《新五代史》予五代以正统。其中不伪梁之举引起了不少争议，以致欧阳修不得不一再为其辩护。新、旧《五代史》虽然各有高下，但就以五代各朝为正统这一点来说，并没有多少差异。然而欧阳修却要做这么多文章加以解释，足见北宋中叶学术空气的活跃，也体现出发生在思想界的深刻变化。"以梁为伪"的观点已经深入人心，并且越来越强化。与北宋初期相对宽松的史书撰写义例相比，人们的要求无疑已经越来越严格了。而《新五代史》虽然以后梁为正统，但却对五代十国史进行了极为严厉的批判，开启了对五代十国史的全面否定时期。

（二）注重五代乱象与社会现实的紧密结合

五代事既"不足道"①，为何还要为之耗费笔墨？这是因为"安危之迹亦可为监也"②，与其说是为宋廷提供治世的经验教训，毋宁说是提供教训。关于五代的经验，也有寥寥数人提到，主要指五代治理西戎、防御契丹等边疆少数民族的经验："五代之末，中国多事，四方用兵，惟制西戎，似得长策。于时中国未尝遣一骑一兵，远屯塞上，但任土豪为众所服者，以其州邑就封之。凡征赋所入，得以赡兵养士，由是兵精士勇，将得其人，而无边陲之虞。"③ "刘仁恭据有幽州，数出兵摘星岭攻之（契丹——引者注），每岁秋霜落，则烧其野草，契丹马多饥死，即以良马赂仁恭求市牧地，请听盟约甚谨。"④ 有宋一代饱受外族侵扰，北宋举全国之力却受制于敌，还赔上了不计其数的士兵性命及金帛财物。相比之下，以五代之衰弱乱世，却有刘仁恭父子以区区一镇之力令契丹乞盟纳贿，这不能不使宋人深为感叹，甚至有意忽略了幽州在与契丹相抗的整个过程中实处劣势的事实，认为"夫使边臣虑国如燕、赵、仁恭之图己事而朝廷不预，此唐之盛时所以用三节度捍边而无忧也"⑤。另外，后周世宗在严明纲纪方面所采取的一系列措施（以高平之战后诛戮临阵脱逃的樊爱能、何徽等大将，整饬军纪，拣选精锐，改革禁军为代表），更令宋人屡屡称道，并以此作为两宋政府严明赏罚、整顿纲纪的范本。除此之外，五代予人的几乎全是负面印象，一派乱世景象。

---

① 《苏辙集·栾城应诏集》卷三《五代论》，第1261页。
② 《长编》卷一〇五，仁宗天圣五年二月丙申条，第2437页。
③ 《长编》卷一二五，仁宗宝元二年闰十二月壬子条，第2956页。
④ 《新五代史》卷七二《四夷附录第一》，第1002页。
⑤ （宋）晁补之：《济北晁先生鸡肋集》卷五〇《五代杂论》。

盛世之中往往蕴含着社会的危机。北宋建立后，太祖针对唐末五代的弊病，建立了一整套政治制度，强化中央集权。这在当时的确起到了积极作用。但是，随着时间的流逝，制度的弊病开始显露。真宗时，有识之士如王禹偁、田锡、朱台符等人就已指出，冗官、冗兵、冗费的"三冗"现象已经形成：叠床架屋的官僚机构导致人浮于事，大兴科举又使官员数量激增，另有郊祭大礼和名目繁多的恩荫之制。每逢祭祀，大小各官皆得荫。三年一次，不到十年，由恩荫得官者有一万二千人，"荫子固朝廷惠下之典，然未有如宋代之滥者"①。同时，养兵政策及战争的需要，使北宋拥有一支越来越庞杂的军队。"天下财货所入，十中八九赡军。"②巨额官俸与军费，加之每年输纳的"岁币"，成了北宋财政的沉重负担，遂以增税等名目，转嫁于人民，"恩速于百官者惟恐其不足；财取于万民者不留其有余"③，导致阶级矛盾相当尖锐，农民起义、士兵暴动时有发生。加之契丹等少数民族的威胁，使北宋的政治与社会危机均在酝酿之中。仁宗朝虽然号称太平盛世，但有识之士已经敏锐地察觉到了蕴藏在盛世景象之内的社会危机。五代乱世对宋人影响之深，使他们在数十年后仍然时刻警惕着与五代有关的各种不良现象。"若犹因循苟且，尚务偷安，不练人谋，只求天幸，臣恐五代之祸，不旋踵而至矣。"④面对积弊日深的社会现实，要求变法革新的要求日益高涨。身为庆历新政的支持者，欧阳修对现实状况尤其忧心忡忡，"前日五代之乱可谓极矣"，而北宋的现实形势却是"财不足用于上而下已弊，兵不足威于外而敢骄于内，制度不可为万世法而日益丛杂，一切苟且，不异五代之时，此甚可叹也"⑤。因此，五代十国的历史不可避免地吸引了一些宋人的注意。

在这种情况下，宋人对五代乱象保持着一份特别的警惕，他们时时联系现实，提醒统治者有所警戒。"五代之乱非远也"⑥，"是宜悉去五代姑息之失"⑦，"一切苟且，不异五代之时"，"然盐、酤、茗、算者，五

---

① （清）赵翼著，王树民校证：《廿二史札记校证》卷二五《宋恩荫之滥》，第535页。
② 《长编》卷一二四，仁宗宝元二年九月丁巳条，第2928页。
③ （清）赵翼著，王树民校证：《廿二史札记校证》卷二五《宋制禄之厚》，第534页。
④ 《长编》卷一四三，仁宗庆历三年九月丁丑条，第3453页。
⑤ 《欧阳修全集》卷六〇《本论上》，第863页。
⑥ （宋）范仲淹：《范文正公集》卷八《上执政书》，四部丛刊本。
⑦ 《张方平集》卷六《刍尧论·姑息之赏》，中州古籍出版社1992年版，第93页。

季之禁也,朝廷利而不知革。一土十税者,五季之征也,朝廷敛而不能弛。张颐待饷者,五季之兵也,朝廷姑息之而不知教。侮中国求货利者,五季之外域也,朝廷恃而不知备御者。今其敝可谓至矣"①。基于五代遗留下来的情势,他们还十分关注京师、陕西、河北的防守与战略地位。"惟唐室之后,凡更五代十二帝,共只得五十四年。国祚短促,自古未有之也。其故何哉?盖是都城在四战之地,并无险固,四方有变,直到城下,略无障碍之所致也。"② "后唐无备,契丹一举,直陷洛阳;石晋无备,契丹一举,直陷京师。故契丹之心,于今骄慢,且为边城坚而难攻,京师坦而无备,一朝称兵,必谋深入。"③ "所谓凡有国者得河北则立,失河北则亡者……朱氏之梁婚魏,据梁而立,失魏失相而亡;李氏之后唐得魏,灭梁而立,契丹入自河北而亡;石氏之晋以河北奉契丹而立,李殷纳契丹于定州,张彦泽以契丹犯京师而亡;刘氏之汉委河北,父事契丹而立,郭威起于邺而亡也。"④ "梁晋之所以为成败强弱者,不在梁晋,而在河北。"⑤ 这些议论,均体现出了他们深重的忧患意识。

(三) 防止五代乱象成为文人集团念兹在兹的集体意识

与五代宋初的情况不同,这一时期文人集团的自信心空前强大。他们认为"夫天下之所以不治,患在不用儒"⑥,指责五代"专上武力,诸侯握兵,外重内轻,血肉生灵,王室如缀,此武之弊也"⑦,而宋朝任用文人,则创立了太平之基。汲取五代教训,防止五代乱象的发生,成为整个统治集团,尤其是文人集团念兹在兹的集体意识。

文人集团对于武人自始至终有着特别的警惕,如庆历六年(1046),文彦博上言"唐末及五代以来,方镇守臣每有替移,或召赴阙。其间倔强武臣,多是妄托军情,不时受代,因致跋扈。国初惩方镇之弊,尽去此态,禀朝廷进退约束,无敢违异。臣窃见近日以来,沿边征镇总兵帅

---

① (宋) 陈舜俞:《都官集》卷六《说变》,四库全书本。
② 《长编》卷一四三,仁宗庆历三年九月丁丑条,第3452页。
③ 《长编》卷一四九,仁宗庆历四年五月壬戌条,第3603页。
④ (宋) 晁说之:《嵩山文集》卷二《朔问上》。
⑤ (宋) 王质:《雪山集》卷四《梁末帝论》,丛书集成初编本。
⑥ (宋) 王令:《广陵集》卷一八《师说》,四库全书本。
⑦ (宋) 范仲淹:《范文正公集》卷九《上吕相公书二》。

第三章 北宋中后期的五代十国史研究

守，累有本辖将吏例状举留者，此风不可启其渐。欲乞下诸路转运使，今后更不许诸军将校使臣等列状举留本辖帅守"①。重文抑武的政策使北宋武人的社会地位越来越低，"世胄之彦，场屋之士，田里之豪，一或即戎，即指之为粗人，斥之为哙伍"②。庆历二年（1042），范仲淹、韩琦、庞籍及王沿四人共同主持西北四路对夏战事时，朝廷将他们改为属于武职性的观察使，受到范、庞、王的抵制"不受"，韩琦虽勉强接受，也是满腹怨言，不久他们的文职官衔统统恢复。欧阳修为一代名臣，在其奏疏中，也屡屡出现武人"不识事体"③、"军士本是小人"、"不知进退"④等轻蔑之语。在这种价值观的影响和支配下，武将无论创立何等功勋，也摆脱不了朝野上下的普遍蔑视。宰相王曾曾称武人出身的枢密使张耆为"一赤脚健儿"⑤。狄青是北宋中后期数一数二的名将，也难免受到轻视。他任职定州时，有一次宴请韩琦，邀处士刘易作陪。席间"优人以儒为戏"，刘易以为是狄青授意，勃然大怒说："黥卒敢如此！"诟骂不止，摔杯而去。狄青却"笑语益温"⑥，第二天还亲自登门赔罪。另有一次，韩琦要杀狄青的旧部焦用，狄青"闻而趋就客次救之。魏公不召，青出立于子阶之下，恳魏公曰：'焦用有军功，好儿。'魏公曰：'东华门外以状元唱出者乃好儿，此岂得为好儿耶！'立青而面诛之。青甚战灼，久之，或白：'总管立久。'青乃敢退"⑦。任枢密使期间，狄青亦常常被文人戏称为"赤老"、"赤枢"⑧。对他所受的种种委屈，狄青颇感无奈："韩枢密功业官职与我一般，我少一进士及第耳。"不过，轻蔑还是小事，文臣群体的集体防范过当才是致命的。

狄青起于行伍，屡立战功，深得尹洙、范仲淹等赏识，皇祐四年（1052）升任枢密副使。五月，侬智高大举反宋。宋廷延续"以文驭武"的传统

---

① （宋）文彦博：《文潞公文集》卷一四《乞罢将校举留》，四库全书本。
② 《宋史》卷四一六《余玠传》，第12469页。
③ 《长编》卷一四五，仁宗庆历三年十二月庚申条，第3516页。
④ 《欧阳修全集》卷一〇九《论狄青札子》，第1656页。
⑤ 《长编》卷一〇七，仁宗天圣七年二月丙寅条，第2495页。
⑥ （宋）江少虞：《宋朝事实类苑》卷一四《德量智识·狄武襄》，上海古籍出版社1981年版，第170页。
⑦ （宋）王铚：《默记》卷上，第16页。
⑧ （宋）江休复：《江邻幾杂志》，《全宋笔记》第1编第5册，第139页。

做法，先后派多名文臣赴前线指挥用兵，均告失败。狄青慨然请行，提军出征，果断斩杀"不俟大军之到，先出师不利"的陈曙等三十二名将领，令副帅余靖"瞿然下拜"，提刑祖择之"便溺俱下，满于鞍鞯"①，"诸将股栗，莫敢仰视"②。宋军士气大盛，昆仑关一役大破侬智高，取得了北宋统一以来边疆战争的最大胜利。消息传来，仁宗大喜，欲重赏将士。他汲取了曹魏与五代的教训，认为"朕常观魏太祖雄才大略，然多谲诈。唐庄宗亦豪杰，行兵用师，动无失策，及即位，游猎无节，赏罚不时。此二主者，特将帅之才，而无人君之量，惜哉"③，欲赏罚分明，擢狄青为枢密使、同平章事，但却引起了文臣群体的坚决反对。

文臣集团的反对出自五代教训。早在狄青任枢密副使时，就已招致王举正、贾黯、韩贽等文臣的反对，认为此举是不守祖宗之成规，而自比五季衰乱之政。此次仁宗竟欲擢其为枢密使，不仅王举正以辞职相抗议，就连视狄青为良将的庞籍、欧阳修等人也竭力反对，任命被迫搁置。后来因为参知政事梁适出于一己私利的积极运作，狄青才于五月获任枢密使，从此开启了他的悲剧结局。

狄青的枢密使之职做了四年。在这四年中，有关其政绩与活动的记载极少。从"赤老"、"赤枢"称呼来看，狄青并未受到执政大臣应有的尊重，或者说，发自内心的尊重。加之狄青之谨慎，当不会有太大作为。然而，由地位低下之黥卒起而为位高权重之枢密使，这在重文的北宋无疑是极富传奇色彩的。狄青在军中极有威望，"为兵众所附"，在民间也相当知名，"京城小民闻青骤贵，相与推说，诵咏其材武。青每出入，辄聚观之，至壅路不得行"④。这一切都令文臣集团忧心忡忡。

嘉祐元年（1056）正月初，仁宗突患疾病，无法听政。他三子早亡，储贰不立，中外疑惧，人心动摇。五月起，京城和河北等地爆发水灾，民多流亡。七月彗星，八月日食。天灾人祸，流言四起。早在仁宗患病不久，即有禁卒告都虞侯欲为变者，虽被证明是诬告，但却不能不使朝中上下联想起当年太祖代周的故事。一时间，狄青成为众矢之的。"上自

---

① （宋）王铚：《默记》卷上，第13页。
② （宋）司马光：《涑水记闻》卷一三，中华书局1989年版，第261页。
③ 《长编》卷一七四，仁宗皇祐五年二月丙子条，第4197页。
④ 《长编》卷一八三，仁宗嘉祐元年八月癸亥条，第4435页。

正月不豫，青益为都人所指目"①，"诸军讻言藉藉"②。其实，早在皇祐年间就曾出现过针对狄青的"汉似胡儿胡似汉，改头换面总一般，只在汾河川子畔"③的歌谣。此时"讻言益甚，或言其身应图谶，或言其宅有火光，道路传说以为常谈矣"④，"青家犬生角，数有光怪"⑤。尽管狄青畏慎，针对他的谣言却没有停息过。狄青"一夕夜醮，而勾当人偶失告报厢使，中夕骤有火光。探者驰白厢主，又报开封知府。比厢主判府到宅，则火灭久矣。翌日，都下盛传狄枢密家夜有光怪烛天者"。敏感如刘敞，立刻联想到"昔朱全忠居午沟，夜有光怪出屋，邻里谓失火而往救，则无之，今日之异得无类此乎？"此语马上"喧于缙绅间"⑥。京师大水，狄青"避水般家于相国寺殿。一日，衩衣衣浅黄袄子，坐殿上指挥士卒。盛传都下。及其家遗火，（韩）魏公谓救火人曰：'尔见狄枢密出来救火时，着黄袄子否？'"⑦ 欲加之罪，何患无辞。谣言的流传加重了文臣集团的疑心，文臣集团的敏感多疑又推动了谣言的泛滥。而在这焦灼与疑惧背后，是来自整个文臣集团对五代历史的集体记忆，和防止五代历史重演的坚定决心。因此，狄青动辄得咎，处境不可谓不艰难。

　　文臣集团立即做出了反应：一请立储嗣，二请黜狄青。二事被视为"当世之急务"，也都与五代教训有关。熟知五代史的欧阳修是其中的急先锋。他先后上《论狄青札子》《论水灾疏》，一方面引用汉文帝立嗣的正面事例及"后唐明宗储嗣不早定，而秦王从荣后以举兵窥觊，陷于大祸，后唐遂乱"的反面事例，请立储嗣；另一方面引用五代武人夺国的教训，请求解除狄青兵权。他承认狄青没有过失，但却坚持"武臣掌国机密而得军情"绝非国家之利，何况狄青又"不幸为军士所喜"，深得士心。欧阳修甚至不惜以自己一向反对的五行灾异之说来论证武臣掌权之祸患，"至于水者阴也，兵亦阴也，武臣亦阴也。此类推而易见者。天之遣告，苟不虚发"，强烈请求罢免狄青，认为这样既可保全狄青，又可为

---

① 《长编》卷一八三，仁宗嘉祐元年八月癸亥条，第4435页。
② （宋）王称：《东都事略》卷七二，第600页。
③ （宋）江少虞：《宋朝事实类苑》卷五五《将帅材略·狄武襄二》，第727—728页。
④ 《欧阳修全集》卷一〇九《论狄青札子》，第1656页。
⑤ 《长编》卷一八三，仁宗嘉祐元年八月癸亥条，第4435页。
⑥ （宋）魏泰：《东轩笔录》卷一〇，第117页。
⑦ （宋）王铚：《默记》卷上，第16页。

国家消未萌之患。

　　欧阳修此论"只缘宋承五代之后，欧公不得不为过虑"①，但却多被后人诟病，认为"足以杀青有余"②，"岂人臣为国爱惜人才之道？"③ 甚至因此"疑公之未必纯出于君子也"④。但在当时的北宋朝堂，却并非只有欧阳修才持有这种观点。殿中侍御史吕景初就是其中之一："天象谪见，妖人讹言，权臣有虚声，为兵众所附，中外为之汹汹。此机会之际，间不容发，盖以未立皇子，社稷有此大忧"，矛头直指狄青。他还数次到中书请执政出狄青。文彦博以狄青忠谨有素，外言皆小人为之，不足置意。吕景初反驳说："青虽忠，如众心何！盖为小人无识，则或以致变。大臣宜为朝廷虑，毋牵闾里恩也。"⑤ 此话与赵普劝宋太祖释石守信等大将军权的用词何其一致。

　　司马光、范镇等人也上疏请立太子，尤其是知谏院范镇屡次极谏"彗出东方，孛于七星，其色正白。七星主急兵，色白亦主兵。天意若告陛下将有急兵至，欲陛下与大臣相敕警，以求消伏之术，不可宴然复如前日也……方此时，岂无乘间观衅，起为盗贼，如大水之入都城者乎？"⑥ 甚至发出了"义当死朝廷之刑，不可以死乱兵之下也"⑦ 的急言。

　　知制诰刘敞请黜狄青更力。早在皇祐末年，借一次日食之际，他就献《救日论》三篇，"备言所以防奸御变之术，狄青见而恶之，谓所亲曰：'刘舍人以此洗涤青邪！'"此次刘敞又极言："今外说纷纷，虽不足信，要当使无后忧，宁负青，无使负国家。"并对宰相说："向者天下有可大忧者，又有可大疑者。今上体平复，大忧去矣，而大疑者尚在。"矛头直指狄青。非但如此，他还"遍遗公卿书曰：'汲黯之忠，不难于淮阳，而眷眷于李息。'"⑧ 朝廷皆知其为狄青而发。

---

① （明）茅坤：《唐宋八大家文钞》卷三一《论狄青札子》，四库全书本。
② （清）汪懋麟：《百尺梧桐阁集》卷四《书欧阳公论狄青札子后》，上海古籍出版社1980年版，第309页。
③ （清）昭梿：《啸亭杂录》卷二，中华书局1980年版，第42页。
④ （清）魏禧：《魏叔子文集》卷一三《书欧阳文忠论狄青札子后》，中华书局2003年版，第668页。
⑤ 《长编》卷一八三，仁宗嘉祐元年七月丙戌条，第4428—4429页。
⑥ 《长编》卷一八三，仁宗嘉祐元年八月癸丑条，第4432页。
⑦ 《长编》卷一八三，仁宗嘉祐元年八月甲寅条，第4433页。
⑧ 《长编》卷一八三，仁宗嘉祐元年八月癸亥条，第4435页。

第三章 北宋中后期的五代十国史研究

就连认为狄青忠谨有素的文彦博也开始疑心狄青,进言以两镇节度使出之:

> 时文潞公当国,建言以两镇节度使出之。青自陈"无功而受两镇节旄,无罪而出典外藩",仁宗亦然之。及文公以对,上道此语,且言狄青忠臣。公曰:"太祖岂非周世宗忠臣,但得军情,所以有陈桥之变!"上默然。青未知,到中书,再以前语白文公。文公直视语之曰:"无他,朝廷疑尔!"青惊怖,却行数步。

只为一个"疑"字,结束了狄青四年的枢密使生涯。然而,这还不是悲剧的结束。狄青到达陈州之后,朝廷并不放心,"青在镇,每月两遣中使抚问。青闻中使来,即惊疑终日。不半年,疾作而卒,皆文公之谋也"①。

狄青深得尹洙的赏识,并得到范仲淹的指点,折节读书,精通秦、汉以后将帅兵法,"行师先正部伍,明赏罚,与士同饥寒劳苦","尤喜推功与将佐"②,"善用兵,多智数,为一时所伏"③,且对朝廷忠心不二。对他的才略与忠谨,欧阳修与文彦博等人都心知肚明,所以才会以"保全"狄青的名义将其拉下马。二人身为天下景仰的名臣,一个进言"足以杀青有余",一个则不惜以卑劣的计谋使狄青忧悸而死,理由不过是为了个"疑"字。唯一助狄青登上枢密使高位的,居然是私心为己的"小人"梁适,这不能不说是一种悲哀。

有宋一代,基于抑制武将之需要,大致呈现出以文臣任枢密使的基本面。"北宋太祖开国,武资任枢密长贰较文资为重。太宗、真宗后,国家统一,文资已有超越武资之势。仁、英、神三朝,文资已显较武资为多。哲宗时,全属文资。徽、钦、高各朝,虽略用武资,光宗以后,又全为文资所垄断。"④ 可见武臣任枢密使者也非绝无仅有。曹彬曾在宋初前三朝任枢密使。仁宗时也有武臣张耆、王德用任过枢密使。但唯独狄

---

① (宋)王大成:《野老纪闻》,见王楙《野客丛书》附录,上海古籍出版社1991年版,第450页。
② 《宋史》卷二九〇《狄青传》,第9721页。
③ (宋)王铚:《默记》卷上,第10页。
④ 梁天锡:《宋枢密院制度》,台北:黎明文化事业公司1981年版,第13页。

青却始终被反对,原因一是太祖至仁宗年间,社会总体环境已经安定,武将的重要性降低,五代积习清除殆尽,社会已经形成了一套重文轻武的严密体制与惯性思维。二是狄青"起自行伍"的身世击中了宋廷的痛处,"宋至仁宗时,承平百年,武夫鸷卒遭时致位者虽有之,起健卒至政府,隐然为时名将,惟青与(郭)逵两人尔"①。狄青得到士卒的衷心爱戴,也触犯了宋廷忌讳。太宗时,"月赐缘边士卒白金",谓之"月头银"。镇州驻泊都监、酒坊使弥德超曾乘间以"急变"告于太宗说:"枢密使曹彬秉政岁久,能得士众心。臣适从塞上来,戍卒皆言'月头银曹公所致,微曹公,我辈当馁死矣。'"②虽有参知政事郭贽极言救解,曹彬仍然被罢职。景祐三年(1036),武将王德用知枢密院事,翰林学士苏绅密疏以为王德用"宅枕乾冈,貌类艺祖",御史中丞孔道辅"谓德用得士心,不宜久典机密"③,王德用因此被罢职。这些都是因为他们想起了五代的前车之鉴。

　　在狄青事件中,还呈现出文臣防范武臣较帝王更甚的现象。仁宗对于狄青一再呈现出重用、宽容的倾向,反而是文臣集团自始至终表现出高度的重视与积极的卷入。这卷入一方面是由于重文轻武氛围的形成、对五代教训的念念不忘,另一方面也呈现出文臣集团微妙的心理。

　　宋朝惯例,武将出征,一般要遣文臣为副,以宦官监军。在狄青征讨侬智高之前,宋廷延续"以文驭武"的传统做法,先后派多名文臣赴前线指挥用兵,均告失败。仁宗在谏官李兑、宰相庞籍的坚持下,一改"将从中御"的做法,令岭南诸军皆受狄青节度,对战争的胜利起到了重要作用,也对文人集团的威信造成了一定冲击。刘敞曾经专门反驳"文士不足用"论,为文人任武事辩护:"初讨智高,使杨畋以起居舍人行,其后两将败没,贼势益炽,畋以故谪守鄂州。及狄青率诸军至邕,一战破之,议者以为文士不足用,而宿儒伟贤亦不能自解,非知言者也。杨畋之官素微,又其行以使者往,而所与俱者蒋偕、张忠之徒,官皆在畋右,或宿将自负,颉颃作气,招之不来,麾之不往,且安得有功?青两府,本起行阵,能得士卒心,其势固重,而朝廷亦深借以权,州郡得擅

---

① 《宋史》卷二九〇,史臣论赞,第9726页。
② 《长编》卷二四,太宗太平兴国八年正月戊辰条,第537页。
③ (清)毕沅:《续资治通鉴》卷四一,宋仁宗宝元二年五月癸卯条,第980页。

调发,幕府得擅辟置,将校得擅诛赏,以此督战,亦安得无功?使两人易地而处,巧拙等耳。"① 欧阳修也说:"国家从前难得将帅,经略招讨常用文臣,或不知军情,或不闲训练。自青为将领,既能自以勇力服人,又知训练之方,颇以恩信抚士。以臣愚见,如青所为,尚未得古之名将一二。但今之士卒不惯见如此等事,便谓须是我同类中人,乃能知我军情而以恩信抚我。"② 隐隐透露出文臣集团的焦虑感与微妙心理。

"自宋太宗、真宗及仁宗即位以来,宋军将领普遍呈现出庸碌、无能的状态。"③ 狄青的出现本是激励士气的大好时机,但北宋政府却错过了这次良机。狄青因疑忌而死,极大地打击了士气。南宋年间,名将岳飞遇害。对岳飞之死,后人认为正是秦桧袭用了欧阳修弹劾狄青的思路而致,"有宋一代,武臣寥寥,惟狄武襄立功广南,稍有生色,仁宗置诸枢府,甚为驾驭得宜。乃欧阳公露章劾之,至恐其有他心,岂人臣为国爱惜人才之道?狄公终以忧愤而卒。其后贼桧得以诬陷武穆者,亦袭欧阳之故智也"④。诚然,欧、秦二人人品迥异,居心不同,但在此事的逻辑脉络上却是一脉相承的。对武人的防范就这样成为两宋君臣的集体意识。

以后世的眼光来看,宋朝文人集团对武人的敏感多疑已经到了匪夷所思的地步,即使是名臣宿儒亦不能免,令人愤懑。然而,若置身于当时的情境,则可知即使已过去几十年,五代的残酷乱象依然像幽灵一般盘踞在人们心头,文人集团对于五代乱世犹如惊弓之鸟一般的恐惧,以及不惜代价防范的决心,归根结底,正是由此而来。

(四) 部分宋人开始关注由五代矫枉过正的一些弊端

对于抑制武人、强干弱枝政策所造成的矫枉过正,宋人也有关注。例如,尹源批评内重外轻的军事布局致使兵骄而将轻;贾昌朝批评削方镇兵权过甚且以亲旧、恩幸命为将帅,致使战必致败;张方平批评强干弱枝致使州郡武备太弱,无法起到遏制"盗贼"的作用;王安石则注意到了为杜绝骄兵现象而导致的士兵窘寒的现象。

---

① 《长编》卷一七四,仁宗皇祐五年二月癸未条注引刘敞语,第4197—4198页。
② 《欧阳修全集》卷一〇九《论狄青札子》,第1656页。
③ 陈峰:《从名将狄青的待遇看北宋中叶武将的境况》,《中州学刊》2000年第4期。
④ (清)昭梿:《啸亭杂录》卷二,第42页。

北宋惩五代骄兵之弊，对武人控制甚严，以至走向反面，克扣军粮、士兵窘寒的现象时有发生，这大大影响了士气和战斗力。熙宁三年（1070），宋神宗手诏："仓使给军粮，例有亏减，出军之家，侵牟益甚，岂朕所以爱养将士意哉！自今给粮毋损其数，三司具为令。"四年，诏付赵卨："闻鄜延路诸军数出，至鬻衣装以自给，可密体量振恤之。"① 然而，情况并未有所改善。次年四月，王安石上言：

> 今士卒极窘，或云有衣纸而攒甲者，此最为方今大忧。自来将帅不敢言赈恤士卒，赈恤士卒，即众以为姑息致兵骄。臣愚以为亲士卒如爱子，故可与之俱死，爱而不能令，譬如骄子不可用也，兵骄在于爱之之过。前见陛下言郭进事，臣案进传，言进知人疾苦，所至人为立碑纪德政，惟士卒小有违令辄杀。又太祖尽以所收租税付之具牛酒犒士卒。进所杀必皆违令者，至于犒赏士卒，知其疾苦，必已备尽人情。惟其能如此，然后能杀违令者而令无怨。不然，则进何以能用其士卒每战必克？今将帅于抚士卒，未尝敢妄用一钱，视士卒穷困如此，然无一言闻上，盖习见近俗。臣恐士卒疾困则难用，且或复有庆州之变。谓宜稍宽牵拘将帅之法，使得用封桩钱物随宜赈恤士卒，然后可以责将帅得士卒死力也。②

士卒窘寒到这种地步，将帅还不敢赈恤士卒，可见这一时期对五代骄兵教训的汲取已经走到了反面。但是，注意到这些弊端的宋人并不在多数。加之祖宗家法的深入人心，使这些矫枉过正的问题并未得到有力的纠正。

（五）该时期关于五代十国史的著述遵循的是新的指导思想

五代儒学衰微，士风龌龊。经过几代统治者的大力提倡、思想方面不遗余力的灌输、政策与待遇向文官儒士的倾斜，至北宋中期，文人政治体制稳固确立，好文、重文的社会氛围全面形成，从根本上扭转了唐末五代以来的风气。文的复兴以及对五代乱世的反省，促使日益觉醒且自信的知识精英群体对儒学的现状及命运越来越关注，经历了一个对儒

---

① 《宋史》卷一九四《兵志八》，第4843页。
② 《长编》卷二二二，神宗熙宁四年四月癸亥条，第5403页。

学修养由浅入深逐渐重视的过程。宋初承唐末五代之弊，儒风不振，释道思想大行其道。至范仲淹与欧阳修的时代，一股排斥佛道、复兴儒学的运动狂飙突起。在对儒家学说空前的重视与提倡、对异质学说空前激烈的批判与攻击过程中，儒学不仅在学术界受到推崇，也被奉为治国的良方与准则。章句注疏之学开始被舍弃，从本经探求义理的风气逐渐形成，宋学初兴。同时，在思想的载体上也进行了有利于儒学复兴的改革，宋初三朝，承五代之弊，占据文坛主导地位的是华靡浮薄的骈文，"忘于教化之道，以妖艳为胜"①，令有识之士深为不满。他们因而接过中唐韩愈提倡古文的大旗，提倡文以载道，兴起了一场倡古文、反骈文的运动，以欧阳修为其领袖。在士风方面，以范仲淹为首，一个崭新的士大夫群体开始出现。"天下争自濯磨，以通经学古为高，以救时行道为贤，以犯颜纳说为忠"②，士大夫自命为衣冠文物之所寄，"儒家这种积极干预政事、议论国是、以天下为己任的传统精神，已大大复苏并渗透到一般士人的家庭教育中，成为知识分子的自觉追求"③，士风为之一变，社会由更加注重外在功业而越来越倾向于对内在伦理修为的强调与重视。因此顾炎武曾言"宋自仁宗在位四十余年，虽所用或非其人，而风俗醇厚，好尚端方，论世之士谓之君子道长"④。

在这场儒学复兴运动中，《春秋》和《周易》受到学者的特别重视。"宋学之初起，乃是以经学开其先。在经学之中，则先是春秋与易之见重，然后及于诗书之经学；再及于易传、中庸、大学及孟子、论语等汉唐人所谓五经之传记；终乃归至于重此传记之书，过于重五经。"⑤宋初三先生皆十分注重研究《春秋》，孙复特著《春秋尊王发微》，声称"尽孔子之心者大《易》，尽孔子之用者《春秋》，是二大经，圣人之极笔也，治世之大法也"⑥，其重视程度与研究方法影响及很多学者。北宋中叶，春

---

① （五代）朱希济：《文章论》，见《文苑英华》卷七四二，中华书局1966年版，第3878页。
② 《苏轼文集》卷一〇《六一居士集叙》，第316页。
③ 陈植锷：《北宋文化史述论》，中国社会科学出版社1992年版，第20页。
④ （清）顾炎武著，（清）黄汝成集释：《日知录集释》卷一三《宋世风俗》，第758页。
⑤ 唐君毅：《唐君毅先生全集》卷一九《中国哲学原论·原教篇》，台北：台湾学生书局1984年版，第12页。
⑥ （宋）石介：《徂徕石先生文集》卷一九《泰山书院记》，中华书局1984年版，第223页。

秋学成为显学,"据《宋史·艺文志》记载,宋儒治经,以《春秋》为最,举凡著作242部,计2799卷。故而,清人有'说《春秋》者莫多于两宋'之谓"①。

《春秋》学的勃兴,除了学术发展的内在理路使然之外,与宋朝统治者的大力提倡也有很大关系。宋朝统治者虽然君临天下,但对五代君如弈棋、国如传舍的情况却颇为忌惮,因此除了在制度上消弭兵骄将悍的威胁、确立文官政治体制之外,还十分重视激励臣节,倡导尊王。"为达此目的,'春秋学'最为对症良药。"《春秋》所具有的惩劝功能由于最符合统治者的需要而被高度重视。举行经筵时,"宋帝尤好《春秋》。如真宗置侍读侍讲官后,先让邢昺,继用王旦讲读《春秋》。他们讨论的是《春秋》大义微旨,并不是传统经学的章句训诂"②。真宗还曾诏皇太子读《春秋》。仁宗景祐年间于迩英阁讲《春秋》,对宋绶等人评价:"《春秋》经旨,在于奖王室,尊君道,丘明作传,文义甚博,然其间录诡异,则不若《公羊》、《穀梁》二传之质。"宋绶等人对曰:"三传得失,诚如圣言。臣等自今凡丘明所记事,稍近诬及陪臣僭乱无足劝戒者,皆略而不讲。"③ 宋初诸帝的好尚无疑对《春秋》学的勃兴有着相当的推动作用。

"实为史家之权舆"④ 的《春秋》对史学领域的影响是不可低估的。这一时期的史著,非但以"春秋"冠名者多,且文中内容渗透着以尊王为核心的春秋精神,行文也常受春秋笔法所影响。"史之大原本乎《春秋》,《春秋》之义昭乎笔削。"⑤ "国朝实录、诸史,凡书事皆备《春秋》之义,隐而显。若至贵者以不善终,则多曰'无疾而崩',大臣亲王则曰'暴卒'或云'暴疾卒'。"⑥ "'春秋精神',不仅是宋代史家主要的思想食粮,而且还是他们借史笔以传'圣人之意'的最高境界。纵观宋代史

---

① 王东:《宋代史学与春秋〈经学〉——兼论宋代史学的理学化趋势》,《河北学刊》1988年第6期。
② 王天顺:《宋代史学的政治功利主义与春秋宋学——蠡测宋代史学成就的另一面》,《学术月刊》2008年第11期。
③ 《长编》卷一二〇,仁宗景祐四年十月甲午条,第2838页。
④ (清)钱大昕:《钱大昕序》,见《廿二史札记校证》附录二,中华书局1984年版,第885页。
⑤ (清)章学诚:《文史通义》卷五《答客问上》,上海古籍出版社2008年版,第252页。
⑥ (宋)蔡絛:《铁围山丛谈》卷三,中华书局1983年版,第57页。

第三章　北宋中后期的五代十国史研究

学，几乎所有有影响的史家史著都与《春秋》经学有着内在的联系。"①此时的五代十国史研究，也鲜明地体现出《春秋》精神的影响。王轸作《五朝春秋》，"托始于吴越，犹之鲁也"。尹洙著《五代春秋》，短短数千字，为四库馆臣赞为"笔削颇为不苟，多得谨严之遗意，知其《春秋》之学深矣"②。欧阳修《新五代史》也"法严词约，多取《春秋》遗旨"③，是其中的佼佼者。

在这一社会背景下，反映宋初社会思潮与价值观的《旧五代史》受到了批判，而以新的指导思想与研究手法重修五代十国史的热情开始高涨。因此，这一时期重述五代史者较多。在仁宗、英宗两朝，这种热情表现得尤为显著，正应和了彼时学术文化全面复兴的状况。

北宋中后期关于五代十国的专著主要有：杨及《五代史》、胡旦《五代史略》、王轸《五朝春秋》、孙冲《五代记》、王皞《唐余录》、王举《天下大定录》、尹洙《五代春秋》、欧阳修《新五代史》、徐无党《新五代史注》、吴缜《五代史纂误》、吴缜《朱梁列传》、卢臧《楚录》、刘道醇《五代名画补遗》、胡恢《南唐书》、张唐英《蜀梼杌》、刘攽《五代春秋》、刘恕《十国纪年》、张守约《蜀记》、佚名《江南余载》、李清臣《吴书实录》、马令《南唐书》等。同时，《资治通鉴》中的五代部分也比较重要。另外，宋敏求《唐僖宗实录》《唐昭宗实录》《唐哀宗实录》中有关于五代十国的材料，《新唐书》也有关于五代十国的相关论述。这一时期的五代史著述与宋初有了明显区别，虽然现今大多已不可考，但从时人的描述，我们还是可以感觉出一些新的时代气息。

（六）该时期的五代十国史研究体现出独立宽容的学术风气

"不以文字罪人"的宽容政策给了北宋士人以很大的自由空间著书立说，体现出宋朝宽容的政治与学术氛围。举例如下。

韩通是后周大将，地位举足轻重。他在赵匡胤篡周的时候奋起抵抗，为后周尽节而死。赵匡胤虽然对他进行了褒奖，但其实深恶韩通。《旧五

---

① 王东：《宋代史学与〈春秋〉经学——兼论宋代史学的理学化趋势》，《河北学刊》1988年第6期。
② 《四库全书总目》卷四八"五代春秋"条，第432页。
③ 《宋史》卷三一九《欧阳修传》，第10381页。

代史》没有为他立传,但他的立传与否一直是宋人关注的问题。欧阳修的《新五代史》著成以后,刘攽、苏轼第一个关心的就是是否为其立传,并讥笑没有为韩通立传的《新五代史》为"第二等文字"①。但在《新五代史》之前著成的王皡《唐余录》,却毅然将韩通列入《忠义传》,这是新、旧《五代史》都没有做到的。

该时期有一部评价颇高的著述——《十国纪年》。作者刘恕"名有良史之才,留心著述,尝从文正司马公学"②,为司马光编纂《资治通鉴》时的主要助手。"其讨论编次,多出于恕。至于十国五代之际,群雄竞逐,九土分裂,传记讹谬,简编缺落,岁月交互,事迹差舛,非恕精博,他人莫能整治"③,因此负责五代十国部分的长编。《十国纪年》当是刘恕作五代长编时的副产品。刘恕还欲作十国百官方镇表,惜壮志未酬而身先死。该书虽然有拙于属文,"牵于多爱,泛取兼收,琐务中人,尚多志载。至其书法,端不俟后言而见"④ 的缺点,但它为文精审,长于考异同,司马光认为"世称路氏《九国志》在五代之史中最佳,此书又过之"。薛季宣也认为"是书盖一世奇作,其叙事微而赡,简而详,疏而有旨,质而不芜,广博辞文,贤于国史旧志远甚"⑤。更加难得的是,该书书宋朝事时皆曰宋,而无所隐讳,意各以其国为主,呈现出客观严谨的写作态度。

南唐的历史仍然受到重视。南唐人文荟萃,文学发达,北宋很多大臣都与南唐有千丝万缕的联系,纵观宋人有关十国的著述,也以南唐为多,这不仅反映了南唐在五代十国中的重要位置,也进一步促进了宋人对南唐的兴趣与认知。在北宋初期,已有人以南唐的存在作为理由来否定五代诸政权的正统性。如前述张君房、谢绛之语。二人的本意或许只是为了证明宋朝应上继唐统,但不可否认,这样的推论实际上已经隐含了推南唐为唐祚所在的含义。这一时期,南唐史主要有不名人氏的《江南余载》、胡恢的《南唐书》与马令的《南唐书》。

---

① (宋)周密:《齐东野语》卷一三《韩通立传》,第234页。
② (宋)薛季宣:《浪语集》卷三〇《叙十国纪年》。
③ (宋)司马光:《传家集》卷五三《乞官刘恕一子札子》,四库全书本。
④ (宋)薛季宣:《浪语集》卷三〇《叙十国纪年》。
⑤ 同上。

北宋中期，胡恢作《南唐书》。胡恢，金陵（今江苏南京）人，仕宦不显。该书已佚，仅知其将南唐国主列为载记，视南唐为僭伪。载记在纪传体史书中是相对于本纪而言的一种体裁，有本纪才有载记。它首创于《东观汉记》，为《晋书》所沿用。对胡恢的这一义例，苏颂曾经提出批评，认为如果是编撰五代史，可将五代立为本纪，南唐列为载记。但单独用"载记"来修撰南唐国史，似非所安。不过，这仅仅是针对其义例不妥之处而发，对南唐的僭伪地位则没有异议，对其内容也没有提及。

徽宗崇宁四年（1105）前后，马令作《南唐书》三十卷。马令，阳羡（今江苏宜兴）人，履历不详。其祖马元康世家金陵，曾广泛搜集南唐史料，欲有所撰著而未成。马令继承先祖遗志，作《南唐书》。该书采用纪传体，置《先主书》一卷、《嗣主书》三卷、《后主书》一卷，"盖用《蜀志》称主之例"，对南唐三主本传称"书"而不称"本纪"。比之胡恢，将南唐的地位抬高一层。另有《义养传》《儒者传》《隐者传》《义死传》《廉隅传》《苛政传》《诛死传》《党与传》《归明传》等人物列传十七类二十二卷；《灭国传》两卷，载南唐所灭之楚、闽两国及殷（王延政）政权事；谱一卷，其中建国谱叙地理，世裔谱考溯李氏世裔。马令对南唐寄予了极大的同情与赞美，已颇有轻五代而重南唐之意。[①] 不过，马令作南唐史的目的仍然是尊王大一统，"盖尊天子所以一天下之统，书其僭所以著李氏之罪。其统既一，其罪既著，则窃土贼民者，无遁形于天下后世矣"[②]。该书还仿效《新五代史》的笔法，于卷首文末多有序、论，以"呜呼"发端，各予褒贬，体现了那个时代的特定思潮。

北汉亦称东汉，是五代十国中比较特殊的一个政权。作为后汉的血胤及北宋的死敌，它的政治地位如何，直接关系到北宋的正统与否。

后汉被北宋立为正统。郭威篡汉建周，杀害后汉嗣君刘赟。刘赟父刘崇愤而建立北汉，与后周成为世仇。作为后汉的血胤，北汉显然有成为正统的理由。然而，北宋承接后周，又必须否定北汉的正统地位。这是一种相当微妙的矛盾。终两宋之世，北汉的地位始终未得到承认。宋初《旧五代史》完成时，北汉尚未灭亡，双方势同水火，因此史臣笔下

[①] 刘浦江：《正统论下的五代史观》，见《唐研究》第十一卷，北京大学出版社2005年版。
[②] （宋）马令：《南唐书·序二》，见《五代史书汇编》第9册，第5248页。

充斥着严厉的批判，极尽攻击之能事。但到了北宋中后期，统一日久，人们对北汉也多了一些理性的思考与感性的同情。天圣五年（1027），胡旦上《五代史略》四十三卷。该书"假借太原，以刘知远之后非僭窃"，被朱熹赞为"辞较直也"①。《新五代史》对北汉的态度也相当温和，认为"其立虽未必是，而义当不屈于周，此其可以异乎九国矣"，这是相当大胆的突破。北汉以其悍勇，令北宋极为头痛。"太原则太祖、太宗相继亲征，冒矢石甚于河北，其艰难则久于河北"②，"重惟太祖皇帝号令之所加，鼓鼙之所及，一日削平唐末暨五代百年之僭乱，曾不足以摧枯拉朽谕之，乃于太原独艰难如此，何邪？刘继元虽孺子也，有郭无为之谋，侯霸荣之勇，其兵嗜战不怯死，其民乐土不轻去，且复念曰太原吾父兄之世有也，吾家所以革晋为汉者，自太原基之也"，为"自古难克之国"③。直至最后关头，"继元穷窘，而并人犹欲坚守。其枢密副使马峰老疾居于家，舁入见继元，流涕以兴亡谕之，继元乃降"④。因北汉之难克，宋太宗特地下令焚毁晋阳城。对北汉，《旧五代史》极尽痛骂诅咒之能事，胡旦与欧阳修却能以宽宏的视野，站在客观的角度去理解这段历史，不能不让人赞赏。同样，这也体现了北宋宽容的文化政策。

（七）高度重视五代礼崩乐坏、纲常紊乱的历史教训

在总结五代经验教训的问题上，与宋初更加注重现实政治制度的措置相比，礼崩乐坏、纲常紊乱的教训被提到极为突出的层面，认为这是五代衰乱的重要原因。这与《春秋》学的勃兴有着密切关系。

在真宗大中祥符四年（1011），已有"五代衰微之弊，极于晋、汉，而渐革于周氏。我宋勃兴，始以道德仁义根乎政，次以读书礼乐源乎化。三圣继作，晔然文明。霸一变至于王，王一变至于帝，风教逮下，将五十年"⑤ 的说法，将礼义纲常提到重要的层面。到仁宗以后，五代"三纲颓绝，五常殄灭"⑥，"天下荡然，莫知礼义为何物矣。是以世祚不永，远

---

① （宋）黎靖德编：《朱子语类》卷一三四《历代一》，第 3204 页。
② （宋）晁说之：《嵩山文集》卷三《负薪对》。
③ （宋）晁说之：《嵩山文集》卷一《靖康元年应诏封事》。
④ 《新五代史》卷七〇《东汉世家》，第 985 页。
⑤ （宋）姚铉：《唐文粹序》。
⑥ 《长编》卷一九四，仁宗嘉祐六年八月丁卯条，第 4703 页。

者十余年，近者四五年，败亡相属，生民涂炭。……天下之祸生于无礼也"①，"五代之际，礼乐崩坏，三纲五常之道绝，先王之制度文章于是扫地矣，盖篡逆贼乱之始也"②，"在位无复有知君臣之义、上下之礼者也"③，"天下之俗不遵廉耻之节。坏败烂熟，莫知其非"④，成为时之共识。汉、唐皆为宋人心目中的强盛朝代，而苏轼认为唐治不过汉，原因是唐有夷狄之风，三纲不正，陵夷以至于五代之乱。张耒甚至对太祖重用樊若水（即樊若冰）一事提出了批评。樊若水是南唐人，因不得志于南唐而投宋，献策平定江南，得到太祖重用，南唐遗民因此恨之入骨，"至发其先垄，投骨于江流"⑤。张耒斥樊若水为"奸人叛夫"，并就此事评论道："若水，李煜之臣，叛其主而来，且不当受，况献策以灭其国乎！……晋文不以原易信，而诸侯服；汉高帝斩丁公，以正君臣之大义。予谓当缚若水送李煜，使甘心焉。不然，正其叛主之罪而诛之，以示天下，江南君臣当望风向义之不暇，岂不伟哉！惜乎当时在廷无为此言者也。"⑥这一时期与宋初前三朝更加注重从政治制度层面来寻求五代教训的做法明显不同。其典型代表是欧阳修的《新五代史》。

第二节 欧阳修对五代十国史的研究

北宋中期，随着时代思想的发展，《旧五代史》已经不能适应新的时代要求。仁宗嘉祐七年（1062），"诏以七史板本四百六十四卷送国子监镂板颁行，唯开宝所修《五代史》未布，以俟笔削"⑦。可见，《旧五代史》已经失去了官方的认可，只待新的《五代史》出现，取而代之了。这部新的《五代史》果然在后来出现，并在封建社会后期被视为正史，这就是欧阳修私修的《新五代史》（原名《五代史记》）。

欧阳修，字永叔，号醉翁、六一居士，生于绵州（今四川绵阳），长

---

① 《长编》卷一九六，仁宗嘉祐七年五月丁未条，第4748页。
② 《欧阳修全集》卷一二三《晋问》，第1876页。
③ （宋）王安石：《临川先生文集》卷三九《上仁宗皇帝言事疏》，第420页。
④ 《蔡襄集》卷九《进龥庲箴别疏》，第161页。
⑤ （宋）佚名：《钓矶立谈》，《全宋笔记》第1编第4册，第228页。
⑥ 《张耒集》卷四二《平江南议》，第680页。
⑦ （宋）王应麟辑：《玉海》卷四三《景德群书漆板刊正四经》，第814页。

于随州（今湖北随县），祖籍江西永丰（今江西永丰县），历仕仁宗、英宗、神宗三朝，曾与宋祁合修《新唐书》，并独力撰成《新五代史》。大约在景祐三年（1036年）以前，欧阳修着手撰修《新五代史》，皇祐五年（1053年）基本完成，约于治平四年（1067）后最后属稿。① 熙宁五年（1072）七月，欧阳修去世。八月，欧阳修之子欧阳发奉神宗之命进呈该书。"从修撰时间上看，其间适逢宋代政治史分期中变法与反变法时期；从宋代学术发展史看，又恰恰处于古文运动、疑经运动和宋学兴起与大发展阶段。"②

《新五代史》取材基于《旧五代史》，同时参考《五代史阙文》《五代史补》《九国志》等多家著述，对《旧五代史》中的一些错误和疏漏加以纠正和补充，即"欧史虽多据薛史旧本，然采证极博，不专恃薛本也……欧史博采群言，旁参互证，则真伪见而是非得其真，故所书事实，所记月日，多有与旧史不合者"③。同时，欧阳修还对《旧五代史》的记载进行了大量精简工作，叙事洁净，言简意赅，使卷帙减少到七十四卷，不及薛史之半。

但《新五代史》最有特色的是极为鲜明的指导思想，在体例编排和行文、议论等各方面，都效仿《春秋》褒贬书法，励行惩劝，贯穿着强烈的褒贬意识，被认为"最得《春秋》之法"④。相对于宋初三朝对五代十国的宽容与部分认同，《新五代史》的态度可谓极为严厉，持论极为严苛，有些观点甚至在时人中也显得相当激进。

一 贯注以尊王为核心的《春秋》精神，奖忠义，倡孝道

"欧阳修作《新五代史》，既学《史记》，又仿《春秋》，学《史记》是指编纂方法，仿《春秋》是指微言大义。"⑤ 而"欧史效法《春秋》，

---

① 陈尚君：《欧阳修著述考》，《复旦学报》1985年第3期。
② 张明华：《〈新五代史〉研究》，中国社会科学出版社2007年版，第1—2页。
③ （清）赵翼著，王树民校证：《廿二史札记校证》卷二一《欧史不专据薛史旧本》，第459—460页。
④ （元）马端临：《文献通考》卷一九二《经籍考一九·新五代史》，第5585页。
⑤ 柴德赓：《史籍举要》，北京出版社2002年版，第164页。

最突出的一点，是尊王思想"①。尊王必然导致对忠义气节的提倡。《旧五代史》对尊王、忠心的臣子也予以褒奖，但却没有着力体现，衡量标准也较为宽泛。但在《新五代史》中，于字里行间可以感受到一种强烈的"尊王"意图。

欧阳修的"忠"是没有什么先决条件的。不论是僭伪之君还是夷狄之君，是昏君还是明君，都是为臣者要应效忠的对象。他明白指出，五代开国之君皆为"贼乱之君"②，遵循"《春秋》因乱世而立治法，《本纪》以治法而正乱君"③的原则，他一改在《本纪》中皆称"帝"的惯例，采取"始而称名，既而称爵，既而称帝，渐也。爵至王而后称，著其逼者"④的方式，以显示五代诸朝皆非以合法的皇位继承人身份，经过正常的皇权交接程序而来，皆为"乱君"的事实。但这些人一旦登上帝位，臣子就有了效忠的责任。他认为，士人若不幸处于这样的时代，可以隐居不仕，洁身自好，"处乎山林而群麋鹿，虽不足以为中道，然与其食人之禄，俯首而包羞，孰若无愧于心，放身而自得"⑤。但若已出仕，则必须忠于所事之朝。

以《死节传》为例，欧阳修载录三人：王彦章、裴约、刘仁赡。王彦章于后梁大厦将倾之际，忠心报国，至死不叛，得到欧阳修的高度评价："呜呼，天下恶梁久矣！然士之不幸而生其时者，不为之臣可也。其食人之禄者，必死人之事，如彦章者，可谓得其死哉！"刘仁赡在后周征讨南唐时，死守寿州，不惜斩杀欲降周军的亲子刘崇谏。他所效忠的南唐君主是宋人眼中的僭伪之君。裴约是后唐李嗣昭故吏，因不愿跟随李嗣昭之子李继韬投降后梁而战死。他效忠的是庄宗李存勖，李存勖是沙陀人，可说是夷狄之君。这三人效忠者各有不同，但皆被赞为"全节之士"⑥。当然，裴约的效忠更直接的是对故主李嗣昭，也可说是忠于故主。欧阳修对忠于故主的人也是相当赞赏的。但如果遇到朝廷和故主的矛盾，他认为应当忠于朝廷。姚洪曾事董璋，后于后唐年间任指挥使，戍守阆

---

① 柴德赓：《论欧阳修的〈新五代史〉》，《人民日报》1965年7月2日。
② 《欧阳修全集》卷一六《正统论下》，第273页。
③ 《新五代史》卷七一《十国世家年谱》，第996页。
④ 《新五代史》卷一《梁太祖本纪上》徐无党注，第4页。
⑤ 《新五代史》卷三四《一行传序》，第417页。
⑥ 《新五代史》卷三二《死节传》，第395页。

州。长兴年间,董璋谋反,姚洪义无反顾地站在朝廷一边,坚定地与董璋作战。战败被俘后,大骂董璋,死状惨烈,欧阳修因此将其列入《死事传》。姚洪本为后梁之小校,又事后唐,算不上死忠一朝,但因其竭尽忠心,明知不可为而为之,死于王事,因此欧阳修也未予苛责,反而予以表彰。他如翟进宗、王清、孙晟等皆是如此。但他们只能列入《死事传》,也就是第二等的忠臣,第一等忠臣如刘仁赡、王彦章、裴约都是从一而终的。

欧阳修关于忠臣的标准是十分严格的。他于《死节传》仅得三人,《死事传》仅得十五人。后汉末年,郭威黄袍加身,原定为帝的刘赟被囚于宋州。刘赟旧部巩庭美、杨温得知,据守徐州,抵抗周军,城破被杀。欧阳修嘉其志,赞其"为赟守孤城以死,其始终之迹,何愧于死节之士哉",但却未将其列入《死节传》,原因在于他考于实录,发现有"庭美等尝已送款于周,后惧罪而复叛"内容的诏书,但同时"庭美等款状亦不见"①。因此,出于谨慎,他深为惋惜地没有将二人列入《死节传》。

欧阳修还曾与王回专门讨论过张宪为何不被列入《死节传》。后唐庄宗末年,魏州兵变,推赵在礼为首。赵在礼善待太原尹张宪在魏州的亲属,派人以书信诱降张宪。张宪斩其使者,不拆书信而上于朝廷。后来,庄宗被弑,明宗入京师,而太原尚不知。庄宗弟永王存霸逃至太原,张宪左右劝他拘禁李存霸,以观形势发展,被张宪拒绝。从事张昭远劝他劝进明宗,也被拒绝。后来符彦超麾下杀李存霸,张宪出奔沂州。据《旧五代史》记载,张宪被明宗赐死于晋阳,而《新五代史》变赐死为见杀。欧阳修认为"宪初节甚明,但弃城而走不若守位而死,已失此节,则见杀与赐死同尔。其心则可喜,但举措不中尔"②,因此也未入《死节传》。

敬翔是后梁的开国元勋,他"为人深沉有大略,从太祖用兵三十余年,细大之务必关之。翔亦尽心勤劳,昼夜不寐,自言惟马上乃得休息。而太祖刚暴难近,有所不可,翔亦未尝显言,微开其端,太祖意悟,多为之改易",屡膺重任。"梁之篡弑,翔之谋为多。"朱温死后,敬翔不为继任君主所喜,但也为挽救王朝的覆灭尽了最后一点力。李存勖灭梁,

---

① 《新五代史》卷一八《汉家人传》,第223页。
② 《欧阳修全集》卷七〇《与王深甫论五代张宪贴一》,第1018页。

后梁另一重臣李振朝见庄宗，敬翔叹息说："李振谬为丈夫矣！复何面目入梁建国门乎？"①自杀以殉后梁，可谓一生效忠于梁室。《旧五代史》赞其"殒命以明节"，但在《新五代史》中，敬翔却仅得列入《梁臣传》，且明白指出"梁亡而敬翔死，不得为死节"，原因是"梁之篡唐，用翔之谋为多，由子佐其父而弑其祖，可乎？其不戮于斧钺，为幸免矣"②，因此敬翔之死只能书为"自杀"③。

后唐末年，张敬达奉命攻打太原石敬瑭，被契丹军队围困。副帅杨光远等劝张敬达降于契丹，张敬达不从，说"诸公何相迫邪！何不杀我而降？"④杨光远遂杀张敬达，以其军叛于契丹。对此事，欧阳修记为"杨光远杀张敬达"，而不书"死之"，因为"敬达大将，宜以义责光远而诛之，虽不果而见杀，犹为得死，乃讽光远杀已以叛，故书之如其志"⑤。张敬达因此仅被列入《死事传》，而不得死节。后晋末年，契丹大举入侵，晋军主帅杜重威率军投降。战将皇甫遇悲愤之下，自杀以殉。但因其未能"奋然攘臂而起，杀重威于坐中"，而是对投降的决定"俯首听命，相与亡人之国矣，虽死不能赎也，岂足贵哉"⑥，因此不得列入《死事传》。

此外，战将与守将殁于阵而不书"死"者，是"以其志未可知也。或欲走而不得，或欲降而未暇，遽以被杀尔"。只有如像王清这样"不走、不降而死节明者"，方得以"死"⑦归之。

欧阳修认为，"死"乃大节，不可轻易予人。开平三年（909）七月，襄州军乱，"杀其留后王班"，不书"死之"，徐无党解释说，这是因为"智不足以卫身，才不足以治众而见杀者，不书死之，而以被杀为文，见死得其死者，士之大节，不妄以予人"⑧。

五代时期，兵变频仍。下级军卒的哗变，往往会挟持高级指挥官作为他们的首领。对这些被迫叛国的将领，欧阳修毫不假贷。比如，梁末帝贞

---

① 《新五代史》卷二一《敬翔传》，第238—240页。
② 《新五代史》卷四七《皇甫遇传》，第603—604页。
③ 《新五代史》卷五《唐庄宗本纪下》，第52页。
④ 《新五代史》卷三三《张敬达传》，第409页。
⑤ 《新五代史》卷七《唐废帝本纪》，第87页。
⑥ 《新五代史》卷四七《皇甫遇传》，第604页。
⑦ 《新五代史》卷九《晋出帝本纪》徐无党注，第113页。
⑧ 《新五代史》卷二《梁太祖本纪下》，第20页。

明元年（915），魏州军乱，乱首张彦逼迫贺德伦为首领，降于晋。《新五代史》记为"天雄军乱，贺德伦叛附于晋"。徐无党注曰："责贵者深也。德伦不可加以首恶，而可责其不死以叛。张彦实首恶，而略不书，彦，微者，德伦可以诛而不诛，故以德伦独任其责。"①

武人由于能征惯战，成为各政治势力极力拉拢的对象。他们的朝秦暮楚有时可以决定一个朝代的兴亡，在兵强马壮者即可争夺天下的五代，他们的野心又极易膨胀。对此，欧阳修也进行了无情的揭露与抨击。他使用"反"与"叛"来指代武臣与藩镇的不忠。"反"指"自下谋上，恶逆之大者也"，"叛"，指"背此而附彼，犹臣于人也"②。对董璋、杜重威、朱守殷等人的不忠及其下场，他都一一记录，并对朝廷镇压反叛的行为进行了赞扬。

相比武人的强悍，文人多为手无缚鸡之力的书生，在朝代嬗变的时候忍耻偷生，或恬然跪拜新君者极多。欧阳修于五十余年的五代历史中，只筛选出三名死节之士，不禁叹息自古忠臣义士之难得。而这三人居然皆为武人。《死事传》十五人中，武人也占了大多数，令他不能不"怪士之被服儒者以学古自名，而享人之禄、任人之国者多矣，然使忠义之节，独出于武夫战卒，岂于儒者果无其人哉？"③

五代是武人的历史舞台，他们杀伐决断，左右时局。文人俯首低眉，动触罗网。即使贵为宰相，也触及不到政治的核心层面。因此，武人理应得到更多关注。欧阳修于《新五代史》也为诸多武人作传，数量上远远超过文人。但是，他真正关注的却是文人群体，对接受儒家教育的文人士大夫有着特别的期待。在他看来，儒士才是国家的中流砥柱与良心所在，武人只是"不识事体"的"小人"罢了。五代文风衰敝也就罢了，可鄙的是"臣弑其君，子弑其父，而缙绅之士安其禄而立其朝，充然无复廉耻之色者皆是也"④ 的龌龊士风。欧阳修也承认，"于此之时，责士以死与必去，则天下为无士矣"。但是，令他痛心的是五代习俗竟因此而"以苟生不去为当然。至于儒者，以仁义忠信为学，享人之禄，任人之国

---

① 《新五代史》卷三《梁末帝本纪》，第29页。
② 《新五代史》卷二《梁太祖本纪下》徐无党注，第23页。
③ 《新五代史》卷五四《杂传第四十二序》，第691页。
④ 《新五代史》卷三四《一行传》，第417页。

者，不顾其存亡，皆怡然以苟生为得，非徒不知愧，而反以其得为荣者，可胜数哉！"① 因此，欧阳修特设《唐六臣传》，痛责张文蔚等唐六臣背唐附梁、卑躬屈膝的无耻行径。

在《旧五代史》中，除了苏循以外，张文蔚等人大多是得到赞赏或同情的，如张文蔚"沉邃重厚，有大臣之风"，张策"无忝士林"、赵光逢"缙绅咸仰以为名教宗主"。但在《新五代史》中，张文蔚等人均被斥为"庸懦不肖、倾险狡猾、趋利卖国之徒"②，从《旧五代史》唐朝勋旧之佼佼者，沦落为与被视为"唐家之鸱枭，当今之狐魅"的苏循、苏楷父子为伍。与《旧五代史》认为张文蔚与薛贻矩被迫事梁"亦为臣者之不幸也。抑不为其相，不亦善乎"的惋惜态度相比，欧阳修的谴责疾言厉色，毫不假贷。在《杂传》里关于文人士大夫的部分，他特地写了一篇序：

> 礼义，治人之大法；廉耻，立人之大节。盖不廉，则无所不取；不耻，则无所不为。人而如此，则祸乱败亡，亦无所不至，况为大臣而无所不取，无所不为，则天下其有不乱，国家其有不亡者乎！予读冯道《长乐老叙》，见其自述以为荣，其可谓无廉耻者矣，则天下国家可从而知也。③

冯道是五代士大夫的代表人物，也是欧阳修的重点批判对象。欧阳修对冯道的嘉言懿行多所记录，虽然质疑其"矫行"，但却并未多作批评。他所严厉批判的是冯道的政治节操，直斥其"视丧君亡国亦未尝以屑意"，为"无廉耻者"④。

为体现冯道偷生忍耻无所作为，欧阳修还称其前事九君，无所谏诤，唯谏周世宗亲征一事。实际上，史书中记载冯道具有谏诤性质的事迹不下十次，内容多是劝谏君王广施恩宥、居安思危、节制欲乐、多行仁政等。对此，欧阳修亦有所记录，但同时又言其未尝谏诤，可知在他看来，真正能称为谏诤的，应该是关乎国是、影响时局的大事。冯道位高职重，

---

① 《新五代史》卷三三《死事传序》，第403页。
② 《新五代史》卷三五《唐六臣传序》，第424页。
③ 《新五代史》卷五四《杂传第四十二序》，第691页。
④ 《新五代史》卷五四《冯道传》，第695、691页。

却少见这方面的进谏，这与其身份确实不太相配。

五代武人当政，宰相权轻，"梁太祖以来，军国大政，天子多与崇政、枢密使议，宰相受成命，行制敕，讲典故，治文事而已"①。由此看来，冯道谏诤大多无关国家宏旨，似乎情有可原。然而，后晋高祖一度废枢密使，并归中书，将院印付与冯道，事无巨细，悉以归之，冯道也只是"依违两可，无所操决"②。高祖以兵事问冯道，冯道反以"臣本自书生，为陛下在中书，守历代成规，不敢有一毫之失也。臣在明宗朝，曾以戎事问臣，臣亦以斯言答之"③作答。反观冯道罢后，桑维翰为中书令兼枢密使，"数月之间，朝廷差治"④，且"一制指挥，节度使十五人无敢违者"⑤，所谏之事亦多系国家命脉。鉴于此，冯道又的确难辞其咎。王夫之曾激烈指责冯道"其更事数姓也，李存勖之灭梁而骄，狎倡优、吝粮赐也，而道不言；忌郭崇韬，激蜀兵以复反，而道不言；李从珂挑石敬瑭以速祸，而道不言；石重贵不量力固本以亟与房争，而道不言；刘承祐狎群小、杀大臣，而道不言；数十年民之憔悴于虐政，流离死亡以濒尽，而道不言；其或言也，则摘小疵以示直，听则居功，不听而终免于斥逐。视人国之存亡，若浮云之聚散，真所谓谀谄面谀之臣也。……摘小过以炫直，自饰而藏奸"⑥。"自饰而藏奸"不免言过其实，但圆滑避事之嫌确是避免不了的。

犯颜纳说、直言谠行，是这一时期宋人十分重视的气节。桑维翰虽力助石敬瑭乞位于契丹，篡夺后唐江山，为相爱财，恋栈，任人唯亲，睚眦必报，但如宋太祖、王禹偁等人皆多所赞誉，论事严苛如欧阳修、司马光，对其态度也相当温和。这固然与桑维翰仅事石氏一朝有关，但他勇于任事，不避嫌怨，也是重要原因。相比之下，冯道老于世故，深谙避祸全身之术（这在他"务实"⑦劝进后唐潞王，以及劝同僚赞同解除安重诲枢务以保全安氏等方面可以看出），显然是不能为欧阳修辈所认可

---

① 《资治通鉴》卷二八二，后晋高祖天福四年四月癸未条，第 9201 页。
② 《资治通鉴》卷二八四，后晋齐王开运元年六月辛酉条，第 9272 页。
③ 《旧五代史》卷一二六《冯道传》，第 1927 页。
④ 《资治通鉴》卷二八四，后晋齐王开运元年六月丙午条，第 9273 页。
⑤ 《资治通鉴》卷二八四，后晋齐王开运元年八月辛丑条，第 9274 页。
⑥ （清）王夫之：《读通鉴论》卷二八《五代上》，第 1022 页。
⑦ 《资治通鉴》卷二七九，后唐潞王清泰元年三月己巳条，第 9112 页。

的。若使冯道身处太平之世，或可萧规曹随，做个"承平之良相"。但在艰危之乱世，却只能是"譬如使禅僧飞鹰耳"①，才力与胆识皆有所不逮了。

欧阳修的忠节观与前代比起来是相当严格的。《旧五代史》撰修期间，虽然仍残留有五代时的思维，但已初见提倡忠节的端倪，如对冯道历事多朝的批评，已远不是"一心可事百君"的时候了。但是，宋初承袭五代遗风，政坛"沉默"之风盛行，而"徼幸"②之弊多，"又人情贪竞，时态轻浮，虽骨肉之至亲，临势利而多变，同僚之内，多或不和，伺隙则至于倾危，患难则全无相救，仁义之风，荡然不复"③，令有识之士忧心忡忡。经过几十年的汰旧换新和对历代帝王对士人气节不遗余力的涵养，至仁宗年间，以范仲淹为首，一批直言谠论的士人奋然而起，振作士风，"于是中外缙绅知以名节相高、廉耻相尚，尽去五季之陋矣"④。王皞将韩通录入《唐余录》之《忠义传》，张耒批评太祖重用樊若水，都是这一风潮的具体体现。欧阳修的忠节观，一扫五代宋初的宽泛暧昧，变得相当严厉和高调。其标准之严，要求之高，已初见此后理学"饿死事小，失节事大"的影子。

欧阳修立志以史学整饬人伦道德，影射了北宋现实政治的诸多弊病，也不能不为现实政治所制约。对于韩通，他最终未能予其一席之地。韩通于宋太祖黄袍加身后，为效忠后周而死。依照欧阳修所树立的标准，已足够列入《死节传》，但欧阳修终究没有这样做，因此被时人讥为"第二等文字"。对此，柴德赓先生认为他是"为本朝讳，正可说明写历史是为了当时政治的需要"⑤。

忠与孝历来是中国社会极为重视的两个问题。"五代虽然忠贞之风气薄，但一般人之伦理观念未泯，翻遍五代史便可知仁孝之风仍存，即以朱温之奸雄，冯道之不贞，然皆能重孝悌。"⑥但类似于子弑父、父母丧期不满就起复等现象也绝不少见。对此，欧阳修做了褒善贬恶的工作。他对唐庄宗、王殷、张希崇、刘遂清、崔棁等人的孝行予以记录，而抨

---

① 《资治通鉴》卷二八四，后晋齐王开运元年六月辛酉条，第9272页。
② 《宋史》卷二九五，史臣论赞，第9857页。
③ 《长编》卷四三，真宗咸平元年十二月丙午条，第925页。
④ 《宋史》卷四四六《忠义传序》，第13149页。
⑤ 柴德赓：《史籍举要》，第168页。
⑥ 郭武雄：《五代史料探源·前言》，第1页。

击朱友珪、刘守光父子等不孝之人。对盛行于唐末五代的养子之风，欧阳修也颇为留意，特著《义儿传》。唐末五代，由于巩固和扩大势力的需要，养子之风盛行，而沙陀由于部落习俗的影响，此风尤甚。李克用将李嗣源、李嗣昭、李存孝、李存信等悍将收为己子，号为"义儿军"，李存勖、李嗣源也认有诸多养子。他们东征西讨，"至其有天下，多用以成功业"，为后唐灭梁立下了很大功劳，但"及其亡也亦由焉"。因为他们为"因时之隙，以利合而相资者"，因此父子之恩浅，不忠不孝现象时有发生，导致五代皇位更换频繁。五十余年间，"天下五代而实八姓，其三出于丐养"。其中，只后唐一朝就有庄宗李存勖、明宗李嗣源、废帝李从珂三姓帝王。在欧阳修看来，这是一种"世道衰，人伦坏，而亲疏之理反其常，干戈起于骨肉，异类合为父子"①的人伦纲常败坏现象，绝不值得提倡。

五代战争频仍，叛乱相继，从而出现了大量"忠"与"孝"相互冲突的情况。面对这种矛盾，该何去何从，欧阳修在《唐明宗家人传》里作了阐释。

李从璟是唐明宗之子，侍庄宗为金枪指挥使。魏州兵变，拥立明宗。庄宗令李从璟前往明宗处宣谕庄宗之意。李从璟行至卫州，为元行钦所执，欲将其诛杀。李从璟表示愿意随侍庄宗左右。在随从庄宗的将士逃亡大半的时候，李从璟坚持不离庄宗左右，后被元行钦所杀。这是一个典型的忠孝不能两全的案例。对李从璟的选择，欧阳修深为赞许，叹道"君父，人伦之大本；忠孝，臣子之大节。岂其不相为用，而又相害者乎？抑私与义而已耳。盖以其私则两害，以其义则两得"，关键是不从私心而从大义。对于这种父亲带兵攻打君上的情况，只能采取"身从其居，志从其义"的办法，也就是"身居君所则从君，居父所则从父"。从其君时，要请求君主"子不可以射父，愿无与兵焉"，同时苦劝父亲归降君主，"君败则死之，父败则终丧而事君"。从其父时，也要苦劝父亲归降君主，"君不可以射也，盍舍兵而归吾君乎！""君败则死之，父败待罪于君，君赦己则终丧而事之。"欧阳修认为，就算如舜、孔子、孟子这样的大德圣人，如果不幸遭逢此事，也只能采取这样的办法。李从璟"知所

---

① 《新五代史》卷三六《义儿传》，第433页。

从而得其死矣"①。也就是说，不管是从君还是从父，都要劝服父亲归降，如果君败，则只能"死之"。如果父败，则要为父亲服满孝期，再为君主效劳。这样，"忠"的分量显然大过了"孝"。

但是，忠于国绝不可罔顾孝。五代战事频繁，很多时候，当事人必须立即直面忠与孝的严酷抉择。张文礼弑王镕后，乌震随符习征讨张文礼，誓为故主复仇。"文礼执震母妻及子十余人以招震，震不顾。文礼乃自断其手鼻，割而不诛，纵至习军，军中皆不忍正视。震一恸而止，愤激自励，身先士卒"，平定镇州。对这件事，欧阳修极为不满，指斥乌震"大不孝"，更不用谈"忠"了：

> 夫食人之禄而任人之事，事有任，专其责，而其国之利害，由己之为不为，为之虽利于国，而有害于其亲者，犹将辞其禄而去之。矧其事众人所皆可为，而任不专己，又其为与不为，国之利害不系焉者，如是而不顾其亲，虽不以为利，犹曰不孝，况因而利之乎！

欧阳修的这一观点，看似与李从璟的例子相冲突，实则不然。按他的说法，"忠孝以义则两得"，这个义，既包括君臣之义，也包括父子之义。如果可以无害其亲，则"忠"更重于孝，但这绝不意味着对亲人的伤害。"孝"为"忠"的基石，抽掉了这个基石，则根本无所谓"忠"，"夫能事其亲以孝，然后能事其君以忠"②。他曾以瞽瞍杀人而舜"弃天下，窃负之而逃"的例子，来说明"天下可无舜，不可无至公；舜可弃天下，不可刑其父"③。若是以有害其亲的方法尽忠，还不如辞官而去，以尽孝道。欧阳修的这一说法与《旧五代史》一脉相承，但比其"不悯其亲，仁斯鲜矣，虽慕乐羊之迹，岂事文侯之宜"④ 的批评要严厉得多。

对于李彦珣，二史的评价极为严厉。李彦珣素来不孝，随范延光反叛，于阵前射杀其母，后随范延光出降。石敬瑭以赦命已下为理由，不予追究。对此，《旧五代史》斥责李彦珣"殆非人类"，而晋高祖"失刑

---

① 《新五代史》卷一五《唐明宗家人传》，第190页。
② 《新五代史》卷二六《乌震传》，第319—320页。
③ 《新五代史》卷二〇《周世宗家人传》，第232页。
④ 《旧五代史》卷五九，史臣论赞，第925页。

之甚"①。其后司马光也在《资治通鉴》中论曰:"治国家者固不可无信。然彦珣之恶,三灵所不容,晋高祖赦其叛君之愆,治其杀母之罪,何损于信哉!"②《新五代史》则对这种"禽兽"般的行为寻找原因,认为是战乱和饥饿导致了风俗日坏:

> 自唐之衰,干戈饥馑,父不得育其子,子不得养其亲。其始也,骨肉不能相保,盖出于不幸,因之礼义日以废,恩爱日以薄,其习久而遂以大坏,至于父子之间,自相贼害。五代之际,其祸害不可胜道也。

积习之久,竟致非但李彦珣不自知为大恶,连晋高祖也"安焉不以为怪也",无怪乎"晋出帝之绝其父,宜其举世不知为非也"③。在欧阳修这里,孝占据着极大的比重。轰动北宋朝堂的濮议之争,即是由此而发。

公元1063年,仁宗病死,英宗继位。英宗为濮安懿王赵允让的第十三子,因仁宗三子皆早亡,以旁支身份入继大统。治平二年(1065)四月,朝堂正式讨论英宗生父濮王允让的名分问题。因兹事体大,深为朝野所重视,激烈争论长达十八个月。官员分为两大阵营。王珪、司马光、范镇、贾黯、吕诲、范纯仁、吕大防等两制、礼官及台谏官员认为英宗应尊濮安懿王为皇伯。韩琦、欧阳修等宰执则认为英宗应尊其为皇考。英宗自然支持后者,而百官大多赞同前者。最终,英宗尊濮安懿王为皇,夫人为后,皇帝称亲,诏臣民避濮安懿王讳。余波所及,吕诲、范纯仁、吕大防三名御史被贬出京,包括司马光在内的台谏官员全部自请同贬。韩琦、欧阳修虽然胜利,但也累遭奏劾,备受非议。欧阳修还被三次弹劾"首启邪议,导谀人君"④。为此,他一再撰文,并引用史事,为己辩解。

欧阳修认为,考于六经与古之典礼,"皇伯"这一称谓皆无所据,"盖自汉以来,由藩侯入继大统,其为人后合礼而得正之君,皆无之也。

---

① 《旧五代史》卷九四,史臣论赞,第1462页。
② 《资治通鉴》卷二八一,后晋高祖天福三年九月己巳条"臣光曰",第9191页。
③ 《新五代史》卷五一《范延光传》,第655—656页。
④ 《长编》卷二〇七,英宗治平三年正月丙子条,第5029页。

惟五代晋出帝尝以其所生父为皇伯矣，此何足道也！"① 晋出帝是石敬瑭兄敬儒之子，名为石重贵。石敬瑭临死前，将幼子重睿托孤于冯道、景延广等人。但景延广等以重贵年长为理由，改立重贵。重贵即位之后，称敬儒为皇伯，深为欧阳修所不齿，认为"晋之大臣，既违礼废命而立之，以谓出帝为高祖子则得立，为敬儒子则不得立，于是深讳其所生而绝之，以欺天下为真高祖子也"，斥出帝"立不以正，而灭绝天性，臣其父而爵之，以欺天下也"②，出帝继位不久，契丹灭晋，"迁其族于北荒，幽之黄龙府，举族饿死，永为夷狄之鬼。其灭亡祸败，自古未有若斯之酷也。议者谓汉哀、桓乱世不足为法可矣，若晋出帝者，果可为法乎？"③

对于这种自讳生父的做法，欧阳修认为只是闾阎鄙俚之人的做法："古之不幸无子，而以其同宗之子为后者，圣人许之，著之《礼》经而不讳也。而后世闾阎鄙俚之人则讳之，讳则不胜其欺与伪也。"养父母对养子讳其亲生父母，而养子也"自讳其所生，而绝其天性之亲，反视以为叔伯父，以此欺其九族，而乱其人鬼亲疏之属。……使是子也，能忍而真绝其天性欤，曾禽兽之不若也。使其不忍而外阳绝之，是大伪也"，而出帝尊生父为皇伯，也"非特以其义不当立，不得已而绝之，盖亦习见闾阎鄙俚之所为也"④，从而反衬英宗追尊濮王的合情合理。这与欧阳修对孝的观点是有密切联系的。然而，欧阳修此论终究不能为主流舆论所理解。

欧阳修对人伦父子之道的重视，在柴守礼杀人事件中也有所体现。柴守礼为周世宗柴荣的生父，致仕后居于洛阳，"终世宗之世，未尝至京师，而左右亦莫敢言，第以元舅礼之"。柴守礼与王溥、王彦超、韩令坤等人之父朝夕往来，恣意妄为，称为"十阿父"。柴守礼曾杀人于市，"有司以闻，世宗不问"。杀人偿命，乃人之共识。然而，欧阳修却大赞世宗"宁受屈法之过，以申父子之道，其所以合于义者，盖知权也"。他以瞽叟杀人而舜负之以逃的例子说明，君子之于事，当权衡轻重。"失刑轻，不孝重也"，若杀其父，则是"灭天性而绝人道"之举，因此"世宗

---

① 《欧阳修全集》卷一二三《晋问》，第1875页。
② 《新五代史》卷九《晋出帝本纪》，第114页。
③ 《欧阳修全集》卷一二三《晋问》，第1876页。
④ 《新五代史》卷十七《晋家人传》，第215—216页。

之知权，明矣夫"①。

对欧阳修的这一说法，薛季宣曾经提出异议，认为世宗对待柴守礼的方法不当。他认为舜对瞽叟"曲尽事亲之道"，而世宗却在柴守礼致仕以后，将其置于洛阳，终生未见。"向使世宗待守礼以不朝，内尽宫中之敬，大宗私意，可无偏废，于时置之西京，弃之十阿父者，杀人细耳，又有加于杀人之罪，其将何以处之？世宗之欲处当其宜，大臣辅之无术，因隐而入于罪，臣不能无憾于世宗，惜其明锐出于天姿，终以无学为累。"② 杨时认为，"父子者一人之私恩，法者天下之公义，二者相为轻重，不可偏举也。故恩胜义则诎法以伸恩，义胜恩则掩恩以从法。恩义轻重不足以相胜，则两尽其道而已"，认为皋陶抓获瞽叟，是正天下之公义，舜窃负之以逃，是为伸己之私恩，因而得以两全其道。而柴守礼杀人一案，有司不敢将其抓获归案，仅止上奏世宗，世宗只得不予追究。若是有司将其抓获归案，置诸法律。根据"法有八议，贵居一焉"，柴守礼可免于死罪，"一置诸法而两不伤焉，何为不可哉？"③ 这样做，既可正天下之公义，又可全父子之私恩，才是两全之道。的确，为私恩而偏废天下公义，欧阳修的话听起来再有道理，也抹不去那一丝徇私枉法的味道。若能二者兼顾，或者至少做出预防措施，应该更好一些。不过，从中我们可以看出欧阳修在孝与法之间所作出的抉择。

二 总体否定五代，紧扣住五代的时代特点，注重与现实政治相结合

欧阳修对五代的评价是相当之低的。在他眼里，这是一个"天地闭，贤人隐"④ 的时代。得国者皆为贼乱之君，臣子绝少忠义之士，人民生活苦痛不堪，其史论多以"呜呼"开头，沉痛的基调一望可知。如果我们和宋代前期的著述相比，就会发现《新五代史》的基调明显低沉和晦暗。

在宋初三朝的著述中，我们还可以看到不少比较正面的记载，比如

---

① 《新五代史》卷二〇《周世宗家人传》，第231—232页。
② （宋）薛季宣：《浪语集》卷二七《书周世宗家人传》。
③ （宋）杨时：《龟山集》卷九《周世宗家人论》。
④ 《新五代史》卷三四《一行传》，第417页。

后梁忧民重农、搜求贤良、整顿纲纪、鼓励耕桑、赋敛较轻之举,后蜀"百姓富庶,夹江皆创亭榭游赏之处……人望之如神仙之境"①的锦绣繁荣景象,赵光逢、冯道、桑维翰等为时人所敬仰的国之精英。但在《新五代史》中,取材却以负面资料居多。如《旧五代史》中所保留的历朝治国措施,或许是因为在欧阳修看来成效不大,所以保留不多,而对弊政及不符合礼义纲常的地方记载较多。以后梁为例,欧阳修"认为《春秋》书法的基本点在'不没其实'"②,因此,他予后梁为正统,这在当时引起了很大争议,讥其"大失《春秋》之旨"。欧阳修不得不几次著文,一再辩解,认为"《春秋》于大恶之君不诛绝之者,不害其褒善贬恶之旨也,惟不没其实以著其罪,而信乎后世,与其为君而不得掩其恶,以息人之为恶"③。而就其取材来看,的确存在着贬低后梁的因素。

比如,唐朝中和四年(884),黄巢军队逼近汴州,朱温求援于河东节度使李克用。双方合力打败黄巢之后,朱温在汴州上源驿答谢李克用。当晚,他派兵包围上源驿,欲致李克用于死地。李克用在随从的掩护下死里逃生,从此二人成为死敌。关于这一事件,《旧五代史》认为是李克用乘醉任气,令朱温心生不平所致。欧阳修则认为咎在朱温,书曰"王邀克用置酒上源驿,夜以兵攻之。克用逾城而免,讼其事于京师,天子知曲在汴而和解之"④。他参修的《新唐书·沙陀传》也认为此事是由于朱温忌李克用桀骜难制而发。司马光不同意欧阳修的说法,他认为"按全忠是时兵力尚微,天下所与为敌者,非特患克用一人,而借使杀之,不能并其军,夺其地也。盖克用恃功,语或轻慢,全忠出于一时之忿耳"⑤,而非出自处心积虑的图谋。以情理揆之,这一分析不无道理。或许,朱温虽素忌李克用,但因情势所致,未欲除掉李克用,然而李克用当日却乘醉侮慢朱温,令朱温杀心顿起,是更可能接近历史真相的写法。

再者,《旧五代史》保留了不少朱温重兵、重农、轻赋、整顿纪纲之举,赞其"忧民重农,尤以足食足兵为念",且与后唐"赋役重而寰区失

---

① (宋)张唐英:《蜀梼杌》卷下,《全宋笔记》第1编第8册,第56页。
② 吴怀祺:《宋代史学思想史》,黄山书社1992年版,第39页。
③ 《新五代史》卷二《梁太祖本纪下》,第24页。
④ 《新五代史》卷一《梁太祖本纪上》,第5页。
⑤ 《资治通鉴》卷二五五,唐僖宗中和四年五月甲戌条引《通鉴考异》,第8307页。

"望"的情况相比，赞扬后梁励事耕桑，百姓"赋敛轻而田园可恋"。而号称为唐复仇的后唐，对百姓的压榨居然比后梁重得多。这则材料本可用来大做文章，但《新五代史》却并没有录入，可见欧阳修对后梁的态度。洪迈曾经惋惜地说："朱梁之恶，最为欧阳公《五代史记》所斥詈。然轻赋一事，旧史取之，而新书不为拈出……予以事考之，此论诚然，有国有家者之龟鉴也。"①

后唐被宋人视为唐室中兴，形象较为正面。但《新五代史》并不因此对它多加颂扬。以李克用为例。作为称雄一时的强藩，李克用采取的策略与朱温不同。朱温先是挟天子以令诸侯，而后弑君篡位。李克用则始终以唐室忠臣的面貌示人，终生拒绝称帝。彼时"五侯九伯，无非问鼎之徒；四岳十连，皆畜无君之迹"②。朱温称帝后，前蜀、淮南等按捺不住，纷纷称帝。在这样的大环境之下，李克用誓言终生不称帝，显然深得宋人之心。《旧五代史》专为其立《武皇本纪》，以帝王视之。虽然被后人批评不合体例，但也足见对他的重视，在本纪中对其跋扈不臣之状讳饰也颇多。《新五代史》则揭下了对李克用的种种讳饰：咸通十三年（872），李克用杀大同军防御史段文楚，自称留后。后虽累表请降，但却屡次侵掠代北，酿成边患。光启元年（885），僖宗遣朱玫、李昌符讨王重荣，李克用反以兵助王重荣，击败朱玫，进犯京师，纵火大掠，僖宗为之出居兴元。龙纪元年（889），昭宗派张濬率军讨伐李克用，张濬三战三败，李克用"大掠晋、绛，至于河中，赤地千里。克用上表自诉，其辞慢侮，天子为之引咎，优诏答之"。乾宁二年（895），河中王重盈死后，二子王珂、王珙争立，李克用支持王珂，李茂贞、王行瑜、韩建支持王珙。为此事，三镇兵犯京师，李克用亦起兵，京师大乱，昭宗被迫出居石门。次年，昭宗复任张濬为宰相，李克用上表扬言："若陛下朝以濬为相，则臣将暮至阙廷！"京师大恐，"浚命遽止"③。……欧阳修对李克用阳尊朝廷实则跋扈的举动揭露得淋漓尽致，并且认为李克用不称帝是因为"当唐之衰，克用与梁并起而争之，梁以强而先得。克用耻争之

---

① （宋）洪迈：《容斋随笔·三笔》卷一〇《朱梁轻赋》，第541页。
② 《旧唐书》卷二〇下《唐哀帝本纪》史臣论赞，第812页。
③ 《新五代史》卷四《唐庄宗本纪上》，第39、41页。

不胜，难忍臣敌之惭，不得不借唐以自托也"①，所以，对李克用拒绝称帝一事，《新五代史》只字未提。同样，《新五代史》也没有对庄宗的英雄事迹大书特书，且多取其灭梁之后不修政事、礼坏恩薄之史料，以见其朝政之黑暗。

明宗李嗣源是被乱军拥立。《旧五代史》处处述其不得已之状，言其得国本为无心，完全是天命所致。《新五代史》却直称"李嗣源反"②，并于字句中蕴含褒贬。如《旧五代史》记李嗣源被拥立后，率军至相州，获官马二千匹。《新五代史》则记作"掠"小坊马二千匹以益军。"获"与"掠"，一字之差，意味深长。非但如此，庄宗被弑二十余日后"始奠"，李嗣源于庄宗亲子李继岌尚在人世即登基为帝等记载，皆显示出《新五代史》毫不留情的抨击态度。明宗是后唐最有治绩的君主，《新五代史》也赞其"爱人恤物"，在位七年，"兵革粗息，年屡丰登，生民实赖以休息"，"于五代之君，有足称也"，但也批评"然夷狄性果，仁而不明，屡以非辜诛杀臣下。至于从荣，父子之间，不能虑患为防，而变起仓卒，卒陷之以大恶"③。如果联系到《旧五代史》对明宗"能力行乎王化，政皆中道，时亦小康，近代已来，亦可宗也"的大力赞扬，新五代史的调门显然要低得多。

总体而言，《新五代史》对五代的态度比《旧五代史》严厉得多。除了世宗朝得到高度赞扬，余皆比宋初三朝的评价明显降低。

《新五代史》十分善于发现和总结五代的时代特点。他效仿《史记》本纪、列传、志、表、世家的编排，并在列传中采用类传的形式，如《家人传》《一臣传》《死节传》《死事传》《一行传》《唐六臣传》《义儿传》《伶官传》《宦者传》《杂传》等。与《旧五代史》一朝一史的体例安排不同，欧阳修打破了朝代界限，将五个中原王朝的人与事综合在一起，统一编排分类，按照时间顺序排列。五代政权更迭频繁，很多朝臣皆历事多朝。因此，按照一朝一事进行分类的确有不尽合理之处，欧阳修的这种做法显然更易处理。同时，这种安排实际上是把五个中原王朝看作一个时期，从中分门别类，注入强烈的褒贬色彩。这是《新五代史》

---

① 《欧阳修全集》卷一六《梁论》，第285页。
② 《新五代史》卷五《唐庄宗本纪下》，第57页。
③ 《新五代史》卷六《唐明宗本纪》，第63—65页。

很具特色的部分之一。根据五代忠义之风衰颓的情况，他设《死节传》《死事传》《唐六臣传》《一行传》《一臣传》和《杂传》。仅事一朝的王侯将相列入《一臣传》，历事多朝者入《杂传》。入《一臣传》者固然言行未必皆可贵，但入《杂传》者却"诚君子之所羞"①。全节之士入《死节传》，"其初无卓然之节，而终以死人之事者"入《死事传》。《唐六臣传》特为抨击张文蔚、杨涉、张策、赵光逢、薛贻矩、苏循等不能为唐尽忠，反而屈从于朱温的淫威，"庸懦不肖、倾险狡猾、趋利卖国之徒"而设。根据五代十国时期特殊的养子现象，设《义儿传》，抨击"亲疏之理反其常，干戈起于骨肉，异类合为父子"。《伶官传》《宦者传》是为抨击伶人、宦官干政乱国现象所作，对"女祸"也有警惕性的讨论……他将这些不合礼义纲常的人物与事件归类在一起，着力铺陈五代种种怪现象，并予以强烈抨击，总结经验教训，个个击中五代十国的痛处。

　　欧阳修总结出的五代最大的特点是礼义纲常的沦丧，这也是让他最感痛心的事。乱世并不少见，但像五代这样忠义之士绝少的乱世却相当少见。欧阳修认为，这与礼义纲常坠地的现实有着密切关系。"五代之际，君君臣臣父父子子之道乖，而宗庙、朝廷，人鬼皆失其序，斯可谓乱世者欤！自古未之有也。"②"梁之友珪反，唐戕克宁而杀存乂、从璨，则父子骨肉之恩几何其不绝矣。太妃蘧而辍朝，立刘氏、冯氏为皇后，则夫妇之义几何其不乖而不至于禽兽矣。寒食野祭而焚纸钱，居丧改元而用乐，杀马延及任圜，则礼乐刑政几何其不坏矣。至于赛雷山、传箭而扑马，则中国几何其不夷狄矣．可谓乱世也欤！"③"五代，干戈贼乱之世也，礼乐崩坏，三纲五常之道绝，而先王之制度文章扫地而尽于是矣。"④"五代之乱，君不君，臣不臣，父不父，子不子，至于兄弟、夫妇人伦之际，无不大坏，而天理几乎其灭矣"，等等。总之，用一句话概括，就是"五代之乱极矣，《传》所谓'天地闭，贤人隐'之时欤！"这正应和了当时贬低与否定五代的总体环境。对于五代忠义之风衰颓、礼乐纲常坠地的原

---

① 《新五代史》卷二一《梁臣传序》，第237页。
② 《新五代史》卷一六《唐废帝家人传》，第201页。
③ 《新五代史》卷一二《周恭帝本纪》，第147—148页。
④ 《新五代史》卷一七《晋家人传》，第216页。

因，欧阳修归结为"干戈兴，学校废，而礼义衰，风俗隳坏，至于如此"①。"五代之乱，其来远矣。自唐之衰，干戈饥馑，父不得育其子，子不得养其亲。其始也，骨肉不能相保，盖出于不幸，因之礼义日以废，恩爱日以薄，其习久而遂以大坏。"战乱饥荒导致礼义纲常扫地，礼义纲常扫地又加剧了五代乱象。这与宋初的认识与思考是大不相同的。也正因为此，《新五代史》对于"五代礼乐文章，吾无取焉"②。这也正是宋人对于五代礼乐文章的普遍态度。虽然宋初制度直承五代，同时又有所增损与调整。但是，"真宗朝以来兴起的'宋承唐制'说，淡化了宋制直承五代的史实，强调了唐、宋制度的沿袭关系"③。欧阳修认为五代制度毫无可取之处，因此在《新五代史》中只列有《司天考》《职方考》，这与他在《新唐书》中高度重视典章制度的态度大相径庭。

欧阳修在《新五代史》的撰著过程中，不仅善于抓住五代的社会特点，还非常注重与北宋现实政治状况的结合，这与以《旧五代史》为代表的宋初三朝有明显不同。"虽然是聚焦于10世纪的历史，但《新五代史》的洞见和议题明显源自于11世纪：关于正统和党争的激辩，宗教矛盾乃至边界事务都浸透其中。显然，不拘泥于时的历史远见也是《新五代史》一直享有盛誉的众多原因之一。"④ 比如，借论晋出帝认生父为皇伯，阐述关于濮议之争的意见。而在论及《唐六臣》时，欧阳修除了抨击他们背唐附梁外，还就朋党问题发表了自己的见解。

欧阳修认为，后梁的建立与唐末忠义之臣被以朋党之名尽去有很大关系。"白马之祸"时，唐末重臣裴枢、独孤损等同日被害。凡是不附于朱温的缙绅之士，皆被诬为朋党，朝堂为之一空，国之忠臣、栋梁尽除，只余张文蔚、薛贻矩、杨涉、张策、赵光逢、苏循这样的庸懦奸险之徒，将大唐江山卖与朱温。若裴枢等人尚在，绝不肯将社稷拱手让人。即使不能存唐，也绝不会蒙耻忍辱立于后梁的朝堂。因此，他痛斥始作朋党之论者"真可谓不仁之人哉！"汉、唐之亡，皆是先以朋党之名尽去贤人

---

① 《新五代史》卷三四《一行传序》，第417—418页。
② 《新五代史》卷五八《司天考第一序》，第753页。
③ 楼劲：《宋初礼制沿革及其与唐制的关系——兼论"宋承唐制"说之兴》，《中国史研究》2008年第2期。
④ [美]戴仁柱：《〈新五代史〉英文版序言》，马佳译，《安徽师范大学学报》2006年第3期。

君子，使举朝皆剩"庸懦不肖倾险"之小人，然后国乃亡。"夫欲空人之国而去其君子者，必进朋党之说；欲孤人主之势而蔽其耳目者，必进朋党之说；欲夺国而与人者，必进朋党之说"，因此，提醒人主"可不鉴哉！可不戒哉！"①

欧阳修此论与撰于庆历四年（1044）的《朋党论》相呼应，实为北宋现实政治状况而发。北宋党争激烈，很多影响深远的政治事件都有党争的参与，关于朋党的辩论也贯彻于北宋始终。宋初王禹偁的《朋党论》可谓北宋朋党论争的滥觞。庆历之后，朋党之论大盛。欧阳修、尹洙、韩琦、张方平、范纯仁、司马光、苏轼等，都对朋党问题有过议论，而以欧阳修的《朋党论》最为知名。范仲淹所领导的庆历新政在推动过程中饱受谤毁，其中一大罪名就是朋党。自古人君最恶朋党，庆历新政的失败与朋党之诬有着重要关系。欧阳修的《朋党论》撰于庆历四年，正是为了支持庆历新政、驳斥保守派的恶意中伤而作。他认为，"君子有朋"而"小人无党"。"君子与君子以同道为朋"，而"小人与小人以同利为朋"。小人所好者为利禄财货，"其暂为朋者，伪也"。而君子"所守者道义，所行者忠信，所惜者名节。以之修身，则同道而相益；以之事国，则同心而共济，终始如一。此君子之朋也"。"为人君者，但当退小人之伪朋，用君子之真朋，则天下治矣。"② 欧阳修此论产生了很大影响，却终不能挽回庆历新政的失败命运。第二年，杜衍、韩琦、范仲淹、富弼等皆以党议罢去，时任河北都转运使的欧阳修慨然上疏，称四人之贤，"然臣窃见自古小人谗害忠贤，其识不远，欲广陷良善，则不过指为朋党，欲摇动大臣，则必须诬以专权……臣见杜衍等真得汉史所谓'忠臣有不和之节'，而小人谗为朋党，可谓诬矣"③。疏入不报，而指欧阳修为朋党者对其愈增厌恶。欧阳修此论与《唐六臣传》的议论可谓异曲同工，皆表达了对"小人"利用朋党之名攻讦"君子"的严厉批判。身为朋党之论的受害者，欧阳修可谓感受颇深，因此在史书的撰著中有感而发。南宋周必大曾指出，欧阳修《朋党论》"曰小人无朋，同利则暂相党引，见利则反相贼害，惟君子修身则同道相益，事国则同心共济。其后为

---

① 《新五代史》卷三五《唐六臣传》，第430—431页。
② 《欧阳修全集》卷一七《朋党论》，第297页。
③ 《长编》卷一五五，仁宗庆历五年三月丙戌条，第3764—3765页。

《五代史·六臣赞》，又反复言之"①。

徽宗年间，马令作《南唐书》，特设《党与传》两卷，详细论述了以宋齐丘为首，陈觉、冯延巳、冯延鲁、李征古、查文徽、魏岑等结党营私的恶劣行径，以及给南唐朝政带来的巨大破坏。他虽然指出南唐之士各自有党，但却仅将"宋党"列入《党与传》，孙晟、韩熙载、常梦锡、萧俨等一党却散列入《义死传》《儒者传》《归明传》等，是为了体现出"世衰道丧，小人阿附以消君子。而君子、小人反类不合。故自小人观之，因谓之党与，而君子未尝有党也。予之所论，一入于《党与》，则宜无君子，而各著于篇者，未必皆小人"②的意图。马令虽然与欧阳修对朋党问题的看法有所不同，但对其深恶痛绝却是一致的。《党与传》是马令《南唐书》的一个鲜明特点，体现了北宋现实政治对史家的影响。

在《新五代史》中，欧阳修极为欣赏后周世宗。周世宗是五代第一英主。他"明达英果"，锐意为治，"区区五六年间，取秦陇，平淮右，复三关，威武之声震慑夷夏，而方内延儒学文章之士，考制度、修《通礼》、定《正乐》、议《刑统》，其制作之法皆可施于后世"，其"论议伟然"的风采、天下大治的雄心、"虚心听纳，用人不疑"的气度、"明于决胜"的军事头脑，皆得到欧阳修的衷心赞叹，赞"其英武之材可谓雄杰"，是为"贤主"③，认为帝王贤明与否直接影响到国家的兴衰：

> 呜呼！作器者，无良材而有良匠；治国者，无能臣而有能君。盖材待匠而成，臣待君而用。故曰：治国譬之于奕，知其用而置得其处者胜，不知其用而置非其处者败。败者临棋注目，终日而劳心，使善奕者视焉，为之易置其处则胜矣。胜者所用，败者之棋也；兴国所用，亡国之臣也。王朴之材，诚可谓能矣。不遇世宗，何所施哉？世宗之时，外事征伐，攻取战胜；内修制度，议刑法、定律历，讲求礼乐之遗文，所用者五代之士也，岂皆愚怯于晋、汉，而材智于周哉？惟知所用尔。夫乱国之君，常置愚不肖于上，而强其不能，以暴其短恶，置贤智于下，而泯没其材能，使君子、小人皆失其所，

---

① （宋）周必大：《文忠集》卷一二〇《试宏词人赵彦中》。
② （宋）马令：《南唐书》卷二〇《党与传上序》，《五代史书汇编》第9册，第5387页。
③ 《新五代史》卷一二《周世宗本纪》，第148页。

而身蹈危亡。治国之君，能置贤知于近，而置愚不肖于远，使君子、小人各适其分，而身享安荣。治乱相去虽远甚，而其所以致之者不多也，反其所置而已。呜呼，自古治君少而乱君多，况于五代，士之遇不遇者，可胜叹哉！①

他基本忽略了周世宗"禀性伤于太察，用刑失于太峻"②、"好杀"③的缺点，而独取其"明达英果，论议伟然"、杀伐决断之举，表现了他对世宗的高度赞赏。仁宗朝号为太平盛世，但也隐藏着不少社会危机。庆历新政中途失败，来自契丹、西夏的侵扰不断。仁宗虽然仁爱温厚，但也暴露出魄力不足的缺点，只能算是个守成之君，比之英气逼人、锐意进取的周世宗，显然还是有所不足。欧阳修的这些议论，许是有感而发。同时，对后唐明宗时大理少卿康澄的上疏——"为国者有不足惧者五，深可畏者六：三辰失行不足惧，天象变见不足惧，小人讹言不足惧，山崩川竭不足惧，水旱虫蝗不足惧也；贤士藏匿深可畏，四民迁业深可畏，上下相徇深可畏，廉耻道消深可畏，毁誉乱真深可畏，直言不闻深可畏也"，欧阳修也在史论中引用，感叹康澄之言"岂止一时之病，凡为国者，可不戒哉！"④难掩对北宋现实的深沉喟叹。

欧阳修在《新五代史》里，认真总结了五代的历史教训，影射了北宋的现实政治，尤其是弊政，寄托了他改革政治、整饬人伦道德的理想。大约也是因为这个原因，他在书撰成后，曾不欲外人知悉，也曾婉拒人君的阅览要求。

三 欧阳修的华夷观

尊王攘夷是《春秋》精神的核心思想。有宋一代，北宋重尊王，南宋重攘夷，均因社会现实而发。北宋中期，民族意识有所抬头，这在《新五代史》中也有体现。

---

① 《新五代史》卷三一《周臣传》，第392—393页。
② 《旧五代史》卷一一九，史臣论赞，第1842页。
③ （宋）洪迈：《容斋随笔·三笔》卷九《周世宗好杀》，第535页。
④ 《新五代史》卷六《唐明宗本纪》，第75页。

五代诸朝中，后唐、后晋、后汉为沙陀所建，而非汉族人建立的政权，但并没有遭到北宋人的排斥，仍然将其视为正统，十国中南唐等汉族政权却不在承认之列。这固然是由于北宋承五代而来，但更重要的是，他们是以文化而非种族来分辨华夷的。如果少数民族入主中原，接受儒家的礼乐制度与治国理念，则可被视为"华"而非"夷"。第一个沙陀王朝后唐一直打着复兴唐室的旗号，沿袭唐制，因此赢得了中原地区汉族士人的支持。后晋、后汉也是如此。因此，这三个王朝与契丹的关系也就成了华夷关系。欧阳修仍然认同此点，但他显然也意识到了沙陀三王朝的民族特性，华夷意识较为强烈。

欧阳修常称沙陀三王朝为"夷狄"，认为五代之主，或出武人，或出夷狄。他特意在《庄宗本纪上》追溯了沙陀的来源，指明号称继唐的后唐实为夷狄。他还借康福的例子嘲笑了在夷狄中视"沙陀种"为"贵种"①的现象，明确指出李克用、庄宗、明宗世本夷狄，并对他们的弱点多从夷狄之性切入加以解释。比如，指明宗虽出于夷狄，但性格宽厚，是五代少有的贤君。"然夷狄性果，仁而不明，屡以非辜诛杀臣下。""仁而不明，屡以非辜诛杀臣下"的不一定是夷狄，但欧阳修却将其列为原因，表现了他对夷狄的偏见。欧阳修还记载了明宗于宫中夜焚香，祝祷"臣本蕃人，岂足治天下！世乱久矣，愿天早生圣人"②之举，微妙地表达了他对"蕃人"不足以治天下的认同。

对于认契丹为父的后晋，欧阳修可谓深恶痛绝，"晋氏始出夷狄而微，终为夷狄所灭"，"而晋氏起于夷狄，以篡逆而得天下，高祖以耶律德光为父，而出帝于德光则以为祖而称孙，于其所生父则臣而名之，是当可以人理责哉！"③石敬瑭父事契丹之举，固然寡廉鲜耻，但联系到当时的历史环境，"此风亦与契丹当时家长制政治有密切关系"④。同时，石敬瑭出自沙陀，而沙陀的养子之风极盛，石敬瑭称儿实际上具有耶律德光的养子性质。话虽如此，对于将后晋视为中原正统王朝的宋人来说，仍然是不能容忍的。因此，欧阳修予以极为严厉的谴责，并以后晋兴于

---

① 《新五代史》卷四《唐庄宗本纪上》，第4页；卷四六《康福传》，第584页。
② 《新五代史》卷六《唐明宗本纪》，第74页。
③ 《新五代史》卷一七《晋家人传》，第209、216页。
④ 郑学檬：《关于石敬瑭评价的几个问题》，《厦门大学学报》1983年第1期。

契丹而灭于契丹，指出"盖夫本末不顺而与夷狄共事者，常见其祸，未见其福也。可不戒哉！可不戒哉！"①表现出鲜明的华夷之分。

对沙陀三王朝的非"礼"行为，欧阳修也提出了批评。《新五代史》本纪内容较少，多取重要的人事任命、叛乱、杀戮、制度措置及争战等，而于一般的政策举措、人事变动、小规模作乱则不录，但对王朝的非"礼"之举皆予以著录。他记录了天子所行"寒食野祭而焚纸钱"等"闾阎鄙俚"之礼，以及"夷狄"之礼，如后唐庄宗曾"如雷山赛天神"②，明宗曾祭突厥神，晋出帝"使右骁卫将军石德超以御马二，扑祭于相州之西山"③。明宗年间，朱守殷叛乱平定后，霍彦威遣使者献两箭作为进贺之礼，明宗亦赐两箭以报之，皆为"夷狄"之礼。欧阳修批评"明宗本出夷狄，而彦威武人，君臣皆不知礼，动多此类"④。对诸王朝为数不多的合"礼"之举，欧阳修也一一记录。明宗年间，"秦王从荣受册，谒于太庙"⑤。册礼久废于五代乱世，至此行之，故被收录。明宗死后，"发丧于西宫，皇帝即位于柩前，群臣见于东阶，复于丧位。丙午，成服于西宫"⑥。五代在此时方见嗣君按照儒家礼仪即位服丧之事，故记之。晋高祖死后，葬于显陵，祔神主于太庙，五代至此方见子葬其父的记载，故亦书之。

欧阳修的这一观念实际上是与北宋中后期日益分明的华夷意识相联系的。晁补之曾经评论庄宗之先胜后败，认为"夫性习之相远，不至于是。将夷狄之情，困则忍而思深，乐则不图后，理固然哉？"后梁末年，李嗣源攻下后梁都城汴梁，庄宗大喜，手揽其衣，以头触之，说："天下与尔共之。"对此，晁补之认为："唐社稷未立，天下之定于我未可知，而所以许嗣源者已极矣。夷狄尚气，喜于意外一旦之获，而不图后日无以复加之弊，其亡非不幸也。"⑦

尽管如此，沙陀三王朝与契丹仍是有本质区别的。不然欧阳修也不

---

① 《新五代史》卷二九《晋臣传》，第368页。
② 《新五代史》卷五《唐庄宗本纪下》，第54页。
③ 《新五代史》卷九《晋出帝本纪》，第105—106页。
④ 《新五代史》卷四六《霍彦威传》，第574页。
⑤ 《新五代史》卷六《唐明宗本纪》，第71页。
⑥ 《新五代史》卷七《唐废帝本纪》，第81页。
⑦ （宋）晁补之：《济北晁先生鸡肋集》卷五〇《五代杂论》。

会如此在意诸多非"礼"之举，哀叹五代礼乐崩坏了。后晋出帝本为沙陀人，被契丹俘虏北去，举族饿死，被欧阳修叹为"永为夷狄之鬼"。在《唐明宗纪》里，契丹东丹王突欲投奔后唐，欧阳修用了"来奔"二字，徐无党注曰："夷狄不可以礼义责，故不曰叛于契丹"，挑明了沙陀三王朝与契丹在欧阳修诸人心目中的不同。在宋人眼里，沙陀三王朝尽管出于"夷狄"，也有诸多不合儒家礼义之处，但终究还算是以夏变夷，可视作中原王朝。而契丹则是真正的"夷狄"，既未被中原文明所同化，也对中原王朝造成了巨大的破坏和威胁。契丹是北宋危险的敌人，多次侵扰边关，也曾大举深入，与宋签订《澶渊之盟》。一方面，宋人对澶渊之盟较为赞许，认为这是对付契丹、获得和平的好方法；另一方面，他们又无法摆脱城下之盟的耻辱感与无法击倒契丹的无力感。西部边陲党项族的崛起又给北宋政府平添了一层困扰。内忧外患的夹击，难以启齿的耻辱，无以名状的焦灼，无疑增强了这一时期宋人对攘夷的渴望。欧阳修在《四夷附录》里指出，"自古夷狄之于中国，有道未必服，无道未必不来，盖自因其衰盛。虽尝置之治外，而羁縻制驭恩威之际，不可失也"①，用很长的篇幅追溯了契丹的兴起、强盛以及给五代造成的破坏性损失，对投靠契丹的赵德均、赵延寿、石敬瑭、杜重威等人进行了抨击，对中原军民奋力抗击契丹之举予以表彰。对世宗北伐，兵不血刃取瀛、莫、定三关之举，他十分兴奋，并批驳了"讥其轻社稷之重，而侥幸一胜于仓卒"的史家，认为这一决定是世宗做了周密考虑之后做出的，"此非明于决胜者，孰能至哉？诚非史氏之所及也！"② 表达了他对攘夷大一统的激赏与渴求。他曾借用契丹人对胡峤之语"夷狄之人岂能胜中国？然晋所以败者，主暗而臣不忠"，"子归悉以语汉人，使汉人努力事其主，无为夷狄所虏，吾国非人境也"③，可谓意味深长。

不过，总体来说，"尊王"还是《新五代史》更注重阐扬的思想。对五代君臣的褒贬，主要还是从事君之节入手。如部分抗击契丹有功的将领，因历事多朝而被入于《杂传》。这与唐末五代王纲失坠的惨痛记忆与北宋政府不遗余力的提倡有关，也与宋学初兴之时注重正名以定分的学

---

① 《新五代史》卷七二《四夷附录第一》，第1001页。
② 《新五代史》卷一二《周世宗本纪》，第148页。
③ 《新五代史》卷七三《四夷附录第二》，第1026页。

术思潮有关。

四 侧重从人事的角度分析五代十国史

北宋前期的五代十国史著述中,充斥着大量的术士预言、谶纬迷信、祥瑞灾异,来证明五代十国帝王将相之所立皆是命中注定,富有浓厚的天命色彩。这与北宋前期的时代特点有关,真宗年间就曾上演过一场举国若狂的天书封禅运动。进入北宋中后期,这一书写范式被极大地改变。作为北宋儒学振兴的重要特点,重人事而轻天命的思想,在这一时期表现得相当明显,《新五代史》即是个中翘楚。

欧阳修在本纪中,秉承"书人而不书天"的原则,不取灾异、祥瑞、术士占卜、图谶等。他认为,天地鬼神不可知,"其可知者,人而已",对秦、汉以来,"学者惑于灾异矣,天文五行之说,不胜其繁也"的情况深为不满,认为:

> 人事者,天意也。《书》曰:"天视自我民视,天听自我民听。"未有人心悦于下,而天意怒于上者;未有人理逆于下,而天道顺于上者。然则王者君天下,子生民,布德行政,以顺人心,是之谓奉天。至于三辰五星常动而不息,不能无盈缩差忒之变,而占之有中有不中,不可以为常者,有司之事也。①

人君只要修人事即可。因此,在本纪中,欧阳修只取了人君修人事的材料,认为从中可窥见其兴亡治乱,而不需通过灾异、天文五行等来探究天命。他所总结的人君兴亡的教训,也都重在人事。用一句话概括,就是"盛衰之理,虽曰天命,岂非人事哉!"②

对于充斥于《旧五代史》中的大量灾异、符瑞、预言、谶语等迷信,欧阳修基本不取,只有极少一部分被取用。但其用意也不在宣扬天命,而在于证明这些预言、谶语、符瑞之不可信。欧阳修在《吴越世家》录用了术士预言钱镠有贵相的材料,是为了抨击"非徒自古术者好奇而幸

---

① 《新五代史》卷五九《司天考二》,第 793—794 页。
② 《新五代史》卷三七《伶官传序》,第 447 页。

中，至于英豪草窃亦多自托于妖祥，岂其欺惑愚众，有以用之欤？"① 的用心。而术士之言，不中者多，而中者少，而人们不过是特别喜欢提及中者罢了。他还取了世宗符皇后的事例，符皇后原为李守贞的儿媳。有术者预言其为天下之母。李守贞早有反意，听闻后十分高兴，以为自己一定可取天下，于是起兵谋反，不料失败被诛。符氏后来成为周世宗的妻子，果为天下之母。欧阳修取此例，用意乃是警示乱臣贼子，不可因术士侥幸言中而对皇位存有觊觎之心，它可能反而是使其葬身灭族的大陷阱。

即使是神言灵验，也未必是好事。唐废帝从珂起兵谋反之前，无法下定决心，节度判官韩昭胤、客将房暠等五名亲信皆劝其反。房暠喜鬼神巫祝之说，崇信自言事太白山神的瞽者张濛，并将他引荐给废帝。张濛预言废帝非人臣，又问卜于神，言其当有天下。废帝遂反，果得天下，然而不过三年，便身死国灭。欧阳修叹息说："呜呼，祸福成败之理，可不戒哉！张濛神言验矣，然焉知其不为祸也！"废帝之败在于他违背了"逆顺之理"，即使有智者辅佐也未必不败，何况其所信任之臣是韩昭胤、房暠这样庸碌的臣子呢。即使是神言灵验，夺下江山，也不过落得一个身死国灭的凄惨下场而已。因此，"予之所记，大抵如此，览者可以深思焉"②。

秦、汉以来，祥瑞多为历代统治者所利用，以证明自身统治的合法性。五代十国犹多。欧阳修虽深恶朱温，于其善政基本没有记载，但却记录了朱友谅因献瑞麦而得罪一事。开平四年（910），宋州节度使朱友谅进献瑞麦，一茎三穗，反遭朱温斥责："今年宋州大水，何用此为！"③ 遂罢朱友谅，以朱友能代为宋州留后。后梁篡唐，晋、岐、燕、蜀等诸藩镇不服，因此后梁境内祥瑞之事特多，以昭示其政权的合法性，朱温亦来者不拒，独对此事大为恼火，重责主事官员，可见其对农业生产的重视，也反映出他其实并不信祥瑞之说，只是为我所用而已。欧阳修特记此事，以证符瑞之无稽。

在《前蜀世家》里，欧阳修特地论证了祥瑞之不可信。前蜀"龟、龙、麟、凤、驺虞之类世所谓王者之嘉瑞，莫不毕出于其国"，但却始终

---

① 《新五代史》卷六七《吴越世家》，第950页。
② 《新五代史》卷二七《刘延朗传》，第334—335页。
③ 《新五代史》卷一三《梁家人传·广王全昱》，第157页。

偏处一隅，并很快亡于后唐。欧阳修认为，龙"以不见为神，以升云行天为得志"，却突然暴露在世人面前，见于水中，则不但不神，且可以说是妖了。凤凰在舜治天下时曾经出现，但后来却"或出于庸君缪政之时，或出于危亡大乱之际"，更算不得祥瑞。麒麟是被鲁哀公狩猎时所得，并不是主动出现的。孔子将此事记于《春秋》，是为了讥讽鲁哀公穷山竭泽四处狩猎，并不认为麒麟是王者之瑞。只是孔子去世以后，异端之说兴起，才将其作为祥瑞的。更何况如尧、舜、禹、汤、文、武、周公这样的治世，麒麟从未出现过。龟生于污泥川泽之中，被《戴氏礼》以为"王者难致之瑞"，而《戴礼》杂出于诸家，失误颇多，难以辨明为祥瑞。驺虞更是不知何物，考之于史，甚至连动物都不是，大概是到了"近世"才以之为兽的。而这些东西皆出于乱极的五代，又皆集中于偏霸一隅的蜀地，则"此虽好为祥瑞之说者亦可疑也"①，以使惑于祥瑞者深思。

除了反对谶纬迷信，欧阳修还大力排斥佛道，这与北宋的儒学复兴运动是息息相关的。五代佛道思想大行其道，儒家思想衰微。北宋前期，承五代之弊，加上统治者的提倡，释道思想依然大行其道，因此才会有宋真宗的天书封禅运动。在当时的知识分子中以儒学为本位的排他意识尚未觉醒。如杨亿是禅宗临济宗的在家弟子；王旦是狂热的佛教信徒；寇准自疑前世为异僧，好游佛寺，与僧人谈禅；丁谓迷恋道教，曾串通女道士刘德妙，"托言老君言祸福"以为己助，大力怂恿真宗东封西祀，贬官后又"专事浮屠因果之说"②。这种对异质文化的倾心，与北宋中后期始终以儒家文化为本位、儒学修养深厚的士人精英的倾心不同。北宋中期，儒学复兴运动兴起，石介、孙复、欧阳修等人纷纷著书立说，对佛道思想进行了激烈批判。

《本论》集中阐发了欧阳修的排佛理论。他指出，"佛法为中国患千余岁，世之卓然不惑而有力者，莫不欲去之"，但收效不大，原因是"未知其方"。他分析了佛教为患的原因是"乘其阙废之时而来"。而这阙废，指的是王道阙，礼义废。三代之政，"其虑民之意甚精，治民之具甚备，防民之术甚周，诱民之道甚笃"，即使有佛也无由得入。三代以后，"王

---

① 《新五代史》卷六三《前蜀世家》，第893—894页。
② 《宋史》卷二八三《丁谓传》，第9569—9570页。

道中绝",佛教于是乘虚而入,加之以王公大人的提倡,佛教遂昌盛起来。排佛的方法"莫若修其本以胜之",而"礼义者,胜佛之本也"①。如能修尧、舜、三代之政,"讲而修之,行之以勤而浸之以渐,使民皆乐而趣焉,则充行乎天下,而佛无所施矣"②。

本着这一思想,欧阳修在《新五代史》里多采撷佛道误人之处,专门揭露佛教的弊处。庄宗刘皇后佞佛,财货无数,只用来抄写佛书,馈赂僧尼。庄宗受其影响,也迷信佛教。当时有僧名曰诚惠,自言能降龙,曾赴镇州,因遭王镕怠慢,怒称:"吾有毒龙五百,当遣一龙揭片石,常山之人,皆鱼鳖也。"③恰巧第二年滹沱河发大水,毁坏镇州关城,人们因此皆以诚惠为神。庄宗及刘皇后都深信不疑,曾率皇子、妃嫔跪拜诚惠,实则诚惠不过是个骗子而已。庄宗夫妇也并未受到佛的庇佑,很快国破身死。晋出帝末年,契丹灭晋,出帝与太后被囚于封禅寺,雨雪寒冻,饥饿难忍。太后派人对寺僧说:"吾尝于此饭僧数万,今日岂不相悯邪?"僧人却以"虏意难测"④为由,拒绝给食。南唐李煜酷嗜佛教,城破之前还在苦诵佛号,却根本挽救不了灭亡的命运。非止如此,后梁年间,朱友能为陈州刺史期间,有学佛者自立一法,号曰"上乘",昼夜伏聚,男女杂乱。朱友能予以纵容,致使其首领母乙、董乙聚众称天子,攻劫州县。定州西北有狼山堡,女尼深意以佛法引诱民众,死后,堡人奉其尸体事之。孙方谏遂托名女尼族人,继行其法,率其徒时降时叛,给中原王朝造成了不少困扰。

相应地,欧阳修对反佛的行为予以了赞扬。如在庄宗夫妇的带动下,无论士庶贵贱皆对僧诚惠顶礼膜拜,唯独郭崇韬不跪。唐明宗时,有僧献佛牙,宰相赵凤诡称佛牙水火皆不能伤,以斧斫之,应手而碎,宫中施舍因此作罢。周世宗废除三千多座佛寺,诏令"悉毁天下铜佛像以铸钱",声称:"吾闻佛说以身世为妄,而以利人为急,使其真身尚在,苟利于世,犹欲割截,况此铜像,岂其所惜哉?"欧阳修赞其"明达英果,

---

① 《欧阳修全集》卷一六《本论上》,第288—290页。
② 《欧阳修全集》卷一七《本论下》,第292页。
③ 《新五代史》卷一四《唐太祖家人传·皇后刘氏》,第170页。
④ 《新五代史》卷一七《晋家人传·高祖皇后李氏》,第206页。

论议伟然"①，将其作为世宗的政绩之一。

"道家者流，本清虚，去健羡，泊然自守，故曰'我无为而民自化，我好静而民自正'，虽圣人南面之术不可易也。至或不究其本，弃去仁义，而归之自然，以因循为用，则儒者病之云。"② 对道家思想的"本清虚，去健羡，泊然自守"，欧阳修并不排斥。但是身为儒家思想的信奉者，他不能不对道家"弃去仁义"，"以因循为用"的部分感到失望，而对道教的神仙茫昧、长生不死之说批判尤其严厉，"甚矣，佛老之为世惑也！佛之徒曰无生者，是畏死之论也；老之徒曰不死者，是贪生之说也"③。这些思想体现在《新五代史》中，表现为将道家高士如郑遨、张荐明列入《一行传》，论其"虽不足以为中道，然与其食人之禄，俯首而包羞，孰若无愧于心，放身而自得"，但对道教迷信却不吝批评，并对其造成的严重后果进行了揭露。王镕"好左道，炼丹药，求长生，与道士王若讷留游西山，登王母祠，使妇人维锦绣牵持而上。每出，逾月忘归，任其政于宦者"④，最终被杀，死前还与道士焚香受箓。燕王刘仁恭穷极奢侈，与道士修炼丹药，希望长生不老，但也无法挽回败亡的命运。闽王王鏻"好鬼神道家之说，道士陈守元以左道见信，建宝皇宫以居之"，并听从陈守元的话，一度逊位。王鏻还信用奸臣薛文杰及其所荐的妖巫徐彦，使其"视鬼于宫中"，薛、徐二人勾结，用计杀内枢密使吴英，令兵民共愤。王鏻之子王昶更甚，他"亦好巫，拜道士谭紫霄为正一先生，又拜陈守元为天师，而妖人林兴以巫见幸，事无大小，兴辄以宝皇语命之而后行。守元教昶起三清台三层，以黄金数千斤铸宝皇及元始天尊、太上老君像，日焚龙脑、薰陆诸香数斤，作乐于台下，昼夜声不辍，云如此可求大还丹"。林兴还假借神意杀王审知之子延武、延望及其子五人。林兴后来事败被杀，而王昶"愈惑乱"⑤，朝政一塌糊涂，最终死于内乱。

---

① 《新五代史》卷一二《周世宗本纪》，第148页。
② 《欧阳修全集》卷一二四《道家类》，第1891页。
③ 《欧阳修全集》卷一三九《唐华阳颂》，第2228页。
④ 《新五代史》卷三九《王镕传》，第466页。
⑤ 《新五代史》卷六八《闽世家》，第958、961页。

五 欧阳修的十国史研究

与《旧五代史》相比，欧阳修补充了更多有关十国的资料，对十国历史更加重视，采取的态度也更加客观，而少了《旧五代史》中浓厚的正统意识。但他对十国的鄙视态度还是相当明显的。他对十国有一个总的概括："自唐失其政，天下乘时，黥髡盗贩，衮冕峨巍。吴暨南唐，奸豪窃攘。蜀险而富，汉险而贫，贫能自强，富者先亡。闽陋荆蹙，楚开蛮服。剥剽弗堪，吴越其尤。牢牲视人，岭蜒遭刘。"① 就这十国当中，以他对吴越、南唐以及北汉的史事记载及评论更有特点。

从现存史料可知，宋人对吴越的批评中，以欧阳修最为激烈。如果考虑到欧阳修在《新五代史》中的惜字如金，与不喜术者、预言、谶纬、祥瑞等记载，人们会对他耗费大量笔墨描绘术者对钱镠光明未来的预言感到惊讶。这无疑是为了他下面的评论而来的："天人之际，为难言也。非徒自古术者好奇而幸中，至于英豪草窃亦多自托于妖祥，岂其欺惑愚众，有以用之欤？盖其兴也，非有功德渐积之勤，而黥髡盗贩，倔起于王侯，而人亦乐为之传欤？"五代十国的历史上，各政权统治者利用术者、谶言、祥瑞等为自己造势者举不胜举，因此，这篇议论并不是单指钱镠一人。但是，无疑的，它直接指向了吴越王室。"考钱氏之始终，非有德泽施其一方，百年之际，虐用其人甚矣，其动于气象者，岂非其孽欤？是时四海分裂，不胜其暴，又岂皆然欤？是皆无所得而推欤？术者之言，不中者多，而中者少，而人特喜道其中者欤？"言辞之激烈，令人咋舌，特别是考虑到当时钱氏子弟在北宋朝堂占据重要位置的情况之下。

欧阳修对吴越的批评集中在两点。一是赋敛苛重，虐用其民。他认为，十国之中，"剥剽弗堪，吴越其尤"，仅比"牢牲视人"的南汉略强些。"自镠世常重敛其民以事奢僭，下至鸡鱼卵鷇，必家至而日取。每笞一人以责其负，则诸案吏各持其簿列于庭，凡一簿所负，唱其多少，量为笞数，已则以次唱而笞之，少者犹积数十，多者至笞百余，人尤不胜其苦。又多掠得岭海商贾宝货。"② 二是曾经改元，甚至很可能称帝。"然

---

① 《新五代史》卷六一《十国世家序》，第841页。
② 《新五代史》卷六七《吴越世家》，第950页。

予闻于故老,谓吴越亦尝称帝改元,而求其事迹不可得,颇疑吴越后自讳之。及旁采闽、楚、南汉诸国之书,与吴越往来者多矣,皆无称帝之事。独得其封落星石为宝石山制书,称'宝正六年辛卯',则知其尝改元矣。'辛卯',长兴二年,乃镠之末世也,然不见其终始所因,故不得而备列。钱氏讫五代,尝外尊中国,岂其张轨之比乎?"①虽然欧阳修曾经怀疑吴越称帝,但并未找到证据,只能证明它确曾改元。这无疑触动了钱氏子孙的神经。他们对欧阳修的说法一再进行驳斥与辩解,责其"厚诬君子"②,甚至声称欧阳修是因为与钱惟演结怨才诋毁吴越王室的。然而考诸于史,钱惟演为人趋炎附势,攀附丁谓,毁谤寇准,为时论所鄙,在宋人所撰笔记中多有揭露,但欧阳修对他却并无不敬,不但于《归田录》无贬词,而且在《上随州钱相公启》《过钱文僖公白莲庄》等诗文中对他赞誉有加。"每与同僚叹公之纯德也"③、"幕府足文士,相公方好贤"④,"河南丞相称贤侯"⑤ 等屡见于书。而且欧阳修为人光风霁月,为士林所敬仰,当不致以私憾诋毁吴越。欧阳修出于南唐故地,其家族在南唐李氏时为庐陵大族。而南唐与吴越向为敌国。虽然相继归宋,但在南唐故地,难免流传对吴越不利的言论与证据。欧阳修对吴越的恶感,多少会受其影响。不过,对欧阳修的这两点批评,宋人也不是没有觉察。

关于赋税繁重的问题,在五代十国人的说法中就可以见到记述。如当时与吴越为敌国的南唐。"两浙钱氏偏霸一方,急征苛惨,科赋凡欠一斗者,多至徒罪。徐玚尝使越,云三更已闻獐鹿号叫,达曙问于驿吏,曰乃县司征科也。乡民多赤体,有被葛者,多用竹篾系腰间。执事者非刻理不可,贫者亦家累千金"⑥,"刮地重敛,下户毙踣"⑦。《旧五代史》也称钱镠"穷奢极贵",钱元瓘"奢僭营造,甚于其父"⑧。曾在雍熙年

---

① 《新五代史》卷七一《十国世家年谱序》,第987页。
② (宋)钱伯言:《题先祖武肃王翰墨》,转引自曾枣庄、刘琳主编《全宋文》卷三二六三,第305页。
③ (宋)欧阳修:《归田录》卷一,中华书局1981年版,第14页。
④ 《欧阳修全集》卷五二《书怀感事寄梅圣俞》,第730页。
⑤ 《欧阳修全集》卷八《哭圣俞》,第133页。
⑥ (宋)郑文宝:《江表志》卷中,《全宋笔记》第1编第2册,第264—265页。
⑦ (宋)佚名:《钓矶立谈》,《全宋笔记》第1编第4册,第225页。
⑧ 《旧五代史》卷一三三《世袭列传一·钱镠》,第2061、2063页。

第三章 北宋中后期的五代十国史研究

间任苏州长洲县令的王禹偁对吴越的情况较为熟悉，认为"钱氏据十三郡，垂百余年，以琛赆为名而肆烦苛之政，邀勤王之誉而残民自奉者久矣。属中原多事，稔小利而忘大义，故吊伐之不行也。洎圣人有作，钱氏不得已而纳其土焉。均定以来，无名之租息，比诸江北，其弊犹多"①。而与钱惟演常相唱和的杨亿也不讳言"钱氏窃居之际，头会箕敛，民不堪命"②。苏耆《闲谈录》曾经记载，钱镠有国时，规定在西湖捕鱼者每天须交纳数斤鱼，称为"使宅鱼"，"其捕不及额者，必市以供，颇为民害"③，后因罗隐赋诗讽于钱镠才得以蠲免。《十国纪年》声称钱镠"居室服御，穷极侈靡，末年荒恣尤甚。钱氏据两浙逾八十年，外厚贡献，内事奢僭，地狭民众，赋敛苛暴，鸡鱼卵菜，纤悉收取。斗升之逋，罪至鞭背。每笞一人，则诸案吏各持其簿列于庭，先唱一簿，以所负多少为数；笞已，次吏复唱而笞之，尽诸簿乃止，少者犹笞数十，多者至五百余。迄于国除，人苦其政"④。《续资治通鉴长编》与欧阳修、刘恕的记载相近。黄伯思言"予家吴中，每闻故老言，钱氏有国时，赋厚役丛，民不堪生。今所营梵宫，修槛穷极，绵亘林壑，它所兴为率称是，宜若不能长守"⑤。《咸淳临安志》也说："钱氏擅二浙时，总于货宝，夭椓其民，民免于兵革之殃，而不免于赋敛之毒，叫嚣呻吟者八十年，我太宗皇帝发德音，下明诏，一切蠲除之。又八十年，欧公记有美堂，则其人富庶安乐，邑屋华丽久矣。损益之道，其系于民如此哉。"⑥

在吴越纳土后，为了争取吴越民心，北宋政府也先后做了不少努力，减轻赋敛，招抚流民。淳化元年（990），以江浙等路在李煜、钱俶统治时，民多弃地流亡为由，诏令招抚流民。四年（993），再次下诏，招诱江浙两路的流民。吴越纳土后，太平兴国三年（978），范旻上言："俶在国日，徭赋繁苛，凡薪粒、蔬果、箕帚之属悉收算。欲尽释不取，以蠲

---

① （宋）王禹偁：《小畜集》卷一八《上许殿丞论榷酒书》。
② （宋）杨亿：《武夷新集》卷六《处州丽水县厅壁记》，见《宋集珍本丛刊》第2册，第242页。
③ （清）王士禛编：《五代诗话》卷五，丛书集成初编本。
④ 《资治通鉴》卷二七二，后唐庄宗同光元年二月丁卯条引《通鉴考异》，第8880页。
⑤ （宋）黄伯思：《东观余论》卷下《跋钱氏书后》，四库全书本。
⑥ （宋）潜说友：《咸淳临安志》卷五九《贡赋序》，见《宋元方志丛刊》第4册，中华书局1990年版，第3878页。

其弊。"① 诏从其请。王永"悉除无名之算"②，整顿田赋。两浙转运使高冕上旧政不便者百余事，诏除"两浙诸州自太平兴国六年以前逋租及钱俶日无名掊敛，吏至今犹征督者"③。另外，"吴越旧式，民间尽算丁壮钱以增赋舆。贫匮之家，父母不能保守，或弃于襁褓，或卖为僮妾，至有提携寄于释老者。真宗一切蠲放，吴俗始苏"④。这期间或许有北宋政府为了证明自己的统治合法性而故意抹黑吴越王室的意图，但吴越所存在的苛敛困民的情况，多少是存在的。

吴越在干戈扰攘的五代十国，既要应付战事，又要贡奉中原朝廷，又需大兴水利，还要供应统治集团的奢华生活，人民的负担自然轻不了。"吴越以一隅捍四方，费用无艺，其田赋市租山林川泽之税，悉加故额数倍。"⑤ 因此，就吴越的赋敛情况，在宋人内部基本分为两个阵营。一个是以钱氏子弟的《吴越备史》等记载为主，认为吴越王室爱民减赋。其中，也有非钱氏子弟，如胡寅评论钱弘佐"复境内三年之税"一事，"是取之尽锱铢而用之如泥沙，安得仓廪有十年之积而又复境内三年之税？则其养民亦厚矣。故如史所载，则钱氏宜先亡而享国最久，何也？是故司马氏记弘佐复税之事而《五代史》不载，欧阳公记钱氏重敛之虐而《通鉴》不取，其虚实有证矣"⑥。而另一个则主要由非钱氏子弟组成，他们对吴越的赋敛情况持批评态度，不过这并不妨碍他们对吴越纳土归宋的赞赏，且后者显然大过了他们对吴越赋敛的不满。也有人取二者之间，比如《资治通鉴》，从记事与行文来看，对吴越也较为赞赏。比如，对钱镠等历任统治者都有较为正面的描写，也颇有几件吴越爱民便民的记载：钱镠死后，元瓘继位，"除民田荒绝者租税"⑦；钱弘佐时期，"民有献嘉禾者，弘佐问仓吏：'今蓄积几何？'对曰：'十年。'王曰：'然则军食足矣，可以宽吾民。'乃命复其境内税三年"⑧；钱俶"募民能垦

---

① 《宋史》卷二四九《范旻传》，第 8797 页。
② 《宋史》卷三一二《王珪传》，第 10241 页。
③ 《长编》卷二三，太宗太平兴国七年十一月庚午条，第 530 页。
④ （宋）文莹：《湘山野录》卷上，第 11 页。
⑤ （清）吴任臣：《十国春秋》卷八七《江景防传》，第 1265 页。
⑥ （宋）胡寅：《致堂读史管见》卷二九，宛委别藏本。
⑦ 《资治通鉴》卷二七七，后唐明宗长兴三年三月庚戌条，第 9066 页。
⑧ 《资治通鉴》卷二八二，后晋高祖天福六年九月庚申条，第 9227—9228 页。

荒田者，勿收其税，由是境内无弃田。或请纠民遗丁以增赋，仍自掌其事；弘俶杖之国门。国人皆悦"①。这几件事皆取自钱俨《吴越备史》。但同时司马光也注意到了吴越存在"赋敛苛暴"的现象。"吴越虽重税敛以事供贡，然俶多宽民之政，下令租赋多所逋滞，岁杪必命蠲荡。又募民能垦荒田者，勿收其税，于是境无弃田。或请纠遗丁以增赋，俶杖之国门。故终于邦域之内悦而爱之"②，算是折中之说。"在一个专制社会，重敛虐民与偶然的或经常的蠲租薄赋措施是交替发生、甚至是并行不悖的。"③ 因此，这场争论并没有结果。但无论吴越是否重赋，都没有影响宋人对吴越的正面评价，毕竟主动纳土的影响力实在太大了。

关于吴越改元一事，除了钱氏子弟极力否认外，在宋人内部有一个基本一致的认识，那就是吴越确曾改元，但未见称帝的证据。司马光基本同意欧阳修的说法。他引用《唐末泛闻录》《纪年通谱》《闽王事迹》《王氏启运图》等记载与考证，以及当时两浙民间对钱镠"钱太祖"的称呼，认为钱氏确曾改元及庙号，此后讳而不称。而洪迈《容斋四笔》也特撰《钱武肃三改元》，从碑刻、经幢、诗文等，考定吴越曾经三次改元，为天宝、宝大、宝正三号。倪朴根据婺城北观音院钟刻"宝大二年乙酉，吴越国钱元秀舍"④，也认为吴越确曾改元。《吴越史事编年》综合诸家考证，认为"吴越自开平二年（908）改元天宝，私行境内，后又凡两次，即宝大与宝正"⑤。对改元的原因，宋人有不同认识。欧阳修认为是吴越暗藏野心，倪朴则认为是因为后梁灭亡后，钱氏"受梁封爵，国无主，正朔无所禀，故改号焉，非擅也。官系吴越国，则知钱氏未尝称帝，而所以改元者，不肯反面事仇，奉正朔于唐也。此钱氏立国之大节，恨欧阳公不及见此钟刻，无以明其改元之端，而见疑于信史也"⑥。事实上，钱镠并非没有称帝的野心，只不过实力不济，因此较为明智地选择了尊事中原王朝的政策，并不以易姓废事大之礼，于后梁和后唐并无偏向。

---

① 《资治通鉴》卷二八八，后汉隐帝乾祐二年十月丙戌条，第9415页。
② （宋）潜说友：《咸淳临安志》卷六五《人物·钱俶》，《宋元方志丛刊》第4册，第3939页。
③ 何勇强：《钱氏吴越国史论稿》，浙江大学出版社2002年版，第332页。
④ （宋）倪朴：《倪石陵书·观音院钟刻辨》，四库全书本。
⑤ 诸葛计、银玉珍：《吴越史事编年》，浙江古籍出版社1989年版，第114页。
⑥ （宋）倪朴：《倪石陵书·观音院钟刻辨》。

后唐灭梁后,吴越也向后唐称臣纳贡。私下改元而又对外讳之,正说明了吴越王室那颗蠢蠢欲动又惴惴不安的野心,经历了怎样的辛苦挣扎。倪朴的理由未免高估了吴越对后梁的忠心。更多的宋人则在这个议题上选择了心照不宣的沉默。正如欧阳修所说:"十国皆非中国有也,其称帝改元与不,未足较其得失"①,改元一事并未影响吴越在宋人心目中的正面形象。

对于吴—南唐,欧阳修予以了高度重视。他对杨行密评价甚高,称其"宽仁雅信,能得士心",虽"起于盗贼,其下皆骁武雄暴,而乐为之用"。但自其子杨渥以下,皆政在徐温之手。当时天下大乱,篡弑相继,徐氏父子却不敢轻取杨氏,就是因为"恩威亦有在人者"。欧阳修因此感叹"盗亦有道"②。从这一感叹来看,尽管杨行密所得评价甚高,但仍然不过是"盗"而已,表明了欧阳修对十国君主的基本态度。欧阳修对南唐历史记述尤其详细。他世家江南,故老多能言南唐时事。南唐风物在五代十国中为最佳,文人墨客与忠臣义士亦较他国为多。因此,欧阳修对南唐自然怀有别样的亲切之感。他记录了李昪统治时期孜孜求治之举,也揭露了李昪篡夺王位、冒为唐朝宗室等事,对周本、永兴公主这些不忘故主的人予以赞扬和同情,对李景时期党争激烈、朝政日下,李煜时期朝政日坏、主昏臣庸的颓败景象也做了记述。

尽管欧阳修怀有南唐情结,但这并不妨碍他认为吴与南唐是"奸豪窃攘"、"僭伪假窃"。他特地记录了宋太祖应对徐铉之词。太祖伐南唐期间,李煜派徐铉出使北宋,冀望北宋退兵。徐铉质疑"煜以小事大,如子事父,未有过失,奈何见伐?"太祖答道:"尔谓父子者为两家,可乎?"对此,欧阳修盛赞"大哉,何其言之简也!盖王者之兴,天下必归于一统。其可来者,来之;不可者,伐之。僭伪假窃,期于扫荡一平而后已",不需要一再讲道理述恩怨。以周世宗之英武,其《征淮南诏》也不能令欧阳修满意,"怪其区区攟摭前事,务较曲直以为辞,何其小也!"③ 认为是草拟诏令者之过。比之宋初南唐遗民对故国的深切怀念,欧阳修对北宋的认同,以及对"大一统"的渴望,有着鲜明的不同。

---

① 《新五代史》卷七一《十国世家年谱》,第987页。
② 《新五代史》卷六一《吴世家》,第857页。
③ 《新五代史》卷六二《南唐世家》,第876页。

北汉是欧阳修特别关注的一个割据政权。相对《旧五代史》的严厉批判，欧阳修多了一些理性的思考与感性的同情：

> 吾于东汉，常异其辞于九国也。《春秋》因乱世而立治法，《本纪》以治法而正乱君。世乱则疑难之事多，正疑处难，敢不慎也？周、汉之事，可谓难矣哉！或谓：刘旻尝致书于周，求其子赟不得而后自立，然则旻之志不以忘汉为仇，而以失子为仇也。曰：汉尝诏立赟为嗣，则赟为汉之国君，不独为旻子也。旻之大义，宜不为周屈，其立虽未必是，而义当不屈于周，此其可以异乎九国矣。终旻之世，犹称乾祐，至承钧立，然后改元，则旻之志岂不可哀也哉！①

因此，欧阳修在针对北汉的遣词用语上，与别国稍有不同。比如，在北汉攻打后周的战争中，用"讨"而不用"寇"；在后周对北汉的战争中，用"攻"而不用"征"、"伐"。

北汉政权的建立自有其理由，远非一句"僭伪之国"就可解决，要否决它的正统地位并不是一件很容易的事。但是，它却又绝不可为正统。因此，欧阳修对北汉的态度虽然网开一面，但却仍然煞费苦心，从侧面论证了北汉不当立为正统。

欧阳修选择的突破点是东晋。东晋是正统王朝西晋的血胤。在《正统论》中，他提出东晋不可为正统，并与东周进行了比较。

东周与东晋都是"迹"不足者，却一个被欧阳修视为正统，一个不被视为正统。原因在于：周之兴源远流长，周之德甚深，所作为"圣人之业"、"万世之计"，泽被天下，至东周"国地虽蹙，然周德之在人者未厌，而法制之临人者未移。平王以子继父，自西而东，不出王畿之内。则推其德与迹可以不疑"，可视为正统。也就是说，德深，祚久未绝，国君为嗣君，虽迁都却仍居于中原，是东周成为正统的理由。相比之下，西晋德行微薄，"其德法之维天下者，非有万世之计、圣人之业也，直以其受魏之禅而合天下于一，推较其迹，可以曰正而统耳"。于是在西晋灭亡之后，晋祚已绝，继起的东晋"位非嗣君，正非继世"，"若乃国已灭

---

① 《新五代史》卷七一《十国世家年谱》，第996页。

矣，以宗室子自立于一方，卒不能复天下于一，则晋之琅邪，与夫后汉之刘备、五代汉之刘崇何异？"① 不可为正统。北汉与东晋同样是前朝后裔，国君同样是以宗室子自立于一方，位非嗣君，同样德泽微薄，因此也不可为正统。

《新五代史》是顺应了新的时代思潮而出现的一部五代十国史著作。它基本上系统地体现并引领了时人对五代十国史的看法，也顺应了统治阶层的政治需求，因而在后世逐步取得了官方正史的地位。但同时它也招致了世人的一些批评。比如不为韩通作传，被讥为"第二等文字"；史料价值相对不高，"若非《旧史》复出，几叹无征"，等等。尽管如此，与宋初前三朝的五代十国史研究相比，《新五代史》无疑要深刻得多。

第三节　司马光对五代十国史的研究

北宋中后期，司马光撰成编年体巨著《资治通鉴》。该书虽然不是专为五代十国史而作，但其中的五代十国部分却值得关注。

司马光，字君实，出生于天禧三年（1019），宝元元年（1038）中进士，历事仁宗、英宗、神宗、哲宗四朝。他与王安石分别为旧党与新党的领袖，政见之争势同水火，但却同样反映了士大夫精英为求天下大治所采取的不同思考方向。

北宋儒学复兴运动兴起后，"回向三代"呼声渐起，士大夫群体由原来的以汉、唐为法转为普遍轻视汉、唐，而渴望回复三代之治，这在王安石变法中表现得相当明显。他劝谏神宗每事以尧、舜为法，"荆公期君为尧舜之君，民为尧舜之民，陋汉唐而追踪三代，自无所事史学。且置《春秋》不以取士，而诋曰'断烂朝报'。……盖法汉唐则祖宗之政不得改，无以持异己者之口。故排史学若此其深也"②，称为"经术派"。不过，王安石虽然轻视史学，却并无否定与禁毁史学之意，只是后来被以蔡京为首的新党所异化，作为攻击政敌的工具，于是造成了北宋后期史学的衰微。对五代十国的历史，王安石尤其不感兴趣，认为"五代之事，

---

① 《欧阳修全集》卷一六《正统论下》，第271—272页。
② 蒙文通：《中国史学史》，上海人民出版社2006年版，第79页。

无足采者"。《新五代史》于熙宁五年（1072）进呈神宗，但直至熙宁八年（1075），王安石方才看了数册，并论其文辞多不合义理。司马光则与王安石不同。他认为三代之道与秦、汉、隋、唐并非截然不同，因此更加重视汉、唐的制度与经验，主张从历史的经验教训中寻求治国经验，逐步改良朝中制度，是为"史学派"①。英宗治平三年（1066），司马光奉敕编撰《资治通鉴》。神宗熙宁三年（1070），因反对王安石变法，司马光以端明殿学士出知永兴军，次年改判西京御史台，从此在洛阳"六任冗官，皆以书局自随"②，悉心编纂《资治通鉴》，以为人君提供治国的经验教训。元丰七年（1084）书成，历时十九年。元祐七年（1092），《资治通鉴》刻印而成，"立于学官，与六籍并行"③，深为后世所重视。

《资治通鉴》是一部编年体巨著，上起周威烈王二十三年（前403），下迄后周显德六年（959）。全书共二百九十四卷，按朝代分为十六纪，即《周纪》五卷、《秦纪》三卷、《汉纪》六十卷、《魏纪》十卷、《晋纪》四十卷、《宋纪》十六卷、《齐纪》十卷、《梁纪》二十二卷、《陈纪》十卷、《隋纪》八卷、《唐纪》八十一卷、《后梁纪》六卷、《后唐纪》八卷、《后晋纪》六卷、《后汉纪》四卷、《后周纪》五卷。涉及五代十国历史者为二十九卷，《唐纪》中也涉及部分五代资料。

《资治通鉴》分三步编修：先作丛目，即将搜集到的资料概括为若干"事目"，按年、月、日加以编排，并分别注明资料所在。再作长编，即对史料加以整理、考证及加工，撰为初稿，要求宁失于繁，毋失于略。最后由司马光修成定稿。前两步工作主要由助手刘攽、刘恕、范祖禹等人负责，他们"止类事迹，勒成长编，其是非予夺之际，一出君实笔削"④，在材料的取舍与加工中，司马光起着决定作用。每修成一代历史便进呈君主。五代长编部分最初由刘恕负责，但他未及完成，即于元丰元年（1078）病逝，余下的工作由范祖禹接续，最后由司马光总其成。至元丰七年（1084）十一月，五代部分完成，进呈神宗。

《资治通鉴》与《新五代史》的成书时间相隔不是太长。司马光比欧

---

① 钱穆：《国史大纲》，商务印书馆1994年版，第592页。
② （元）马端临：《文献通考》卷一九三《经籍考二〇·资治通鉴》，第5602页。
③ （宋）范祖禹：《范太史集》卷三七《告文正公庙文》。
④ （宋）刘羲仲：《通鉴问疑》，四库全书本。

阳修小十二岁，二人同朝为官，参与过诸多朝廷大事的讨论，有时政见相似（如仁宗建储问题），有时针锋相对（如濮议之争），但皆以风节自持，赤心为国。虽然个人交谊不深，但对彼此的才能均十分推许。二人同处于儒学蓬勃振兴的阶段，皆有博学大才，为天下士林之领袖，因此在思想方面颇有共通之处。在五代的史论部分，除了司马光自己的"臣光曰"之外，共征引了两篇议论，全部来自欧阳修，可见他对欧阳修思想的嘉许。观《资治通鉴》的五代部分，主要有以下几个特点。

一　贯注《春秋》精神，倡尊王，重孝道，重视礼义伦常

"欲观《通鉴》史学，当区为五事言之：一曰《春秋》之意；二曰《左传》之法；三曰儒家之宗旨；四曰本朝之背景；五曰著者之特见。"[1] 司马光于《资治通鉴》，虽然行文与欧阳修有很大不同，但其核心精神都是《春秋》精神。《资治通鉴》记事始于周威烈王二十三年（前403）命韩、赵、魏三家大夫为诸侯事，并用很长的篇幅论述"臣闻天子之职莫大于礼，礼莫大于分，分莫大于名。何谓礼？纪纲是也。何谓分？君臣是也。何谓名？公、侯、卿、大夫是也"，"惟名与器，不可以假人"[2] 的道理，可说是《资治通鉴》全书的指导思想。"《春秋》之意，最重名分，名分所在，一字不能相假，封建之世，以此为纲维。名分既坏，则纲维以抉，政权崩溃，恒必由之。温公以此事兆东周之衰与七国之分立，而又系论以见托始之意。"[3] 因此，礼义纲常是司马光评价国之治乱、人之功过的衡量标准。他认为，五代之所以成为糜乱大坏的乱世，就是因为纲纪大坏、礼义扫地。因此，司马光于五代的取材十分重视礼义纲常。他不仅详细记录五代主弱臣强、兵骄将悍的乱象，对臣节也有特别的重视。在评论五代官僚的典型代表冯道时，他甚至比欧阳修还要严厉。

早在庆历五年（1045），年仅26岁的司马光便严厉批判冯道："忠臣不二君，贤女不二夫。策名委质，有死无贰，天之制也。彼冯道者，存则何心以临前代之民，死则何面以见前代之君？自古人臣不忠，未有如此比

---

[1] 张煦侯（张须）：《通鉴学》（修订本），第75页。
[2] 《资治通鉴》卷一，周威烈王二十三年条"臣光曰"，第3—4页。
[3] 张煦侯（张须）：《通鉴学》（修订本），第76页。

者……余恐后世以道所为为合于理,君臣之道,将大坏矣。臣而不臣,虽云其智,安所用哉!"① 在《资治通鉴》里,他又作了进一步的阐发。

相较于《旧五代史》对冯道嘉言懿行的不吝铺陈,和欧阳修相对克制的选材,《资治通鉴》多取冯道依阿随顺、无所作为之事,指其"虽为首相,依违两可,无所操决"。而且"务实"劝进新君、视丧国亡君殊不经意。在王朝的更迭过程中,冯道只有一次表现得不那么"务实":后汉末年,郭威起兵,隐帝身死。冯道率百官谒见郭威,郭威以为冯道会行劝进之事,遂假意拜见冯道,不想冯道却受拜如平日。此事最早出自《五代史阙文》,亦被《新五代史》所取,皆以为此事令郭威为之气沮,代汉之意随之稍缓,遂有佯立刘赟为嗣君之举。对这件事,司马光有不同的看法。他特意在《资治通鉴考异》里作了分析,认为郭威不马上称帝,是因为当时后汉宗室刘崇尚在河东,刘信在许州,刘赟在徐州。三镇若起兵攻打郭威,则天下必有响应者。因此,郭威故意声称选立宗室为后汉嗣君,以安抚三镇,再伺机除去这一威胁,因此绝非冯道受拜这一区区小事所能阻止。而冯道之所以受拜,也不过是要显示其器宇凝重而已,并无阻止郭威称帝之意。

在评论冯道时,司马光收录了欧阳修的评论。在其后又作"臣光曰",直指"为臣不忠,虽复材智之多,治行之优,不足贵矣。何则?大节已亏故也。道之为相,历五朝、八姓,若逆旅之视过客,朝为仇敌,暮为君臣,易面变辞,曾无愧怍,大节如此,虽有小善,庸足称乎!"斥其为"奸臣之尤"②,全面否定了冯道。除了严厉批判冯道,司马光还对五代君主提出批评,认为对不忠之士,中材的君主都羞以为臣,而五代君主居然对冯道不诛不弃,复用为相。因此,造成五代臣子不忠的普遍现象,也有五代君主的责任。

对后梁篡唐的过程,《资治通鉴》秉笔直书,细加描述。朱温挟天子以令诸侯,而晋、蜀、岐等割据政权不服,皆以翼戴唐室为名,与朱温为敌。朱温因此大举讨伐幽、沧,欲坚诸镇之心,反而战败而还,威望大沮,因此急于代唐以镇服天下,遂命心腹蒋玄晖负责受禅工作。蒋玄

---

① (宋)司马光:《传家集》卷六七《冯道为四代相》。
② 《资治通鉴》卷二九一,后周太祖显德元年四月庚申条"臣光曰",第9511—9512页。

晖与柳璨商议过后，考虑到魏、晋以来，权臣篡位者，皆先封大国，加九锡、殊礼，然后受禅，作为确立其政权合法性的遮羞布。而且晋、燕、岐、蜀等皆虎视中原，二人恐朱温受禅太速，彼心不服，遂欲循此惯例篡唐。不料朱温连这最后的一块遮羞布都不要，怒称"借使我不受九锡，岂不能作天子邪！"① 疑其欲延唐祚。急不可耐之丑态，跃然纸上。而唐昭宗、哀宗及宗室被朱温逼迫及弑逆之状，读来令人愤懑不已。《旧五代史》主要依实录改编，讳饰者多；《新五代史》讲求微言大义，言简意赅，均不及《资治通鉴》行文详细，令人对后梁平添一分厌恶与贬斥。司马光还多次通过历史人物之口斥责"朱三，尔可作天子乎！"② "朱氏灭唐社稷，三尺童子知其为人"③，"朱温之恶极矣"④，并通过李克用誓不称帝的举动进行对照。朱温兄长朱全昱只是一个"戆朴无能"⑤ 的农民，因血缘关系受封为王，在政治上没有任何影响力，司马光删掉了历史上众多人物与事件，却只因朱全昱斥责朱温篡唐江山而数次提及他，甚至特意记录了他的死亡时间，给予相当的重视。罗隐有才名，失意于唐，只得仕吴越钱镠为镇海节度判官，于唐灭梁立之时，却能怀故国之思，劝钱镠举兵讨梁，"纵无成功，犹可退保杭、越，自为东帝；奈何交臂事贼，为终古之羞乎！"⑥ 司马光虽对文学之士并不经意，却因此话中的忠义之气，而在《资治通鉴》里重重地记了一笔。

《资治通鉴》虽然重视对政治措置、治国政策的记载，但对后梁的治国措施记载却不多，尤其是善政，这些在《旧五代史》中有相对多的记载。《新五代史》只简单记载了阅稼、阅兵、小赦、搜访贤良、求危言正谏之事。而司马光所记善政更少，总括起来，也只有寇彦卿、瑞麦等寥寥数事，至于轻徭薄赋、整顿纪纲等资料，司马光并未予以重视。这一方面说明司马光认为后梁善政不足以记，另一方面亦说明司马光对后梁恶感之深。洪迈曾言"朱梁之恶，最为欧阳公五代史记所斥詈"。而司马光对后梁的恶感，恐怕还要深于欧阳修。

---

① 《资治通鉴》卷二六五，唐昭宣帝天祐二年十一月丁卯条，第8651页。
② 《资治通鉴》卷二六六，后梁太祖开平元年四月壬戌条，第8673页。
③ 《资治通鉴》卷二六七，后梁太祖开平四年十一月辛亥条，第8728页。
④ 《资治通鉴》卷二六八，后梁太祖乾化元年七月甲辰条，第8744页。
⑤ 《资治通鉴》卷二六五，唐昭宣帝天祐二年二月戊戌条，第8640页。
⑥ 《资治通鉴》卷二六六，后梁太祖开平元年四月乙亥条，第8673页。

五代臣强主弱现象严重。后梁太祖雄猜残忍，功臣宿将往往以小过被诛，因此如杨师厚等诸藩皆有所忌惮，不敢妄动。但末帝仁弱，已无法制驭强藩杨师厚。后唐明宗身为五代难得的明君，对强藩也不得不予以姑息，无力制驭。晋、汉时期，"政去公室，臣强主弱，政令不行"。以晋高祖这样的"强人"，也不得不姑息藩镇，"几有冠履倒置之势"①。杨光远、张彦泽、安重荣皆飞扬跋扈，各怀异志。后汉隐帝时，枢密使郭威途经洛阳，西京留守、同平章事王守恩自恃位兼将相，肩舆出迎。郭威大怒，认为他有意侮慢，旋即以"头子"命保义节度使、同平章事白文珂代替王守恩为留守，王守恩家属数百人被赶出府外，朝廷却不予诘责。对此事，司马光引用了欧阳修的评论，斥责这种纲纪坏乱已极的状况，指出善为天下虑者当防微杜渐，以此为戒。五代军士骄横，动辄拥立主帅，凌蔑天子，司马光认为也是没有按照"礼"治的缘故。"治军必本于礼"，否则会"使士卒得以陵偏裨，偏裨得以陵将帅，则将帅之陵天子，自然之势也。由是祸乱继起，兵革不息，民坠涂炭，无所控诉，凡二百余年"，直到宋太祖制军法，使士卒上下有序，令行禁止，国家安定，"皆由治军以礼故也"②。

司马光对孝道也相当重视。他严厉谴责射杀亲母的李彦珣，认为其恶为三灵所不容。虽然他向来支持王者以信用治人，但对晋高祖以不可无信的理由赦免李彦珣的行为极不认同，认为晋高祖应当赦其叛君之罪而治其杀母之罪，这样做根本无损于信。

二 重人事，排佛老，揭露符谶祥瑞、灾异等迷信

与欧阳修一样，司马光对佛、老颇有微词。他认为，"夫佛，盖西域之贤者。其为人也，清俭而寡欲，慈惠而爱物"，"而末流之人，犹不免弃本而背原"，"后世之为佛书者，日远而日讹。莫不侈大其师之言，而附益之以淫怪诬罔之辞，以骇俗人，而取世资，厚自丰殖，不知厌极，故一衣之费或百金，不若绮纨之为愈，一饭之直或万钱，不若脍炙之为

---

① （清）赵翼著，王树民校证：《廿二史札记校证》卷二二《五代姑息藩镇》，第473页。
② 《资治通鉴》卷二二〇，唐肃宗乾元元年十二月丁卯条"臣光曰"，第7066页。

省也。高堂巨室以自奉养，佛之志岂如是哉！"① 认为释老之教无益治世。对于"近岁公卿大夫好为高奇之论，喜诵老庄之言"的风气，司马光也十分不满，认为"彼老庄弃仁义而绝礼学，非尧舜而薄周孔。死生不以为忧，存亡不以为患，乃匹夫独行之私言，非国家教人之正术也"②。因此，在《资治通鉴》五代部分里，他多取佛、老误人之处，这与欧阳修的取材标准是基本相同的。

闽主崇信佛教，王延钧度民两万为僧，王曦也度民一万一千人为僧，但并不能得到佛祖的庇佑，难逃亡国厄运。楚主马希广与马希萼争夺王位，马希广"信巫觋及僧语，塑鬼于江上，举手以却朗兵，又作大像于高楼，手指水西，怒目视之，命众僧日夜诵经，希广自衣僧服膜拜求福"③，但却很快被马希萼打败，马希广被杀，临刑时仍然诵读佛书，可谓执迷不悟。僧仁及深受湖南周行逢信用，军府事皆可参与其中，亦加检校司空，娶了几名妻子，出入导从有如王公。说到底，不过是一个贪图荣华富贵的伪僧人而已。

除了抨击佛教误人之处，司马光还赞扬了不为僧道所惑的事迹。前蜀王建时期，有僧人挖出一只眼睛献给王建，王建遂命供应一万名僧人的饭食相报。翰林学士张格阻止说："小人无故自残，赦其罪已幸矣，不宜复崇奖以败风俗。"④ 王建感悟，收回成命。开平二年（908），淮南攻打吴越，大破吴越军队于鱼荡。淮南将领柴再用"方战舟坏，长稍浮之，仅而得济。家人为之饭僧千人"。柴再用却"悉取其食以犒部兵"，声称："士卒济我，僧何力焉！"⑤ 司马光还详细记录了周世宗显德二年（955）废佛寺、毁铜佛像以铸钱之举，赞扬："若周世宗，可谓仁矣，不爱其身而爱民；若周世宗，可谓明矣，不以无益废有益。"⑥

司马光还记载了不少道教误人处。比如，南唐李昇虽然治国有方，但却迷信丹药。他服用方士史守冲进献的丹药，导致脾气躁急，又拒绝听从群臣的劝谏，直至发病而死，临终告诫嗣主李景引以为戒，可谓发人深省。

---

① （宋）司马光：《温国文正司马公文集》卷六六《秀州真如院法堂记》。
② （宋）司马光：《温国文正司马公文集》卷四五《论风俗札子》。
③ 《资治通鉴》卷二八九，后汉隐帝乾祐三年十二月丁酉条，第9445页。
④ 《资治通鉴》卷二六六，后梁太祖开平二年正月癸酉条，第8688页。
⑤ 《资治通鉴》卷二六七，后梁太祖开平二年九月条，第8703—8704页。
⑥ 《资治通鉴》卷二九二，后周世宗显德二年九月丙寅条"臣光曰"，第9530页。

不过，司马光也并不是一概排斥佛道。在他笔下，也有陈抟、王栖霞这样心怀家国的道士。陈抟为传奇性的著名隐士，周世宗曾问以飞升、黄白之术，陈抟对曰："陛下为天子，当以治天下为务，安用此为！"① 南唐李昪曾问王栖霞何道可致太平，王栖霞答道："王者治心治身，乃治家国。今陛下尚未能去饥嗔、饱喜，何论太平！"对李昪所赐予的财物皆不接受。王栖霞常为人奏章，唐主欲为之筑坛，遭到拒绝："国用方乏，何暇及此！俟焚章不化，乃当奏请耳。"司马光所欣赏的，正是这样不"挟术以干宠利"② 的真正修道之人。他认为，帝王当修治国之术，而不应沉迷于佛、道之间，贻误国事。

对于符谶祥瑞、灾异等迷信，司马光基本不取，在少数选取的地方也有深意。比如，后汉末年，"宫中数有怪。癸巳，大风，发屋拔木，吹郑门扉起，十余步而落，震死者六七人，水深平地尺余"。汉隐帝向司天监赵延义询问禳祈之术，赵延义回答："臣之业在天文时日，禳祈非所习也。然王者欲弭灾异，莫如修德。"延义归，帝遣中使问："如何为修德？"延义对："请读《贞观政要》而法之。"③ 司马光收录此段的意图一望可知。

三 关于五代十国的历史地位问题

司马光对五代评价很低，"三纲颓绝，五常殄灭；怀玺未暖，处宫未安，朝成夕败，有如逆旅；祸乱相寻，战争不息，血流成川泽，聚骸成丘陵，生民之类，其不尽者无几矣"④，"天下荡然，莫知礼义为何物矣。是以世祚不永，远者十余年，近者四五年，败亡相属，生民涂炭"⑤，是他对这一时期的基本认识。同时，他秉承"苟不能使九州合为一统，皆有天子之名而无其实者也"的标准，否定了五代的正统地位。但是，作为编年体史书，《资治通鉴》必须要取帝王年号以系年序，而年号的取舍则表明了史家对所述王朝合法性的立场。因此，就各分裂时期包括五代的撰写义例，司马光及其助手刘恕进行了反复的讨论。

---

① 《资治通鉴》卷二九三，后周世宗显德三年十一月乙巳条，第9561页。
② 《资治通鉴》卷二八三，后晋齐王天福八年二月乙丑条，第9244页。
③ 《资治通鉴》卷二八九，后汉隐帝乾祐三年闰五月癸巳条，第9425页。
④ 《长编》卷一九四，仁宗嘉祐六年八月丁卯条，第4703页。
⑤ 《长编》卷一九六，仁宗嘉祐七年五月丁未条，第4748页。

刘恕认为,"史书非若《春秋》以一字为褒贬,而魏、晋、南北、五代之际,以势力相敌,遂分裂天下,其名分位号异乎周之于吴楚,安得强拔一国谓之正统,余皆为僭伪哉?"认为五代诸国"虽僭窃名号,皆继踵仆灭,其兴亡异于吴蜀南北朝,此黜之不当疑也"。司马光也一度考虑过将"吴蜀十六国及五代偏据者,皆依《三十国春秋》书为某主,但去其僭伪字,犹《汉书》称赵王歇、韩王信也。至其死,则书曰卒,谥曰某皇帝,庙号某祖某宗",或以五德相承,黜后梁政权,"如诸国,称名称卒,或以朱梁比秦,居木火之间,及比王莽,补无王之际亦可也";又或者将五代诸国"名号均敌,本非君臣者,皆用列国之法,没皆称殂,王公称卒"①。可见司马光与刘恕二人对五代尤其是后梁的正统性均不以为然。最终,司马光还是"据其功业之实",取后梁、后唐、后晋、后汉、后周年号纪五代十国之事,并强调这一处理方法与正闰之辨无关,只是将其作为借年记事的时间标志而已。

司马光虽然以五代年号系年,但对各国基本上呈无所偏袒的态度。在文中,凡涉及中原五朝与十国君主的死亡时,一律用"殂",而非大一统王朝的"崩"。对称帝者皆可以帝号称之,比如北汉主刘承钧有时被称为孝和帝,闽主王昶被称为闽康宗,南唐主李景未奉宋朝正朔前称为唐元宗,表现出十国地位的相对上升。

但这并不表示司马光不重视五代十国的历史。从卷秩来看,《资治通鉴》二百九十四卷中,以《唐纪》最多,有八十一卷,这是因为司马光很重视从汉、唐等强盛的大一统王朝中汲取治世的经验教训,尤其是近代史有更多的经验教训可资借鉴,因此详近略远,于二百八十余年的唐代历史格外重视,拥有五十余年历史的五代十国也有二十九卷。如果考虑到五代十国匮乏的史料著述,以及时人"五代事不可法"的认识来看,这一分量是相当重的。如果说唐代是一个正面例证的话,那么五代则是反面典型。二者相辅相成,正可以起到了解治乱之原、"资治"的作用。虽然五代历史的教训已经融会贯通到"祖宗家法"中,敬慎遵守就可以了,但活生生的历史事实毕竟是极具震撼力和冲击力的。也正因为此,司马光充分揭露了五代十国的乱离与无道。但是,作为一个严谨的历史

---

① (宋)刘羲仲:《通鉴问疑》。

学家，司马光并不因为对五代的恶感而无视存在于五代十国的善政。他广泛涵括了五代十国的各种史料，从中认真拣选治国之理，以期为统治者提供借鉴。

四 注重收录体现与影响五代政治进程的事件，关注治国之理

《旧五代史》资料庞杂，重点不突出，流于流水账式的记述。《新五代史》与《资治通鉴》皆以《春秋》精神作为指导思想，但前者"特别关注在上者的违制行为和在下者的叛逆行为"①，注重"以史学正人心"；《资治通鉴》则用《左传》之法，主要录"生民之休戚"之事，注重"以史学鉴政事"②，为现实政治指引方向的意图是极为强烈的。李克用与朱温争霸期间，掌书记李袭吉曾献议认为"国富不在仓储，兵强不由众寡，人归有德，神固害盈"，"伏以变法不若养人，改作何如旧贯！"③ 司马光特录此段，含蓄地表达了对王安石变法的不满，以及自身的政治主张。

五代朝政昏乱，旋兴旋灭。司马光以大量篇幅描述五代乱政或是不当的治国举措，对五代时或出现的善政也注意取录。他重点收录体现与影响五代政治进程的历史事件，并加以评述。他在五代部分的"臣光曰"共有七篇，除了严责臣节、重视礼义伦常之外，就是关于治国之得失、君主之昏明的评述。

与《新五代史》一样，司马光对后汉高祖刘知远评价很低，但二者的角度有所不同。欧阳修重在抨击刘知远没有臣节，庆幸后晋出帝开运之祸，从而为自己登上帝位铺平道路。司马光则主要从为政的角度谴责刘知远，"汉高祖杀幽州无辜千五百人，非仁也；诱张琏而诛之，非信也；杜重威罪大而赦之，非刑也。仁以合众，信以行令，刑以惩奸；失此三者，何以守国！其祚运之不延也，宜哉！"④

契丹灭晋后，因无力在中原立足，撤回北方。契丹所署汴州节度使萧翰临行前，立后唐明宗之子许王李从益为中原之主，并留一千五百名

---

① 陈尚君辑纂：《旧五代史新辑会证·前言》，第15页。
② 曹家齐：《欧阳修私撰〈新五代史〉新论》，《漳州师院学报》1998年第4期。
③ 《资治通鉴》卷二六三，唐昭宗天复二年三月丁卯条，第8571页。
④ 《资治通鉴》卷二八七，后汉高祖天福十二年十一月丁丑条"臣光曰"，第9379页。

幽州士兵协助防守。刘知远称帝后，率军赴大梁，李从益未做抵抗便向刘知远称臣请降，刘知远却尽杀幽州士兵及李从益母子。杜重威是后晋重臣，统率诸军抗击契丹，但他怯懦畏战，反而举军投降，导致后晋灭亡，后来镇守于邺。刘知远称帝后，以杜重威为宋州节度使，加守太尉。杜重威拒命，求援于契丹，契丹派幽州指挥使张琏助杜重威拒守。后汉围城，直至杜重威食竭力尽，奉表出降。在此之前，刘知远已许张琏不死，可归乡里。但在张琏出降之后，刘知远却违背诺言，杀死张琏等将校数十人，而对负有亡晋之罪的杜重威却封为太傅兼中书令、楚国公。因此，司马光对刘知远极为不满，斥其不仁、不信、不刑，失此三者，无以立国。

这一评价与《旧五代史》的批评颇有契合之处。后者也特意提出这两件事，对刘知远进行了抨击，指其"急于止杀，不暇崇仁"，抚御无方，无人君之德，辜负了百姓的期望。不过，《旧五代史》认为刘知远趁乱称帝主要是天命使然，司马光却不谈天命，并把仁、信、刑提到了立国之基的高度。

后晋天福五年（940），李金全叛，请降于南唐。李昪命李承裕率兵前往迎接，并嘱其勿入安州城，更不得剽掠。但李承裕贪功，违反敕命，导致大败。后晋斩李承裕及其部众一千五百人，又向南唐遣送监军杜光业等五百零七人。李昪怨恨他们违命而败，一再拒绝接纳，晋高祖遂将这些战俘收为己用。对李昪的做法，司马光深为不满，认为"违命者将也，士卒从将之令者也，又何罪乎！受而戮其将以谢敌，吊士卒而抚之，斯可矣。何必弃民以资敌国乎！"①

五代帝王可称道者乏陈，唐庄宗与周世宗是个中翘楚。二人皆称英武，但下场不同。庄宗是五代的传奇人物。他"雄勇有远略"，英睿果断。其父李克用与朱温争斗半生，中原之地大半为后梁所得，以致其累年不敢与朱温相争。开平二年（908），李克用病死，李存勖继晋王位，年方二十四岁，就敢与叱咤多年的朱温一竞高下，使梁军闻风丧胆。他励精图治，志在天下：行政方面，令州县推举贤才，罢黜贪官污吏，减少租赋，抚恤孤寡贫穷，申冤滥，禁奸盗；军事方面，训练士卒，在一定程度上能

---

① 《资治通鉴》卷二八二，后晋高祖天福五年六月丁未条"臣光曰"，第9216页。

够整顿军纪，提高战斗力，最终灭梁。庄宗因此被宋人赞为"虽少康之嗣夏配天，光武之膺图受命，亦无以加也"，"五代之君，明断武健，莫过于后唐庄宗者"①，"一世之雄"②。然而，庄宗得国后，却志得意满，骄淫奢纵，断送了自己的江山。

后周世宗于显德元年（954）继郭威为帝，重用王朴这样的"天下之真材"③，在军事、政治、经济等方面对朝政进行整顿，"独能变五代之因循"④，使"五代衰微之弊，极于晋、汉，而渐革于周氏"。尤为人称道者是高平之战。郭威新丧之际，北汉联络契丹进攻后周。周世宗力排众议，率军亲征，在高平以少胜多，击败北汉。战后，他果断斩杀临阵溃逃的侍卫马军都指挥使樊爱能、侍卫步军都指挥使何徽及所部军校七十余人，提拔勇猛杀敌的中下级军官，整饬军纪。事后又裁汰老弱，召募天下骁勇之士选入禁军，建立起一支足以制御地方藩镇力量的精锐的中央禁军武装。高平之战被宋人视为五代重要的转折点。"自是骄将惰卒始知所惧，不行姑息之政矣"⑤，"自是姑息之政不行，朝廷始尊大，自非英主，其孰能如此哉"⑥。"世宗之师由是出无不胜，而四方僭叛相顾失色，中国之威一日而振，实为我有宋之驱除也。"⑦高平之役及其后续效应在两宋一直为人津津乐道，并一再用来作为现实政治军事行动的一个参照，为宋王朝在内忧外患之际重振雄风提供了一个范本。

对这两人，宋人大多从庄宗失国的教训与世宗之英睿进行评论，司马光则从帝王气象的角度对两人进行了比较。他认为，"夫天子所以统治万国，讨其不服，抚其微弱，行其号令，壹其法度，敦明信义，以兼爱兆民者也"。只有符合了这些条件，才是真正的天子气象。而依照这些标准，庄宗显然是不够格的。

庄宗灭梁后，楚马殷派其子马希范入朝觐见庄宗。庄宗对马希范说：

---

① （宋）李清臣：《议兵策下》，见《宋文选》卷二二。
② （宋）孔武仲：《宗伯集》卷一六《书后唐纪后》。
③ （宋）秦观撰，徐培均笺注：《淮海集笺注》卷二二《王朴论》，上海古籍出版社1994年版，第772页。
④ 《曾巩集》卷二九《熙宁转对疏》，第433页。
⑤ 《资治通鉴》卷二九一，后周太祖显德元年三月己亥条，第9507页。
⑥ （宋）陶岳：《五代史补》卷五，《五代史书汇编》第5册，第2527页。
⑦ （宋）晁说之：《嵩山文集》卷三《负薪对》。

"比闻马氏之业，终为高郁所夺。今有儿如此，郁岂能得之哉？"高郁为楚的得力辅臣，庄宗特以此言来挑拨马氏与高郁的关系，马希声果然因此杀害高郁。对庄宗的这一离间计，司马光嗤为"市道商贾之所为"，而非帝王之体，认为庄宗以能征善战而得天下，却在数年之间众叛亲离，这是因为他只知用兵之术，而不知为天下之道的缘故。相比之下，周世宗则"以信令御群臣，以正义责诸国"，赏罚分明，爱民如子。后蜀王环因拒不投降而受奖赏，南唐刘仁赡因坚守城池而得褒扬，南唐大臣严续因尽忠南唐而获生存，后蜀士兵因反覆而被诛戮，冯道因失臣节而遭弃用，张美因予私恩而被疏远。攻打江南时，世宗身先士卒；江南顺服后，则"爱之如子，推诚尽言，为之远虑"①。显德六年（959），唐主遣其子李从善与大臣钟谟入贡。周世宗问钟谟："江南亦治兵，修守备乎？"对曰："既臣事大国，不敢复尔。"周世宗说："不然。向时则为仇敌，今日则为一家，吾与汝国大义已定，保无他虞。然人生难期，至于后世，则事不可知。归语汝主：可及吾时完城郭，缮甲兵，据守要害，为子孙计。"②唐主才敢修复金陵守备。"其宏规大度，岂得与庄宗同日语哉！"因此，司马光由衷赞叹："《书》曰：'无偏无党，王道荡荡。'又曰：'大邦畏其力，小邦怀其德。'世宗近之矣。"③

在《资治通鉴》中，司马光没有涉及南唐名将林仁肇之死。据《续资治通鉴长编》取《江南野录》与《十国纪年》的记载，"南都留守、兼侍中林仁肇有威名，朝廷忌之，赂其侍者窃取仁肇画像，悬之别室，引江南使者观之，问何人，使者曰：'林仁肇也。'曰：'仁肇将来降，先持此为信。'又指空馆曰：'将以此赐仁肇。'国主不知其间，鸩杀仁肇"④。显然，林仁肇之死出于宋太祖所施的反间计。这一出反间计与后唐庄宗计杀高郁实在是异曲同工。按照司马光的标准，自然也有下作之嫌。但由于《资治通鉴》终于北宋建立前夜，使得司马光得以回避这一尴尬问题。或许也正因为此，在马令与陆游的《南唐书》中，都将林仁肇之死的责任人推给了南唐的皇甫继勋与朱令赟，认为是他们忌惮林仁

---

① 《资治通鉴》卷二九四，后周世宗显德六年六月丙子条"臣光曰"，第9600页。
② 同上书，第9599页。
③ 同上书，第9600页。
④ 《长编》卷一三，太祖开宝五年闰二月癸巳条，第281页。

肇之雄略，遂诬陷林仁肇暗中勾结北宋，使不明真相的后主李煜鸩死林仁肇的，将一出恶毒的反间计变成了南唐内部臣子之间的恶斗。

司马光对周世宗的评价极高。但他并不因此回避周世宗的缺点，指出他"用法太严，群臣职事小有不举，往往置之极刑，虽素有才干声名，无所开宥，寻亦悔之，末年寖宽。登遐之日，远迩哀慕焉"①。这与《旧五代史》的说法相吻合。相比欧阳修对周世宗的一味感佩，司马光刻画出了一位瑕不掩瑜、更为丰满的杰出政治家形象。

五 较为全面地反映了五代十国的历史面貌，但对五代呈总体否定态度

在《资治通鉴》的撰修中，司马光"遍阅旧史，旁采小说，简牍盈积，浩如烟海，抉摘幽隐，校计豪厘"②，取材极广。隋唐以前由于年代久远，史料散佚较多，因此多取材于正史，隋唐五代部分则不同。由于与北宋年代相接，这一时期遗留下来了相当多的史料。五代离北宋尤近，除了《旧五代史》《新五代史》外，还有编年、别史、杂史、霸史、碑碣、传记、文集奏议、地理、小说等多种类型的史料，包括五代十国的著述、十国遗民的作品以及北宋的民间私著都被大量采用，这些史料现今多已散失，这使《资治通鉴》五代部分的史料价值极高。

五代正史主要是《旧五代史》和《新五代史》。另外，《旧唐书》与《新唐书》也涉及少部分五代史料。对这几部史书，司马光并不盲目取材。《旧五代史》所据资料主要为梁、唐、晋、汉、周之实录，讳饰较多，关于十国的材料简略而多有讹误。《新五代史》取材虽广于《旧五代史》，但限于篇幅，删削较多。司马光曾经批评"国朝天宝中，薛居正修《五代史》，江南未平，不见本国旧史，据昭远所记及《唐年补录》作《行密传》，但知行密非寿春人……又知行密非受宗权命与孙儒同陷扬州，余皆无次叙。……近修《唐书·行密传》，全用《吴录》事迹……盖承《庄宗列传》、《五代史》之误而不考正也"③。因此，他选取资料极为审

---

① 《资治通鉴》卷二九四，后周世宗显德六年六月癸巳条，第9602页。
② （宋）司马光：《进〈资治通鉴〉表》，见《资治通鉴》，第9607页。
③ 《资治通鉴》卷二五八，唐昭宗大顺元年十二月条引《通鉴考异》，第8410页。

慎。五代"群雄竞逐,九土分裂,传记讹谬,简编缺落,岁月交互,事迹差舛"[1],而且"五代士人撰录国书多不凭旧文,出于记忆及传闻,虽本国近事亦有抵牾者"[2],这给考证工作带来了很大困难。对此,司马光不但任用治史精博的刘恕负责五代长编,而且亲自考证,认真鉴别。即使是刘恕的考证,他也不是完全采纳,一定要经过仔细的推理考证,力求做到准确无误,从而较为真实地反映了五代的历史面貌。

在二史中,司马光论事多认同《新五代史》,取事则多取《旧五代史》。《新五代史》史料主要来源于《旧五代史》,旁及《五代史阙文》等其他著述,记载简略,重在春秋笔法,某种程度上更像是政论文章,有些考证也不够严谨。相比之下,薛史据五代实录删削而来,保存原始史料较多,内容也更为丰富。因此,司马光十分重视《旧五代史》的史料价值。但他也不是一味排斥《新五代史》,对其考证严谨的材料也是取用的,比如,关于沙陀部落的发展始末即全取《新五代史》的考证。同时,五代实录作为新、旧五代史的原始资料来源,也得到了司马光的高度重视。对十国的材料,司马光补充尤多。许多现已散失的十国资料,包括善政及恶政,都在《资治通鉴》里得到了保留,令千载之下的读者仍然可以窥知当时的政治、经济、军事、外交、文化等现象。

不过,与时人一样,司马光对五代十国的总体评价颇低,对五代十国的正统地位也不认同。同时,《资治通鉴》不是专论五代十国史事,只有二十余卷的卷帙,取录重点为"系生民之休戚"的大事,以体现与影响五代政治进程的历史事件为主,因此也舍弃了不少资料。出于一名历史学家的严谨操守,他不会无视存在于五代十国的善政。但出于对五代的负面认识,他也有意无意地忽略了一些有价值的材料,并依自己的认识对史料作了取舍与剪裁,反映了他对五代十国地位的总体否定。例如,关于南唐宋齐丘,司马光取其争权误国之事较多,而于劝农桑等益民善政记录不多。南宋洪迈曾转载《吴唐拾遗录》中宋齐丘所采取的经济措施,感叹"齐丘之事美矣。……可谓贤辅相"[3],而对《九国志》与《资治通鉴》不记此事感到不满。同样,他对《资治通鉴》与《新五代史》

---

[1] (宋)司马光:《传家集》卷五三《乞官刘恕一子札子》。
[2] 《资治通鉴》卷二八二,后晋高祖天福四年闰七月壬申条引《通鉴考异》,第9206页。
[3] (宋)洪迈:《容斋随笔·续笔》卷一六《宋齐丘》,第418页。

未载后梁轻赋一事也十分惋惜。而对于五代时期最受尊崇的杰出官员代表冯道，司马光的取材标准与评价甚至比欧阳修还要低。

六 司马光的十国史研究

在司马光这里，五代的地位遭到了前所未有的贬低，十国的地位得到了明显的相对提升，对称帝者皆可以帝号称之。并且，对十国的历史，司马光也给予了高度重视。他广泛阅读关于十国的著述，选取了大量资料，对其态度也更加平和，这是与新、旧《五代史》所不同的明显特点。

在《旧五代史》中，十国只是不值一提的日暮途穷的僭伪政权，资料极少。在《新五代史》中，十国资料虽然丰富不少，但仍然被视为五代之下的僭伪政权，未能得到足够重视。相比政权更迭剧烈、生灵涂炭的中原五朝，十国存在时间较久，战事较少，经济与文化都有较大发展。在北宋建国多年之后，国别恩怨已经烟消云散，可以从更加客观的角度来对待十国，给十国以更多的分量，尤其是对司马光这样严谨的史学家而言。因此，在《资治通鉴》的五代部分，十国地位进一步提高。司马光虽然以五代年号系年，但对各国基本上无所偏袒，对十国的治理措施，也能平心静气地加以记载与讨论，不隐讳其恶政，也不无视其善政。这比起政治意识形态强烈的《旧五代史》来，无疑更具客观性。比之《新五代史》，《资治通鉴》也更为宽容。并且，《资治通鉴》所补充的十国史料有大幅度增加，使原先单薄刻板的十国历史变得相当丰满，很多资料得以保存。

在《旧五代史》中，荆南高氏跋扈不臣，厚敛于民，没有值得称道之处。不过高从诲多少也还有"泣谏"高季兴、复修职贡、馈赠军食助朝廷征讨安从进的事迹。《新五代史》对高从诲的描写却十分负面。它揭露了高从诲在貌似恭谨的表面所深藏的失"礼"之举，言其"多权诈"，是因为害怕后唐的讨伐才累表谢罪的。安从进谋反时，曾经结高从诲为援。高从诲外为拒绝，阴与之通。在向后汉高祖求取郢州不成之后，高从诲自绝于汉。后汉国子祭酒田敏借道荆南使于楚，高从诲欲借问朝廷虚实以嘲笑田敏，未能得逞。田敏以印本《五经》赠高从诲，高从诲却只读过《孝经》。田敏称"至德要道，于此足矣"，并诵《诸侯章》"在上不骄,高而不危,制节谨度,满而不溢"之语。高从诲以为田敏在讥诮自己,遂罚以大杯酒。荆南居于湖南、岭南、福建之间,地狭兵弱,自高季兴时即常常掠夺诸道入贡中原王朝的财物,不得已才返还诸道,毫无羞惭之色。高从诲继立后,后唐、后晋、契丹、后汉先后据有中原,南汉、闽、吴、蜀等亦称帝,高从诲为求赏赐,皆向他们称臣,为诸国所鄙视,称为"高赖子"①。高从诲的权诈、愚鲁与骄横跃然纸上。这不但比《旧五代史》中的高从诲形象差了一截,更与宋初《五代史补》高从诲"为性宽厚,虽士大夫不如也。天成中,季兴叛,从诲力谏之,不从。及季兴卒,朝廷知从诲忠,使嗣,亦封南平王"② 的赞扬之词有很大差距。

　　与新、旧《五代史》不同,《资治通鉴》虽然也记述了高从诲的无赖形象,但对他和高氏政权也有正面刻画,认为高从诲个性明达,亲礼贤士。他信任高季兴时代的得力谋士梁震,以兄事之。梁震则认为高从诲能够自立,不坠父业,遂退居土洲,不预政事。高从诲遂以政事付与孙光宪。楚王马希范生活奢靡,令高从诲很是羡慕。孙光宪向他指出马希范骄侈僭奢,不合天子诸侯各有等差的礼法,不足为法。高从诲嘉纳其言,遂"捐去玩好,以经史自娱,省刑薄赋,境内以安"。对此,司马光赞"孙光宪见微而能谏,高从诲闻善而能徙,梁震成功而能退,自古有国家者能如是,夫何亡国败家丧身之有"③。君主从善如流,臣子在位时尽忠职守,退位时不贪恋权势,这是司马光心目中理想的君臣形态。

　　对历来不为史家所称的北汉,《资治通鉴》也有"北汉孝和帝性孝谨,既嗣位,勤于为政,爱民礼士,境内粗安"④ 的记载。即使是对北汉表示同情的《新五代史》里,也没有这一记载,更不用说《旧五代史》以及此后的《续资治通鉴长编》了。对欧阳修大加挞伐的吴越政权,司马光的态度也相当平和,既指出其偃蹇、改元、奢汰事,又对其"除民田荒绝者租税"等善政予以取录,还对史家所争论的钱镠"奢汰暴敛"的传闻作了自己的剖析,认为钱镠本人出于贫贱,知民疾苦,当不至穷极侈靡,因此所谓"奢汰暴敛"之事可能是其子孙所为。南唐诸主的很

---

① 《新五代史》卷六九《南平世家》,第972—973页。
② (宋)陶岳:《五代史补》卷四,《五代史书汇编》第5册,第2515页。
③ 《资治通鉴》卷二七九,后唐潞王清泰二年十月辛巳条,第9135—9136页。
④ 《资治通鉴》卷二九二,后周太祖显德元年十一月戊戌条,第9520页。

多惠政也得到记录,并被赞赏"不受尊号,又不以外戚辅政,宦者不得预事,皆他国所不及也"①。南汉的建立者刘䶮虽然苛酷自大,但也有"多延中国士人置于幕府,出为刺史,刺史无武人"②的记载。他如前蜀、后蜀、闽、楚、吴等国的政治、经济、军事、外交等状况,也比新、旧《五代史》补充了更多史料。这些都让我们对十国有了更加全面的了解,一个更加丰富多彩的五代十国历史画卷呈现在世人面前。

---

① 《资治通鉴》卷二八二,后晋高祖天福四年正月乙丑条,第9197—9198页。
② 《资治通鉴》卷二六八,后梁太祖乾化元年五月甲辰条,第8742页。

第四章

南宋的五代十国史研究

第一节 南宋对五代十国历史地位的认识

五代地位的彻底沦丧与十国，尤其是南唐地位的微妙提升，是南宋五代观的显著特点。同时，时局的变化对南宋史家的五代史观也有着相当深刻的影响。

经过北宋中后期的思想洗礼，南宋时期五代十国的地位极为低下。理学思潮的大力推进又使人物与朝代评价的标准更加严厉。比如，在北宋褒贬不一的冯道，在这一时期遭到了众口一词的否定与挞伐。"五代之乱极矣，凡八姓十有二君，历四十余年，干戈战伐，殆无宁岁。其间悖逆祸败，自古未有若是其烈，而兴灭起废，亦未有若是其亟者也。周世宗以英伟之资，为圣人驱除，固无得而议者，其余则皆可以为覆辙之戒"①，"十国之主，类无深谋远略，其守臣节、奉王贡者，绝不知齐桓、晋文之事，僭帝空名，亦非复汤、文之举，龌龊自保，偷安一时。辅导之臣，皆斗筲小器，亡通知王伯大略以致主安民者"②，是时人的普遍意见。同时，南宋的特殊形势又使五代的地位进一步沦落。

北宋灭亡之后，面对金人的凌厉攻势，南宋不得不缩居南方，偏安一隅。宋王朝突然成为人们曾经鄙夷不屑的偏安小朝廷，这对宋人的心

---

① （宋）范浚：《香溪集》卷八《五代论》，丛书集成初编本。
② （宋）薛季宣：《浪语集》卷三〇《叙十国纪年》。

理冲击是相当大的。政治形势的巨大变化逼使宋儒不得不重新证明本政权的合法性与合理性。与偏重功业之实、尊奉中原王朝的北宋正统论不同，南宋开始为偏居一方的政权争正统。比如，三国时期曹魏的正统地位被否定，从帝魏说转向帝蜀说。"宋太祖篡立，近于魏，而北汉、南唐迹近于蜀，故北宋诸儒皆有所避而不伪魏。高宗以后，偏安江左，近于蜀。而中原魏地全入于金，故南宋诸儒乃纷纷起而帝蜀。"① 同样位于中原地区的五代，地位也彻底沦落。此后，朱熹创立"无统说"，直接否定了五代各政权的历史地位，"且如五代仅有三四年者，亦占一德，此何足以系存亡之数！若以五代为当系，则岂应黜秦为闰？"② "又有无统时：如三国南北五代，皆天下分裂，不能相君臣，皆不得正统"，对后世影响极为深远。在五代中地位素来特殊的后唐，也被朱熹直接否定："又问：'后唐亦可以继唐否？'曰：'如何继得！'"③ 在这一时期，"五闰"一词直截了当地表明了人们对五代正统地位的否定。从五代到五季、五闰，五代的历史地位一落千丈。明朝末年，严衍作《资治通鉴补》，"于周赧入秦，七雄分据，改称前列国；唐昭陨洛，五代迭兴，改称后列国"④，并对五代诸帝只呼其名而不称帝。清人王夫之也提出了相似的主张："然则天祐以后，建隆以前，谓之战国焉允矣，何取于偏据速亡之盗夷，而推崇为共主乎？"⑤ 四库馆臣则直称"五季""属闰朝"⑥。

不过，防止五代十国的教训已经成为统治阶层的思维惯性。比如，在南宋被金兵追逼、岌岌可危之际，统治者不得不减轻对武人的猜忌与防范，提高其权力与地位，但他们却仍然念念不忘对武人的防范与控制。绍兴七年（1137），高宗曾经针对张浚落职是出于诸将之意的传言，说："若宰相出入出于诸将，即唐末五代衰乱之风。"⑦ 胡寅也曾经充满警惕地

---

① 《四库全书总目》卷四五"三国志"条，第403页。
② （宋）黎靖德编：《朱子语类》卷八七《小戴礼·月令》，第2239—2240页。
③ （宋）黎靖德辑：《朱子语类》卷一〇五《朱子二·论自注书·通鉴纲目》，第2636、2637页。
④ （明）严衍：《资治通鉴补》自序，见冯惠民《通鉴严补辑要》，齐鲁书社1983年版，第9页。
⑤ （清）王夫之：《读通鉴论》卷二八《五代上》，第1012页。
⑥ （清）永瑢等：《进旧五代史表》，《旧五代史》附录，第2358页。
⑦ （宋）赵鼎：《忠正德文集》卷八《丁巳笔录》，四库全书本。

提醒人主:"握兵而不从人主之命……则唐末五代之祸真可驯致矣。"① 岳飞在高宗的疑忌与秦桧的构陷之下,以"莫须有"的罪名无辜受死,被后人视为袭用欧阳修弹劾狄青的思路所致。时至南宋,风雨飘摇之际,最高统治阶层仍然无法摆脱对武人的防范心态,可见其对五代十国的教训印象之深,以及受其禁锢之深。虽然在政治实施、价值体系等方面,宋代早已"走出五代",但在政治心态上,他们却还是受困于慎防五代十国教训的迷思,"走出五代",成为两宋难以摆脱的沉重包袱。

在这一时期,南唐的地位反而有所上升。这与蜀汉地位的上升有一定关联。它们都是偏居南方,号称前朝血胤。北宋时,司马光曾将蜀汉刘备与南唐徐知诰相比,"昭烈之于汉,虽云中山靖王之后,而族属疏远,不能纪其世数名位,亦犹宋高祖称楚元王后,南唐烈祖称吴王恪后,是非难辨,故不敢以光武及晋元帝为比,使得绍汉氏之遗统也"②,认为他们都与皇室族属疏远,甚至有冒认祖先之嫌,以此作为不当为正统的理由。而南宋却偏安江左,与二者同病相怜,也亟需证明自身的正统性。因此,俊杰辈出的蜀汉得到了格外重视,南唐的位置也随之提高。其代表就是陆游的《南唐书》。

与胡恢、马令的《南唐书》不同,陆游《南唐书》采用《史记》立项羽为本纪的做法,将南唐国主立为本纪。清四库馆臣曾指其"得非以南渡偏安,事势相近,有所左袒于其间乎?"③ 显然,这一义例是有深意的。偏安江南的南宋与南唐有某种相似之处。否认了南唐的正统地位,就等于动摇了南宋的正统地位;而抬高南唐的地位,也就相当于抬高了南宋,不承认当时占据中原的金具有正统地位。同时,"陆游之作《南唐书》称本纪,以易马令之书,是亦欲以南唐继唐,而斥北宋人五代正统之论"④。在当时的社会氛围之下,对南唐的推重当不止陆游一人。理宗时,永新布衣龙淼撰《续唐书》若干卷奏进,被理宗赞为"扶持正统,得邵雍《皇极经世》之学","此书虽不传,当是尊后唐及南唐为正统"⑤。

---

① (宋)胡寅:《斐然集》卷一〇《转对札子》,中华书局1993年版,第226—227页。
② 《资治通鉴》卷六九,魏文帝黄初二年四月丙午条"臣光曰",第2188页。
③ 《四库全书总目》卷六六"陆游《南唐书》"条,第588页。
④ 蒙文通:《肤浅小书》,转引自饶宗颐《中国史学上之正统论》资料一,第252页。
⑤ 王德毅:《宋代史家的五代史学》,见《邓广铭教授百年诞辰纪念论文集》,中华书局2008年版,第38页。

南唐的地位在南宋虽然得到了一定提高，但社会的主流思想还是朱熹的无统论，即以五代十国为"无统"期。就连陆游的《南唐书》，也不过是隐含着以南唐继唐的思想而已，"虽欲推尊，然未将南唐上接后唐"[①]。不过，这一思想萌芽却在后世萌发起来，不断有人提出当以南唐为正统。元代戚光为陆游《南唐书》作《音释》一卷，否定了五代的正统地位，而代以唐—后唐—南唐的体系；明人李盘亦有类似说法；陈霆撰《唐余纪传》，"大旨以南唐承唐之正统"[②]；清人李骥对朱熹黜南唐与后唐的做法很是不满；陈鱣作《续唐书》，将后唐、南唐立为本纪，黜后梁、后汉、后晋、后周；李慈铭也以后唐、南唐为正统，"南唐即云其世系不可知，然昭烈之于汉，亦未必昭穆尽可据也。帝南唐不犹愈于帝石、刘、郭、柴乎？"[③]

在这一时期，北汉的地位也有一定提高。北汉与南宋同为被赶出中原的"亡国之余"，有着同样的尴尬与愤懑。此时宋人眼中的北汉，已不再是"窃伪王之号"的"遗孽"，对其处境也多了不少同情与理解。朱熹即是如此。他不但以蜀汉为正统，贬曹魏为汉贼，对北汉也较为重视，曾经宣称"如本朝至太宗并了太原，方是得正统"。时至明代，被王士祯、陶辅、胡应麟等称道的丘濬《世史正纲》在卷二十三《宋世史》中，首举干支，其下并列北汉、后周、宋、南唐、南汉、后蜀纪年，列北汉于北宋之上。直至宋太宗太平兴国四年（979）方书宋纪元。这一年正是北宋灭北汉的时间，其意图一望可知。

第二节　李焘对五代十国史的研究

李焘，字仁甫，一字子真，号巽岩，眉州丹棱（今四川丹棱）人，累迁州县官、实录院检讨官、修撰等。他对五代十国史的研究主要体现在《续资治通鉴长编》（以下简称《长编》）。《长编》仿《资治通鉴》的体例，记事始自宋太祖建隆年间，终于宋钦宗靖康年间，记北宋九朝一百

---

① （清）陈鱣：《续唐书叙》，见《二十五别史》第12册《续唐书》，齐鲁书社2000年版，第1—3页。
② 《四库全书总目》卷六六"唐余纪传"条，第590页。
③ （清）李慈铭：《越缦堂读书记·论正统》，第1256页。

六十八年事。原本九百八十卷，久已亡佚。今本系清朝修《四库全书》时从《永乐大典》中辑录而出，共五百二十卷。其中涉及五代十国史事者，主要为太祖、太宗部分。

宋太祖建国时，五代十国仅余南唐、后蜀、楚、南汉、南平、吴越、北汉七国，均已日薄西山，气息奄奄。关于这一部分的历史，《旧五代史》的记载微乎其微，《新五代史》较为简略，《资治通鉴》则记事至太祖建国前即止。加之记载五代十国历史的其他著述佚失太半，因此，就目前可见的史料而言，这一时期的五代十国历史基本上以《长编》为全面和详细。

《长编》对五代十国史的研究特点有以下几点。

一 忽视与贬低五代十国，人物刻画较为负面与脸谱化

李焘生于北宋末年，见证了北宋的靖康之耻、南宋的风雨飘摇，慨然以史自任，报效国家。他"平生生死文字间"[1]，"于本朝故事，尤切欣慕"[2]，认为古代史事"于当时之事机疏而不近，曷若取其近于时机者而论之，取其失者而监之，则于谋谟为有补矣"[3]，十分重视近现代史的借鉴功能。本着这样的理念，他倾注半生精力，修撰了这一卷帙浩繁的北宋史，以期为南宋统治者提供充分的治国经验教训。秉承这一宗旨，《长编》坚持"宁失于繁，毋失于略"的编写原则，纪事详实，取材广博，将北宋建国一百六十八年的得与失，用长达九百八十卷的篇幅细细描绘，可见李焘用力之深。同时，《长编》秉承详近略远的编写原则，太祖、太宗两朝每年一卷，太宗末期每年两卷，真宗、仁宗、英宗三朝平均每年两卷多，神宗朝则每年九卷，哲宗朝每年增至十五卷，充分体现了作者的良苦用心。

李焘的态度正是南宋史家对待古代史和近现代史的一个缩影。对他们来说，五代十国的历史已经隔了一二百年的时间，成为较为遥远的过去，远不及政治结构、制度框架、军事体制、思想文化等各方面都与南

---

[1] 《宋史》卷三八八《李焘传》，第 11919 页。
[2] （元）马端临：《文献通考》卷一九三《经籍考二〇·续通鉴长编举要》，第 5611 页。
[3] （宋）李焘：《六朝通鉴博议·序论》，四库全书本。

宋一脉相承的北宋更加富有借鉴意义。况且，经过北宋中后期的熏陶，五代乱极、事不可法的观念也已深入人心，自然更加不会受到重视。就《长编》的篇幅来看，十国史事主要集中于太祖朝与太宗朝的前期，大约二十一卷，卷帙很少。而且，它们的存在似乎就是为了宋代一统天下的正义性与合法性所服务的。《长编》所选五代十国史料，基本上取材君臣昏庸无能之事例，少有正面描写。

北宋期间，南唐处于嗣主李景统治的最后两年与后主李煜的统治时期。对后主李煜，《长编》记录的主要是其仁懦无断、佞佛误国、愚暗昏昧之事。建隆二年（961），南唐句容尉张佖上书陈十事，即举简要、略繁小、明赏罚、重名器、择贤良、均赋役、纳谏诤、究毁誉、节用及屈己。李煜嘉纳，擢为监察御史。但张佖后来劾奏德昌宫使傅宏、礼宾使孟骈蠹国害民，请置于法，李煜却不听。李煜纳小周后后，颇留情于乐府之事，监察御史张宪上疏直言，李煜旌其敢言，却终不能改。他曾经至大理寺，"亲录囚系，多所原宥"，被中书侍郎韩熙载劾奏："狱必由有司，囹圄之中非车驾所宜至，请省司罚内帑钱三百万充军储。"① 开宝三年（970），面对来自北宋的巨大威胁，林仁肇密表："愿假臣兵数万，自寿春北渡，径据正阳，因思旧之民，可复江北旧境。彼纵来援，臣据淮对垒而御之，势不能敌。兵起之日，请以臣举兵外叛闻于宋朝，事成国家享其利，败则族臣家，明陛下无二心。"卢绛认为吴越将来必定会成为北宋灭南唐的向导，请求"诈以宣、歙州叛，陛下声言讨伐，且乞兵于吴越，兵至拒击，臣蹑而攻之，其国必亡"②，李煜皆不能用，此后又中宋太祖的反间计，鸩杀林仁肇，使南唐痛失良将。愚昧畏懦至此，却又不能审时度势，归顺北宋，"虽外示畏服，修藩臣之礼，而内实缮甲募兵，阴为战守计"③。开宝八年（975），宋将曹彬率军南伐，南唐国事危急，李煜欲死于社稷，却又没有勇气。宋军压境，李煜"日于后苑引僧及道士诵经、讲《易》，高谈不恤政事。军书告急，非徐元楀等皆莫得通，师薄城下累月，国主犹不知"。所亲任之皇甫继勋只愿后主速降北宋，部下有募死士欲夜出邀击宋军者，继勋必鞭其背，将其拘禁。直至

---

① 《长编》卷一〇，太祖开宝二年十一月戊辰条，第236页。
② 《长编》卷一一，太祖开宝三年十二月癸巳条，第254—255页。
③ 《长编》卷一三，太祖开宝五年闰二月癸巳条，第280—281页。

李煜一日自出巡城,"见王师列寨城外,旌旗满野,知为左右所蔽,始惊惧"①,诛皇甫继勋。通篇看来,李煜除了"天性孝友"②、爱护其弟李从善之外,几乎没有什么优点。那个"善属文,工书画,而丰额骈齿,一目重瞳子"③、"风神洒落"、"孜孜儒学,虚怀接下"、"每以富民为务"的南唐国主形象不见了,原本立体丰满的李煜形象变得扁平刻板,言语乏味。

而就李煜所信用的大臣来看,颇受李煜重视的韩熙载"任情弃礼"④,无所施为,还曾做出一些错误的举措,比如坚持铸造铁钱,使物价腾贵,民甚不便。刘承勋掌德昌宫事,盗用无算,簿籍淆乱。大周后死后,"卫士当给服者皆无布,但赋以钱。其后德昌宫中屋坏,得布四十间,殆千万端,盖义祖相吴日所贮也。其无政事类此"⑤。恩宠无二的张洎,曾经与陈乔约定国亡则同死,却在国破之时,食言降宋;在李煜失国后,居然还落井下石,向贫寒窘迫的李煜索要东西,李煜以白金颒面器送给他,他仍然"意欿然"⑥。对受到宋人敬重的潘佑,《长编》的态度与《钓矶立谈》、王安石、马令、陆游等皆有所不同。从取材上看,潘佑的形象并不怎么高大:后主迎娶小周后时,诏徐铉、潘佑与礼官参定婚礼礼仪。潘佑坚持采用超越礼制规定的高规格礼仪,与徐铉争执不下,只得由徐游评判。当时潘佑正得宠于李煜,徐游迎合上意,支持潘佑。不久,徐游病死,徐铉戏称:"周、孔亦能为祟乎?"⑦潘佑还与李平好神仙之事,行事怪诞。他请复井田之法,又依周礼造民籍与牛籍,推荐李平负责,百姓大扰,李煜遂罢此法。潘佑因此怀疑执政大臣阻挠自己,于是"历诋大臣与握兵者两两为朋,且夕将谋窃发,且言国将亡,非己为相不可救",又推荐李平等人任要职。李煜不纳,潘佑益忿,抗疏请诛宰相汤悦等数十人。累表上疏,直至第七表,终于触怒李煜,在张洎的排挤下,先后将李平与潘佑下狱。潘佑自杀,李平亦缢死。李煜后来说:"吾诛

---

① 《长编》卷一六,太祖开宝八年五月辛丑条,第340—341页。
② 《长编》卷一五,太祖开宝七年三月丙子条,第320页。
③ 《新五代史》卷六二《南唐世家》,第874页。
④ 《长编》卷一一,太祖开宝三年七月丙寅条,第247页。
⑤ 《长编》卷六,太祖乾德三年九月乙未条,第158页。
⑥ 《长编》卷一八,太宗太平兴国二年二月乙未条,第397页。
⑦ 《长编》卷九,太祖开宝元年十一月癸卯条,第213页。

佑，思之逾旬不决，盖不获已也。"① 按照这一记载，似乎潘佑是其死亡的主要责任者。就潘佑之死的主体梗概而言，《长编》与《宋史·南唐李氏世家》较为相似。李焘"每恨学士大夫各信所传，不考诸《实录》、《正史》，纷错难信"②，因此于《长编》主要采用宋朝国史、实录与会要。而《宋史》基本上是在宋朝国史的基础上改写的，因此可以揣测，《长编》基本上是取了宋朝国史的记载。而这一记载是否与《江南录》相似，因《江南录》已经佚失，无法得知，但就人们对《江南录》的批评来看，其间或许有《江南录》的影子。而有南唐直臣之名的潘佑，如果也只是这样一个"狂悖谤讪"③的人的话，则南唐之无人已经相当明显了。

此外，金陵被围，我们也看不到"建康受围二岁，斗米数千，死者相籍，死无叛心。后主殂于大梁，江左闻之，皆巷哭为斋"与"时城中有僧数千，表乞披坚执锐出城斗战"的动人情景，而是"王师围金陵，自春徂冬，居民樵采路绝，兵又数败，城中夺气"④的末路气象。对李煜的死因，《长编》也只字未提，只言其卒，太宗为其辍朝三日。

关于吴越国主钱俶，《长编》突出了钱俶对宋廷的小心畏慎、如履薄冰，而丝毫不见其治国或个人的风采。太祖、太宗兄弟胸怀一统天下之志，锐意进取。钱俶不得不小心承奉，战战兢兢，唯恐有所差池。钱俶入朝觐见时，颇受礼遇，可剑履上殿，诏书不名，其妻受封吴越国王妃，"上数召俶与惟濬宴射苑中，惟诸王预坐，俶拜，辄令内侍掖起，俶感泣。又尝令俶与晋王光义、京兆尹廷美叙兄弟之礼，俶伏地叩头固辞，得止"。面对宋太祖的施恩，钱俶"感泣"、"泣涕"、"感惧"，返国后，"命徙坐于东偏，谓左右曰：'西北者，神京在焉，天威不违颜咫尺，俶岂敢宁居乎？'""每修贡，必列于庭，焚香而后遣之"⑤，等等。一国之主，畏慎至此。太平兴国三年（978），钱俶入朝，"尽辇其府实而行，分为五十进，犀象、锦彩、金银、珠贝、茶绵及服御器用之物逾巨万计"，

---

① 《长编》卷一四，太祖开宝六年冬十月壬午条，第309—310页。
② （元）马端临：《文献通考》卷一九三《经籍考二〇·续通鉴长编举要》，第5611页。
③ 《长编》卷一四，太祖开宝六年冬十月壬午条，第309页。
④ 《长编》卷一六，太祖开宝八年十一月丙戌条，第351页。
⑤ 《长编》卷一七，太祖开宝九年三月辛未条，第366页。

意求返国。太宗却留而不遣。钱俶恐惧,不知所为。僚佐崔仁冀劝钱俶火速纳土,言:"今已在人掌握中,去国千里,惟有羽翼乃能飞去耳。"①钱俶万般无奈,只得纳土于宋。从《长编》的描写来看,钱俶的下场虽然比南唐李煜好得多,但也只余一幅末路君王的畏懦委琐之象,全无一丝英睿尊贵之气。

《长编》于北汉花了不少笔墨,也较《新五代史》《宋史·北汉刘氏世家》等详细。由于北汉史料大多散失,《长编》中的史料也就弥足珍贵。在北宋与北汉的较量中,北汉明显处于劣势。关于北汉与北宋在边境中的来回攻取中屡屡失利、北汉兵民降宋的记载相当之多。北汉主刘继元之残忍暗懦,重臣郭无为之恃权自恣、心有二志,都显出日薄西山的颓态。南汉主翦灭宗室、崇信女巫、重用奸臣、诛灭宿将、肆为昏暴等奢侈残酷等状,也在短短的篇幅里得以充分表现,其扈驾弓官余延业居然拉不开弓,可见国势之腐败已深入骨髓。

固然,此时的十国确已穷途末路,但从《长编》对史料的取舍与写作手法来看,其中人物大多面目可憎,言语乏味,全无一丝活泼泼的生气。如果说在《资治通鉴》中五代十国史还是一部有血有肉、丰富多彩的历史活剧的话,那么在《长编》中它便退居为无足轻重的干瘪配角,十国人物已经全然失了风采,基本上是一些脸谱化的反面人物。

《长编》也涉及了五代的少部分史料。它们主要在记载太祖兄弟吸取五代教训的各种举措时,作为政策背景出现。例如,五代主弱臣强,太祖杯酒释兵权;五代方镇残虐,太祖选儒臣分治大藩;五代严刑峻法,北宋减轻刑法,惩治贪官污吏;后晋割幽蓟十六州于契丹,为中原之患,太祖特置封桩库,欲先以和平的方式赎买,等等,显出五代昏乱衰败的气象。

二 突出宋朝的英明与仁义道德

相对于司马光"删削冗长,举撮机要,专取关国家盛衰,系生民休戚,善可为法,恶可戒者"而作《资治通鉴》,李焘编修《长编》的目

---

① 《长编》卷一九,太宗太平兴国三年五月乙酉条,第427页。

的是"统会众说,掊击伪辨,使奸欺讹讪不能乘隙乱真,祖宗之丰功盛德益以昭明"①。因此,决定了他对五代十国史的主要态度与基本思路,就是贬低五代十国,并突出宋朝的英明与仁义道德。

《长编》所选五代十国史料,基本上取材负面事例,少有正面描写。它记载了宋代帝王,尤其是太祖、太宗对五代经验教训的汲取、对五代弊政的改革,从而反衬出他们的英明神武。它对太祖、太宗的宽宏气度也大书特书。南唐曾以银五万两贿赂赵普,赵普不敢隐瞒,禀告太祖。太祖认为"大国之体,不可自为削弱,当使之不测",遂令其接受。后来,南唐李从善入觐,"常赐外,密赍白金如遗普之数。江南君臣闻之,皆震骇,服上伟度"。吴越也曾送给赵普瓜子金,太祖也只是笑言"但受之,无害"②。南汉入宋后,太祖曾赐酒与南汉主刘𬬮,刘𬬮常以毒诛杀臣下,因此害怕求饶。太祖笑称"朕推心置人腹,安有此事!"③ 遂取赐酒自饮之。他还表彰与重用北汉丞相卫融、南唐重臣徐铉等人,表现出宽宏的气度。

《长编》不止一次借十国人物之口为宋朝宣传。如后蜀宰相李昊言于蜀主曰:"臣观宋氏启运,不类汉、周,天厌乱久矣,一统海内,其在此乎。若通职贡,亦保安三蜀之长策也。"④ 吴越崔仁冀告诫钱俶:"主上英武,所向无敌,今天下事势已可知。"⑤ 荆南孙光宪亦劝谏高保勖"宋有天下,四方诸侯屈服面内,凡下诏书皆合仁义,此汤、武之君也。公宜克勤克俭,勿奢勿僭,上以奉朝廷,中以嗣祖宗,下以安百姓,若纵佚乐,非福也"⑥,又曾劝高继冲降宋,赞扬"圣宋受命,凡所措置,规模益宏远。今伐文表,如以山压卵尔"⑦。据《长编》记载,荆南兵马副使李景威因其抵抗北宋的建议不被采纳而自杀,但这一记载正是为了表现宋太祖赞其为忠臣、厚恤其家的大度而服务的。

甚至是五代第一英主周世宗,形象也有了微妙的变化。对周世宗,

---

① (宋)李焘:《进续资治通鉴长编表》,见《长编》卷首第7页。
② 《长编》卷一二,太祖开宝四年十一月癸巳条,第272—273页。
③ 《长编》卷一二,太祖开宝四年六月壬午条,第267页。
④ 《长编》卷四,太祖乾德元年五月丁丑条,第92页。
⑤ 《长编》卷一六,太祖开宝八年十二月甲子条,第355页。
⑥ 《长编》卷二,太祖建隆二年九月甲子条,第53—54页。
⑦ 《长编》卷四,太祖乾德元年二月丙戌条,第84页。

《旧五代史》与《资治通鉴》皆有高度评价，对其缺点也有较为一致的认知，即"禀性伤于太察，用刑失于太峻"，但同时也承认其统治末年"渐用宽典"①，《新五代史》则盛赞世宗，根本没有提及世宗的缺点。至《长编》，则借宋太祖之口记载了关于周世宗的一件事：

> 上既即位，欲阴察群情向背，颇为微行。或谏曰："陛下新得天下，人心未安，今数轻出，万一有不虞之变，其可悔乎！"上笑曰："帝王之兴，自有天命，求之亦不可得，拒之亦不能止。周世宗见诸将方面大耳者皆杀之，然我亦终日侍侧，不能害我。若应为天下主，谁能图之，不应为天下主，虽闭户深居何益。"既而微行愈数，曰："有天命者，任自为之，我不汝禁也。"由是中外慑服。②

这则材料很令人怀疑。原因有如下几点。

第一，"方面大耳"一事，在新、旧《五代史》及《资治通鉴》中皆不见记载。虽然在这些史书中，凸显宋太祖之英明神武或天命所归等为其造势的描述早已出现。

在宋初前期的记述中并不见关于周世宗猜忌心重、疑忌"方面大耳"诸将的描写。《五代史补》中有因"赵氏合当为天子"③的谶语而杀赵童子的记载，但却是郭威所为。而宋人对郭威之雄猜较为不满，讥其"不能驾驭权豪，伤于猜忍，卜年斯促，抑有由焉"。他们认为，周世宗恰恰没有郭威的这一缺点。关于"方面大耳"的记载是在北宋中期开始出现的，且都是转载于宋太祖之口，比如司马光的《涑水记闻》。但他只是记录了宋太祖这番话，且未在《资治通鉴》中提及周世宗猜忌心重的缺点或事例，反而盛赞其"常言太祖养成王峻、王殷之恶，致君臣之分不终，故群臣有过则面质责之，服则赦之，有功则厚赏之。文武参用，各尽其能，人无不畏其明而怀其惠，故能破敌广地，所向无前"④。因此，他去世以后，为远近所思慕。欧阳修还曾盛赞周世宗"虚心听纳，用人不

---

① 《旧五代史》卷一一九，史臣论赞，第1842页。
② 《长编》卷一，太祖建隆元年十二月壬辰条，第30页。
③ （宋）陶岳：《五代史补》卷五，《五代史书汇编》第5册，第2524页。
④ 《资治通鉴》卷二九四，后周世宗显德六年六月癸巳条，第9602页。

疑",显然与"方面大耳"的说法是不一致的。另外,在《宋史·太祖纪》中也有"方面大耳"一事的记载,同样也是出自宋太祖之口,而不见时人的呼应。因此,不能不排除宋太祖借贬低周世宗来抬高自己,以示自己乃天命所归之因素。

事实上,太祖对世宗常有贬低性的评价。比如,他曾评价世宗"威胜于德,故享国不永"。五代军队战斗力与军纪极差,周世宗于高平之战后拣选精锐,严格军纪,被宋人视为重要的转折点,"世宗之师由是出无不胜,而四方僭叛相顾失色,中国之威一日而振,实为我有宋之驱除也"。宋太祖却对群臣说:"晋、汉以来,卫士不下数十万,然可用者极寡。朕顷案籍阅之,去其冗弱,又亲校其击刺骑射之艺,今悉为精锐,故顺时令而讲武焉"①,不提世宗的贡献。

总之,查阅宋人的文献,所谓世宗雄猜的缺点仅出于太祖之口。周世宗若真是有"方面大耳"者皆欲除去之性情或事例,史书中当有考证或记述。然而,在这几部最重要的五代史书中,我们却并未见到相关论述。

第二,前述诸书关于周世宗的批评,仅为用刑太峻、失于太察,而非猜忌心重。

周世宗虽然于统治前期果于杀人,但好杀并不等于猜忌心重。考世宗时期所杀诸将,大多是玩忽职守、贪赃枉法之人。如高平之战后诛樊爱能、何徽等人,因其临阵脱逃,险至大败;右屯卫将军薛训除名,流沙门岛,"坐监雍兵仓,纵吏卒掊敛也";左羽林大将军孟汉卿赐死,"坐监纳厚取耗余也"②;斩前济州马军都指挥使康俨,"坐桥道不谨也"③;楚州防御使张顺赐死,"坐在任隐落榷税钱五十万、官丝绵二千两也"④;等等。这大约是用了乱世用重典的思路。至世宗末年,已自追悔,杀人渐少,用典渐宽。因此,在去世之后,为远近所思慕,这不是"威胜于德"所能招致的结果。而且,宋太祖执掌后周禁军时,杨徽之曾进言世宗,认为太祖有人望,不宜典禁军,但世宗并未因此对太祖采取措施。

---

① 《长编》卷三,太祖建隆三年十一月甲子条,第74页。
② 《旧五代史》卷一一四《后周世宗本纪一》,第1767页。
③ 《旧五代史》卷一一六《后周世宗本纪三》,第1789页。
④ 《旧五代史》卷一一八《后周世宗本纪五》,第1829页。

这比起太祖听了赵普的劝说，便罢除了让符彦卿典兵的想法来，显然心胸要宽大得多。清代乾隆帝曾经讥讽宋太祖"平时尝言帝王自有天命，且笑周世宗杀方面大耳之非，居然豁达大度者，乃芥蒂未忘，疑黄袍之复加，恐剧镇之难制，且不以正道消祸于未然，徒以杯酒诡辞释兵权，罢藩镇，岂笃于信天而明于为政者耶？"① 虽然尖刻，但也不是全无道理。

第三，周世宗并不完全迷信。

据《五代史补》载，世宗微时也曾找人问卜，得知他是天子之命时心中暗喜。他也相当自信，对自己的天子之位毫不怀疑。在他亲犯矢石攻打寿州时，刘仁赡曾经在城上对他放箭，距离他非常近。他却满不在乎："一箭射杀一天子，天下宁复有天子乎？"② 他也曾经询问王朴自己的寿限，立志用十年开拓天下，十年养百姓，十年致太平。许是出于这份自信，他对很多迷信忌讳都并不在意。都城房屋过于密集，民宅侵入官道，车马通行不便，他便下令扩充道路，拆除不合适的民宅，将城内坟墓迁往城外安葬。此举遭到诸多非议和唾骂，但他却自信以后必获其利。特别是他的毁佛像铸钱之举，可说是石破天惊，有着近乎无神论的巨大勇气，以致有宋人甚至认为，世宗的英年早逝正是因为毁佛的报应。应该说，他的这一系列举措是基于强大的信仰支撑，即他就是天命所归的帝王，则对于方面大耳之将，无需用这样惴惴不安的心态来加以防范。固然，世宗或许如宋太祖所说，有"常密遣人于军中伺察外事"③ 的习惯，但五代政权更迭频繁，基本都是由军队的强力参与，周世宗此举也情有可原，也正说明了他不以"方面大耳"作为铲除隐患的依据。关于世宗疑忌将领的例子，最典型的就是关于张永德"点检做"的传闻。据载，世宗北征时，"忽于递中得一木，长二三尺，如人之揭物者，其上卦全题云'点检做'"④，时任殿前都点检的张永德因此被罢。自古以来，制造天命神符，"以神道设教"来为自己造势之人比比皆是，五代野心勃勃之人更多。世宗时为壮年，正是对自己富有信心的时候。他也曾主管过宗教方面的事物，对于利用迷信害人的手段恐怕知之甚详。但无论如

---

① （清）清高祖撰，（清）刘统勋编：《评鉴阐要》卷七，四库全书本。
② （宋）龙衮：《江南野史》卷五《刘仁赡传》，《全宋笔记》第1编第3册，第188页。
③ （宋）田况：《儒林公议》卷上。
④ 《旧五代史》卷一一九《后周世宗本纪六》，第1837页。

何,张永德也仅是被撤都点检之职而已,未被杀害。

李焘此言,固然只是简单地记述太祖的言论,但也在客观上造成了世宗形象的下降。或者说,为了突出太祖的宽宏英明,而显示世宗心胸狭窄、逊于太祖的缺点。类似于世宗见方面大耳之将皆杀之、世宗朝好秘密派人于军中伺察外事、世宗威胜于德等之语,皆仅出自太祖之口。周世宗是一代英主,为宋人所敬仰。宋太祖又是从其孤儿寡母手中篡夺的江山。因此,或许是为了建立其威信,塑造英明神武的形象,太祖特意夸大甚至捏造了世宗的缺点。而出于对太祖的绝对崇拜,宋人又接受了这一点。

不过,对五代十国的贬低与漠视,并不意味着李焘取材态度的不严谨。他取材相当广泛,如五代史、国史、《九国志》《十国纪年》《天下大定录》《江南录》《江南野史》《蜀梼杌》《江表志》、实录等皆在其视野之中,也经过了严谨的考证。比如,据宋朝国史记载,北汉骁将刘继业(即杨业)在北汉危急之时,劝其主出降以保生民,与《九国志》《新五代史》都有很大不同。《长编》经过考证,认为在刘继元投降之后,刘继业仍然据城苦战,直至太祖令中使谕刘继元往召刘继业为止。若刘继业曾经劝降,则应当与刘继元一起出降,而无需另外派遣中使召见。李焘以情理揆之,又根据刘继业"百战尽力,一心无渝,疾风靡摇,迅雷罔变"的制辞,认为《九国志》的说法更近情理,但由于没有确凿证据,于是说明"更须考之"①,表现出严谨的态度。

《长编》是一部北宋史,以记述"祖宗之丰功盛德"为主,以便为南宋统治者提供借鉴。五代十国史并不是其关注重点,因此所占卷帙较少,在史料的增删取舍之间,便选取了最为切近主题的材料,而于一些无关宏旨的资料未加经意,而这就造就了《长编》对五代十国史的贬低与漠视。

第三节 陆游对南唐史的研究

南宋时期,除了李焘对五代十国史的研究,陆游对南唐史的研究也

---

① 《长编》卷二〇,太宗太平兴国四年八月丁巳条注,第460页。

值得关注,这主要体现于他的著作《南唐书》。

陆游,字务观,号放翁,越州山阴(今浙江绍兴)人,多次参加国史、实录和圣政的修撰,官至宝章阁待制,是南宋著名的爱国诗人。所著《南唐书》共十八卷,内有本纪三卷,列传十四卷,浮屠、契丹、高丽列传总一卷。该书简赅有法,为后世所称,认为在三家《南唐书》中为最佳。

一　南唐地位的上升

胡恢、马令与陆游三家《南唐书》,体现了南唐地位的节节上升。相对于胡恢以载记形式所做的处理,马令仿"《蜀志》称主之例",对南唐三主本传称"书",全书渗透着明显的尊王、大一统的思想,著书宗旨是:"予作此书,尊天子于中原,而僭伪之事则不为南唐讳者,岂无意哉!盖尊天子所以一天下之统,书其僭窃以著李氏之罪。其统既一,其罪既著,则窃土贼民者,无遁刑于天下后世矣。"因此,尽管马令对南唐的礼乐制度进行了赞美,"五代之乱,符玺窃于大盗,中国变于夷狄,先王之礼乐制度扫地尽矣。李氏初据江淮,建唐庙以隆亲,与夫祖契丹而绝其父者孰甚?始郊祀于圜丘,与夫尚野祭而焚纸缗者孰重?"质疑"五代之君若彼,南唐之制若此,则正统疑于不存,而僭窃疑于无罪也"[1],但仍然对其不能及时归顺宋廷提出了强烈谴责:"矧乃蕞尔江南,获睹真人之作,而不为之退听,其罪当如何哉?李氏有国,肇于天福,盛于开运,削于显德,亡于开宝,岂非有幸于乱世,而不容于治世欤?以周世宗之时,削国降号,稽首称藩,其势固已蹙矣。及属皇朝,普天之下,莫不翘首太平,而犹窃土贼民,十有六年,外示柔服,内怀僭伪,岂非所谓逆命者哉。及其计穷势迫,身为亡虏,犹有故国之思,何大愚之不灵也若此!"[2]

陆游所处的时代与北宋不同。金入主中原,南宋在金兵的强大攻势之下摇摇欲坠,与当年的南唐事势很是相近。因此,陆游直接为南唐三主立本纪,称唐国主为帝,并"于烈祖、元宗、后主皆称本纪,且于

---

[1]　(宋)马令:《南唐书序二》,《五代史书汇编》第9册,第5248页。
[2]　(宋)马令:《南唐书》卷五《后主书》史臣论赞,《五代史书汇编》第9册,第5297页。

《烈祖论》中引苏颂之言,以《史记》秦庄襄王、项羽本纪为例,深斥胡恢之非","是亦欲以南唐继唐,而斥北宋人五代正统之论"。抬高南唐的地位,自然也就相当于抬高了南宋的地位。因此,这一义例是有其深意的。

非但如此,在陆游笔下,南唐的血统十分高贵,并明确采纳了南唐的编造,以李昪为唐宪宗第八子建王恪之玄孙,"方石晋以父事契丹,而契丹每以兄事南唐,盖戎狄习见唐之威灵,故闻后裔在江南,犹尊之,不敢与他国齿"①。

南唐乃冒称唐室之后,这在宋朝是昭然若揭的事实,《旧五代史》《新五代史》、司马光等都有明文指出。但是,到了马令这里,却以南唐为唐室之后,且以南唐绍唐祚,"土运中圮,诸侯跋扈。基构自吴,绍于唐祚,作《先主书》。先主姓李,唐宗室裔也","唐以天下篡于朱梁,而烈祖绍之"②。这一处理颇似三国之蜀汉。不过,关于南唐的血统,马令也不是非常确定:"《春秋》之法,疑以传疑,信以传信,可不慎乎?先主以幼稚转徙民间,故其所祖,难于考究。案徐铉《江南录》,承建王恪后,而《五代史》著南唐世家,亦以恪系四亲庙,是亦传疑之意欤?""宪宗子建王恪,先主之始祖也……长庆元年薨,无子,以宗室子为嗣,史亡其名。其后有李超者,或以为建王后。懿、僖之时,宗室世远,遂与异姓之臣杂而仕宦,至或流落民间。超之子志,为徐州判司。志生荣,号李道者。荣生先主。先主即位,是为南唐。"③ 陆游自然不可能看不到新、旧《五代史》、《资治通鉴》等书,因此,只能有一个解释,那就是明确南唐为唐之血胤,抬高南唐的地位,暗含着南唐为唐的继承者,当居于正统地位,以为南宋的正统地位张本。这一举动为后世南唐地位的进一步抬高做了铺垫。

陆游对南唐亡国后百姓对国主的怀念也做了记录。比如,后主死后,父老皆巷哭。淳化五年(994),后主之子仲寓于三十七岁的盛龄逝世。仲寓之子正言好学,亦早卒,后主之后遂绝。但是,虽然他"嗣续殄绝,

---

① (宋)陆游:《南唐书》卷一八《浮屠契丹高丽列传》,《五代史书汇编》第9册,第5607页。

② (宋)马令:《南唐书》卷一《先主书》,《五代史书汇编》第9册,第5257、5265页。

③ (宋)马令:《南唐书》卷三〇《世裔谱》,《五代史书汇编》第9册,第5446、5448页。

遗民犹为之兴悼云"①，以见南唐遗爱之深。仁慈爱民的君主会使其政权的合法性相应地得到提高，无疑，这使南唐的形象又高大了一些。

二　总结治国经验教训，为南宋提供借鉴

终其一生，陆游念念不忘恢复中原。在他的万余首诗作中，"言恢复者，十之五六"②。在这种情形下，他为一两百年前的南唐作史，当非一时兴起，或者学者的单纯兴趣，其中必是含有深意的。他以南唐比拟南宋，字里行间蕴含着深沉的爱国情感，且处处体现出强烈的以现实政治为指归的取向，希望为南宋统治者提供借鉴。

五代十国期间，藩镇混战，民不堪命。李昪以吴臣徐温养子的寒微出身，篡夺吴国江山，建立南唐，在杨吴数十年经营的基础上，励精图治，使南唐经济繁荣，制度完备，文化发达，"比同时割据诸国，地大力强，人材众多，且据长江之险，隐然大邦也"。对其治国措施，陆游进行了细心记载。

杨吴期间，武夫当政，烈祖李昪得国前，独能反其政，"时江淮初定，守令皆武夫，专事军旅，帝独褒廉吏，课农桑，求遗书，招延四方士大夫，倾身下之。虽以节俭自励，而轻财好施，无所爱吝"，"勤俭宽简"，"纪纲宪度，粲然并举"。得国之后，他仍然保持节俭的作风，"常蹑蒲履，用铁盆盎。暑月寝殿施青葛帷，左右宫婢裁数人，服饰朴陋。建国始，即金陵治所为宫，惟加鸱尾，设阑槛而已，终不改作"；时刻保持清醒的头脑，"兵不妄动，境内赖以休息"；"仁厚恭俭，务在养民，有古贤主之风焉"，使"江淮间连年丰乐，兵食盈溢"③。元宗李景也能"慈仁恭俭，礼贤睦族，爱民字孤，裕然有人君之度"④。这与"暖风熏得游人醉，直把杭州作汴州"、奢靡偷安的南宋统治阶层形成了鲜明对比。

---

①　（宋）陆游：《南唐书》卷一六《后妃诸王列传》校勘记，《五代史书汇编》第 9 册，第 5597 页。
②　（清）赵翼：《瓯北诗话》卷六，人民文学出版社 1963 年版，第 91 页。
③　（宋）陆游：《南唐书》卷一《烈祖本纪》，《五代史书汇编》第 9 册，第 5463—5464、5470—5471 页。
④　（宋）陆游：《南唐书》卷二《元宗本纪》，《五代史书汇编》第 9 册，第 5484 页。

第四章 南宋的五代十国史研究

南唐统治者有一个非常鲜明的特点,那就是礼贤下士,虚心纳谏,极为重视延揽人才,这在五代十国时期是相当罕见的。这一优良传统始于李昪时期。他在还是昇州刺史的时候,就招揽四方士大夫,倾身下之。辅吴政时,中原战事频仍,北方士人纷纷逃往相对安定的南方。李昪利用这一条件,努力网罗人才。受禅后,重用儒者,"倾心下士,士之避乱失职者,以唐为归。烈祖于宋齐丘,字之而不敢名。齐丘一语不合,则挈衣笥望秦淮门欲去,追谢之乃已"。李景"接群臣,如布衣交"①,"听朝之暇,多开延英殿,召公卿议当世事,人皆欣然望治"②。李煜虽然治国无能,但也虚心下士,为政宽厚。萧俨曾经在他沉迷弈棋的时候怒掀棋盒,李煜斥其"汝欲效魏徵耶?"萧俨正色对曰:"臣非魏徵,则陛下亦非太宗矣。"③ 李煜为之罢弈。这与五代武夫专政、士往往不得其死的情况形成鲜明对比。因此,陆游感叹说:"是诚足以得士矣。苟含血气,名人类者乌得不以死报之耶?《传》曰:'君之视臣如手足,则臣视君如腹心。'讵不信夫!"④ 南宋时期,政治氛围趋向专制。"绍兴党禁"、"庆元党禁"等政治禁锢及文字狱、禁私史等专制文化政策,对君臣关系造成了很深伤害。陆游上述感叹,当是有感而发。

南唐以"隐然大邦",一度可与江北抗衡,最后还是灭亡。对个中原因,陆游也提出了自己的理解。如国君无能、所托非人,纪纲败坏,都是他关注的重点。

李昪深具治国之才,但其儿孙李景与李煜却比他差得太多。李建勋曾经预言李景"宽仁大度,优于先帝,但性习未定,宜得方正之士,朝夕献替,不然恐未必能守先朝基业也"⑤。果然,李景为冯延鲁、冯延巳、陈觉等人所惑,任用非人,出兵闽、楚,导致"蹙国降号,忧悔而殂"⑥。李煜则"孱昏"⑦,酷好浮屠,颇废政事,直到金陵危急,仍然痴迷佛典。又置澄心堂于内苑,引能文之士处其间,"中旨由之而出,中书密院乃同

---

① (宋)陆游:《南唐书》卷一一《孙忌传》,《五代史书汇编》第9册,第5554—5555页。
② (宋)陆游:《南唐书》卷九《李建勋传》,《五代史书汇编》第9册,第5540页。
③ (宋)陆游:《南唐书》卷一五《萧俨传》,《五代史书汇编》第9册,第5583页。
④ (宋)陆游:《南唐书》卷一一《孙忌传》,《五代史书汇编》第9册,第5555页。
⑤ (宋)陆游:《南唐书》卷九《李建勋传》,《五代史书汇编》第9册,第5540页。
⑥ (宋)陆游:《南唐书》卷二《元宗本纪》,《五代史书汇编》第9册,第5484页。
⑦ (宋)陆游:《南唐书》卷九《廖居素传》,《五代史书汇编》第9册,第5541页。

散地。兵兴之际，降御札，移易将帅，大臣无知者。皇甫继勋诛死之后，夜出万人斫营，招讨使但署牒遣兵，竟不知何往，盖皆澄心堂直承宣命也"。因此"虽仁爱足以感其遗民，而卒不能保社稷云"。①

南唐三主虽然倾心下士，但李景与李煜选人的眼光却委实不怎么样。宋齐丘助李昪夺权建国，对南唐国力的强盛也有很大贡献。但是，他权力欲强烈，广树朋党，排斥异己。其门下陈觉、冯延巳等人作威作福，奸佞谗慝，与孙晟、常梦锡、萧俨、韩熙载、江文蔚等人尖锐对立，南唐的统治力量因此被大大削弱。李景时期征伐闽、楚一事，是南唐势力下降的转折点。对这件事，论者多认为伐闽、楚的决定是战略决策的失误，但陆游却持不同见解。他认为，伐闽、楚一事并非失谋，错在选人非当。"若用得其人，乘闽、楚昏乱，一举而平之，然后东取吴越，南下五岭，成南北之势，中原虽欲睥睨，岂易动哉！"② 然而，李景却重用陈觉、冯延鲁、魏岑等"暗懦专恣"③ 之人，"诸将失律，贪功轻举，大事弗成，国势遂弱"。后周伐南唐期间，李景也"寄任多非其人"④，以致国势日蹙，不可收拾。后主李煜统治期间，国势岌岌可危，群臣大多充位保富贵，后主尚杀直臣潘佑与良将林仁肇。在这种情形下，群臣心灰意冷，得过且过者众。即使是原来志在中原的韩熙载，也放浪形骸以求自污，避免入相。北宋伐南唐时，李煜以军旅事付皇甫继勋，机事付陈乔、张洎，徐元瑀、刁衎为内殿传诏，外援事付朱令赟。陈乔虽然忠心，但短于才略。张洎则为人险诐，善伺上意。大军压境，群臣皆知国亡在即，他仍然对后主说宋师已老，将自遁去，后主越发晏然自安。皇甫继勋心怀异志，与徐元瑀等人勾结，瞒报军情，"遽书警奏，日夜狎至，元瑀等辄屏不以闻。王师屯城南十里，闭门守陴，国主犹不知也"⑤。朱令赟则难副其任。在这种情况之下，"其亡宜矣"。陆游认为，假若林仁肇未死，"卢绛得当攻守之任，胡则、申屠令坚辈宣力围城中，虽天威临之，岂易遽亡哉"。南唐虽弱，但这么快就灭亡，原因"独乘其任人乖剌

---

① （宋）陆游：《南唐书》卷三《后主本纪》，《五代史书汇编》第9册，第5493页。
② （宋）陆游：《南唐书》卷二《元宗本纪》，《五代史书汇编》第9册，第5484页。
③ （宋）陆游：《南唐书》卷一五《魏岑传》，《五代史书汇编》第9册，第5586页。
④ （宋）陆游：《南唐书》卷二《元宗本纪》，《五代史书汇编》第9册，第5484页。
⑤ （宋）陆游：《南唐书》卷三《后主本纪》，《五代史书汇编》第9册，第5491页。

而已"①。与马令对南唐党争的高度重视与对宋齐丘的厌恶斥责不同，陆游未立《党与传》，而将宋齐丘列入列传第一，查文徽、陈觉、冯延巳等人各自入传。并且叙宋齐丘事，"尽黜当时爱憎之论，而录其实"②，给予了宋齐丘相对客观的评价。

"亡国之君，必先坏其纪纲，而后其国从焉。"赏罚不明，纪纲不肃，是南唐统治者的致命缺点。从中原投奔南唐的朱元，因屡次上书言事而为用事者所嫉，朱元满怀抱负无所施用。后周伐南唐时，朱元请对言军事，受命随齐王景达救寿州之围。他善抚士卒，屡建军功，为陈觉所嫉，屡次上表称其不可信，不可授予兵柄。李景听信陈觉的逸言，令杨守忠代替朱元之职。朱元愤怒失望之下，意图自杀，为门客宋均所沮，举寨万余投降后周，"由是诸军皆溃，边镐、许文稹、杨守忠皆被擒，寿州亦不守，遂画江请盟矣"。而陈觉、冯延鲁、查文徽、边镐等人，"丧败涂地，未尝少正典刑"。因此，陆游感慨说："方是时，疆场之臣非皆不才也，败于敌，未必诛，一有成功，谗先杀之。……元降，诸将束手无策，相与为俘累以去，而唐遂失淮南，臣事于周。虽未即亡，而亡形成矣。欲知南唐之亡者，当于是观之。"③南宋同样存在着用人不当、党争内耗、赏罚不明的问题，因此陆游不免有感而发。

三 褒奖忠义，抨击奸佞

陆游所处的时代与南唐颇有相似之处。南宋小朝廷时时处于金兵压境的逼迫之下，战事频繁。这种情况下，人性的高贵与委琐都有着很大的表现空间，忠臣义士与奸佞之徒层出不穷。陆游有感而发，在《南唐书》中，褒奖忠义，抨击奸佞，抒发了一腔爱国之情。

对南唐忠义之士，陆游不吝笔墨，大力褒奖。他盛赞孙晟与刘仁赡所为皆"天下伟丈夫事，虽敌雠不敢议也"。刘仁赡死后，刘夫人绝食五日而死，后代"独一裔孙，卖药新安市，客死无后"。陆游因此叹息"以

---

① （宋）陆游：《南唐书》卷八《朱令赟传》，《五代史书汇编》第9册，第5528页。
② （宋）陆游：《南唐书》卷四《宋齐丘传》，《五代史书汇编》第9册，第5498页。
③ （宋）陆游：《南唐书》卷一二《朱元传》，《五代史书汇编》第9册，第5560—5561页。

仁赡之忠，天报之宜如何，而其后于今遂绝，天理之难知如此，可悲也夫"①。周世宗南伐时，郭廷谓守濠州，竭尽全力后，不得已降周，令录事参军李延邹作降表。李延邹责以忠义，郭廷谓虽感惭愧，但既已降周，便逼迫他写降表，李延邹掷笔说："大丈夫终不负国为叛臣作降表！"② 因此遇害。世宗亲自率军攻打楚州，楚州防御使张彦卿坚守不降，城破之后率军巷战，战至最后一卒，无一人生降，周军死伤甚众，世宗怒而屠城。陆游在精心描述张彦卿死守城池的壮烈无畏之后，评论说："彦卿守楚州，孤垒无援，当百倍之师，身可碎，志不可渝，虽刘仁赡殆不能过。而史家传裁独略，至其名亦或不同。於乎，何其重不幸也！"③ 廖居素为人正直，不为当国者所喜，仕途偃蹇，但一腔报国热情不改。后主年间，李煜"屡昏，而群臣方充位保富贵"，国势日削，廖居素忧心如焚，慷慨进谏，冀后主一悟。后主不听。廖居素便闭门绝食，穿着朝服，立死井中。后来人们得其手书，言"吾之死，不忍见国破也"④。徐锴为之著文哀悼，比之于屈原、伍子胥。几百年后，其家乡父老仍然叩头称之。后周攻打南唐时，民众自结义军以拒周军。张雄立功最多，被李景命为义军首领。后主年间，擢为统军使。宋伐南唐，张雄对诸子说："吾必死国难，尔辈不从吾死，非忠孝也。"父子八人全部力战而死。当时南唐已危蹙，"不复议赠恤，国人哀之"⑤。金陵城破，将军吕彦、马承信及其弟承俊率数百名壮士力战而死。勤政殿学士钟蒨朝服坐于家，乱兵至，举族就死不去。光政使、右内史侍郎陈乔请求后主杀己，并将拒绝降宋的责任归于己身，李煜不从。陈乔不愿作降臣，自缢而死。李煜令诸州县降宋的手书传至江州，指挥使胡则拒绝投降，率军苦战，宋军死伤甚众。后来胡则病重不起，江州陷落，"众犹巷斗，雪涕奋击，不少退"⑥。李煜被俘往江南以后，"以环卫奉朝请，不纳客谒"，相当于被软禁。他饱受羞辱，生活困窘，还要忍受昔日宠臣张洎的丐索，尝尽世态炎凉。南唐

---

① （宋）陆游：《南唐书》卷一三《刘仁赡传》，《五代史书汇编》第9册，第5564页。
② （宋）陆游：《南唐书》卷一四《郭廷谓传》，《五代史书汇编》第9册，第5572页。
③ （宋）陆游：《南唐书》卷一四《张彦卿传》，《五代史书汇编》第9册，第5573页。
④ （宋）陆游：《南唐书》卷九《廖居素传》，《五代史书汇编》第9册，第5541页。
⑤ （宋）陆游：《南唐书》卷一七《张雄传》，《五代史书汇编》第9册，第5602页。
⑥ （宋）陆游：《南唐书》卷八《胡则传》，《五代史书汇编》第9册，第5529页。

旧臣郑文宝被蓑荷笠，扮作渔者，前往李煜府上，"宽譬久之"①。陆游以细腻的笔触，寥寥数笔，便刻画出南唐末年忠义之士的百态，千载之下，仍令人感动不已。

对南唐奸佞之臣，陆游则大加挞伐。冯延巳、陈觉等人自不必说，对首鼠两端、卖国求荣的奸佞之臣，他也进行了抨击。宋军围攻金陵时，皇甫继勋奉命守备金陵，但他实欲李煜早降，因此，听说诸军战败便幸灾乐祸，形于辞色。部下有募死士欲夜出袭击宋军者，便鞭而囚之。后主召其议事，便辞以军务不至，并且勾结传诏使，"一切蔽塞"。以致后主居然不知金陵被围。事发后，皇甫继勋被治罪。"始出宫门，军士云集脔之，斯须皆尽。"②南唐国力富庶，作为"南唐内帑别藏"，德昌宫金银珠宝堆积如山。德昌宫使刘承勋"盗用无算"，恣为奸利。他为人狡黠，自度李煜终不能保其国，"欲预自结中朝，为异时计"。于是在"太祖平荆湖，诏江南具舟，漕其米入京师"时，自请前往，"督巨舰自长沙抵迎銮，千柂相衔。太祖觉其意而恶之"。李煜亡国后，刘承勋被俘往京师，首先提及漕米一事。宋太祖说："此汝主勤王耳，汝安得有劳！"叱出，下令不得录用刘承勋。刘承勋最终落得一个"久客无资，裸袒乞食，不胜冻馁而死"③的下场。在这两人的传记中，陆游未著一词评论，却于字里行间鲜明地表达了他对皇甫继勋与刘承勋的鞭挞。对靠献平南策、出卖故国而得到太祖提拔的樊若水，陆游也深为鄙夷。虽然在《南唐书》中他未为樊若水立传（樊若水入宋，因此未立传），但在《蒯鳌传》中，他指出南唐亡后很久，蒯鳌入仕北宋，樊若水欲荐之于朝，蒯鳌耻之，立即致仕，归隐庐山，侧面表达了对樊若水的不屑。在《入蜀记》中，陆游明确表示赞同张耒的看法，"张文潜作《平江南议》，谓当缚若冰送李煜，使甘心焉。不然，正其叛主之罪而诛之，以示天下，岂不伟哉！文潜此说，实天下正论也"④。

对于不能为国竭尽死力的臣子，陆游也很不欣赏。元宗李景统治之初，倾心下士，勤于政事，"人皆欣然望治"，唯独李建勋看出他"性习

---

① （宋）陆游：《南唐书》卷一五《郑文宝传》，《五代史书汇编》第9册，第5579页。
② （宋）陆游：《南唐书》卷一〇《皇甫继勋传》，《五代史书汇编》第9册，第5545页。
③ （宋）陆游：《南唐书》卷一五《刘承勋传》，《五代史书汇编》第9册，第5583—5584页。
④ （宋）陆游：《入蜀记》卷一，丛书集成初编本。

未定……恐未必能守先朝基业也"。南唐平楚，国人称贺。李建勋独以为忧，认为祸始于此。后来，他称疾致仕，放意山林，死前遗令"勿封树立碑，贻他日毁断之祸"。南唐亡后，公卿之墓多被发掘，只有李建勋之墓因为不知葬所，得以保全。对此，陆游认为，李建勋"非不智也"，"然其智独施之一己，故生则保富贵，死则能全其骸于地下。至立于群柱间，无所可否，唯诺而已，视覆军亡国，君父忧辱，若已无与者"①，对李建勋独善其身的做法不屑一顾。陆游曾有诗云："诸公可叹善谋身，误国当时岂一秦。不望夷吾出江左，新亭对泣亦无人。"② 感叹南宋的政治现实，可见他对明哲保身之人的态度。

四　排斥佛道，不信谶纬，揭露术士之妄

在《南唐书》里，陆游用较长篇幅揭露了酷信佛教给南唐带来的巨大危害。他梳理了南唐崇信佛教的前后经过，指出烈祖李昪时为"事佛之权舆"，但烈祖尚"未甚惑"③，而南唐国人崇佛已渐成习俗。至元宗及后主之世，君臣事佛，唯恐居后，后主尤甚，以致达到不恤政事、荒唐可笑的程度。开宝初，有北僧号小长老，诱导后主奢靡事佛，耗其帑庾，并故意散播不祥的谶语，以动摇南唐人心。宋军围攻金陵，后主居然相信小长老的佛力，下令金陵军民皆诵救苦菩萨，其声如江涛。直至国亡，后主在被俘北上的途中，仍然礼拜普光王塔，所施金帛犹以千计，对佛教的迷信可谓执迷不悟。对被视为忠臣的韩熙载，陆游也颇有微词。南唐末年，国势危殆，后主欲任韩熙载为相。韩熙载却已心灰意冷，放浪形骸，刻意自污，以避入相。陆游虽然在《南唐书》中对其无谴责之语，但在《入蜀记》中，却鲜明地表达了他的不满。韩熙载曾书碑文："皇上鼎新文物，教被华夷；如来妙旨，悉已遍穷；百代文章，罔不备举。"陆游评论说："按此碑立于己巳岁，当皇朝之开宝二年。南唐危蹙日甚，距其亡六年尔。熙载大臣，不以覆亡为惧，方且言其主鼎新文物，

---

① （宋）陆游：《南唐书》卷九《李建勋传》，《五代史书汇编》第9册，第5540页。
② 《陆游集·剑南诗稿》卷四五《追感往事》，第1136页。
③ （宋）陆游：《南唐书》卷一八《浮屠契丹高丽列传》，《五代史书汇编》第9册，第5604页。

教被华夷,固已可怪。又以穷佛旨,举遗文,及兴是碑为盛,夸诞妄谬,真可为后世发笑。然熙载死,李主犹恨不及相之。君臣之惑如此,虽欲久存,得乎?"①对南唐君臣惑于浮屠、至死不悟的后果,陆游深为痛心,认为"南唐褊国短世,无大淫虐,徒以寝衰而亡,要其最可为后世鉴者,酷好浮屠也"②。相反,他对于烈祖之子景遏"独尊六经名教,排斥浮屠、不少挠"③,与歙州进士汪焕谏后主勿效梁武帝惑于浮屠而亡的做法很是赞许,特意进行了记载。

对于道家方士、符谶、术士、左道之妄,陆游也进行了揭露。烈祖服用丹药,导致性情暴躁。他还曾赐予李建勋服用,并对李建勋的劝谏无动于衷,直至发病而死,临终对李景说:"吾服金石,欲延年,反以速死,汝宜视以为戒。"④周惟简是有名的隐士,为后主讲易否卦。在金陵被围的危难时刻,张洎荐其可于谈笑间解兵锋,周惟简遂受命与徐铉同赴北宋请求缓兵。但在太祖的指责之下,他却惶恐不已,辩称是被"李煜强遣来",愿归终南山归隐。南唐灭后,为践前言,周惟简不得已辞官归终南山。但他不甘寂寞,于太平兴国年间"复表求仕"⑤,不过是个贪生怕死、贪恋权势之辈。即使是直臣潘佑,陆游也批评他虽然"学老、庄,齐死生,轻富贵",能够不顾生死进谏,但却于"圣人之道"、"事君之义"⑥学之不深,以致非但不能达到目的,反而陷后主于杀谏臣之罪。烈祖之子景迁,曾被术士预言贵不可言,深得烈祖宠爱。但景迁却于十九岁时因病去世,烈祖才悟到术士之妄。高审思位兼将相,终始富贵,术士却皆言高审思位不至刺史,以致被授常州刺史时,高审思"固辞不敢行",可见"术之不足信有如此"⑦。元宗李景时,有谶曰:"有一真人在冀州,开口张弓向左边"⑧,元宗欲其子应此谶,于是取名曰弘冀。然

---

① (宋)陆游:《入蜀记》卷三。
② (宋)陆游:《南唐书》卷一八《浮屠契丹高丽列传》,《五代史书汇编》第9册,第5604页。
③ (宋)陆游:《南唐书》卷一六《后妃诸王列传》,《五代史书汇编》第9册,第5593页。
④ (宋)陆游:《南唐书》卷一《烈祖本纪》,《五代史书汇编》第9册,第5470页。
⑤ (宋)陆游:《南唐书》卷一五《周惟简传》,《五代史书汇编》第9册,第5578页。
⑥ (宋)陆游:《南唐书》卷一三《潘佑传》,《五代史书汇编》第9册,第5566页。
⑦ (宋)陆游:《南唐书》卷七《高审思传》,《五代史书汇编》第9册,第5516页。
⑧ (宋)陆游:《南唐书》卷一六《后妃诸王列传》,《五代史书汇编》第9册,第5593页。

而，弘冀非但没能成为一统海内的真主圣君，反而连南唐国主之位都没能继承。为巩固嗣君之位，他鸩杀叔父景遂，此后数次看见景遂的鬼魂作祟，惊悸而卒。黄梅县诸佑挟左道发展数百名男女为信徒，州县官不敢过问。陈起任黄梅县令后，将其捕杀，而诸佑也束手就死，毫无神通可言。

在陆游的《南唐书》中，也不可避免地存在着对北宋的讳饰。比如，关于林仁肇之死，他认为是由于皇甫继勋、朱令赟忌惮林仁肇雄略，勾结朝贡使，诬陷他暗中勾结北宋，致使后主疑心，将其鸩死的，从而撇清了宋太祖的责任。对李煜的死因，陆游也缄口不言，只言其"殂"于生辰之日。

第 五 章

个案研究

第一节　两宋时期关于"黄袍加身"的研究

五代兵骄将悍，拥立新主者众。五代诸君中，李嗣源、郭威皆是黄袍加身，由无预谋地被拥立到有意识地利用，一次比一次精巧。北宋的建立亦袭其故智，经过周密计划之后，夺取了后周的江山。此类题材对宋人而言，既有敏感性，又有一定的诱惑性，因而围绕着五代发生的若干"拥立新君"事件，形成了值得专题研究的个案。

后唐明宗李嗣源，沙陀人，无姓氏，名邈佶烈，事李克用为养子，比庄宗大十几岁。他厚重寡言，处事谨慎，"雄武独断，谦和下士，每有战功，未尝自伐。居常唯治兵仗，持廉处静，晏如也。武皇常试之，召于泉府，命恣其所取，帝唯持束帛数缗而出。凡所赐予，分给部下"[1]，深得李克用钟爱，在后唐灭梁的战争中立下了重大功勋。对直捣汴梁的建议，他与郭崇韬的意见相同，并率先攻下汴梁。庄宗喜不自胜，以头抵之，声称天下与其共之。李嗣源与庄宗可谓智勇相俦，但也正因为此，庄宗对他充满了矛盾的感情。一方面，他需要这样一名智勇兼备的骁将；另一方面，对他充满了警惕。李克用养子很多，且视如亲子，诸养子均手握精兵。李存勖继位晋王之初，因为年仅二十多岁，很多养子不服，怂恿李存勖叔父李克宁谋叛，相信这件事在李存勖心中多少留下了阴影。

---

[1]《旧五代史》卷三五《后唐明宗本纪一》，第552页。

因此，庄宗诸弟虽领节度使之职，却都留在京师，仅食俸禄，直到庄宗末年朱友谦族灭、贝州军乱之后，才令永王存霸至河中代替朱友谦。加之庄宗"性刚好胜，不欲权在臣下"①，因此，他对李嗣源的感情是相当微妙的。五代君臣关系紧张，功臣遭忌的情况很多，"晋取于唐，汉取于晋，周取于汉，皆勋臣阻兵以危疑促祸"②，实为五代政治之常态。以庄宗之英杰，也不能避免。在庄宗灭唐之前，我们就可以看到这样的蛛丝马迹：庄宗尚为晋王时，梁末帝贞明二年（916），李嗣源入沧州，在上报庄宗的书信中，书吏误写为："已至沧州，礼上毕。"庄宗大怒，说："嗣源反耶！"③ 李嗣源大惧，斩书吏以闻。李嗣源曾与燕刘守光的大将元行钦作战，元行钦八战之下，力屈而降。李嗣源爱其骁勇，收为养子。庄宗对元行钦很感兴趣，便把他要到身边，赐名李绍荣。高行周为李嗣源的大将，晋王也秘密派人以高官厚禄引诱他，被高行周婉拒。梁、唐胡柳陂一战，双方死伤惨重。李嗣源与养子李从珂相失，误以为庄宗北行，遂向北渡河，将往相州。李从珂则跟随庄宗夺山立功。后来，庄宗攻下濮阳。李嗣源至濮阳拜见庄宗，庄宗很不高兴，说："公以吾为死邪？渡河安之！"李嗣源只能顿首谢罪。庄宗因为李从珂有功，只罚他喝下大杯酒了事，但"自是待嗣源稍薄"④。

庄宗灭梁之后，志得意满，自称于十指上得天下，偏听偏信，疏忌宿将。李嗣源功高震主，又手握兵权，自然首当其冲。郭崇韬也对他也颇为忌惮，曾私下对人说："总管令公非久为人下者，皇家子弟皆不及也。"⑤ 秘密劝庄宗罢其兵权，又劝他除掉李嗣源。庄宗虽然都未听从，但毕竟众口铄金。李嗣源率军北御契丹时，曾经向东京副留守张宪取五百领铠甲，张宪不暇奏请庄宗便给予李嗣源。庄宗大怒，罚张宪一月俸禄，令其自往李嗣源军中取回。李嗣源家在太原，表请李从珂为北京内牙马步都指挥使，以便照顾其家。庄宗大怒，黜李从珂为突骑指挥使，率数百军士戍守石门镇。曹太后病重，李嗣源请求入朝探望太后，遭到拒绝。

---

① 《资治通鉴》卷二七三，后唐庄宗同光三年二月甲申条，第8931页。
② （宋）晁补之：《济北晁先生鸡肋集》卷五〇《五代杂论》。
③ 《旧五代史》卷三五《后唐明宗本纪一》，第555页。
④ 《资治通鉴》卷二七〇，后梁均王贞明四年十二月甲子条，第8841页。
⑤ 《资治通鉴》卷二七三，后唐庄宗同光三年三月辛丑条，第8932页。

庄宗甚至派遣朱守殷伺察李嗣源。"时伶宦用事,勋旧人不自保,嗣源危殆者数四,赖宣徽使李绍宏左右营护,以是得全。"①

在这样的疑忌之下,李嗣源不得不小心谨慎。他曾经自请解除兵权,庄宗未许。庄宗令朱守殷伺察李嗣源,朱守殷反而告知李嗣源:"令公勋业振主,宜自图归藩以远祸。"李嗣源回答:"吾心不负天地,祸福之来,无所可避,皆委之于命耳。"胡三省评论此言道:"李嗣源答朱守殷之言,安于死生祸福之际,英雄识度自有不可及者。"② 庄宗同光四年(926),魏博兵变,推赵在礼为首。李嗣源奉命征讨,至邺都城下,准备第二天攻城。不料当夜军中哗变,乱兵拥立李嗣源。李嗣源初无反意,托故逃出,并上章申辩,但奏章皆为元行钦所遏。李嗣源无以自明,极为疑惧,在安重诲、霍彦威、石敬瑭、康义诚等人的劝说下,下定决心与庄宗争位。他挥军南下,"返用庄宗直捣大梁之术,径袭洛阳,乘内轻外重之势,数日而济大事"③。在庄宗被以郭从谦为首的叛兵所杀后,李嗣源进入洛阳,称监国,不久即帝位。

从种种迹象来看,李嗣源并无主动篡位之心,对这一点,宋人并无异议。但对明宗登上皇位的前前后后,宋人却有不同看法。

《旧五代史》备述明宗不得已之状,似乎他完全是受环境逼迫,一步步被推上皇位的,并认为"明宗战伐之勋,虽高佐命,潜跃之事,本不经心。会王室之多艰,属神器之自至,谅由天赞,匪出人谋"④。《旧五代史》多改编自各朝实录,因此对诸帝多所回护,但在史臣论赞里常流露出他们的真实感情。因此,他们对明宗完全是因天意而得帝位这一点是赞同的。

明宗是欧阳修在五代帝王中较为欣赏的一位,但他并不因此谅解明宗谋求自立的做法。他秉承严格的价值标准,不但直指"李嗣源反",而且从李嗣源率兵平叛到即位称帝的全过程中,处处不忘揭露明宗谋反的事实与心迹。笔触简练干脆:

  三月壬子,嗣源至魏,屯御河南,在礼登楼谢罪。甲寅,军变,

---

① 《资治通鉴》卷二七四,后唐明宗天成元年正月戊辰条,第8957页。
② 《资治通鉴》卷二七四,后唐明宗天成元年正月戊辰条胡三省注,第8957页。
③ (宋)王明清:《挥麈录》余话卷之一,第282页。
④ 《旧五代史》卷四四,史臣论赞,第701页。

嗣源入于魏,与在礼合,夕出,止魏县。丁巳,以其兵南,遣石敬瑭将三百骑为先锋。嗣源行过巨鹿,掠小坊马二千匹以益军。壬申,入汴州。四月丁亥,庄宗崩。己丑,入洛阳。甲午,监国,朝群臣于兴圣宫。乙未,中门使安重诲为枢密使。杀元行钦及租庸使孔谦。壬寅,左骁卫大将军孔循为枢密使。丙午,始奠于西宫,皇帝即位于柩前,易斩缞以衮冕。壬子,魏王继岌薨。甲寅,大赦,改元。

徐无党在其后注曰:"曰'始奠',见其缓也。自己丑入洛,至此二十日矣","柩前即位,嗣君之礼也。反逆之臣自立,而用嗣君之礼,书从其实而不变文者,盖先已书反,正其罪矣。此书其实者,见其犹有自愧之心,而欲逃大恶之名也","既用嗣君之礼矣,遽释缞而服冕,故书以见其情诈","诸王薨不书,此书者,见明宗举兵实反,会从谦弑逆,遂托赴难为名。及即位时,庄宗元子犹在,则其辞屈矣"。魏博军变,推赵在礼为首,本应伏诛,但明宗即位后,却以其为义成军节度使,"在礼始乱宜诛,而明宗因之以反,命以方镇,报其功也",因此欧阳修特记一笔。郭从谦为景州刺史,既而杀之,是因为"从谦弑君,不讨而命以官,故书。与在礼同罪宜诛,而书'杀'者,明宗亦同罪,不得行诛,故以两相杀书之"。长兴元年秋七月,访求庄宗子孙瘗所,以"见明宗举兵不顺,祸害所罹者可哀也。于此始求之,见事缓而无恩也"。[①] 可见,对李嗣源的夺国,欧阳修持相当明显的谴责态度。

但是,在谴责态度之外,欧阳修又另有一番难以言明的感情:"呜呼,五代反者多矣,吾于明宗独难其辞!"明宗反时,庄宗之子李继岌尚率后唐精锐远在蜀地,闻变欲退保凤翔,至武功时,纳李从袭之言,驰奔京师,以救内难。行至渭河,西都留守张篯断浮桥拒之,李继岌只得循河而东。至渭南时,左右军士溃逃殆尽,李继岌走投无路,只得令李环缢杀自己。李继岌身为庄宗嗣君,手握重兵,既有继位的合法性,又有军事实力。若浮桥不断,李继岌得以率军东归,明宗未必能够得国。此事最大的受益者无疑为明宗,欧阳修因此怀疑是明宗的指使。但明宗即位后,却并未厚待张篯,则又使明宗为幕后指使者的推论不足以成立。

[①] 《新五代史》卷六《唐明宗本纪》,第63、64、66、70页。

第五章　个案研究

欧阳修只得怀疑张篯是在示好明宗，"好乱之臣，望风而响应乎？"① 设若明宗为背后指使，则其篡国之恶不得推卸。但若其不是幕后指使，则确系无心得国者，谴责的调门必然有所不同。在此，欧阳修倾向于认为张篯之拒李继岌不是明宗所指使，因此，对他的态度尚不算太过严厉。

司马光认为"明宗无取国之心，而为众所附。资性宽厚，克终天禄"②，"性不猜忌，与物无竞"③，表明李嗣源起初并无夺位野心。它细致地描绘了李嗣源由最初的不得已，到最后野心勃勃的变化历程，揭下了《旧五代史》中李嗣源得国全为"神器之自至"的粉饰回护，又比《新五代史》少了些先入为主的价值判断。关于军中哗变一事：

> 甲子，嗣源下令军中，诘旦攻城。是夜，从马直军士张破败作乱，帅众大噪，杀都将，焚营舍。诘旦，乱兵逼中军，嗣源帅亲军拒战，不能敌，乱兵益炽。嗣源叱而问之曰："尔曹欲何为？"对曰："将士从主上十年，百战以得天下。今主上弃恩任威，贝州戍卒思归，主上不赦，云'克城之后，当尽坑魏博之军'；近从马直数卒喧竞，遽欲尽诛其众。我辈初无叛心，但畏死耳。今众议欲与城中合势击退诸道之军，请主上帝河南，令公帝河北，为军民之主。"嗣源泣谕之，不从。嗣源曰："尔不用吾言，任尔所为，我自归京师。"乱兵拔白刃环之，曰："此辈虎狼也，不识尊卑，令公去欲何之！"因拥嗣源及李绍真等入城，城中不受外兵，皇甫晖逆击张破败，斩之，外兵皆溃。赵在礼帅诸校迎拜嗣源，泣谢曰："将士辈负令公，敢不惟命是听！"嗣源诡说在礼曰："凡举大事，须藉兵力，今外兵流散无所归，我为公出收之。"在礼乃听嗣源、绍真俱出城，宿魏县，散兵稍有至者。④

此外，还有李嗣源遣牙将张虔钊、高行周等七人召李绍荣，欲与之共诛

---

① 《新五代史》卷四七《张筠传附张篯传》，第593页。
② （宋）司马光：《稽古录》卷一五，第163页。
③ 《资治通鉴》卷二七八，后唐明宗长兴四年十一月戊戌条，第9095页。
④ 《资治通鉴》卷二七四，后唐明宗天成元年三月甲子条，第8965—8966页。

军中作乱者;"遇马坊使康福,得马数千匹"①,而非《新五代史》所说"掠小坊马二千匹以益军"等记载,以明李嗣源初无反心。但奏章皆为元行钦所遏,李嗣源无以自明,加之部属的劝说,方决定挥军南下,争夺帝位。此后李嗣源对庄宗步步紧逼,全不留情,《资治通鉴》也毫不隐讳,娓娓道来,令胡三省叹道:"李嗣源在河北时奏章为元行钦所壅遏,犹可言也。渡河据大梁,庄宗尝至万胜镇,君臣相望数十里间耳,既无一奏陈情,又无一骑迎候,庄宗既还,但以兵踵之而西,此意何在哉!"②

总体而言,不管李嗣源起初是否情愿,其"逆取"的性质还是无法改变的,因此不能不被越来越注重忠节的宋人所非议。不过,对李嗣源的在位政绩,宋人还是一致肯定的。

五代军士拥立帝王并不罕见。明宗是第一例。它的影响是巨大的,开启了此后五代军士拥立帝王的先例。在此之前,军士哗变,至多只是拥立将领。而此后,后唐末帝李从珂、后周太祖郭威乃至宋太祖赵匡胤都是由军士拥立。其中,李从珂是由军士临时性的阵前倒戈所拥立,尚属无意为之;其余二人则是经过了精心的策划与准备,有意上演的。

明宗死后,闵帝继立,不过数月便被潞王李从珂推翻。李从珂为明宗养子,骁勇善战,深得庄宗与明宗器重,因与枢密使安重诲有隙,于长兴元年(930)被安重诲设计,解除军权。次年,安重诲失势,李从珂再受重用,长兴四年(933)封潞王。闵帝即位后,朱弘昭、冯赟用事,罢李从珂之子李重吉兵职,出为亳州团练使,又徙李从珂为河东节度使兼北都留守,不降制书而宣授。李从珂疑惧之下,决意造反。闵帝派王思同率军讨伐,兵临城下,杨思权却率诸军降于潞王,李从珂反败为胜,最终登上皇位。

在宋人看来,李从珂的得国与明宗的得国有颇多相似之处,"明宗与从珂所以篡人而有之,其迹略同"。二人都是义子,战功卓著却屡遭猜忌,都是由军士拥立,带兵杀入京师,但在宋人心目中的地位却是明显不同的。二人皆受到谴责,"夫养非族类,以为己姓,而用其功以取天下,功高位迫而不知图之,祸可胜言哉!"③但李从珂却受到了更为严厉

---

① 《资治通鉴》卷二七四,后唐明宗天成元年三月丁卯条,第8967页。
② 《资治通鉴》卷二七四,后唐明宗天成元年三月甲申条胡三省注,第8973页。
③ (宋)晁补之:《济北晁先生鸡肋集》卷五〇《五代杂论》。

的谴责，原因大概有以下几项。

首先，宋人普遍相信，明宗是在毫不知情的情况下被乱军所拥立。他也曾诡词遁出，欲诛乱军，并上章申辩，但无以自明，不得已才选择了自立为帝的道路。基本上，他是被形势推上了帝王的宝座。同时，庄宗之死的直接原因是郭从谦叛乱，而非明宗所弑。而李从珂却是打着"诛君侧"①的名义主动出兵，并且杀害了闵帝。"被动"称帝尚遭非议，何况"主动"乎？对于将忠节看得越来越重要的宋人来说，李从珂的这一做法是很难被谅解的。即使是对他评价最高的《旧五代史》，也认为他"由寻戈而践阼，惭德应深"②。

其次，庄宗失德，民不堪命。明宗得国之后，致力于发展和生产，体恤下情，令天下粗为小康，是五代难得的贤君。虽逆取但顺守，使宋人对明宗好感倍增。"然庄宗始与梁战河上，明宗功为多，晚节溺于倡乐，明宗取之，其理固宜。"③ 闵帝仁厚敦睦，非有"不君之咎"④，是明宗所指定的继承人。而李从珂得国之后，并无显著政绩便很快失国，因此无法起到为其自身形象加分的作用。就遭受猜忌，以"诛君侧"的名义起兵这一点而言，李从珂与郭威颇有相似之处。但是，郭威得位之后，却令五代五十余年的混乱状态开始展现新的气象，这无疑使宋人对他的评价要好于李从珂。

有部分宋人认为，李从珂对明宗朝是一个祸患，本应及早除之，并流传这样一种说法：安重诲临死之前曾说："某死无恨，但恨不与官家诛得潞王，他日必为朝廷之患。"安重诲生前曾欲除掉李从珂，在明宗的保护下未能得计。对这一说法，王禹偁、欧阳修、张耒等人都深信不疑，并由此对专横的安重诲平添一分好感。他们认为，安重诲欲除潞王的原因是"从珂非李氏子，后必为国家患"⑤。欧阳修感叹说："呜呼，君臣之际，可谓难哉！盖明者虑于未萌而前知，暗者告以将及而不惧，故先事而言，则虽忠而不信，事至而悔，其可及乎？重诲区区独见潞王之祸，

---

① 《旧五代史》卷四六《后唐末帝本纪上》，第722页。
② 《旧五代史》卷四八《后唐末帝本纪下》，第767页。
③ （宋）晁补之：《济北晁先生鸡肋集》卷五〇《五代杂论》。
④ 《旧五代史》卷四五《闵帝本纪》，第715页。
⑤ 《新五代史》卷二四《安重诲传》，第288页。

而谋之不臧，至于殒身赤族，其隙自兹。及愍帝之亡也，穴于徽陵，其土一垅，路人见者，皆为之悲。使明宗为有知，其有愧于重诲矣，哀哉！"① 并指责明宗"仁而不明"，没能看到安重诲的苦心和李从珂的祸患。张耒也以安重诲为"智士"，认为"安重诲在明宗世，常恨不为国家去潞王。时潞王盖一罢镇节度也，而重诲独知祸之原在此。其后卒覆国者，潞王也"②。可惜明宗不"明"，以致潞王篡位登基。晁补之也认为，"至明宗春秋已高，从珂之势既迫，大臣屡言，忍而不断，以贻后患。为可惜也夫！"③

对此，司马光有着不同看法。他认同《旧五代史》的说法，认为二人的恩怨乃是私怨引起。李从珂与安重诲曾在酒酣耳热时发生冲突。李从珂拳殴安重诲，虽然于酒醒后道歉，安重诲却还是怀恨在心，因此才想要除去李从珂。"重诲自以私憾欲杀从珂，当是时从珂未有跋扈之迹，重诲何以知其为朝廷之患！此恐是清泰篡立之后，人誉重诲者造此语，未可信也。"④ 但他对潞王从珂"篡立"、"于危难之中，坐受神器，得之非难，失之孔易。负扆未安，家为煨烬"⑤ 的谴责态度还是比较明显的。

后周太祖郭威与宋太祖赵匡胤的得国，则是明宗得国的翻版，或者说，是在此基础上，经过了改良加工和精心的策划。我们可以来对比郭威"黄袍加身"的事例：

后汉乾祐三年（950），隐帝族诛杨邠、史弘肇、王章，并密诏令李洪义杀王殷，郭崇等杀郭威，李洪义反而告知王殷与郭威。于是，郭威采纳枢密使院吏魏仁浦之谋，倒用留守印，另作诏书，称隐帝令郭威诛杀诸将校，激怒部下，以"诛君侧"的名义，起兵杀向京师，致使隐帝身死。郭威又假意请立刘赟为嗣君，派冯道赴徐州迎立刘赟。不久，镇、定州驰奏契丹入寇，郭威奉汉太后之命北征。行赴澶州，军中哗变，拥立郭威。刘赟被黜为湘阴公，后被杀。

《旧五代史》对郭威起兵反叛与黄袍加身之事多所讳饰。它没有郭威

---

① 《新五代史》卷七，史臣论赞，第87页。
② 《张耒集》卷三八《五代论》，第631页。
③ （宋）晁补之：《济北晁先生鸡肋集》卷五〇《五代杂论》。
④ 《资治通鉴》卷二七七，后唐明宗长兴二年闰五月甲午条引《通鉴考异》，第9060页。
⑤ （宋）司马光：《稽古录》卷一五，第163页。

倒用留守印激怒将士的记载，反而记载郭威以杀己的诏令告知将士，令将士自取其首级，将士不忍，遂举兵赴京师清君侧。澶州兵变，黄袍加身一事，郭威也似乎全不知情，从头到尾，都显得非常无辜：

> 诸军将士大噪趋驿，如墙而进，帝闭门拒之。军士登墙越屋而入，请帝为天子。乱军山积，登阶匝陛，扶抱拥迫，或有裂黄旗以被帝体，以代赭袍，山呼震地。帝在万众之中，声气沮丧，闷绝数四，左右亲卫，星散窜匿。帝即登城楼，稍得安息，诸军遂拥帝南行。时河冰初解，浮梁未构。是夜北风凛烈，比旦冰坚可渡，诸军遂济，众谓之"凌桥"，济竟冰泮，时人异之。①

兵变之壮观，郭威之无辜，"凌桥"之异象，简直占尽了天时地利与人和，难怪史臣会认为郭威得国是"汉道斯季，天命有归"。虽然他们也批评郭威"纵虎旅以荡神京，不无惭德"②，但批评针对的只是他攻下京城后，诸军大掠，几成空城之事，而对其黄袍加身一事未提异议。

然而，与认为李嗣源初本无心的认识相比，郭威的"黄袍加身"却是有意为之，对这一点，此后的宋人基本上是没有异议的。《新五代史》直言"郭威反"③，并记载了郭威倒用留守印，激怒部下一事。至于其黄袍加身一事，记述简单克制却蕴含深意：

> 十二月甲午朔，威北伐契丹，军于滑州。癸丑，至澶州而旋。王峻遣郭崇以骑七百逆刘赟于宋州，杀之，其将巩廷美、杨温为赟守徐州。戊午，次皋门，汉宰相窦贞固、苏禹珪来劝进。庚申，太后制以威监国。广顺元年春正月丁卯，皇帝即位，大赦，改元，国号周。④

汉隐帝死，欧阳修即书"汉亡"，四十二日以后，郭威即位为帝。徐无党

---

① 《旧五代史》卷一一○《后周太祖本纪一》，第1694页。
② 《旧五代史》卷一一三，史臣论赞，第1752页。
③ 《新五代史》卷一○《汉隐帝本纪》，第124页。
④ 《新五代史》卷一一《周太祖本纪》，第132页。

注曰："其太后临朝，湘阴公嗣立，皆周所假托，非诚实，所以破其奸，故书曰'汉亡'，见周之立迟也，迟而难于自立，则犹有自愧之心焉。"①郭威起兵，刘铢奉隐帝命族诛其家于京师。郭威即位后，虽然深恨刘铢，却只诛其一人，罪不及其家。在追封被杀的家人时，"其言深自隐痛之而已，不敢有非汉之辞焉，盖知其曲在己也"②，以见其理屈。

　　司马光对郭威的处境似有些同情，"太祖负震主之威，挟不赏之功，措身无所，乘危而发"③，但他对郭威的野心也有很明确的认识。就郭威起兵一事，《资治通鉴》并没有采用魏仁浦教郭威"倒用留守印"欺骗将佐的记载，而认为是郭威在魏仁浦的劝说下，与众将士合议后起兵的。对此，胡三省认为，《新五代史》必有所本，而《资治通鉴》则必本于后周实录。倒用留守印谎作诏书，是欺君之罪，更是通过欺骗手段引人谋反的恶行。因此，后周史臣要为郭威讳饰，也要为其谋主魏仁浦缘饰，因此未记此事。而郭威与慕容彦超会战、下马免胄往见隐帝、闻隐帝遇弑后号恸、不以高贵乡公之礼为隐帝下葬等事，似乎皆表现出郭威尚有忠心，或者说是表演出来的忠心。就《通鉴考异》来看，司马光相当明白郭威的所谓忠心究竟为何。《通鉴》的记录，无非是将郭威的表演示于世人，讽刺意味极是浓厚。在郭威做好了对后汉宗室刘崇等人的麻痹工作，并将刘赟控制在自己手中以后，便开始了黄袍加身的筹备工作。十二月，他率军北御契丹。至澶州：

> 癸丑旦，将发，将士数千人忽大噪，威命闭门，将士逾垣登屋而入曰："天子须待中自为之，将士已与刘氏为仇，不可立也！"或裂黄旗以被威体，共扶抱之，呼万岁震地，因拥威南行。威乃上太后笺，请奉宗庙，事太后为母。④

不知是否对郭威的惺惺作态已经厌烦，相比对军士拥立李嗣源的描写，《资治通鉴》此处描写极为简单，全为军士的主动表演，郭威的面目却极

---

① 《新五代史》卷一〇《汉隐帝本纪》，第125页。
② 《新五代史》卷二〇《周家人传》，第235页。
③ （宋）司马光：《稽古录》卷一五，第165页。
④ 《资治通鉴》卷二八九，后汉隐帝乾祐三年十二月癸丑条，第9447页。

为模糊,类似李嗣源的"泣谕"、"诡说",《旧五代史》里郭威的"声气沮丧,闷绝数四",一概没有出现。似乎一点推脱之意都没有,郭威就步上了自立为帝的道路。

军士拥立在宋朝始终是一个相当敏感的话题。因为宋太祖就是施郭威故伎,夺下后周江山的。他所选择的时机或者说借口也是率师北御契丹,距离郭威黄袍加身不过十年。在《涑水记闻》里,司马光这样描写宋太祖被拥立一事:

> 甲辰将旦,将士皆擐甲执兵仗,集于驿门,讙噪突入驿中。太祖尚未起,太宗时为内殿祗候供奉官都知,入白太祖,太祖惊起,出视之。诸将露刃罗立于庭,曰:"诸军无主,愿奉太尉为天子。"太祖未及答,或以黄袍加太祖之身,众皆拜于庭下,大呼称万岁,声闻数里。太祖固拒之,众不听,扶太祖上马,拥逼南行。①

一个是"拥威南行",一个是"拥逼南行",塑造出了一个半推半就的郭威形象,和一个万般无奈的太祖形象。几相对比,司马光对李嗣源、郭威,以及宋太祖被拥立的态度已是一目了然。《长编》也同样突出了宋太祖的无辜:

> 甲辰黎明,四面叫呼而起,声震原野。普与匡义入白太祖,诸将已擐甲执兵,直扣寝门曰:"诸将无主,愿策太尉为天子。"太祖惊起披衣,未及酬应,则相与扶出听事,或以黄袍加太祖身,且罗拜庭下称万岁。太祖固拒之,众不可,遂相与扶太祖上马,拥逼南行。②

事发前毫不知情,事发后仓猝应变,坚决拒绝却又被逼无奈,登基为帝,这就是宋人对赵匡胤黄袍加身的态度。他们不敢,也不愿去怀疑赵匡胤的真情抑或假意。然而,在他们内心深处,对这历史上惊人的巧合是否

---

① (宋)司马光《涑水记闻》卷一,第1页。
② 《长编》卷一,太祖建隆元年正月甲辰条,第3页。

心知肚明，已经不得而知了。

就赵匡胤的黄袍加身与郭威的关系，方家多有论述，此不赘述。短短五十余年间，就有三个帝王采取相似的方法登上皇位，后唐明宗无疑是始作俑者。他的无心被拥立，却给了后来者以诸多灵感。其间的联系，宋人不可能看不出来，但是他们却选择了集体性失明，对这三者之间的联系从未有过研究，对后周失国一概冠以主少国疑、太祖得士心、天命所归的原因，甚至赞为太祖"得天下以仁"、"应天顺人"，"天与之，人与之，而太祖则不知也"①，"盖太平之业，天将启圣人而授之，固非人谋之所及也"②，这是宋人的一贯态度。

《旧五代史》多据各朝实录撰成，究其原因，固然有史臣学识、才力有所不逮的因素，但政治避忌无疑也是其中之一。该书撰修时，距北宋建立只有十余年，五代人物历历犹在，史臣自然要谨慎小心，尤其是对于宋太祖得国这样的事。因此索性照搬实录，将这些拥立事件全部处理成主角全不知情、被迫为之。时至欧阳修的时代，建立新型君臣关系，提倡忠义之气成为社会风气。因此，如李嗣源这种初不知情的情况，也被欧阳修断然处理成"李嗣源反"，郭威就更不用说了。但《新五代史》对他由军士拥立的情况却一笔带过，极为简略，甚至连"黄袍"二字都未出现。其书后梁、后汉灭亡为"亡"，书后晋为"灭"，至后周则书为"逊于位，宋兴"③。司马光则以一个历史学家的忠实态度记录了郭威黄袍加身的始末，至后周恭帝即位当年结束全书，未及定到宋太祖黄袍加身，避免了两个如出一辙的事迹相继出现的尴尬。皇权之下，史书终究还是无法脱离政治的桎梏。

第二节　两宋时期关于冯道的研究

冯道，五代文官的标志性人物，著名的政治"不倒翁"。在兴亡接踵的五代乱世，他历经四朝十君，曾受契丹封秩，一生贵显，备享尊崇，但身后却饱受议论，褒贬不一。他犹如一种符号，成了人们衡量价值观

---

① 《长编》卷一，太祖建隆元年正月乙巳条引，第5页。
② （宋）司马光：《稽古录》卷一五，第165页。
③ 《新五代史》卷一二《周恭帝本纪》，第147页。

念的重要尺度，故而长期以来，学术界对冯道的研究主要集中在是非之别与忠奸之辨。[①] 但对冯道这样的历史人物，仅仅停留在价值判断的层面显然是不够的，还应注意到他所代表的历史形象是如何演变的，这对客观认识冯道具有更加重要的意义。两宋是冯道形象变化的关键时期，从宋初到宋末，对冯道的评价呈现出巨大的差异。这种变化反映了深刻的思想变迁，并大大影响了后世对冯道的评价。

一 北宋初期的冯道形象

冯道在五代的威望极高，"论者以道在布衣有至行，立公朝有重望"[②]，死时"时人皆共称叹，以谓与孔子同寿"。他为五代人所称道者，主要有以下两点。

一是良好的个人品德。冯道少以孝谨知名，为人清俭宽宏，"遇岁俭，所得俸余，悉赈于乡里"；"略不以素贵介怀"；"道在常山，见有中国士女为契丹所俘者，出橐装以赎之，皆寄于高尼精舍，后相次访其家以归之"。

二是为官有善政。冯道常常劝谏帝王推行仁政，"为政闲澹，狱市无挠"，"以持重镇俗为己任，未尝以片简扰于诸侯"；奖掖后学，"凡孤寒士子，才抱业、素知识者，皆与引用"；重视文化建设，"时以诸经舛缪，与同列李愚委学官田敏等，取西京郑覃所刊石经，雕为印板，流布天下，后进赖之"[③]；保全百姓，"人皆以谓契丹不夷灭中国之人者，赖道一言之善也"[④]。

宋初承五代而来，社会价值观念多有承续，对冯道亦很推重。范质

---

① 如任崇岳《略论冯道》，《史学月刊》1985 年第 5 期；陈忠信《论五代的冯道》，《历史教学问题》1986 年第 1 期；张杰《历仕四姓十一帝的冯道》，《辽宁大学学报》1989 年第 5 期；葛剑雄《乱世的两难选择——冯道其人其事》，《读书》1995 年第 2 期；秦新林《冯道新论》，《殷都学刊》1996 年第 2 期；郝兆矩《论冯道》，《浙江学刊》1996 年第 4 期；王世英、金荣国《佞臣冯道》，《延边大学学报》1996 年第 4 期；路育松《从对冯道的评价看宋代气节观念的嬗变》，《中国史研究》2004 年第 1 期；房锐《虎狼丛中也立身——从〈北梦琐言〉所载史事论冯道》，《晋阳学刊》2004 年第 2 期；严修《重新审视冯道》，《复旦学报》2006 年第 1 期；等等。
② 《旧五代史》卷一二六《冯道传》，第 1929 页。
③ 同上书，第 1924—1934 页。
④ 《新五代史》卷五四《冯道传》，第 694 页。

"最敬冯道辈"①，赞其"厚德稽古，宏才伟量，虽朝代迁贸，人无间言，屹若巨山，不可转也"，其为人"盖学冯道也"②。王溥亦仿效冯道《长乐老自叙》作《自问诗》。范质、王溥是朝中重臣，均视冯道为榜样，足见冯道对宋初政坛的影响。

然而，冯道评价的变化也正是始于宋初。《旧五代史》在用大量篇幅叙述冯道的美德，高度评价"道之履行，郁有古人之风；道之宇量，深得大臣之礼"后，笔锋一转，口出微词："然而事四朝，相六帝，可得谓忠乎？"第一次从忠事一朝的角度对冯道提出了批评。这句批评实为史臣言不由衷之言，但却是当时政治环境所使然。

如前所述，"忠"在五代仍然是很受尊敬的品格，但更多地是指恪尽职守，而非死事一朝。宋之初兴，事新朝者皆为后周的旧班底，所持忠节观念一脉相承。因此从宋太祖开始，北宋帝王在提倡臣节方面做了不懈努力。如果说太祖对节操的提倡尚有矛盾之处的话，太宗对忠节的要求更为严格，叹息"真宰相"（太祖语）范质"但欠世宗一死"③。真宗则第一次否定了冯道，直指"冯道历事四朝十帝，依阿顺旨，以避患难，为臣如此，不可以训也"④。历事多朝且依阿随顺，正是北宋中后期批判冯道的两条基本思路。

不过，总体而言，在宋初三朝，甚至仁宗早期，冯道还是很受敬重的。时人所著《五代史补》《五代史阙文》等对他毫无贬斥诃责之意，《闲谈录》还于"下帙多载冯道行义"⑤。对他的否定性评价主要来自君主意志，而非臣民的普遍意见，且并未在实际政治层面予以确认。如仁宗明道元年（1032），朝廷还录用冯道、王朴的后代，可知冯道的地位是与名相王朴相等的。

宋初三朝的冯道形象之所以正面居多，是因为当时社会价值观念与五代相差不大，品评人物基本上是以个人品行及有无善政作为衡量标准。同时，冯道宽厚谨慎，"为政闲澹，狱市无挠"，"以持重镇俗为己任，未

---

① （宋）黎靖德编：《朱子语类》卷四七《阳货篇·乡原德之贼章》，第1188页。
② 《资治通鉴》卷二九一，后周太祖显德元年四月庚申条胡三省注，第9511页。
③ 《宋史》卷二四九《范质传》，第8796页。
④ 《长编》卷六五，真宗景德四年闰五月庚寅条，第1461页。
⑤ （元）马端临：《文献通考》卷二一六《经籍考四三·闲谈录》，第6037页。

尝以片简扰于诸侯"。这种闲澹持重的政治做派，与黄老思想盛行的宋初三朝较为契合。太祖"慎罚薄敛，与世休息"①；太宗声称"清静致治，黄、老之深旨也。夫万务自有为以至于无为，无为之道，朕当力行之"②；真宗在位初年为政简易，澶渊之盟后更"以无事治天下"③。在这种氛围下，加之五代旧习，"士君子务以恭谨静慎为贤"④，"以冲晦自养"⑤。如赵普为相时，于厅事坐屏后置两大瓮，凡有人投利害文字，皆置其中，满即焚于通衢，不欲行之。吕端认为"国家若行黄、老之道，以致升平，其效甚速"⑥；李沆人称无口匏，"四方言利事者，未尝一施行"⑦。宽厚谨慎被誉为君子美德，锐意进取被视为轻躁浮薄。在这种循默安静的政治风尚之下，宋初士人对冯道的思慕与推尊，也是可以理解的。

二 北宋中后期关于冯道的争议

皇祐三年（1051），冯道曾孙冯舜卿上冯道官诰二十通，乞请录用。然而，这一次仁宗却依据死事一朝的标准，对冯道的功业及节操予以了彻底否决。"道相四朝，而偷生苟禄，无可旌之节。所上官诰，其给还之。"⑧这是最高统治者在实际政治层面给出的正式否定，具有深刻的时代和学术背景。

首先，冯地道位的下降是与五代地位的整体沦落相伴随的。宋初三朝对五代史非常重视，开国时的种种举措充分汲取了五代的经验教训，时人著述对五代也多有正面描述。然而，随着这些经验教训，尤其是教训被汲取融汇到政治制度等层面，"五代乱离，事不足法"、"五代之乱极矣"成为时人共识，五代成为负面黑暗的代表。作为五代文官的楷模，五代地位的沦丧势必累及冯道。而宋人对五代士风的鞭挞，也必然会以

---

① 《宋史》卷三《太祖本纪三》，第51页。
② 《长编》卷三四，太宗淳化四年闰十月丙午条，第758页。
③ 《宋史》卷二八二《王旦传》，第9545页。
④ （宋）欧阳修：《上仁宗论包拯不当代宋祁为三司使》，赵汝愚编《宋朝诸臣奏议》卷一四，第123页。
⑤ （宋）王辟之：《渑水燕谈录》卷三《奇节》，第30页。
⑥ 《长编》卷三四，太宗淳化四年闰十月丙午条，第758页。
⑦ 《长编》卷五六，真宗景德元年七月丙戌条，第1244页。
⑧ 《长编》卷一七一，仁宗皇祐三年八月乙巳条，第4108页。

冯道为靶子。

其次，与宋初更加注重现实政治制度的措置相比，礼义伦常被提到突出的层面。经过几十年的汰旧换新和对士人气节的涵养，一个崭新的士大夫群体及相关思潮在仁宗年间产生。又因春秋学大盛，建立新型君臣关系的呼声日高，一批直言谠论的官员奋然而起，"于是中外缙绅知以名节相高、廉耻相尚，尽去五代之陋矣"。而领风气之先者，乃为范仲淹。"范文正开宋学之端，不务明心见性而专尚气节，首斥冯道之贪恋。"① 庆历之际，蜀学、新学、洛学、朔学等诸家并起，对冯道的批判不再限于最高统治者，士大夫群体内部亦出现自觉的反思，关于冯道的争议开始产生，并在神宗时趋于激烈。

对冯道的批判最先产生较大影响者为欧阳修。他对冯道的嘉言懿行多所记录，虽然质疑其"矫行"，但却并未多作批评。他所严厉批判的是冯道的政治节操，直斥其"视丧君亡国亦未尝以屑意"，为"无廉耻者"，并指责其对国之大事无所谏诤之举。

司马光对冯道更为严厉，认为"自古人臣不忠，未有如此比者"。在《资治通鉴》中，他多取冯道依阿随顺之事，直指其"大节如此，虽有小善，庸足称乎！"斥为"奸臣之尤"。他并未否定冯道有嘉言笃行，但认为这些只是小善，并不能为冯道洗脱奸臣之名。

仁宗退冯道官诰一事，与欧阳修与司马光之论，标志着对冯道这种大节有亏而私德甚佳、有惠于民者，帝王与士大夫之间的态度开始有了呼应。如果说宋初三朝士大夫并没有贬斥冯道的意识，或者只是违心地附和君主意志的话，那么，这一时期，他们开始有了发自内心的自觉意识，反映了不同于五代宋初的崭新气象。

欧阳修与司马光先后为士林之领袖，其论影响很大，得到了二程、唐介等人的赞同。南宋吴曾甚至说："道自为欧阳公所诋，故学者一律不复分别。"② 现今论者也普遍认为冯道自此被定性。然而，事实却是，在这一时期，仍然有相当多的人完全或是基本肯定冯道，且不乏知名的学者与能臣。在北宋中后期，对冯道的争论从未停止过。

---

① 章太炎：《国学讲演录·诸子略说》，华东师范大学出版社1995年版，第189页。
② （宋）吴曾：《能改斋漫录》卷一〇，第299页。

理学的开山人物宋初三先生对冯道的评价相当之高。石介高度肯定冯道："天下国家大乱，由一人扶之……五代之乱，则瀛王扶之也。"① 胡瑗亦持宽容态度："当五代之季，生民不至于肝脑涂地者，道有力焉，虽事仇无伤也。"② 均肯定冯道惠及生民的功绩，对其历事多朝的事实不予苛责。

王安石是推崇冯道的代表人物。"荆公雅爱冯道，尝谓其能屈身以安人，如诸佛菩萨之行"，赞为"纯臣"③，并为此与唐介发生过激烈的争论：

> 时宰相有举冯道者，盖言历事四朝不渝其守。参政唐公介曰："兢慎自全，道则有之，然历君虽多，不闻以大忠致君，亦未可谓之完。"宰相曰："借如伊尹，三就桀而三就汤，非历君之多乎？"唐公曰："有伊尹之心则可。况拟人必于其伦，以冯道窃比伊尹，则臣所未喻也。"④

"守"并非指死事一君的操守，而是指可"安人"的职守。王安石仍然秉承原始儒家"从道不从君"的忠节观⑤，这与唐介的价值判断是大不相同的。"自熙宁、元丰以来，士皆宗安石之学"⑥，王安石的新学在北宋后期据有官学的独尊地位，他对冯道的推重应有相当的影响。否则南宋不会将推崇冯道作为他的一大罪状。

与王安石政见不同者也不乏肯定冯道之人。如吴处厚认为"道未尝依阿诡随……盖俗人徒见道之迹，不知道之心。道迹浊心清，岂世俗所知耶？余尝与富文忠公论道之为人，文忠曰：'此孟子所谓大人也。'"⑦ 富文忠公即名臣富弼，他曾与范仲淹、欧阳修等人力倡新政，亦同司马光等极力反对王安石新法，但仍然给予冯道以极高评价。

也有论者给予冯道以基本肯定的评价。他们更多地考虑到了冯道所

---

① （宋）石介：《徂徕石先生文集》卷八《救说》，第84页。
② （宋）程颢、程颐：《二程集·河南程氏遗书》卷四，中华书局1981年版，第73页。
③ （宋）魏泰：《东轩笔录》卷九，第99页。
④ （宋）文莹：《湘山野录》卷上，第15页。
⑤ 路育松：《从对冯道的评价看宋代气节观念的嬗变》，《中国史研究》2004年第1期。
⑥ （宋）徐梦莘：《三朝北盟会编》卷一四七，第1070页。
⑦ （宋）吴处厚：《青箱杂记》卷二，中华书局1985年版，第17页。

处的历史环境，对其功德予以肯定。如蜀学代表人物苏辙认为冯道"权不在己，祸变之发，皆非其过"，肯定其"盛德"①，比于晏子。他还将贤相王旦比于冯道，"盖旦为人类冯道，皆伟然宰相器也。道不幸生于乱世，生死之际不能自立；且事真宗，言听谏从，安于势位，亦不能以正自终，与道何异"②，显见苏辙对冯道瑕不掩瑜之意。苏门四学士之一晁补之亦认为"君子遭此为不幸"③。晁说之慕司马光之为人，曾从其学，但仍认为"冯道功高，而名节非也，当以管仲为比。曰：'管仲之器小哉。微管仲，吾其被发左衽。'"④ 石介的政敌夏竦则赋诗"文懿艰危际，虚心自晏宁。依违惭问战，闲淡贵无刑。镇俗惩浮躁，尊儒镂典经。忠诚亏美谥，良足愧幽灵"⑤，对冯道给予了基本的肯定。

此外，在同时期的宋人笔记中，诸如"冯瀛王道，德度凝厚，事累朝，体貌山立"⑥、"性仁厚"⑦ 等赞扬之词也不鲜见。

总之，肯定冯道者散见于不同的学术流派与政治派别，可知冯道的形象虽然开始恶化，但亦不至于十分不堪。徽宗崇宁至大观年间，张彦直一家有四人相继金榜题名，"州刺史荣之，取冯瀛王所赋常山窦氏'丹桂五枝，灵椿一树'之句表其间，曰椿桂坊"⑧。若冯道已然声名狼藉，则断不至于用他的诗句表彰张家。不过，君臣伦理关系的重构毕竟是一个大的时代潮流。随着忠节观念的一步步深入，冯道的声名呈现每况愈下之势。例如靖康元年（1126年），蔡京势败，孙觌等上疏弹劾"使京尚在相位，安知其不开边卖国如冯道辈乎？"⑨

冯道受到的批判是顺应新的时代思潮而产生的。北宋尚气节，倡"尊王"，无气节者自然受到鞭挞。然而，冯道的情况比较复杂。他私德极佳，在"民命倒悬"之乱世，独能"以救时拯物为念"，"公正处事，

---

① 《苏辙集·栾城后集》卷一一《历代论·冯道》，第 1010—1011 页。
② （宋）苏辙：《龙川别志》卷上，中华书局 1982 年版，第 73 页。
③ （宋）晁补之：《济北晁先生鸡肋集》卷四〇《春秋左氏传杂论》。
④ （宋）晁说之：《晁氏客语》，见《全宋笔记》第 1 编第 10 册，第 99 页。
⑤ （宋）夏竦：《文庄集》卷三一《奉和御制读五代周史》，四库全书本。
⑥ （宋）文莹：《玉壶清话》卷二，第 14 页。
⑦ （宋）彭□：《续墨客挥犀》卷八，中华书局 2002 年版，第 509 页。
⑧ （宋）孙觌：《鸿庆居士集》卷三七《宋故左朝请大夫直秘阁致仕张公墓志铭》，四库全书本。
⑨ （宋）徐梦莘：《三朝北盟会编》卷三九，第 295 页。

非貌为长厚者"①。因此批判者有之，拥戴者亦有之。而批判者基本上也只限于对其气节方面的批判，对其个人品德与惠民善举虽然有所质疑，但并未全盘否定。这正表明了北宋多种学派和思想的争鸣。

三 南宋对冯道的负面定性

宋室南迁后，对冯道的负面评价成为朝野上下之共识。这不但与北宋对忠节的提倡有关，更与两宋之际的时局、学术思潮有关。

南宋在反思北宋灭亡的教训时，将责任推给了王安石，而推崇冯道则成为王安石误国之一大罪状：

> 上（宋高宗）尝从容言王安石之罪在行新法。（沈）与求对曰："王安石以己意变乱先帝法度，误国害民，诚如圣训。然人臣立朝，未论行事之是非，先观心术之邪正。扬雄名世大儒，主盟圣道，新室之乱，乃为美新剧秦之文；冯道左右卖国，得罪万世。而安石于汉则取雄，于五代则取道。臣以是知其心术不正。则奸伪百出，僭乱之萌，实由于此起。自熙宁、元丰以来，士皆宗安石之学，沉溺其说，节义凋丧，驯致靖康之祸。"②

这种"王安石之罪，大者在于取扬雄、冯道"③的论调很快得到了其他士大夫的呼应。陈公辅疏言："今日之祸，实由公卿大夫无气节忠义，不能维持天下国家。平时既无忠言直道，缓急讵肯仗节死义，岂非王安石学术坏之邪？……五季之乱，冯道事四姓八君，安石乃曰：道在五代时最善避难以存身。使公卿大夫皆师安石之言，宜其无气节忠义也。"④邵博亦指责"王荆公非欧阳公贬冯道。按道身事五主，为宰相，果不加诛，何以为史？荆公《明妃曲》云：'汉恩自浅胡自深，人生乐在相知心。'宜其取冯道也"⑤。与北宋学术争鸣活跃及政治相对宽容的风气不同，南宋的

---

① （清）赵翼著，王树民校证：《廿二史札记校证》卷二二《张全义冯道》，第486—487页。
② （宋）徐梦莘：《三朝北盟会编》卷一四七，第1069—1070页。
③ （宋）陈振孙：《直斋书录解题》卷一八"龟溪集"条，第529页。
④ 《宋史》卷三七九《陈公辅传》，第11694页。
⑤ （宋）邵博：《邵氏闻见后录》卷一〇，第74页。

学术氛围与政治形势都趋向专制。王安石是推重冯道的代表人物，这份推重成为他的重要罪名。王安石的被清算，使得对冯道的评价成为士人是否固守忠节的重要标准。

借助高宗否定王安石的有利时机，理学的影响力得以扩大，几经浮沉，终在理宗年间确立官学地位。理学的深入推进，在理论上为冯道被彻底否定铺平了道路。

相比北宋大多聚焦于冯道忠节与否的问题，南宋不仅全面否定冯道，而且批判极为激烈。范浚将冯道与李振、苏循并称，斥其"倾巧乱人，谋身卖国"[1]，将后唐与后晋、后汉的灭亡，归因于这类官吏的大量存在。吕祖谦指冯道依违拱默，罪莫大焉，"祸莫甚于内叛，奸莫甚于中立。二者之罪孰为大？曰：中立之罪为大"[2]。朱熹以"乡原"称之，"盖乡原只知偷合苟容，似是而非，而人皆称之，故曰'德之贼'"，认为"有无穷之祸"[3]。其他诸如"大帝四朝咸败事，惟君卖国作功臣"[4]、"十憸"[5] 之一、"乱臣贼子"[6] 等记述，俯拾皆是。南宋后期，家铉翁曾为冯道故乡瀛州一位节妇作传，记"瀛南之交河，习俗笃厚好礼，义夫节妇，比世间见，无慕于冯也"，足见南宋士人"欲人之知慕乎古，毋羡乎冯"[7] 的节操要求，取得了明显效果。

这一时期，冯道的个人品行及惠民之举基本被忽略，只有楼钥、谢采伯、陆游、胡三省寥寥数人，在总体否定冯道的基础上，对其私德或功劳予以部分肯定。为冯道大力辩护者只有吴曾一人："夫管仲降志辱身，非圣人不足以知其仁，彼元结乌足以论之。求诸后世，狄仁杰、冯道庶几焉。"[8] 然而，吴曾党附秦桧，人品为人指摘，这样的辩护只能为批判冯道者增加反面例证而已。

冯道声名之狼藉，连其子女都受到牵连。"同州澄城县有'九龙庙'，然只一妃耳。土人云：'冯瀛王之女也。'夏县司马才仲戏题诗云：'身既

---

[1]　（宋）范浚：《香溪集》卷八《五代论》。
[2]　（宋）吕祖谦：《左氏博议》卷七，四库全书本。
[3]　（宋）黎靖德编：《朱子语类》卷四十七《阳货篇·乡原德之贼章》，第1188页。
[4]　（宋）王庭珪：《卢溪文集》卷二一《冯道》，四库全书本。
[5]　（宋）刘克庄：《后村先生大全集》卷一五《十憸·冯道》，四部丛刊初编本。
[6]　（宋）张栻：《南轩集》卷一六，四库全书本。
[7]　（宋）家铉翁：《则堂集》卷二《节孝堂记》，四库全书本。
[8]　（宋）吴曾：《能改斋漫录》卷一〇，第299页。

事十主，女亦妃九龙.' 过客读之，无不一笑。"① 冯道由五代人人称颂的元老，成为祸国殃民之元凶。忠节成为评价臣子的最高标准，遮蔽了冯道杰出的个人品德与惠民善政，也遮蔽了他对五代历史所做出的积极贡献。

在批判冯道的同时，南宋对冯道现象产生的原因及相关问题进行了思考。范浚认为唐末忠节之士以朋党之名惨遭屠戮，致使冯道之流充斥朝廷。项安世认为，冯道之所以"有笃行嘉言，而不耻于事乱君，行乱政"②，是因为他遵循杨墨之道的缘故。南宋遗民胡三省则认为，仅仅死事一君还不够，更要"持危扶颠"③，才符合冯道的身份。

宋元之际，冯道对契丹的态度也成为被批判的内容："亡国降臣固位难，痴顽老子几朝官？朝唐暮晋浑闲事，更舍残骸与契丹。"④ 但综观两宋，冯道为人所指者主要还是忠节问题，这大约是冯道在这方面最为突出的缘故。相比之下，冯道事"夷狄"的问题，反而在后世更为人所瞩目，被斥为"奴才的奴才"⑤。

南宋时期，冯道不仅被盖棺定论，对他的评价也成为大是大非的问题。此后历代学者，都对冯道大加挞伐，变本加厉："痴顽无耻冯瀛王，更夫易主同娼妾"⑥，"奸憸顽膴若张禹、冯道、秦桧之徒"⑦，"千载而下，谈之犹令人发上指冠，恨不得食其肉而寝其皮"⑧，"道之恶浮于纣、祸烈于跖矣"⑨。虽然有李贽等人为其辩护，但绝构不成主流意见。经过两宋的渐变，冯道已经远离了历史的真实形象，蜕变成为一个"奸憸无耻"的意识形态符号，成为无耻文人的典型，陷于万劫不复。直到近几十年，学术界才陆续有文章肯定他在五代所起的积极作用。这种变化，亦说明了时代思潮的新变化。

---

① （宋）马永卿：《懒真子》卷一，见《全宋笔记》第3编第6册，大象出版社2008年版，第159页。
② （宋）项安世：《项氏家说》卷九《说事篇二·晏子》，四库全书本。
③ 《资治通鉴》卷二七九，后唐潞王清泰元年三月己巳条胡三省注，第9113页。
④ （元）刘因：《冯道》，见（明）曹学佺辑《石仓历代诗选》卷二三六，四库全书本。
⑤ 范文澜：《中国通史简编》修订本第三编第一册，人民出版社1965年版，第400页。
⑥ （元）胡祗遹：《紫山大全集》卷四《过王彦章墓》，四库全书本。
⑦ （明）谢铎：《戴师文墓志铭》，见（清）黄宗羲编《明文海》卷四三〇，中华书局1987年版，第4516页。
⑧ （明）冯从吾：《少墟集》卷一三《旌烈录序》，四库全书本。
⑨ （清）王夫之：《读通鉴论》卷二九《五代中》，第1060页。

结　语

　　五代十国的历史于两宋——尤其是北宋——为近代史，这段混乱跌宕的历史给宋人留下了极为深刻的印象，关于这段时期的议论与反思比较多，因此也存留了相对丰富的文献资料。两宋对五代十国史的研究存在着不同阶段、不同群体、不同指导思想之分，其所呈现的五代史观也具有很大的差异。以往学术界注意到的多是宋人对五代十国的鄙夷与抨击，但实际上，宋人对五代十国的关注与思考，却一直紧扣时代的脉搏，因应了宋人的时代课题，反映了宋人的所思所想，其间跃动着丰富的变化及特定的时代气息。

　　这一时期，一方面，有关五代十国的追念、伤痛、愤懑、鄙夷、期待，种种复杂而又难以厘清的思想情感，皆在数百年间关于五代十国史的著述与议论中隐隐再现，至今读起来，仍令人唏嘘感叹；另一方面，有关五代十国的反思、考量、鉴知、比照，诸多理性提升与焦虑，又在两宋的体制架构、政治实施与意识形态取向等方面留下了深刻的烙印。

　　对五代十国史的研究，是两宋政治高层、知识群体乃至一般民众共同关注的重大话题之一。尤其是政治高层对这一话题的深度介入，以及政治架构、政治实施的极具针对性，均为历朝所罕见。"赵氏起家什伍，两世为裨将，与乱世相浮沉，姓字且不闻于人间……其事柴氏也，西征河东，北拒契丹，未尝有一矢之勋；滁关之捷，无当安危，酬以节镇而已逾其分。以德之无积也如彼，而功之仅成也如此……乃乘如狂之乱卒控扶以起，弋获大宝。"① 太祖、太宗兄弟于乱世中夺人江山，不免对五代王纲失坠、君如弈棋的情况心有余悸，因此在创法立制时，竭力避免

---

① （清）王夫之：《宋论》卷一《太祖》，第1页。

五代十国的弊病，"事为之防，曲为之制"①，使之成为宋代祖宗家法的基本精神，为后代嗣君所遵守。这无疑强有力地提升了两宋时期五代十国史研究的地位与价值，以至于在短短的数十年间，居然出现了两部后来被称为正史的五代史（《旧五代史》与《新五代史》），以及众多的私修五代史。如果考虑到五代仅仅只有五十余年的历史，以及后世对其"最不像样"的负面印象，则宋人对于五代十国历史的重视不免令人惊讶。

但是，政治高层的深度介入也强有力地规制了五代十国史的学术研究。因此，从历史学的角度说，整个两宋时期的五代史研究几无成功的文本。《旧五代史》在北宋尚未统一之时匆匆修定，多受世人诟病，以其官方正史的身份，居然无法得到后人的重视，逐渐湮灭于岁月的暗河，直至清代修四库全书时，方为邵晋涵所辑出。北宋中期，王皞奉诏撰成《唐余录》。该书芟《旧五代史》繁杂之文，博采诸家之说，有纪，有志，亦有传。因其以宋朝当承汉唐之盛，而五代为闰，故名之为《唐余录》。它还将韩通录入《忠义传》，且"表出本朝褒赠之典"，被视为新、旧《五代史》所不及。宝元二年（1039），书成进呈，仁宗虽降敕奖谕，但似乎并不满意。因此，嘉祐七年（1062）十二月，仁宗"诏以七史板本四百六十四卷送国子监镂板颁行，唯开宝所修《五代史》未布，以俟笔削"。两宋期间，重修五代史者虽多，但大多未能得到足够重视而最终失传。《新五代史》尽管在倡尊王、奖忠义、整饬世道人心方面深为时人所嘉许，逐渐取得官方正史的地位，但也被批评为"第二等文字"，"于事实则不甚经意……传闻多谬"，"若非旧史复出，几叹无征"，"只是一部吊祭哀挽文集"，等等。有关新、旧《五代史》的优劣问题，在后世一直褒贬不一，纷纭难定，其深层的原因即在于此。

从政治学的角度来看，五代十国的历史对于两宋而言，始终是一部近代史，而且是一部至为惨痛的近代史。"走出五代"，遂成为宋代统治者念兹在兹的努力方向。宋代君臣对五代十国历史的反思的确产生了相当积极的政治成果，成功地避免了五代十国藩镇割据、主弱臣强、武人专政的局面，开创了一个欣欣向荣、绵延数百年的文人社会。但是，对五代十国历史的"过度诠释"与"过度申论"，也产生了相当严重的消极

---

① 《长编》卷一七，太宗开宝九年十月乙卯条，第382页。

影响。"人才衰乏,外削中弱,以天下之大而畏人","州郡遂日就困弱。靖康之祸,虏骑所过,莫不溃散"。即使是在南宋被金兵追逼,狼狈不堪,岌岌可危之时,统治阶层所顾虑的居然仍是控制武将,"自古以兵权属人久,未有不为患者,盖予之至易,收之至难,不早图之,后悔无及"①。北宋狄青之黜,南宋岳飞之死,都是这种思想下的产物。南宋叶适曾言:

> 唐末之乱,重以五代,虽生人之无宁岁久矣,然考其所以祸败,亦何以独过于秦、汉、晋、隋之亡!盖国之将亡,则其形证固若此矣。而本朝之所以立国定制、维持人心,期于永存而不可动者,皆以惩创五季而矫唐末之失策为言,细者愈细,密者愈密,摇手举足,辄有法禁。而又文之以儒术,辅之以正论,人心日柔,士气日惰,人才日弱,举为懦弛之行以相与奉繁密之法。遂揭而号于世曰:"此王政也,此仁泽也,此长久不变之术也。"以仁宗极盛之世,去五季远矣,而其人之惩创五季者不忘也。至于宣和,又加远矣,其法度綦矣,而亦曰所以惩创五季而已。况靖康以后,本朝大变,乃与唐末、五季同为祸难之余,绍兴更新以至于今日;然观朝廷之法制,士大夫之议论,提防局钥,孰曰非矫唐末而惩创五季也哉?夫以二百余年所立之国,专务以矫失为得,而真所以得之之道独弃置而未讲。②

虽然在政治架构、价值取向等方面,两宋早已走出五代,但在政治心态上,赵宋君臣却始终受困于慎防五代十国教训的迷思。对于两宋王朝而言,"走出五代",始终是一个难以放下的沉重的政治包袱。

就后世而言,由于《旧五代史》早已佚失,民间私史影响不大且多所散佚,宋初文风不振,导致后世(尤其是在《旧五代史》辑本问世以前)对五代十国的历史记忆基本上是由《新五代史》与《资治通鉴》,及北宋中后期与南宋时期士人的议论、疏奏构建起来的。他们对五代乱

---

① (清)毕沅:《续资治通鉴》卷一〇九,宋高宗绍兴元年二月癸巳条,第2877页。
② 《叶适集·水心别集》卷一二《法度总论二》,第789页。

象的描绘与抨击,深深地影响了后人对于五代十国的认识。统治阶层与学术界自是如此,普通百姓也不例外。对百姓而言,他们对五代十国的印象除了受知识阶层的影响,更主要是通过口耳相传,以及话本、讲书等来了解这一段历史。一方面,对于无法把握自身命运的普通百姓而言,民不堪命的残酷与凋敝、草莽无赖搅动风云的奇异景象,大约是五代十国给予他们的直观印象。另一方面,话本、讲书艺人又对五代十国在民间的形象传播产生了一定影响。"北宋时期,讲说五代历史故事,成为说话人重要科目之一。"徽宗年间,在开封府的说话艺人中,就有尹常卖以专说五代史而闻名。史料所限,已不确知其所讲是何内容。而在现存最早的"讲史"话本《五代史平话》中,可知"其主要部分的内容皆取材《资治通鉴》,其结构脉络亦多依傍《资治通鉴》体例"[①]。因此,在普通百姓的心目中,一个乱哄哄的末世景象也被建构完成。就这样,五代十国在世人心目中的地位每况愈下,形象也愈发平扁与刻板,逐渐沦为乱世已极的代表,成为中国历史上一个"最不像样"的时代。

[①] 丁锡根:《〈五代史平话〉成书考述》,《复旦学报》1991年第5期。

参考文献

古代典籍

（宋）薛居正等：《旧五代史》，中华书局2016年版。

陈尚君辑纂：《旧五代史新辑会证》，复旦大学出版社2005年版。

（宋）欧阳修：《新五代史》，中华书局2016年版。

（宋）司马光：《资治通鉴》，中华书局1956年版。

（宋）李焘：《续资治通鉴长编》，中华书局2004年版。

（宋）李攸：《宋朝事实》，丛书集成初编本。

（宋）王称：《东都事略》，齐鲁书社2000年版。

（宋）徐梦莘：《三朝北盟会编》，上海古籍出版社1987年版。

（宋）李心传：《建炎以来系年要录》，中华书局1956年版。

（宋）佚名：《宋大诏令集》，中华书局1962年版。

（宋）刘羲仲：《通鉴问疑》，四库全书本。

（宋）陈傅良：《历代兵制》，丛书集成初编本。

（宋）林駉：《古今源流至论》，四库全书本。

（宋）王应麟纂：《玉海》，江苏古籍出版社、上海书店1987年版。

（宋）王尧臣等撰，（清）钱东垣等辑释，（清）钱侗撰附录：《崇文总目》，丛书集成初编本。

（元）马端临：《文献通考》，中华书局2011年版。

（宋）陈振孙：《直斋书录解题》，上海古籍出版社1987年版。

（宋）晁公武撰，孙猛校证：《郡斋读书志校证》，上海古籍出版社1990年版。

（宋）章如愚：《群书考索》，四库全书本。

（宋）郑樵：《通志》，中华书局1987年版。

（宋）王钦若等：《册府元龟》，中华书局1960年版。

（宋）李昉等：《太平广记》，中华书局 1961 年版。

（宋）王溥：《五代会要》，上海古籍出版社 1978 版。

（宋）尹洙：《五代春秋》，丛书集成初编本。

（宋）刘道醇：《五代名画补遗》，四库全书本。

（宋）黄休复：《益州名画录》，见傅璇琮等主编《五代史书汇编》第 10 册，杭州出版社 2004 年版。

（宋）王禹偁：《五代史阙文》，见傅璇琮等主编《五代史书汇编》第 4 册，杭州出版社 2004 年版。

（宋）陶岳：《五代史补》，见傅璇琮等主编《五代史书汇编》第 5 册，杭州出版社 2004 年版。

陈尚君辑校：《周世宗实录》，见傅璇琮等主编《五代史书汇编》第 4 册，杭州出版社 2004 年版。

（宋）佚名：《五国故事》，见傅璇琮等主编《五代史书汇编》第 6 册，杭州出版社 2004 年版。

（宋）周羽翀：《三楚新录》，见傅璇琮等主编《五代史书汇编》第 10 册，杭州出版社 2004 年版。

（宋）句延庆：《锦里耆旧传》，见傅璇琮等主编《五代史书汇编》第 10 册，杭州出版社 2004 年版。

（宋）钱俨：《吴越备史》，见傅璇琮等主编《五代史书汇编》第 10 册，杭州出版社 2004 年版。

（宋）景焕：《野人闲话》，见傅璇琮等主编《五代史书汇编》第 10 册，杭州出版社 2004 年版。

（宋）陈纂：《葆光录》，见傅璇琮等主编《五代史书汇编》第 10 册，杭州出版社 2004 年版。

（宋）马令：《南唐书》，见傅璇琮等主编《五代史书汇编》第 9 册，杭州出版社 2004 年版。

（宋）马令：《南唐书》，南京出版社 2010 年版。

（宋）陆游：《南唐书》，见傅璇琮等主编《五代史书汇编》第 9 册，杭州出版社 2004 年版。

（宋）吴缜：《五代史纂误》，丛书集成初编本。

（宋）路振：《九国志》，丛书集成初编本。

（宋）张齐贤：《洛阳缙绅旧闻记》，见朱易安、傅璇琮等主编《全宋笔记》第 1 编第 2 册，大象出版社 2003 年版。

（宋）张唐英：《蜀梼杌》，见朱易安、傅璇琮等主编《全宋笔记》第 1 编第 8 册，大象出版社 2003 年版。

（宋）佚名：《钓矶立谈》，见朱易安、傅璇琮等主编《全宋笔记》第 1 编第 4 册，大象出版社 2003 年版。

（宋）佚名：《江南余载》，见朱易安、傅璇琮等主编《全宋笔记》第 1 编第 2 册，大象出版社 2003 年版。

（宋）郑文宝：《南唐近事》，见朱易安、傅璇琮等主编《全宋笔记》第 1 编第 2 册，大象出版社 2003 年版。

（宋）郑文宝：《江表志》，见朱易安、傅璇琮等主编《全宋笔记》第 1 编第 2 册，大象出版社 2003 年版。

（宋）陈彭年：《江南别录》，见朱易安、傅璇琮等主编《全宋笔记》第 1 编第 4 册，大象出版社 2003 年版。

（宋）龙衮：《江南野史》，见朱易安、傅璇琮等编《全宋笔记》第 1 编第 3 册，大象出版社 2003 年版。

（宋）江休复：《江邻几杂志》，见朱易安、傅璇琮等主编《全宋笔记》第 1 编第 5 册，大象出版社 2003 年版。

（宋）晁说之：《晁氏客语》，见朱易安、傅璇琮等主编《全宋笔记》第 1 编第 10 册，大象出版社 2003 年版。

（宋）王巩：《随手杂录》，见朱易安、傅璇琮等主编《全宋笔记》第 2 编第 6 册，大象出版社 2006 年版。

（宋）王巩：《闻见近录》，见朱易安、傅璇琮等主编《全宋笔记》第 2 编第 6 册，大象出版社 2006 年版。

（宋）王曾：《王文正公笔录》，见朱易安、傅璇琮等主编《全宋笔记》第 1 编第 3 册，大象出版社 2003 年版。

（宋）宋祁：《宋景文公笔记》，见朱易安、傅璇琮等编《全宋笔记》第 1 编第 5 册，大象出版社 2003 年版。

（宋）丁谓：《丁晋公谈录》，见朱易安、傅璇琮等编《全宋笔记》第 1 编第 4 册，大象出版社 2003 年版。

（宋）施德操：《北窗炙輠录》，见朱易安、傅璇琮等主编《全宋笔记》第 3 编第 8 册，大象出版社 2008 年版。

（宋）张舜民：《画墁录》，见朱易安、傅璇琮等主编《全宋笔记》第 2 编第 1 册，大象出版社 2006 年版。

（宋）张耒：《明道杂志》，见朱易安、傅璇琮等主编《全宋笔记》第 2 编第 7 册，大象出版社 2006 年版。

（宋）佚名：《道山清话》，见朱易安、傅璇琮等主编《全宋笔记》第 2 编第 1 册，大象出版社 2006 年版。

（宋）孔平仲：《珩璜新论》，见朱易安、傅璇琮等主编《全宋笔记》第 2 编第 5 册，大象出版社 2006 年版。

（宋）孔平仲：《谈苑》，见朱易安、傅璇琮等主编《全宋笔记》第 2 编第 5 册，大象出版社 2006 年版。

（宋）钱世昭：《钱氏私志》，见朱易安、傅璇琮等主编《全宋笔记》第 2 编第 7 册，大象出版社 2006 年版。

（宋）叶梦得：《避暑录话》，见朱易安、傅璇琮等主编《全宋笔记》第 2 编第 10 册，大象出版社 2006 版。

（宋）吕颐浩：《燕魏杂记》，见朱易安、傅璇琮等编《全宋笔记》第 2 编第 8 册，大象出版社 2006 年版。

（宋）马永卿：《懒真子》，见朱易安、傅璇琮等主编《全宋笔记》第 3 编第 6 册，大象出版社 2008 年版。

（宋）陆游：《避暑漫钞》，见朱易安、傅璇琮等主编《全宋笔记》第 5 编第 8 册，大象出版社 2012 年版。

（宋）吴淑：《江淮异人录》，四库全书本。

（宋）徐铉：《稽神录》，中华书局 1996 版。

（宋）孙光宪：《北梦琐言》，中华书局 2002 年版。

（宋）陶穀：《清异录》，元陶宗仪《说郛》本，中国书店 1986 年版。

（宋）钱易：《南部新书》，中华书局 2002 年版。

（宋）杨亿口述，（宋）黄鉴笔录，（宋）宋庠整理：《杨文公谈苑》，上海古籍出版社 1993 年版。

（宋）孙甫：《唐史论断》，丛书集成初编本。

（宋）范祖禹：《唐鉴》，上海古籍出版社 1984 年版。

（宋）徐度：《却扫编》，丛书集成初编本。

（宋）郭若虚：《图画见闻志》，北京图书馆出版社 2003 年版。

（宋）王铚：《默记》，中华书局 1981 年版。

（宋）田况：《儒林公议》，丛书集成初编本。

（宋）王君玉：《国老谈苑》，丛书集成初编本。

（宋）王陶：《谈渊》，丛书集成初编本。

（宋）王栐：《燕翼诒谋录》，中华书局，1981 年。

（宋）王辟之：《渑水燕谈录》，中华书局 1981 年版。

（宋）欧阳修：《归田录》，中华书局 1981 年版。

（宋）司马光：《涑水记闻》，中华书局 1989 年版。

（宋）苏轼：《东坡志林》，中华书局 1981 年版。

（宋）文莹：《湘山野录》，中华书局 1984 年版。

（宋）文莹：《湘山野录续录》，中华书局 1984 年版。

（宋）文莹：《玉壶清话》，中华书局 1984 年版。

（宋）吴处厚：《青箱杂记》，中华书局 1985 年版。

（宋）苏辙：《龙川别志》，中华书局 1982 年版。

（宋）邵伯温：《邵氏闻见录》，中华书局 1983 年版。

（宋）彭□：《续墨客挥犀》，中华书局 2002 年版。

（宋）吴曾：《能改斋漫录》，上海古籍出版社 1979 年版。

（宋）魏泰：《东轩笔录》，中华书局 1983 年版。

（宋）王明清：《挥麈录》，中华书局 1961 年版。

（宋）朱弁：《曲洧旧闻》，中华书局 2002 年版。

（宋）张端义：《贵耳集》，丛书集成初编本。

（宋）洪迈：《容斋随笔》，中华书局 2005 年版。

（宋）张邦基：《墨庄漫录》，中华书局 2002 年版。

（宋）蔡绦：《铁围山丛谈》，中华书局 1983 年版。

（宋）赵彦卫：《云麓漫钞》，中华书局 1996 年版。

（宋）胡仔：《苕溪渔隐丛话》，丛书集成初编本。

（宋）强至：《韩忠献公遗事》，丛书集成初编本。

（宋）宋敏求：《春明退朝录》，中华书局 1980 年版。

（宋）范镇：《东斋记事》，中华书局 1997 年版。

（宋）邵博：《邵氏闻见后录》，中华书局 1983 年版。

（宋）岳柯：《桯史》，中华书局 1997 年版。

（宋）沈括：《梦溪笔谈》，上海书店出版社 2009 年版。

（宋）陆游：《老学庵笔记》，中华书局 1979 年版。

（宋）陆游：《入蜀记》，丛书集成初编本。

（宋）周辉撰，刘永翔校注：《清波杂志校注》，中华书局 1994 年版。

（宋）赵与时：《宾退录》，上海古籍出版社 2001 年版。

（宋）庄绰：《鸡肋编》，中华书局 1997 年版。

（宋）龚明之：《中吴纪闻》，上海古籍出版社 1986 年版。

（宋）沈作喆：《寓简》，丛书集成初编本。

（宋）叶梦得：《石林燕语》，中华书局 1984 年版。

（宋）陈长方：《步里客谈》，丛书集成初编本。

（宋）陈鹄：《西塘集耆旧续闻》，中华书局 2002 年版。

（宋）姚宽：《西溪丛语》，中华书局 1993 年版。

（宋）陈师道：《后山谈丛》，中华书局 2007 年版。

（宋）程俱撰，张富祥校证：《麟台故事校证》，中华书局 2000 年版。

（宋）费衮：《梁溪漫志》，上海古籍出版社 1985 年版。

（宋）王楙：《野客丛书》，上海古籍出版社 1991 年版。

（宋）王大成：《野老纪闻》，上海古籍出版社 1991 年版。

（宋）周必大：《二老堂杂志》，丛书集成初编本。

（宋）曾敏行：《独醒杂志》，上海古籍出版社 1986 年版。

（宋）胡寅：《致堂读史管见》，宛委别藏本。

（宋）叶适：《习学记言》，上海古籍出版社 1992 年版。

（宋）戴埴：《鼠璞》，丛书集成初编本。

（宋）袁褧：《枫窗小牍》，丛书集成初编本。

（宋）潜说友：《咸淳临安志》，《宋元方志丛刊》第 4 册，中华书局 1990 年版。

（宋）陈郁：《藏一话腴》，四库全书本。

（宋）罗大经：《鹤林玉露》，中华书局 1983 年版。

（宋）谢采伯：《密斋笔记》，丛书集成初编本。

（宋）谢采伯：《密斋笔记续记》，丛书集成初编本。

（宋）赵溍：《养疴漫笔》，中华书局 1991 年版。

（宋）张世南：《游宦纪闻》，中华书局1981年版。
（宋）桂万荣：《棠阴比事》，北京图书馆出版社2005年版。
（宋）袁韶：《钱塘先贤传赞》，丛书集成初编本。
（宋）罗璧：《罗氏识遗》，丛书集成初编本。
（宋）吴自牧：《梦粱录》，丛书集成初编本。
（宋）高晦叟：《珍席放谈》，丛书集成初编本。
（宋）周密：《癸辛杂识》，中华书局1988年版。
（宋）周密：《齐东野语》，中华书局1983年版。
（宋）黎靖德编：《朱子语类》，中华书局1986年版。
（宋）赵汝愚编：《宋朝诸臣奏议》，上海古籍出版社1999年版。
（宋）李焘：《六朝通鉴博议》，四库全书本。
（宋）徐铉：《徐骑省集》，四部丛刊初编本。
（宋）柳开：《河东先生集》，四部丛刊初编本。
（宋）杨亿：《武夷新集》，见四川大学古籍整理研究所编《宋集珍本丛刊》，线装书局2004年版。
（宋）王禹偁：《小畜集》，四部丛刊初编本。
（宋）夏竦：《文庄集》，四库全书本。
（宋）范仲淹：《范文正公集》，四部丛刊初编本。
（宋）范仲淹：《范文正公政府奏议》，四部丛刊初编本。
（宋）苏辙：《苏辙集》，中华书局1990年版。
（宋）宋祁：《景文集》，丛书集成初编本。
（宋）佚名：《新刊国朝二百家名贤文粹》，见四川大学古籍整理研究所编《宋集珍本丛刊》，线装书局2004年版。
（宋）张俞：《成都文类》，四库全书本。
（宋）石介：《徂徕石先生文集》，中华书局1984年版。
（宋）文彦博：《文潞公文集》，四库全书本。
（宋）欧阳修：《欧阳修全集》，中华书局2001年版。
（宋）程颢、程颐：《二程集》，中华书局1981年版。
（宋）张方平：《张方平集》，中州古籍出版社1992年版。
（宋）韩琦：《安阳集》，巴蜀书社2000年版。
（宋）李觏：《直讲李先生文集》，四部丛刊初编本。

（宋）苏洵撰，曾枣庄、金成礼笺注：《嘉祐集笺注》，上海古籍出版社1993年版。

（宋）蔡襄：《蔡襄集》，上海古籍出版社1996年版。

（宋）司马光：《温国文正司马公文集》，四部丛刊初编本。

（宋）司马光：《稽古录》，北京师范大学出版社1988年版。

（宋）司马光：《传家集》，四库全书本。

（宋）曾巩：《曾巩集》，中华书局1984年版。

（宋）苏颂：《苏魏公文集》，中华书局1988年版。

（宋）王安石：《临川先生文集》，中华书局1959年版。

（宋）陈舜俞：《都官集》，四库全书本。

（宋）吕陶：《净德集》，四库全书本。

（宋）杨杰：《无为集》，北京图书馆出版社2003年版。

（宋）王令：《广陵集》卷十八《师说》，四库全书本。

（宋）韦骧：《钱塘韦先生文集》，丛书集成续编本。

（宋）苏轼：《苏轼文集》，中华书局1986年版。

（宋）范祖禹：《范太史集》，四库全书本。

（宋）孔武仲：《宗伯集》，四库全书本。

（宋）吕南公：《灌园集》，四库全书本。

（宋）毕仲游：《西台集》，中州古籍出版社2005年版。

（宋）何去非：《何博士备论》，丛书集成初编本。

（宋）秦观撰，徐培均笺注：《淮海集笺注》，上海古籍出版社2000年版。

（宋）李昭玘：《乐静集》，四库全书本。

（宋）陈师道：《后山居士文集》，上海古籍出版社1984年版。

（宋）张栻：《南轩集》，四库全书本。

（宋）杨时：《龟山集》，四库全书本。

（宋）晁补之：《济北晁先生鸡肋集》，四部丛刊初编本。

（宋）张耒：《张耒集》，中华书局1990年版。

（宋）晁说之：《嵩山文集》，四部丛刊续编本。

（宋）周行己：《浮沚集》，丛书集成初编本。

（宋）唐庚：《眉山唐先生文集》，四部丛刊三编本。

（宋）许翰：《襄陵文集》，四库全书本。

（宋）叶梦得：《石林奏议》，上海古籍出版社2005年版。

（宋）刘一止：《苕溪集》，四库全书本。

（宋）黄伯思：《东观余论》，四库全书本。

（宋）孙觌：《鸿庆居士集》，四库全书本。

（宋）周紫芝：《太仓稊米集》，四库全书本。

（宋）李纲：《梁溪集》，四库全书本。

（宋）赵鼎：《忠正德文集》，四库全书本。

（宋）朱松：《韦斋集》，四库全书本。

（宋）胡寅：《斐然集》，中华书局1993年版。

（宋）曹勋：《松隐文集》，四库全书本。

（宋）范浚：《香溪集》，丛书集成初编本。

（宋）冯时行：《缙云文集》，四库全书本。

（宋）胡铨：《澹庵文集》，四库全书本。

（宋）洪适：《盘洲文集》，四部丛刊初编本。

（宋）陆游：《陆游集》，中华书局1976年版。

（宋）周必大：《文忠集》，四库全书本。

（宋）王十朋：《梅溪王先生文集》，四部丛刊初编本。

（宋）杨万里：《诚斋集》，四部丛刊初编本。

（宋）倪朴：《倪石陵书》，四库全书本。

（宋）朱熹：《朱熹集》，四川教育出版社1996年版。

（宋）叶适：《叶适集》，中华书局1961年版。

（宋）陈造：《江湖长翁集》，四库全书本。

（宋）薛季宣：《浪语集》，四部丛刊初编本。

（宋）王质：《雪山集》，丛书集成初编本。

（宋）楼钥：《攻媿集》，丛书集成初编本。

（宋）陈傅良：《止斋先生文集》，四部丛刊初编本。

（宋）陈亮：《陈亮集》，中华书局1987年版。

（宋）袁燮：《絜斋集》，丛书集成初编本。

（宋）洪咨夔：《平斋集》，四部丛刊本。

（宋）魏了翁：《鹤山先生大全文集》，四部丛刊初编本。

（宋）王庭珪：《卢溪文集》，四库全书本。

（宋）项安世：《项氏家说》，四库全书本。

（宋）刘克庄：《后村先生大全集》，四部丛刊初编本。

（宋）黄震：《黄氏日钞》，四库全书本。

（宋）家铉翁：《则堂集》，四库全书本。

（宋）马廷鸾：《碧梧玩芳集》，豫章丛书本。

（宋）吕祖谦：《左氏博议》，四库全书本。

（宋）佚名：《宋文选》，四库全书本。

（五代）何光远：《鉴诫录》，丛书集成初编本。

（五代）刘崇远：《金华子杂编》，丛书集成初编本。

（五代）王定保：《唐摭言》，上海古籍出版社1978年版。

（五代）刘昫等：《旧唐书》，中华书局1975年版。

（元）张光祖：《言行龟鉴》，辽宁教育出版社2001年版。

（元）脱脱等：《宋史》，中华书局1985年版。

（元）刘一清：《钱塘遗事》，上海古籍出版社1985年版。

（元）胡祗遹：《紫山大全集》，四库全书本。

（明）曹学佺辑：《石仓历代诗选》，四库全书本。

（明）冯从吾：《少墟集》，四库全书本。

（明）茅坤：《唐宋八大家文钞》，四库全书本。

（明）陈邦瞻：《宋史纪事本末》，中华书局1977年版。

（明）黄淮、杨士奇编：《历代名臣奏议》，台北：台湾学生书局1985年版。

（明）陶宗仪纂：《说郛》，中国书店1986年影印版。

（明）陈霆：《唐余纪传》，傅璇琮等主编《五代史书汇编》第9册，杭州出版社2004年版。

（清）毕沅：《续资治通鉴》，中华书局1957年版。

（清）钱大昕：《廿二史考异》，上海古籍出版社2004年版。

（清）赵翼著，王树民校证：《廿二史札记校证》，中华书局1984年版。

（清）王鸣盛：《十七史商榷》，上海古籍出版社2013年版。

（清）顾炎武著，（清）黄汝成集释：《日知录集释》，上海古籍出版社2006年版。

（清）王夫之：《读通鉴论》，中华书局1975年版。
（清）王夫之：《宋论》，中华书局1964年版。
（清）黄虞稷、倪灿撰，（清）卢文弨订：《宋史艺文志补》，丛书集成初编本。
（清）顾櫰三：《补五代史艺文志》，丛书集成补编本。
（清）永瑢等：《四库全书总目》，中华书局1965年版。
（清）吴任臣：《十国春秋》，中华书局2010年版。
（清）陈鳣：《续唐书》，齐鲁书社2000年版。
（清）吴兰修：《南汉纪》，广东高等教育出版社1993年版。
（清）梁廷楠：《南汉书》，广东人民出版社1981年版。
（清）王士禛：《池北偶谈》，中华书局1982年版。
（清）王士禛编：《五代诗话》，丛书集成初编本。
（清）昭梿：《啸亭杂录》，中华书局1980年版。
（清）厉鹗编：《宋诗纪事》，上海古籍出版社1983年版。
（清）钱澄之：《田间文集》，黄山书社1998年版。
（清）章学诚：《文史通义》，上海古籍出版社2008年版。
（清）章学诚：《章学诚遗书》，文物出版社1985年版。
（清）汪懋麟：《百尺梧桐阁集》，上海古籍出版社1980年版。
（清）魏禧：《魏叔子文集》，中华书局2003年版。
（清）李慈铭：《越缦堂读书记》，中国书店2000年版。
（清）清高祖撰，（清）刘统勋编：《评鉴阐要》，四库全书本。
（清）赵翼：《瓯北诗话》，人民文学出版社1963年版。
（清）华湛恩：《五代春秋志疑》，见傅璇琮等《五代史书汇编》第5册，杭州出版社2004年版。

曾枣庄、刘琳主编：《全宋文》，上海辞书出版社2006年版。
北京大学古文献研究所编：《全宋诗》，北京大学出版社1998年版。
朱易安、傅璇琮等主编：《全宋笔记》，大象出版社。
傅璇琮、徐海荣、徐吉军主编：《五代史书汇编》，杭州出版社2004年版。
冯惠民辑：《通鉴严补辑要》，齐鲁书社1983年版。

今人论著

方建新编：《二十世纪宋史研究论著目录》，北京图书馆出版社 2006 年版。

傅增湘编：《宋代蜀文辑存》，北京图书馆出版社 2005 年版。

刘兆祐：《宋史艺文志史部佚籍考》，台北："国立"编译馆中华丛书编审委员会，1984 年。

郭武雄：《五代史料探源》，台北：台湾商务印书馆 1987 年版。

林平：《宋代史学编年》，四川大学出版社 1994 年版。

张兴武：《五代艺文考》，巴蜀书社 2003 年版。

施建雄：《十至十三世纪中国史学发展史》，人民出版社 2010 年版。

白寿彝主编：《中国通史》，上海人民出版社 2005 年版。

柴德赓：《史籍举要》，北京出版社 2002 年版。

刘节：《中国史学史稿》，中州古籍出版社 1982 年版。

蒙文通：《中国史学史》，上海人民出版社 2006 年版。

白寿彝主编：《中国史学史》，上海人民出版社 2006 年版。

金毓黻：《中国史学史》，商务印书馆 1999 年版。

瞿林东：《中国史学史纲》，北京出版社 2005 年版。

仓修良：《中国史学名著评介》，山东教育出版社 1990 年版。

仓修良：《中国古代史学史》，人民出版社 2009 年版。

吴怀祺：《宋代史学思想史》，黄山书社 1992 年版。

吴怀祺：《中国史学思想通史》，黄山书社 2002 年版。

向燕南等编：《新旧唐书与新旧五代史研究》，中国大百科全书出版社 2009 年版。

王盛恩：《宋代官方史学研究》，人民出版社 2008 年版。

燕永成：《南宋史学研究》，甘肃人民出版社 2007 年版。

饶宗颐：《中国史学上之正统论》，上海远东出版社 1996 年版。

孙立尧：《宋代史论研究》，中华书局 2009 年版。

陈植锷：《北宋文化史述论》，中国社会科学出版社 1992 年版。

刘子健：《欧阳修的治学与从政》，台北：新文丰出版社 1984 年版。

刘德清：《欧阳修论稿》，北京师范大学出版社 1991 年版。

黄进德：《欧阳修评传》，南京大学出版社 1998 年版。

顾永新：《欧阳修学术研究》，人民文学出版社2003年版。

张明华：《新五代史研究》，中国社会科学出版社2007年版。

崔万秋：《通鉴研究》，商务印书馆1934年版。

张煦侯（张须）：《通鉴学》（修订本），安徽人民出版社1981年版。

陈垣：《通鉴胡注表微》，商务印书馆2011年版。

陈光崇：《通鉴新论》，辽宁教育出版社1999年版。

黄盛雄：《通鉴史论研究》，台北：文史哲出版社1979年版。

宋衍申：《司马光传》，北京出版社1990年版。

李昌宪：《司马光评传》，南京大学出版社1998年版。

刘乃和、宋衍申主编：《〈资治通鉴〉论丛》，河南人民出版社1985年版。

刘乃和、宋衍申主编：《司马光与〈资治通鉴〉》，吉林文史出版社1986年版。

王德保：《司马光与〈资治通鉴〉》，中国社会科学出版社2001年版。

裴汝诚、许沛藻：《长编考略》，中华书局1985年版。

房锐：《孙光宪与〈北梦琐言〉研究》，中华书局2006年版。

卞孝萱、郑学檬：《五代史话》，人民出版社1985年版。

陶懋炳：《五代史略》，人民出版社1985年版。

郑学檬：《五代十国史研究》，上海人民出版社1991年版。

沈起炜：《五代史话》，中国青年出版社1983年版。

杜文玉：《五代十国制度研究》，人民出版社2006年版。

张其凡：《五代禁军初探》，暨南大学出版社1993年版。

何勇强：《钱氏吴越国史论稿》，浙江大学出版社2002年版。

诸葛计、银玉珍：《吴越史事编年》，浙江古籍出版社1989年版。

李最欣：《钱氏吴越国文献和文学考论》，中国社会科学出版社2007年版。

任爽：《南唐史》，东北师大出版社1993年版。

任爽主编：《十国典制考》，中华书局2004年版。

任爽主编：《五代典制考》，中华书局2007年版。

邹劲风：《南唐国史》，南京大学出版社2000年版。

杨伟立：《前蜀后蜀史》，四川社会科学院出版社1986年版。

诸葛计等：《闽国史事编年》，浙江古籍出版社1989年版。

徐晓望：《闽国史》，台北：五南图书出版公司1997年版。

杜文玉：《南唐史略》，陕西人民教育出版社2001年版。

罗庆康：《马楚史研究》，湖南人民出版社2004年版。

［美］戴仁柱、马佳：《伶人·武士·猎手：后唐庄宗李存勖传》，中华书局2009年版。

邓小南：《祖宗之法：北宋前期政治述略》，生活·读书·新知三联书店2006年版。

陈寅恪：《寒柳堂集》，生活·读书·新知三联书店2001年版。

钱穆：《国史大纲》修订本，商务印书馆1994年版。

［德］傅海波、［英］崔瑞德主编：《剑桥中国辽西夏金元史》，中国社会科学出版社1998年版。

今人论文

Johannes L. Kurz, "A Survey of the Historical Sources for the Five Dynasties and Ten States in Song Times", *Journal of Sung-Yuan Studies* 33（2003）.

王德毅：《宋代史家的五代史学》，《邓广铭教授百年诞辰纪念论文集》，中华书局2008年版。

王育济：《论"陈桥兵变"》，《文史哲》1997年第1期。

王育济：《"金匮之盟"真伪考——对一桩学术定案的重新甄别》，《山东大学学报》1993年第1期。

王育济：《论"杯酒释兵权"》，《中国史研究》1996年第3期。

聂崇岐：《论宋太祖收兵权》，载《燕京学报》1948年第34期，收入氏著《宋史丛考》（上），中华书局1980年版。

范学辉：《"将从中御"始于宋太祖考》，《安徽师范大学学报》2006年第1期。

陈峰：《从名将狄青的待遇看北宋中叶武将的境况》，《中州学刊》2000年第4期。

刘子健：《宋太宗与宋初两次篡位》，《中国史研究》1990年第1期。

陈峰：《试论宋初武将精神面貌的转变》，《河北大学学报》2000年第5期。

陈峰：《试论宋朝"崇文抑武"治国思想与方略的形成》，张希清等主编《10—13世纪中国文化的碰撞与融合》，上海人民出版社2006年版。

张邦炜：《两宋无内朝论》，《河北学刊》1994年第1期。

楼劲：《宋初礼制沿革及其与唐制的关系——兼论"宋承唐制"说之兴》，《中国史研究》2008年第2期。

王盛恩：《试论宋代的史学政策及其实质》，《南开学报》2005年第6期。

陈垣：《以〈册府〉校〈薛史〉计划》，《陈垣学术论文集》（第二集），中华书局1982年版。

陈垣：《〈旧五代史〉辑本发覆》，《陈垣学术论文集》（第二集），中华书局1982年版。

陈垣：《〈旧五代史〉辑本引书卷数多误例》，《陈垣学术论文集》（第二集），中华书局1982年版。

陈智超：《〈旧五代史〉辑本之检讨与重新整理之构想》，《史学史研究》1999年第4期。

陈尚君：《清辑〈旧五代史〉评议》，《学术月刊》1999年第9期。

陈尚君：《〈旧五代史〉重辑的回顾与思考》，《中国文化》2007年第2期。

陈登原：《薛氏〈旧五代史〉之冥求》，《东方杂志》1930年第27卷第14期，收入《新旧唐书与新旧五代史研究》，中国大百科全书出版社2009年版。

刘仁亮：《薛居正与〈旧五代史〉述论》，《河北师院学报》1991年第2期。

单远慕：《薛居正和他的〈旧五代史〉》，《河南师范大学学报》1990年第2期。

王东：《宋代史学与〈春秋〉经学——兼论宋代史学的理学化趋势》，《河北学刊》1988年第6期。

王天顺：《宋代史学的政治功利主义与春秋宋学——蠡测宋代史学成就的另一面》，《学术月刊》2008年第11期。

徐洪兴：《宋代经学中的"尊王"思想——以孙复的〈春秋尊王发微〉为中心》，《中华国学研究》创刊号，2008年。

陈尚君：《欧阳修著述考》，《复旦学报》1985年第3期。

赵吕甫：《欧阳修史学初探》，《历史教学》1963年第1期。

姚瀛艇：《欧阳修的史论》，《河南师范大学学报》1980年第2期。

陶懋炳：《评欧阳修的史学》，《湖南师院学报》1982年第1期。

陈光崇：《欧阳修的史学成就》，《社会科学辑刊》1982年第1期。

陈光崇：《欧阳修的史学》，邓广铭、程应镠主编《宋史研究论文集》，上海古籍出版社1982年版。

宋衍申：《欧阳修治史的求实精神》，《中国历史文献研究集刊》（二），岳麓书社1983年版。

王继麟：《欧阳修思想及史学评价浅议》，《宋史研究集》，浙江古籍出版社1986年版。

刘德清：《欧阳修史学观简论》，《信阳师范学院学报》1992年第12期。

顾永新：《欧阳修编纂史书之义例及其史料学意义》，《文史哲》2003年第5期。

林瑞翰：《欧阳修〈五代史记〉之研究》，宋史座谈会《宋史研究集》第十辑，台北："国立"编译馆中华丛书编审委员会，1974年。

宋馥香、王海燕：《论欧阳修〈新五代史〉的编纂特点》，《吉林师范大学学报》2004年第1期。

杜文玉、罗勇：《〈新五代史〉与欧阳修的史学思想》，《赣南师范学院学报》1993年第1期。

王天顺：《欧阳修的〈五代史记〉和他的"春秋学"》，《南开史学》1984年第1期。

吴怀祺：《对欧阳修史学的再认识》，《史学史研究》1991年第4期。

姚瀛艇：《论〈新五代史〉的人物评价》，《中国古代史论丛》1981年第1辑。

柴德赓：《论欧阳修的〈新五代史〉》，《史学丛考》，中华书局1982年版。

钱茂伟：《范型嬗变的宋代史学》，张其凡、范立舟主编《宋代历史文化研究续编》，人民出版社2003年版。

罗炳良：《从宋代义理化史学到清代实证性史学的转变》，《史学月刊》2003 年第 2 期。

仓修良、陈仰光：《〈新五代史〉编修献疑》，《山西大学学报》1985 年第 3 期。

陈光崇：《尹洙与〈新五代史〉小议》，《辽宁大学学报》1991 年第 2 期。

顾宏义：《〈新五代史〉未为韩通立传原因试探》，《史学史研究》2009 年第 3 期。

杨昶、姚伟钧：《欧阳修〈新五代史〉有关问题探讨》，《湖北民族学院学报》1998 年第 2 期。

曹家齐：《欧阳修私撰〈新五代史〉新论》，《漳州师范学院学报》1998 年第 4 期。

张承宗：《〈新五代史〉徐无党注述评》，《文献》2001 年第 3 期。

[美]戴仁柱：《〈新五代史〉英文版序言》，马佳译，《安徽师范大学学报》2006 年第 3 期。

陶懋炳：《新旧〈五代史〉评议》，《史学史研究》1987 年第 2 期。

何宛英：《"两五代史"比较研究》，《东北师大学报》1995 年第 3 期。

赵维平：《薛居正、欧阳修论史之比较》，《河南教育学院学报》2002 年第 4 期。

宋衍申：《试论司马光的史学思想》，《司马光与〈资治通鉴〉》，吉林文史出版社 1986 年版。

施丁：《两司马史学异同管窥》，《〈资治通鉴〉论丛》，河南人民出版社 1985 年版。

孙方明：《论司马光的史学思想》，《中国人民大学学报》1988 年第 1 期。

于瑞桓：《司马光的史学思想及其理学精神》，《山东大学学报》2002 年第 3 期等。

仓修良：《〈通鉴〉编修分工及优良编纂方法》，《〈资治通鉴〉论丛》，河南人民出版社 1985 年版。

彭久松：《〈资治通鉴〉五代长编分修人考》，《四川师范大学学报》1983 年第 1 期。

王曾瑜：《关于刘恕参加〈通鉴〉编修的补充说明》，《文史哲》1980

年第 5 期。

王德毅：《李焘评传》，《宋史研究集》第三辑，台北："国立"编译馆中华丛书编审委员会，1976 年。

徐规：《李焘年表》《李焘年表补正》及《李焘年表再补正》，分别见《文史》第 2、4、16 辑。

徐规：《李焘》，《中国史学家评传》中册，中州古籍出版社 1985 年版。

王承略、杨锦先：《李焘著述考辨》，《文史》第 50 辑，中华书局 2000 年版。

刘复生：《李焘和〈长编〉》的编纂，《史学史研究》1981 年第 3 期。

张孟伦：《李焘和〈长编〉》，《上海师范大学学报》1983 年第 4 期。

裴汝诚：《〈长编〉义例考略》，《文史》第 25 辑，中华书局 1985 年版。

顾吉辰、俞如云：《〈长编〉版本沿革及其史料价值》，《西北师大学报》1983 年第 3 期。

蔡崇榜：《南宋编年史家二李史学研究浅见（李焘、李心传传）》，《史学史研究》1986 年第 2 期。

裴汝诚：《李焘的史学成就与治史精神》，《华东师范大学学报》1981 年第 6 期。

周征松：《一部详实的北宋史》，《光明日报》2002 年 1 月 15 日。

樊一、方法林：《张唐英与〈蜀梼杌〉》，《成都大学学报》1992 年第 1 期。

樊一：《〈蜀梼杌〉的史料价值与版本源流》，《四川文物》2000 年第 3 期。

徐映璞：《〈新五代史·吴越世家〉补正》，《两浙史事丛稿》，浙江古籍出版社 1988 年版。

邹劲风：《钱俨和〈吴越备史〉》，《史学月刊》2004 年 11 期。

李最欣：《钱俨和〈吴越备史〉一文补正》，《史学月刊》2006 年第 11 期。

李绍平：《路振与〈九国志〉》，《史学史研究》1984 年第 3 期。

彭小平：《路振史学著作述略》，《湘潭大学学报》1992 年第 4 期。

岳毅平：《〈九国志〉丛考》，《文献》1999 年第 2 期。

彭小平：《路振史学著作述略》，《湘潭大学学报》1992 年第 4 期。

罗威：《〈九国志〉的版本及学术价值》，《长沙大学学报》2007 年第 4 期。

张静：《〈九国志〉史学研究》，《安徽文学》（下半月）2009 年第 3 期。

林艾园：《〈北梦琐言〉的史料价值》，《华东师范大学学报》1982 年第 5 期。

胡可先：《〈北梦琐言〉志疑》，《徐州师范大学学报》1987 年第 1 期。

拜根兴：《〈北梦琐言〉结集时间辨析》，《文献》1993 年第 3 期。

庄学君：《〈北梦琐言〉研究》，《西南师范大学学报》1990 年第 1 期。

房锐：《对〈北梦琐言〉结集时间的再认识》，《乐山师范学院学报》2005 年第 7 期。

张友臣：《〈十国纪年〉存亡略考》，《齐鲁学刊》1987 年第 5 期。

燕永成：《龙衮和他的〈江南野史〉》，《赣南师范学院学报》1994 年第 4 期。

刘永明：《龙衮与〈江南野史〉》，《文史》2002 年第 2 辑。

邓锐：《尹洙〈五代春秋〉对〈春秋〉书法的继承》，《淮北煤炭师范学院学报》2009 年第 6 期。

张邦炜：《昏君乎？明君乎？——孟昶形象问题的史源学思考》，《四川师范大学学报》2009 年第 1 期。

卢苇菁：《〈新修南唐书〉作者考辨》，《史学月刊》1982 年第 4 期。

朱仲玉：《陆游的史学成就》，《浙江学刊》1983 年第 4 期。

陈光崇：《论陆游〈南唐书〉——兼评〈新修南唐书〉作者考辨》，《中国史研究》1984 年第 2 期。

雷近芳：《陆放翁治史考》，《信阳师范学院学报》1991 年第 1 期。

雷近芳：《论陆游的史识与史才》，《史学月刊》1992 年第 4 期。

雷近芳：《论陆游的史鉴思想》，《信阳师范学院学报》1992 年第 1 期。

柳诒徵：《陆放翁之修史》，《柳诒徵史学论文集》，上海古籍出版社 1991 年版。

肃霜：《陆游〈南唐书〉简论》，《长沙理工大学学报》1991年第1期。

陈光崇：《第一部〈南唐书〉的作者胡恢其人》，《史学史研究》1986年第3期。

张刚、孙万洁：《马令〈南唐书〉述评》，《今日南国》（理论创新版）2009年第4期。

陈芳明：《宋代正统论的形成背景及内容——从史学史的观点试探宋代史学之一》，《宋史研究集》第八辑，台北："国立"编译馆中华丛书编审委员会，1976年。

陈碧云：《宋代正统论的渊源及形成背景》，（台湾）《史学通讯》1986年第6期。

范立舟：《宋儒正统论之内容与特质》，《安徽师范大学学报》1999年第2期。

张伟：《两宋正统史观的历史考察》，《宁波大学学报》2003年第2期。

陈学霖：《欧阳修〈正统论〉新释》，《宋史论集》，台北：东大图书公司1993年版。

王记录、阎明恕：《正统论与欧阳修的史学思想》，《贵州社会科学》1996年第1期。

刘连开：《再论欧阳修的正统论》，《史学史研究》2001年第4期。

金鑫、曹家齐：《说欧阳修的正统论思想》，《史学史研究》2005年第2期。

刘浦江：《正统论下的五代史观》，《唐研究》第十一卷，北京大学出版社2005年版。

魏良弢：《忠节的历史考察：秦汉至五代时期》，《南京大学学报》1995年第2期。

郑学檬：《关于石敬瑭评价的几个问题》，《厦门大学学报》1983年第1期。

王世英、金荣国：《佞臣冯道》，《延边大学学报》1996年第4期。

任崇岳：《略论冯道》，《史学月刊》1985年第5期。

陈忠信：《论五代的冯道》，《历史教学问题》1986年第1期。

张杰：《历仕四姓十一帝的冯道》，《辽宁大学学报》1989年第5期。

秦新林：《冯道新论》，《殷都学刊》1996年第2期。

郝兆矩：《论冯道》，《浙江学刊》1996年第4期。

葛剑雄：《乱世的两难选择——冯道其人其事》，《读书》1995年第2期。

房锐：《虎狼丛中也立身——从〈北梦琐言〉所载史事论冯道》，《晋阳学刊》2004年第2期。

严修：《重新审视冯道》，《复旦学报》2006年第1期。

路育松：《从对冯道的评价看宋代气节观念的嬗变》，《中国史研究》2004年第1期。

傅金才：《冯道的人生之道》，《石家庄师范专科学校学报》2004年第1期。

陈毓文：《从李建勋、冯道看五代儒学的新变》，《湖州师范学院学报》2007年第5期。

马军：《从冯道看五代士人的从仕心理》，《黑龙江史志》2008年第22期。

柴立金：《冯道现象与中央政权的衰落》，《社科纵横》（新理论版）2008年第4期。

侯德仁：《近三十年来的中国史学正统论研究综述》，《兰州学刊》2009年第7期。

丁锡根：《〈五代史平话〉成书考述》，《复旦学报》1991年第5期。

曾育荣：《高氏荆南史稿》，暨南大学2008年博士学位论文。

徐美珍：《〈新五代史〉、〈旧五代史〉研究史论》，山东大学2007年硕士学位论文。

后 记

《晚近的历史记忆——两宋的五代十国史研究》一书，是在我博士论文的基础上修改完成的。这本书的完成，首先要感谢我的导师王育济教授。多年以来，先生以宽容的胸襟，耐心地等待我的成长，给予我极大的包容与帮助。在博士论文的写作期间，从选题的拟定、理论的架构到文字的修改，均渗透着先生的心血。在论文完成之后，先生对我依然报有深切的期望，时有督促、批评与鼓励。在这本书稿完成之际，回顾求学之路，只觉对先生的感激无以言表，对于至今一无所成，辜负了先生的期望，而深觉汗颜。唯有在今后的研究工作中加倍努力，以冀不负先生的教导。

感谢北京师范大学陈其泰先生的鼓励与肯定。犹记得在看到陈先生对我的博士论文所做的评价时，我的惊喜与激动之情。此后，先生给我的肯定与督促，每每令我在信心不足之时得以重新振作。感谢吉林大学程妮娜教授给我的鼓励与帮助，让我认识到自己的长处与不足，沉潜身心。山东大学晁中辰教授、陈尚胜教授、刘玉峰教授、张熙惟教授，首都师范大学张金龙教授等诸位先生的言传身教令我受益匪浅。葛焕礼教授、谭景玉副教授、社科院考古所赵海涛副研究员、《文史哲》李扬眉副主编、山东财经大学吕英亭副教授、山东师范大学讲师尹承、山东政法学院讲师主父志波、济南市委党校讲师李真真等在论文的思路、资料的查找等方面给予我诸多帮助。在此一并表示感谢。

感谢山东大学历史文化学院的诸位同事与师长，在我工作与学习的这些年给予我各种形式的关心与帮助。感谢好友的耐心倾听与开解，令我在苦闷之际得以重新鼓起写作的勇气。感谢家人毫无保留的理解与不遗余力的支持。你们的关切与深爱，是我此生最大的幸运与幸福。感谢编辑史慕鸿老师对本书出版所给予的大力支持与辛勤工作。在书稿出版过程中，史老师严谨的专业态度让我获益良多，而她设身处地的关心与理解，更让我在迷茫或不安的时候，心生安定的力量。

由于理论水平与研究功底所限，本书尚存在诸多缺点与不足，亦有一些遗憾只能在此后的研究工作中弥补完成。本人不揣浅陋，就教于方家，恳请各位专家学者批评指正。

书临付梓之际，我的心情居然是出乎意料地忐忑不安。这份惴惴之情，不知该如何形容。在学术之路上，我对自己有过很多怀疑，很多不安，也因为种种原因中断过学术研究工作，状态时有起伏；同时，也得到了来自前辈与同仁的关爱、督促与鼓励。回望我的学术生涯，走过不少弯路，时有停顿与犹疑。但是现在，当我敲下最后一个字的时候，我明白，从今以后，我将在这条充满未知的学术道路上一路前行，不再停留。

谨以此书激励与祝福我自己。

陈晓莹

2017 年 10 月 8 日